西政文库·青年篇

教育刑理论的实践回应与规范运行研究

陈伟 著

图书在版编目(CIP)数据

教育刑理论的实践回应与规范运行研究 / 陈伟著. — 北京：商务印书馆，2020
（西政文库）
ISBN 978-7-100-18505-9

Ⅰ.①教… Ⅱ.①陈… Ⅲ.①犯罪分子－教育－研究－中国 Ⅳ.①D926.7

中国版本图书馆CIP数据核字（2020）第085358号

权利保留，侵权必究。

西政文库
教育刑理论的实践回应与规范运行研究
陈 伟 著

商 务 印 书 馆 出 版
（北京王府井大街36号 邮政编码 100710）
商 务 印 书 馆 发 行
三河市尚艺印装有限公司印刷
ISBN 978-7-100-18505-9

2020年10月第1版　　开本 680×960　1/16
2020年10月第1次印刷　　印张 29
定价：120.00元

西政文库编委会

主　任：付子堂

副主任：唐　力　周尚君

委　员：（按姓氏笔画排序）

龙大轩　卢代富　付子堂　孙长永　李　珮

李雨峰　余劲松　邹东升　张永和　张晓君

陈　亮　岳彩申　周尚君　周祖成　周振超

胡尔贵　唐　力　黄胜忠　梅传强　盛学军

谭宗泽

总　序

"群山逶迤，两江回环；巍巍学府，屹立西南……"

2020年9月，西南政法大学将迎来建校七十周年华诞。孕育于烟雨山城的西政一路爬坡过坎，拾阶而上，演绎出而今的枝繁叶茂、欣欣向荣。

西政文库以集中出版的方式体现了我校学术的传承与创新。它既展示了西政从原来的法学单科性院校转型为"以法学为主，多学科协调发展"的大学后所积累的多元化学科成果，又反映了学有所成的西政校友心系天下、回馈母校的拳拳之心，还表达了承前启后、学以成人的年轻西政人对国家发展、社会进步、人民福祉的关切与探寻。

我们衷心地希望，西政文库的出版能够获得学术界对于西政学术研究的检视与指引，能够获得教育界对于西政人才培养的考评与建言，能够获得社会各界对于西政长期发展的关注与支持。

六十九年前，在重庆红岩村的一个大操场，西南人民革命大学的开学典礼隆重举行。西南人民革命大学是西政的前身，1950年在重庆红岩村八路军办事处旧址挂牌并开始招生，出生于重庆开州的西南军政委员会主席刘伯承兼任校长。1953年，以西南人民革命大学政法系为基础，在合并当时的四川大学法学院、贵州大学法律系、云南大学法律系、重庆大学法学院和重庆财经学院法律系的基础上，西南政法学院正式成立。中央任命抗日民族英雄，东北抗日联军第二路军总指挥、西南军政委员会政法委员会主任周保中将军为西南政法学院首任院长。1958年，中央公安学院重庆分院并入西南政法学院，使西政既会聚了法学名流，又吸纳了实务精英；既秉承了法学传统，又融入了公安特色。由此，学校获誉为新中国法学教育的"西南联大"。

20世纪60年代后期至70年代，西南政法学院于"文革"期间一度停办，老一辈西政人奔走呼号，反对撤校，为保留西政家园不屈斗争并终获胜利，为后来的"西政现象"奠定了基础。

20世纪70年代末，面对"文革"等带来的种种冲击与波折，西南政法学院全体师生和衷共济，逆境奋发。1977年，经中央批准，西南政法学院率先恢复招生。1978年，经国务院批准，西南政法学院成为全国重点大学，是司法部部属政法院校中唯一的重点大学。也是在70年代末，刚从"牛棚"返归讲坛不久的老师们，怀着对国家命运的忧患意识和对学术事业的执着虔诚，将只争朝夕的激情转化为传道授业的热心，学生们则为了弥补失去的青春，与时间赛跑，共同创造了"西政现象"。

20世纪80年代，中国的法制建设速度明显加快。在此背景下，满怀着憧憬和理想的西政师生励精图治，奋力推进第二次创业。学成于80年代的西政毕业生们，成为今日我国法治建设的重要力量。

20世纪90年代，西南政法学院于1995年更名为西南政法大学，这标志着西政开始由单科性的政法院校逐步转型为"以法学为主，多学科协调发展"的大学。

21世纪的第一个十年，西政师生以渝北校区建设的第三次创业为契机，克服各种困难和不利因素，凝心聚力，与时俱进。2003年，西政获得全国首批法学一级学科博士学位授予权；同年，我校法学以外的所有学科全部获得硕士学位授予权。2004年，我校在西部地区首先设立法学博士后科研流动站。2005年，我校获得国家社科基金重大项目（A级）"改革发展成果分享法律机制研究"，成为重庆市第一所承担此类项目的高校。2007年，我校在教育部本科教学工作水平评估中获得"优秀"的成绩，办学成就和办学特色受到教育部专家的高度评价。2008年，学校成为教育部和重庆市重点建设高校。2010年，学校在"转型升格"中喜迎六十周年校庆，全面开启创建研究型高水平大学的新征程。

21世纪的第二个十年，西政人恪守"博学、笃行、厚德、重法"的西政校训，弘扬"心系天下，自强不息，和衷共济，严谨求实"的西政精神，坚持"教学立校，人才兴校，科研强校，依法治校"的办学理念，推进学校发展取得新成绩：学校成为重庆市第一所教育部和重庆市共建高校，入选首批卓越法律人才教育培养基地（2012年）；获批与英国考文垂大学合作举办法学专业本科教育项目，6门课程获评"国家级精品资源共享课"，两门课程获评"国家级精品视频公开课"（2014年）；入选国家"中西部高校基础能力建设工程"院校，与美国凯斯西储大学合作举办法律硕士研究生教育项目（2016年）；法学学科在全国第四轮学科评估中获评A级，新闻传播学一级学科喜获博士学位授权点，法律专业硕士学位授权点在全国首次专业学位水平评估中获评A级，经济法教师团队入选教育部"全国高校黄大年式教师团队"（2018年）；喜获第九届世界华语辩论锦标赛总冠军（2019年）……

不断变迁的西政发展历程，既是一部披荆斩棘、攻坚克难的拓荒史，也是一部百折不回、逆境崛起的励志片。历代西政人薪火相传，以昂扬的浩然正气和强烈的家国情怀，共同书写着中国高等教育史上的传奇篇章。

如果对西政发展至今的历史加以挖掘和梳理，不难发现，学校在教学、科研上的成绩源自西政精神。"心系天下，自强不息，和衷共济，严谨求实"的西政精神，是西政的文化内核，是西政的镇校之宝，是西政的核心竞争力；是西政人特有的文化品格，是西政人共同的价值选择，也是西政人分享的心灵密码！

西政精神，首重"心系天下"。所谓"天下"者，不仅是八荒六合、四海九州，更是一种情怀、一种气质、一种境界、一种使命、一种梦想。"心系天下"的西政人始终以有大担当、大眼界、大格局作为自己的人生坐标。在西南人民革命大学的开学典礼上，刘伯承校长曾对学子们寄予厚望，他说："我们打破旧世界之目的，就是要建设一个人民的新世界……"而后，从化龙桥披荆斩棘，到歌乐山破土开荒，再到渝北校区新建校园，几代西政人为推进国家的民主法治进程矢志前行。正是在不断的成长和发展过程中，西政见证了新中国法学教育的涅槃，有人因此称西政为"法学黄埔军校"。其实，这并非仅仅是一个称号，西政人之于共和国的法治建设，好比黄埔军人之于那场轰轰烈烈的北伐革命，这个美称更在于它恰如其分地描绘了西政为共和国的法治建设贡献了自己应尽的力量。岁月经年，西政人无论是位居"庙堂"，还是远遁"江湖"，无论是身在海外华都，还是立足塞外边关，都在用自己的豪气、勇气、锐气，立心修德，奋进争先。及至当下，正有愈来愈多的西政人，凭借家国情怀和全球视野，在国外高校的讲堂上，在外交事务的斡旋中，在国际经贸的商场上，在海外维和的军营里，实现着西政人胸怀世界的美好愿景，在各自的人生舞台上诠释着"心系天下"的西政精神。

西政精神，秉持"自强不息"。"自强不息"乃是西政精神的核心。西政师生从来不缺乏自强传统。在20世纪七八十年代，面对"文革"等带来的发展阻碍，西政人同心协力，战胜各种艰难困苦，玉汝于成，打造了响当当的"西政品牌"，这正是自强精神的展现。随着时代的变迁，西政精神中"自强不息"的内涵不断丰富：修身乃自强之本——

尽管地处西南，偏于一隅，西政人仍然脚踏实地，以埋头苦读、静心治学来消解地域因素对学校人才培养和科学研究带来的限制。西政人相信，"自强不息"会涵养我们的品性，锻造我们的风骨，是西政人安身立命、修身养德之本。坚持乃自强之基——在西政，常常可以遇见在校园里晨读的同学，也常常可以在学术报告厅里看到因没有座位而坐在地上或站在过道中专心听讲的学子，他们的身影折射出西政学子内心的坚守。西政人相信，"自强不息"是坚持的力量，任凭时光的冲刷，依然能聚合成巨大动能，所向披靡。担当乃自强之道——当今中国正处于一个深刻变革和快速转型的大时代，无论是在校期间的志愿扶贫，还是步入社会的承担重任，西政人都以强烈的责任感和实际的行动力一次次证明自身无愧于时代的期盼。西政人相信，"自强不息"是坚韧的种子，即使在坚硬贫瘠的岩石上，依然能生根发芽，绽放出倔强的花朵。

西政精神，倡导"和衷共济"。中国司法史上第一人，"上古四圣"之一的皋陶，最早提倡"和衷"，即有才者团结如钢；春秋时期以正直和才识见称于世的晋国大夫叔向，倾心砥砺"共济"，即有德者不离不弃。"和衷共济"的西政精神，指引我们与家人美美与共：西政人深知，大事业从小家起步，修身齐家，方可治国平天下。"和衷共济"的西政精神指引我们与团队甘苦与共：在身处困境时，西政举师生、校友之力，攻坚克难。"和衷共济"的西政精神指引我们与母校荣辱与共：沙坪坝校区历史厚重的壮志路、继业岛、东山大楼、七十二家，渝北校区郁郁葱葱的"七九香樟""八零花园""八一桂苑"，竞相争艳的"岭红樱"、"齐鲁丹若"、"豫园"月季，无不见证着西政的人和、心齐。"和衷共济"的西政精神指引我们与天下忧乐与共：西政人为实现中华民族伟大复兴的"中国梦"而万众一心；西政人身在大国，胸有大爱，遵循大道；西政人心系天下，志存高远，对国家、对社会、对民族始终怀着强烈的责任感和使命感。西政人将始终牢记：以"和衷共济"的人生态度，以人类命运共同体的思维高度，为民族复兴，为人类进步贡献西政人的智慧和力量。这是西政人应有的大格局。

西政精神，着力"严谨求实"。一切伟大的理想和高远的志向，都需要务实严谨、艰苦奋斗才能最终实现。东汉王符在《潜夫论》中写道："大人不华，君子务实。"就是说，卓越的人不追求虚有其表，有修养、有名望的人致力于实际。所谓"务实"，简而言之就是讲究实际，实事求是。它排斥虚妄，鄙视浮华。西政人历来保持着精思睿智、严谨求实的优良学风、教风。"严谨求实"的西政精神激励着西政人穷学术之浩瀚，致力于对知识掌握的弄通弄懂，致力于诚实、扎实的学术训练，致力于对学习、对生活的精益求精。"严谨求实"的西政精神提醒西政人在任何岗位上都秉持认真负责的耐劳态度，一丝不苟的耐烦性格，把每一件事都做精做细，在处理各种小事中练就干大事的本领，于精细之处见高水平，见大境界。"严谨求实"的西政精神，要求西政人厚爱、厚道、厚德、厚善，以严谨求实的生活态度助推严谨求实的生活实践。"严谨求实"的西政人以学业上的刻苦勤奋、学问中的厚积薄发、工作中的恪尽职守赢得了教育界、学术界和实务界的广泛好评。正是"严谨求实"的西政精神，感召着一代又一代西政人举大体不忘积微，务实效不图虚名，博学笃行，厚德重法，历经创业之艰辛，终成西政之美誉！

"心系天下，自强不息，和衷共济，严谨求实"的西政精神，乃是西政人文历史的积淀和凝练，见证着西政的春华秋实。西政精神，在西政人的血液里流淌，在西政人的骨子里生长，激励着一代代西政学子无问西东，勇敢前行。

西政文库的推出，寓意着对既往办学印记的总结，寓意着对可贵西政精神的阐释，而即将到来的下一个十年更蕴含着新的机遇、挑战和希望。当前，学校正处在改革发展的关键时期，学校将坚定不移地以教学为中心，以学科建设为龙头，以师资队伍建设为抓手，以"双一流"建设为契机，全面深化改革，促进学校内涵式发展。

世纪之交，中国法律法学界产生了一个特别的溢美之词——"西政现象"。应当讲，随着"西政精神"不断深入人心，这一现象的内涵正在不断得到丰富和完善；一代代西政校友，不断弘扬西政精神，传承西政文化，为经济社会发展，为法治中国建设，贡献出西政智慧。

是为序。

西南政法大学校长，教授、博士生导师
教育部高等学校法学类专业教学指导委员会副主任委员
2019 年 7 月 1 日

目 录

引 言 1

第一章 教育刑理论提出的原因及其意义 6

第一节 教育刑理论提出的多元原因 6

一、自然科学对教育刑思想的推动 6

二、刑罚学者对教育刑理念的升华 8

三、教育刑论背后的多元社会底蕴 10

第二节 教育刑理论提出的现实意义 14

一、纠正传统刑罚过于强调报应的惩罚性 15

二、改变专权制刑罚过于残暴的血腥特征 17

三、为僵硬的刑罚现实注入更多的灵活性 20

四、在刑罚运用中注入更多的目的性价值 26

五、刑罚吸纳刑事政策科学精髓提供契机 31

第二章 教育刑的概念界定与误区澄清 38

第一节 教育刑的原初内涵及其问题 38

一、教育刑的内涵界定 38

二、教育刑的现实并非自证合理 40
　　三、教育刑概念界定引发的问题 42
第二节　教育刑的绝对化具有客观上的多重弊端 43
　　一、绝对教育刑视教育为刑罚的本质存在根本偏差 43
　　二、绝对教育刑以教育作为刑罚目的存在理解偏颇 47
　　三、绝对教育刑与教育的异质性存在契合上的困难 50
　　四、绝对教育刑以教育为中心的主线难以贯穿始终 53
　　五、绝对教育刑的多重弊端决定理性再反思的必要 55
第三节　诘问澄清：教育刑理念在我国相关疑惑的排解 56
　　一、儒家文化中礼的传统不是教育刑的理论根基 57
　　二、未成年人刑事政策无法辅证教育刑现实根基 59
第四节　走出迷途：刑罚教育功能与教育刑的关系厘清 62

第三章　刑事政策与立法层面的考察：教育刑规范化运行之一 72
第一节　教育刑与宽严相济刑事政策的内在联动考察 72
　　一、宽严相济刑事政策应作为基本刑事政策 72
　　二、教育刑与宽严相济刑事政策的内在关联 76
　　三、教育刑契合宽严相济刑事政策的新意义 80
第二节　"人身危险性""社会危害性"与"社会危险性"辨析 84
　　一、"人身危险性"与"社会危害性"的关系及辨析 84
　　二、"人身危险性"与"社会危险性"的纠葛与化解 89
　　三、"人身危险性"与"社会危险性"辨正及其功能 92
第三节　累犯从重处罚立法缺陷的检视及重构 96
　　一、累犯"整体从严"符合教育刑理念的内涵 97
　　二、遵从教育刑理念需要对累犯"区别对待" 101
　　三、对累犯"区别对待"所进行的类型划分 105

第四节　毒品犯罪的法定刑考察及其展开 113
一、我国与国外毒品犯罪的刑罚规定 114
二、毒品犯罪刑罚适用的重刑化现实 119
三、毒品犯罪刑罚重刑化的症结剖析 120
四、毒品犯罪刑罚预期与现实的悖反 124
五、毒品犯罪刑罚变革的理论再主张 126

第五节　聚众实施性行为的非犯罪化考量 133
一、有无必要：动用刑法调整聚众换偶行为 134
二、是否合适：运用刑法手段强占道德领域 137
三、能否自由：公民实施聚众换偶的权利界限 140
四、有无逻辑：换偶行为是否"聚众"的对照 143
五、何以可能：定性合乎实践操作具有可行性 145

第四章　刑事罪责层面的考察：教育刑规范化运行之二 149

第一节　原罪观中的意志自由与规范效力 149
一、基督教义中的原罪观及其内涵重释 150
二、原罪观中的自由意志与规范体构造 154
三、原罪观中的规范违反与规范目的 159
四、原罪观中的赎罪与规范效力 162

第二节　刑事和解罪责从宽的一体化考量 167
一、刑事和解背后的教育刑理念及其背景支撑 168
二、教育刑引导刑事和解实体法上的理念对接 174
三、教育刑引导刑事和解程序层面的细节构想 183

第三节　"当场醉酒"刑事归责的路径探讨 189
一、当场醉酒作为现实问题的存在 190
二、当场醉酒的基础性困惑及厘清 192

三、当场醉酒刑法适用的可能路径 194
四、当场醉酒应按危险驾驶罪追责 200

第四节 性侵未满12周岁幼女的罪责辨识 205
一、《意见》第19条：问题的引出与严格责任之理性考察 206
二、原则还是例外：对性侵幼女是否需要严格责任之思考 209
三、推定责任确立：对现有《意见》第19条内容之再解读 219

第五节 "疑罪从无"与"疑罪从轻"的抉择 231
一、司法适用中的困惑：一则现实案例引发的争议 232
二、基本认识与误区澄清：司法定性中的症结梳理 234
三、"疑罪从无"或"疑罪从轻"的逻辑推导路径 241

第五章 刑事量刑层面的考察：教育刑规范化运行之三 247

第一节 量刑中的目的性限缩及其理性适用 247
一、刑法解释对"扩张"或"限缩"的选择 247
二、教育刑理念应当在量刑中获得一席之地 250
三、教育刑指导刑罚裁量规范化的路径考察 254

第二节 教育刑理念指导下自首与立功的竞合适用 260
一、自首与立功之间竞合的相关情形 260
二、自首与立功竞合的解决思路质疑 264
三、自首与立功竞合时的规范性立场 269

第三节 教育刑视角下死刑适用的司法控制及其重构 273
一、从教育刑的实体路径限制死刑更为务实 274
二、我国现有实体法对死刑的限制及其评析 277
三、教育刑理论与死刑限制适用标准之契合 284
四、从教育刑理念出发对死刑限制的两重性 291

第六章 刑事执行层面的考察：教育刑规范化运行之四..................294

第一节 教育刑理念指导下的假释制度及完善.....................294
一、我国假释制度面临的问题：假释条件的缺陷.................295
二、我国假释制度面临的问题：假释程序的粗漏.................296
三、改革路径：教育刑理念指导假释制度的完善.................302

第二节 回眸与启示：我国古代死刑执行方式的省思.............308
一、中国古代死刑执行方式的类型梳理...........................309
二、中国古代死刑执行方式的特点呈现...........................311
三、中国古代死刑执行方式带来的反思...........................316

第三节 社区矫正检察监督机制的症结及出路.....................322
一、现实前提：社区矫正需要检察监督的有力保障.............323
二、症结查探：社区矫正检察监督机制存在的问题.............326
三、出路探寻：完善社区矫正监督机制的现实对策.............331

第七章 教育刑对未来刑事法律的影响与展望.....................343

第一节 刑罚的人权蕴涵与民权刑罚观的倡导.....................343
一、刑罚的发展难以脱离人权的支撑...............................343
二、刑罚的伦理性与人权的理论根基...............................345
三、民权刑罚是刑罚发展的未来方向...............................347

第二节 教育刑导向下后劳教时代违法行为处置路径.............353
一、前提考量：劳教废除后承继制度的基本定位.................354
二、方向抉择：教育刑引导的劳教对象分流处遇.................359
三、价值契合：教育刑下的轻罪制度及其合理性.................363
四、路径铺设：教育刑理念引导的轻罪制度设计.................368
五、司法导航：轻罪制度规范化建立的配套保障.................372

第三节 教育刑的彰显必须认真对待人身危险性评估 378
　一、人身危险性评估长期被忽视是客观存在的现实 378
　二、非科学的感性判断是对人身危险性实体的误读 382
　三、依赖司法人员的经验判断与理性评估并不同一 385
　四、实践操作的困难不是否定科学评估的实质理由 389
　五、评估程序的虚置将把人身危险性理论引向歧途 393
　六、人身危险性评估需要理念与方法上的同步跟进 397

参考文献 404
后　记 440

引 言

　　教育刑处在刑事近代学派之下的话语体系，自其进入刑事学者的话语体系之中，长期以来并没有受到应有的关注。尽管存在的不一定就是合理的，但是，一旦我们认真地反思教育刑这一学术话语，其引人入胜的丰富内涵就能引领我们进行不懈思考，并从中发现教育刑难以遮蔽的理论与实践价值。而且，从教育刑被提出以来，其历史渊源也拥有着浓厚的背景底蕴，时至今日，社会已经发生剧烈变化，在此过程中对刑罚变革的思索也始终客观存在着。那么，教育刑作为刑法新派的重要刑罚理论之一，在其产生背后的社会因素究竟为何？具体的历史条件有哪些？能否在当代的刑事司法中予以运用？是否能够与我国的刑事法律活动进行两相契合？能否在我国的刑事立法、定罪、量刑、行刑过程中合理吸纳，并得以规范化的运行？这些问题都挥之不去地存在着，也正是这种问题意识的牵引，使笔者去做进一步的深入研究，并希望能够对上述问题有一合理性的回答。

　　笔者之所以对此话题情有独钟，也纯属偶然。最开始的缘由当然是曰兴趣引发的，初入刑法之门，笔者就对刑罚学及其理论产生了较为浓厚的兴趣，因而集中性地对刑罚方面的著述进行了较为系统的阅读，在此过程中，笔者也尝试对刑罚的目的观及其实践制度方面的问题进行一定程度的研究，并相继发表了一定数量的成果。比如，笔者的第一篇正式的学术论文形成于硕士研究生阶段，当时还是在导师的指导下予以完成的，题目为"我国法治视野下刑罚目的的理性选择"，文章经过多次修改之后，发表于《河南科技大学学报》2006年第1期，后来被人大复印资料《刑事法学》2006年第6期全文转载。虽然现在看来，这篇文章无论在标题拟定、框架结构，还是学术观点、文字表述等方面都显得比较青涩，或多或少存在一些缺陷与不足，但是，正是这篇文章为我的学术人生拉开了序幕，把我带入了学术研究的领地，并从此开始了对刑罚学的相关问题的研究。

可以说，正是由于该篇学术小作和之后学术研究道路上偶尔会有的一些小收获，时时激发着笔者进一步研究的欲望与动力。正是初入法学之门就被刑罚学的相关问题所吸引，笔者也算是误打误撞之下对刑罚理论及其实践产生了深厚的学术兴趣，围绕这一较为宏大的主题进行如痴如醉的阅读和持之以恒的思考，并在资料搜集与归纳总结的基础上进行较为深入的学术探讨。也正是在查阅资料的过程中，笔者对"教育刑"这一学术用语产生好奇，知道在西方国家"教育刑"的相关问题已有不少学者有所触及，但是关于"教育刑"的争论性学术成果却仍然并不多见。教育刑作为体系性的学术话语，其中的蕴藏甚为丰富，其下的诸多问题并没有得到完全性的释清，由此决定了该主题之下包容了较多的学术性内容，有待学者做进一步的挖掘与研究。

个人对"教育刑"产生好奇的原因，实际上最开始来源于对"教育刑"表面文字的表述，因为按照一般的理解，"教育"是比较温柔可人的，"刑罚"是带有血腥残忍色彩的，这二者本身在质上就存在着较为明显的差异，不可能混为一谈，也很难把二者作为结合体予以看待。但是，"教育刑"这一概念的提出，明显打破了这一界限，它嫁接了"教育"与"刑罚"，并把二者统一到一体化之下予以看待。从某种程度上来说，"教育刑"从根本上摆脱了世俗传统对"教育"与"刑罚"的认识，重新赋予了"教育刑"之下"教育"与"刑罚"新的内涵。

基于这样一个非此非彼的"异物",笔者有了对此一探究竟的研究兴趣,有了想进一步了解它的学术内涵、内在特征、实践功能、现实运转等的主观意向。而且,笔者就"教育刑"为主题进行了学术文献的检索,其结果也正如预期一样,成果寥寥。尽管按照篇名"教育刑"予以文献检索,也能够搜索到五六篇学术论文,但是,相关论述仍然较为零散,系统性的论述更是阙如,相较之下,这与笔者当时的学术热情明显是不能成正比的。当然,笔者也由此感受到这一课题研究的重要性与必要性,在学者还没有普遍意识到该问题本身的重要性时,这无疑就是一块富有的"金矿",亟待开采而获得其下的宝藏。而且笔者在前期的教学与理论研究过程中也感受到,教育刑这一理论要想真正焕发出生机,必须要经过学者对其进行的深入研究和反复研讨,即通过理论层面的进一步澄清之后,方能进入规范化的运行轨道,从而最终深入到立法规范与司法实践之中,对于蕴藏其中的合理性价值予以发掘。经过慎重考虑之后,笔者就以"教育刑理论的实践回应与规范运行研究"为课题名称申报了2012年的国家社会科学基金青年项目,并顺利地被正式获准立项。

显而易见的事实是,自从进入现代社会以来,人们也在积极反省刑罚并思考刑罚如何进一步适用社会的现实问题。在此过程中,可以较为清晰地发现,由于刑罚事件的扩散性,以及刑罚处罚带来的社会影响力,对刑罚的批判性思考一直未有间断,在此之下刑罚如何重构的话题也一直未有停止,这些反思充斥在刑事法律活动中,引领理论学人与实务工作者针对发现的问题提出更好的对策。在此影响下,随之而来刑罚变革的实践也在悄悄进行,无论当下与未来,受刑罚理论影响的刑罚实践也必然要不断地试错与调整。实际上,刑罚理念与刑罚实践本身就难以分割,二者本身就是不可分离的一体化存在,没有合理化的刑罚理念的指导,就不可能有合理化的刑罚实践。但是,就当下的刑罚学研究来看,我们要么过于偏执于刑罚学纯理论的学术研究，要么过于就刑罚某一制度和实践运行进行喋喋不休的争论，致使刑罚学中的很多问题仍然还是问题，学术研究欠缺了实践转化而丧失现实性，实践运行没有理论支撑而难以为继。这样的情形仍然持续性地客观存在，不仅致使学者之间无法形成较为一致的结论，而且实践中的操作也根本无法获得规范化的共同标准。

在刑罚理念发展的过程中，总是存在内外力量的牵引。中共十九大提出了"全面依法治国是国家治理的一场深刻革命，必须坚持厉行法治，推进科学立法、严格执法、公正司法、全民守法"的治理战略。中共十八届四中全会提出了"法治治理现代化"的目标。这些重大方略的提出，为我们积极思考刑罚在全面依法治国与法治化治理中的现实功用提供了方向性的指引。全面依法治国宏伟目标的提出，为刑罚的积极变革添加了催化剂，这是一个需要长期为之奋斗的过程，刑罚变革及其实践不可能脱离这一目标方向。现实社会在急剧性地发生变革，治理社会的政策也要求与之相适应地保持一致。刑罚作为法律体系之下的责任后果，同样需要在社会变动下予以积极反思，并考虑如何与之协调性地进行适时跟进。

在时代背景与各种价值目标的驱使下，现实总是会受多元因素的影响，在工具与目的、形式与实质、表象与内在、公正与功利的价值徘徊之中，未来何去何从的思考总是让人感到些许困惑。但是，作为法律学人，基于对法治建设的一份责任与信心，我们同样时刻都对这些尚未解决的诸多问题保持着一份"敏而好学"的执着心，并试图给出自己的"锦囊妙计"。具体到教育刑的问题上，在刑事法律的框架与视野下，作为其中较具代表性的一种刑罚理念，它的现实面貌究竟如何？能否在理论澄清的基础上带领我们突出重围，获得与以往观念不同的一些新认识？

上述问题是时时牵引笔者进行此方面研究的着眼点，笔者也将在后面的章节部分对此予以尝试性的回答。在此，为了对教育刑本身有一更为清晰的认识,有必要在问题提出的前提下,通过接下来的章节论述,先对教育刑的产生原因及其提出的历史背景进行察探,并对教育刑在我国当下的现实意义进行理论揭示。

第一章 教育刑理论提出的原因及其意义

第一节 教育刑理论提出的多元原因

一、自然科学对教育刑思想的推动

教育刑的萌发得益于自然科学向社会科学的延伸,这一过程很大程度上是思维方式与研究方法意义上的。在18、19世纪,自然科学的研究成果迭出,微分数学、量子物理、人工合成化学等领域都带给了人们耳目一新的感觉,在公式运用、定律推导、逻辑演算等方面更是把自然科学带入一个更加微妙精深、可以量化的领域。在此阶段,起步相对较晚的社会科学虽然较之以往也取得了长足进展,但是受研究对象和方式方法的束缚,与自然科学相比,社会科学的发展仍然存在难以比肩之感。

但是,社会科学的主体性与价值取向性并没有阻挡它前进的步伐,自然科学方法论在实践中的不断运用给了社会科学诸多启发,也提供了无限的动力。因此,尽管两大领域性质的差异决定了二者不具有实质可比性,但是同在一个科学屋檐下的内在关联却时时震动着社会科学的神经,促使社会科学需要以自然科学为鉴,建基于自然科学已取得的基础性成果之上,开拓社会科学研究的新境域。一些学者相信,"科学不仅能使人正确地认识和对待自然,而且也能使人正确地认识和对待社会与人的精神生活"①。在此基础上，探究心理学的自然科学基础已然成了一种趋势。②受此启发和催动，自然科学的研究成果和研究方法得以被借鉴和引用，首先从经济学始，后逐渐波及刑事学科，其中贝卡利亚的"罪刑阶梯理论"③是受其影响的明显凸现。

在思想意识形态上，西方的科学哲学传统，尤其是近代以来的弗兰西斯·培根和笛卡尔等人开启的科学工具理性主义功不可没。与资本主义上升时期的先进生产力发展相一致，在工业化浪潮的席卷之下，这一科学工具理性主义随之蔓延开来：它以"科学技术不仅有能力改变客观世界，也有能力改变主观世界"的感召力，以其气势恢宏的精神力量催生了心理科学的诞生。④

通过科学工具理性主义的推动，研究心理学的学者坚定不渝地相信，人的心理是主观见之于客观的，存在明确规律可循，并可以加以具体描述的，行为人外在行为的动力之源；在纷繁芜杂和杂乱无章的行为背后，一定有一个因特殊个体差异而存在的心理运动轨迹的谱系，既然主观的心理活动是现实行动的向导，那么正是这一内在动力的牵引才造就了如此缤纷多彩的行为世界。于是，当思想狭窄的洞门一旦打开之后，嫁接于社会心理学之上的犯罪心理学的诞生也就是顺理成

---

① 马来平：《中国现代科学主义核心命题刍议》，《文史哲》1998年第2期，第27页。有学者直接指出："社会科学要想获得自然科学同样的发展水平与速度，一个重要的问题便是研究方法的改进。首先是对自然科学研究成果的吸纳和对自然科学研究方法的借鉴与移植。"吴建国：《社会科学研究对自然科学研究方法的借鉴与移植》，《北方论丛》1998年第2期，第5页。

② 参见A.A.斯米尔诺夫、A.P.鲁利亚等：《心理学的自然科学基础》，李翼鹏等译，科学出版社1984年版，第13页。

③ 贝卡利亚：《论犯罪与刑罚》，黄风译，中国法制出版社2002年版，第75页。近年来，我国学者在罪刑的定量分析方面也进行了大量的富有见地的研究，相关内容可参见赵廷光：《量刑公正实证研究》，武汉大学出版社2005年版，第126—475页；白建军：《刑罚轻重的量化分析》，《中国社会科学》2001年第6期，第114—125页；白建军：《犯罪轻重的量化分析》，《中国社会科学》2003年第6期，第123—133页；白建军：《罪刑均衡实证研究》，法律出版社2004年版，第103—382页；白建军：《死刑适用实证研究》，《中国社会科学》2006年第5期，第135—145页。

④ G.墨菲、J.柯瓦奇：《近代心理学历史导引》，林方、王景和译，商务印书馆1980年版，第104页。

章的事情了，以至于后来的行刑个别化、行刑专业化、特殊预防理论、保安处分、教育刑理论等都纷纷新鲜出炉，全部寄生于这一谱系的支干上汲取营养，期待这些饱含"科学成分"的新理念有朝一日终能长出累累硕果。

二、刑罚学者对教育刑理念的升华

刑罚理念时时受着外在力量的触动，然而其研究的"专业槽"决定了刑罚的更新和变革终归是刑罚学家们的事情。首先开启这一历史先河的是贝卡利亚，他说："预防犯罪的最可靠但也是最艰难的措施是：完善教育。……教育的基本准则：教育不在于课目繁多而无成果，而在于选择上的准确，当偶然性和随意性向青年稚嫩的心灵提供道德现象和物理现象的摹本时，教育起着正本清源的作用；教育通过感情的捷径，把年轻的心灵引向道德，为了防止它们误入歧途，教育借助的是指出需要和危害的无可辩驳性，而不是捉摸不定的命令，命令得来的只是虚假的和暂时的服从。"[①] 从上可见，贝氏从预防犯罪的角度提出教育的重要意义，通过教育来强化道德确立，防止强力命令所带来的诸多表面难以察觉的弊端。

在贝卡利亚之后，相关学者也在此方面进行了积极的思想发掘。比如，龙勃罗梭、菲利、边沁、费尔巴哈、巴耶尔等人也考察了罪刑关系，对刑罚的教育及威慑作用做了相应的探讨，阐释了公正的刑罚借助自身的剥夺、威慑、教育、改造与预防犯罪之间的关系。比如，龙勃罗梭认为，"所有人都应当被逐个地加以监管，接受真正称职的领导和老师的指导，这些人应当从事布道者的工作。我认为：与其徒劳无益地制定大量针对恶行的条例，不如去研究一下塑造、发掘和改造

---

① 贝卡利亚：《论犯罪与刑罚》，黄风译，中国法制出版社2002年版，第132页。

这些孩子的办法"①。菲利说:"在人类处于最野蛮的状态下流行只有惩罚规定而没有关于矫正罪犯规定的刑法典。人类文明的逐渐进步将导致与此相反的只有矫正而没有惩罚的观念。"② 边沁指出,"在下列情况下惩罚无必要:用较小的代价便可以有效地防止犯罪行径的目的,例如教育,就像依靠恐惧一样有效;依靠晓之以理,就像依靠直接影响意愿一样成功"③。

然而,综观上述这些学者的思想,可以说他们的主要贡献是揭示了教育作为感化犯罪人的一种特殊方式有其积极的意义,认识到刑罚惩罚对于预防犯罪的固有作用,但是他们在自己的论述中并未将教育理解为行刑过程中有别于刑罚惩罚的一个独立的行刑要素。④ 质言之,以上学者在论述刑罚的效用与目的的时候,确实不经意间流露出刑罚具有教化改造、心理强制、威慑众人、令有意犯罪者权衡利弊等所附带的教育性一面,但是偶尔的惊鸿一瞥过于短暂,也过于肤浅,根本没有尝试性地把教育手段用来统筹和贯穿整个刑罚理念,更遑论教育刑的理论提出与系统概述。

众所周知的是,教育刑的集大成者为李斯特,作为刑法学界新派的代表和社会防卫论者,他坚持犯罪原因的个人与社会影响及其二者的相互作用,并以犯罪原因为对症下药和实现预防犯罪目的的根据。正是从犯罪原因论到目的刑罚论这一整体解决问题的思路,李斯特需要时不时地把眼光投之于具体的犯罪行为人,注重刑罚的预防功能,从行为人思想的改造入手,最终让行为人矫正不良行为,回归社会,"改造可以改造的,不可改造者不使为害"。他以"全体刑法学"的研究思路,把刑法同刑事政策统一起来综合考虑问题的研究方法,超越了犯罪、刑罚

---

① 龙勃罗梭:《犯罪人论》,黄风译,中国法制出版社2005年版,第349页。
② 菲利:《实证派犯罪学》,郭建安译,中国人民公安大学出版社2004年版,第126页。
③ 边沁:《道德与立法原理导论》,时殷弘译,商务印书馆2006年版,第223页。
④ 郭明:《学术转型与话语重构》,中国方正出版社2003年版,第142页。

等主要解决事实的"存在"范畴,而以刑事政策学来解决事实的"当为"。[1] 他从犯罪现实问题出发,以在当时刚进入法学领域的自然科学的"因果—经验"研究方法为先导,指出现行刑法缺少犯罪统计结果,并视刑事政策为社会改革有组织的一部分(实证主义)。[2]

由此可见,李斯特根本性地转变了刑罚本质是恶的传统性认识,把刑罚与教育的内在机能对接起来,认为刑罚的本质是教育而非惩罚。他说,"刑事政策是针对个人而非社会的,以对个人的改善教育为己任"[3];而以改善教育为内容的刑罚个别化是目的刑的根本要求,目的刑即为教育刑。[4] 因而在李斯特的理论架构中,传统的刑罚已经不合时宜,为了与新的目的刑论相一致,传统刑罚需要里里外外的重新解构以迎合教育刑的需要,即为了获得行刑的良好教育效果,就应该依照教育的内在要求区别对待受刑人,并运用多样的教育手段以达到使受刑人改恶从善、不致再犯的目的。至此,教育刑的基本理念经李斯特的进一步阐释最终得以脱胎问世。

三、教育刑论背后的多元社会底蕴

从教育刑产生的社会背景来看,其同样是多元因素的作用所致。正如任何一个新的理论都不可能无缘无故地产生,在笔者看来,教育刑产生的社会背景因素主要有如下方面:

其一,宪政化运动的思潮影响。18、19世纪,宪政化运动席卷了整个欧洲,这一潮流如雨后春笋般清新锐利,势不可挡。在各国掀起

---

[1] 陈兴良:《刑法的启蒙》,法律出版社2003年版,第250页。
[2] 汉斯·海因里希·耶赛克、托马斯·魏根特:《德国刑法教科书》(总论),徐久生译,中国法制出版社2001年版,第92页。
[3] 张甘妹:《刑事政策》,台湾三民书局1979年版,第12页。
[4] 陈兴良:《刑法的启蒙》,法律出版社2003年版,第262页。

立宪高潮的过程中，所确立的民主、自由、人权、平等、正义等宪法精神也随之波及开来，并逐渐深入人心。教育刑的立足点就是要关注具体犯罪行为人个体，强调个别正义，通过具体行为人思想的影响和改造最终实现行为人个体的自主和自律。毫无疑问，教育刑与这些宪法精神所追求的目标是彼此暗合并相互纠缠的，正是这些宪政理念把人，尤其是受刑人，提高到了一个自觉认识的阶段，并在这一自觉认识的基础上寻求刑罚目标和受刑人自我价值的重新定位。

其二，人道化运动的推动。受人本主义所倡导的人道化理念的影响，自然法的个人本位价值观在 18 世纪西方各国的法律实践中得以体认。[1] 处在资本主义上升时期的资产阶级既是先进生产力的代表，也是开明思想的先驱，他们抨击欧洲中世纪所遗留的酷刑和专制统治，把人的主体性提升到前所未有的地位，倡导人本主义成为这一时期的显著特征。

并且，社会进化本身就是一个从野蛮到文明逐渐推进的过程，在这过程中，人的客体性特征逐渐减少，主体性特征不断被彰显出来。"人类文明的这些成果，在狱政法治中的体现就是重视人权和人道精神，强调对罪犯合法权益的法律保护。"[2] 因此，既然犯罪人仍然属于人的范畴，既然刑罚实践必须通过受刑人的思想重塑达致相应效果，那么，如何把刑罚的痛苦控制在人的尊严所能承受的限度并实现主体性的"回归"，就是刑法人道化必须考虑的事情。受人本主义思想的影响，促发了对犯罪人理性对待、尊重犯罪人自由意志的理论思潮，保障犯罪人的人权为全世界所关注，重刑传统不断受到挑战与质疑，刑罚变革成了顺应潮流的事情，在此影响下，以国家强制力为后盾的刑罚从非人的暴虐转向提倡人道的世俗化运动的轨道上来。

---

[1] 徐岱：《中国刑法近代化论纲》，人民法院出版社 2003 年版，第 31 页。
[2] 张绍彦：《刑罚实现与行刑变革》，法律出版社 1999 年版，第 183 页。

其三，市场经济价值理念的影响。18、19世纪的欧洲各国，正处于自由竞争资本主义时期，受商品生产、交换、分配、销售等社会化过程的不断浸润，自由流通、平等交换、严格按价值规律行事，这些都成了人们日常行为的基本准则。与之相伴随，"由市场经济的特殊特质所决定，人们的主体意识、权利意识、自由思想、平等思想与民主观念出现了较大变化"[①]。自由、公平、平等理念愈发牢固并在生活中成了人人信奉的生活信念。受其熏陶，罪与刑也成了某种意义上可予转换的实物商品——外在形式是无足轻重的，重要的是价值对等或者说同值。

质言之，通过价值的转换，刑罚学者无形中已经承认，用身体刑的惩罚与用教育刑的改造就手段方式的差异而言已经无关大碍，既然二者追求的目标都是为了减少和预防犯罪，因此从商品经济价值规律的视角来看，用身体刑的惩罚与用教育刑的改造就是等值的，这完全符合价值规律等价交换的原则。基于此理由，二者的转换不仅明智而且极具可行性。

其四，科技知识与教育普及的促进。资本主义工业化是以科学技术的力量为后盾的，而工业化的迅猛发展又反过来推动了科学技术翻天覆地的变化。等到科学技术的力量渐行渐长的时候，它的影响就不再受缚于工业一面，而是以其为中心辐射开来并带动相关事物的变化，自然科学社会化和社会科学量化标准的提出即是这一动态过程的真实写照。工业化的技术需求明显促进了教育的快速发展，使得近代以来的教育运动呈现一股旋风，无论是教会学校还是世俗学校，无论是初等教育还是高等教育，无论是智识性提升还是职业技术培养，其形式林林总总，不一而足。

确实，教育既满足了人们对未知世界的探求欲望，也直接或间接

[①] 李步云：《人权法学》，高等教育出版社2005年版，第95页。

地推动着社会的进步。在刑事法学者眼中,教育的普及和推广不仅造就了一批人才,为社会创造了巨大的物质财富和精神财富;尤为可贵之处在于,由于个人素养的提高,行为人既能提前预防潜在犯罪动机及其外在因素的干扰,也能有意识地积极规避内在犯罪原因力的左右,通过自主削减主观恶性或强化规范意识的途径使自己的行为符合教育的内容,从而使受教育者在全体犯罪人中所占的比率较低。于是,这一发现让刑事法学者激动不已,欣喜地认为找到了一条预防或减少犯罪发生的捷径。除此之外,监狱国家机器与学校这一文化形态相比,它们在开放性程度、施受关系、运作模式等方面有极大的相似性,即二者外在环境的封闭或相对封闭性,主体与对象的支配与被支配关系,受教对象的集中性,心理锻炼、智识培育、技能渐进提高等方面都有较多相同之处,这些内在牵连使得刑事法学者相信教育与刑罚有着浑然天成割舍不断的情结,常态教育已经取得的成果,教育刑同样可以企及。

其五,刑罚自身变革的及时跟进。就整个世界的刑罚演进史观之,从生命刑——身体刑——自由刑为中心的运动轨迹是不得不承认的事实。[①] 笔者认为,这一演进轨迹是多方原因的合力所致,其最直接的原因在于外在社会情势与众多生活基本理念的碰撞与启迪,根本原因在于刑罚内在对立统一矛盾所要求的刑罚的顺势反思与合理调整,并在这一调整之后与主流价值保持的适时跟进。详言之,刑罚的矛盾性表现为,一方面要求刑罚对应犯罪的严重社会危害性,通过"以刑抗罪"强调刑罚的惩罚性和严厉性,另一方面又要求刑罚的谦抑性、刑罚的人道性、刑罚的节俭性、刑罚资源的非排挤性,等等。因此,由

---

① 甚至有学者认为,刑罚已经演进或即将演进到以罚金刑为中心的刑罚时代。王宏玉:《刑事政策与刑罚结构变化之考察》,《中国人民公安大学学报》2003 年第 3 期,第 49 页。有学者指出,"在 20 世纪以后,特别是 20 世纪末,罚金刑的地位极大地提高了,已上升为刑罚体系的中心刑地位"。邵维国:《罚金刑论》,吉林人民出版社 2004 年版,第 54 页。

于刑罚自身对立统一矛盾特性的客观存在，并且为了防止矛盾双方的冲突过于激化，刑罚必然就要不断进行自我调整。

可以说，正是伴随刑罚变革而出现的以自由刑为中心的刑罚体系的确立，才为教育刑的时空条件奠定了基础，也为热衷于教育刑的理论学者和实践家留下了无数遐想与施展抱负的空间。"通过执行教育刑，……自由刑的执行中包含教育和矫正思想的原则被确定下来，所有其他一些具体规定均在这一总原则规定之下。"[1]"从监狱行刑基础理论出发，教育刑已成为现代世界行刑思想的一种潮流。"[2] 自由刑限制行为人人身自由的最基本特征，把施受教育的犯罪人分门别类地禁锢于高墙铁网之中，利用犯罪人所处封闭环境的天然优势和便利条件使其处于教育刑改造对象的位置上，按照专家群体设计的步骤一步步推进其改造计划。这一天然优势确立的最大便利在于，教育刑倡导者可以个别性地观察、处遇、改造、改善受刑人，把教育的理念直接投之于刑罚的实践，并在行刑实践的具体活动中通过与受刑人零距离的相处，现实地推行自己的全套方案，并以实践反馈的信息进行相关环节上的不断调谐。

第二节　教育刑理论提出的现实意义

在教育刑理论的映照之下，教育刑自然是要进入刑事司法并发挥相应的作用的。而且，教育刑作为一种创新性的刑罚理论，既然是受多元社会因素的促动而诞生出来的，那么，与之相适应，教育刑也必然与当时的司法现实息息相关。因而，教育刑既是一种刑罚理论，同

---

[1] 弗兰茨·冯·李斯特：《德国刑法教科书》，徐久生译，法律出版社2000年版，第428页。
[2] 王耿心：《行刑学》，法律出版社2004年版，第398页。

样也是指导司法实践运行的一种新方法。关于教育刑理论提出的现实意义,笔者认为,主要具有如下方面。

一、纠正传统刑罚过于强调报应的惩罚性

报应与刑罚一样,在历史的长河中经历了无数次的洗礼而仍然屹立不倒,且未曾有过任何衰弱的迹象。尽管报应是一个古老而略显陈旧的话题,但是,作为刑罚的最基本功能之一,报应一直伴随刑罚而延续至今,这一现象不能不让我们重新予以反思。"报应论虽然形态各异,理念有别,但是,万变不离其宗,报应论之所以成其为报应论,就在于其主张刑罚是对犯罪的一种回报,犯罪是刑罚的先因,刑罚是犯罪的后果,刑与罪之间是一种前因与后果的引起与被引起的因果关系。基于对这种因果关系的认识,报应论对刑罚形成了不同于与之相对立的功利论的规诫。"[①] 无可否认,报应直接建立的就是罪与刑之间的关联,所谓的罪刑关系就是罪与刑之间的因果报应。正是因为犯罪人实施了严重危害社会的危害行为,对该危害行为的自然反应就需要一种责任后果予以回应,否则,有罪不罚或者有罪无刑的结局,总是让社会大众无法接受的现实。

也正是由于报应作为刑罚的内在特征,因而可以说,报应与刑罚相伴而生、生死相依、形影不离。从历史的长河来看,报应经历了神意报应、道义报应、法律报应的不同阶段,这既是不同时期发展阶段所具有的明显痕迹和社会主流价值牵引使然,也是人们对刑罚认识不同所带来的显著差异。需要指出的是,尽管报应论内部存在着多种学术观点,但是,刑罚的本质在于惩罚,却毫无例外的是报应论的共通性认识。无论支持哪一种报应论,只要在报应论的视域下,无不认可

[①] 邱兴隆:《刑罚是什么——一种报应论的解读》,《法学》2000年第4期,第26页。

刑罚的核心特征就在于惩罚性，而且，此种惩罚性具有最为严厉的外在特征，有别于任何其他的责任承担方式。

可以说，刑罚的出现就是朴素报应观的体现，是以刑罚体验加诸犯罪行为人身上，通过"刑"的"善性"来回应"罪"的"恶性"。在长期的生活经验中，人们对事物之间的联系有了较为细致的观察与体会，反映在犯罪行为之上，由于犯罪严重地侵害了外在利益，造成了严重的危害结果或者破坏了原本有序化的社会关系，所以与之相对应，严重的刑罚就是其恰到好处的归宿。紧紧围绕犯罪行为的社会危害性，报应刑把已然的犯罪作为刑罚针对的靶子，并以外在严厉性的刑罚惩罚来应对实然化的犯罪。

然而，报应作为刑罚的内在需要，这一单一报应刑的出现，只是建立起了犯罪与刑罚之间的紧密关系，由于报应论把精力集中于刑罚的惩罚性上面，对其他的外在关系缺少关注，对此之外的刑罚目的性追求更是无心问津。基于报应的指向所在，它没有把眼光投向犯罪人和犯罪原因层面，只是针对危害行为造成的法益受损结果予以责任回应，因而不可能在惩罚之外还企求其他的目的性预期。在此基础上，仅仅强调或者过于渲染报应论的色彩，必然要把刑罚推向重刑化的道路上来，导致以刑罚的惩罚性为至高目标而推崇严刑峻法。

二十世纪初左右，随着生产力与科学化的不断发展，人们对刑罚的认识也在逐渐深化，对刑罚存在的弊端也愈来愈有了清晰化的认识。先前对刑罚抱着的那种美好的期待，随着犯罪率与犯罪人数量的激增，不得不促使人们对此进行重新反省。尤其是，单纯的报应虽然能够给犯罪行为以回应，但是，回应之后能得到什么结果？报应刑能否实现目的性预期？能否预防或者减少犯罪？没有功利性的报应是公正的报应吗？上述这些反思原本都不是报应论所关心的问题，但是，当这些问题被提出之时，必然需要认真对待并给出相应的回答，因而面临这些质疑，报应刑也不能对此视而不见，需要通过对刑罚的重新反思与界定，并在一种对妥善思路的寻求之下希望能够对自己所处的窘境有所改观。

正是在此基础上，报应论之下的单一刑罚观已然不能"一条道走到黑"，"穷则思变"的现实要求并呼唤新的刑罚理论，希望对当前徘徊不前的困境能够有所改观。正是在此前提下，教育刑论被提出来了。很显然，教育刑论的提出是带有历史性使命的，在当时报应刑论如此盛行且占据主流地位的情形下，教育刑跻身其中并能占有一席之地，实际上也是报应刑论自身弊端无处遮掩，并且需要一种新的理论及时出现予以救场的显现。简言之，在报应刑论日渐式微的情形下，教育刑利用这一良好时机，通过对报应刑论的反思而把自己推向了公众面前。

二、改变专权制刑罚过于残暴的血腥特征

刑罚的历史也是一部黑暗的历史，是以重刑惩治而占据在法治发展的不堪过往之中的。在刑罚的既往历史过程中，因其重刑苛责而带来的诸多不光彩一页留下了太多的血腥过去，这是一个不能否定且值得我们时时保持谨慎的客观过去。有学者指出，酷刑的成因主要源于如下方面："其一，政治上的等级与专权；其二，军事上的动乱与战争；其三，文化上的懦弱与顺从；第四，心理上的仇恨与嗜血。"[1] 从根本上来说，由于刑罚脱胎于生产力低下的原始社会，人们对刑罚功能价值的认识仍然不足，对刑罚与犯罪之间关系的理解仍然过于偏狭，加之预防犯罪的手段极为单一，致使刑罚的使用方式一般都极为简单、粗暴，甚至充满较为浓重的血腥味。

单就封建刑罚的种类来说，其数目已然不少，比如较残酷的刑罚

---

[1] 熊艳、朱盛艳：《中国古代酷刑分析与反思》，《人民论坛》2013年第18期，第205页。

就有凌迟、车裂、斩首、腰斩、剥皮、炮烙、烹煮、剖腹、抽肠、射杀、沉河、绞缢、鸩毒等。除此之外，还有黥面、割鼻、截舌、挖眼、断手、刖足、宫刑、幽闭、枷项、笞杖、廷杖、鞭扑，等等。① 前面列举的属于生命刑，后面罗列的属于身体刑。从上述刑罚的名称不难看出，这些刑罚多么残酷、多么血腥，仅仅只听一下这些称谓，就能让人不寒而栗。由此可以看出，封建刑罚的执行过程就是把犯罪人充当客体的过程，是以折磨犯罪人的身体而为显著特征，是以通过消灭犯罪主体或者重刑惩治来实现预防犯罪的目标，除此之外，当时的刑罚并没有更多其他的目的追求。

尤其需要指出的是，上述诸多刑罚种类大多都是当时法律制度之外的刑罚方式，因而其司法适用明显属于法外用刑。换言之，上述刑罚种类或者行刑方式往往都超越了成文法定刑的范围，是司法机关根据自己的主观擅断随意用刑的反映。从中不难看出，在立法权与司法权混沌不清的封建法律制度下，当时的立法权根本无法达到遏制与束缚司法权的效果，通过司法权力的膨胀来肆意加重刑罚力度的情形是当时的常见情形。

专制时代的刑罚过于严苛，这与当时封建政治体制是密不可分的。为了保证自己的专制统治能够长久地存续下去，面临社会民众实施的犯罪行为，在统治者看来，这些以下犯乱者无疑都对其政治稳定或者统治方略带来了极大的威胁，有冲击其政权的直接危害与现实紧迫性，需要积极采取严厉措施予以应对。对此，基于维护自己政权的长治久安，保证社会稳定而换来朝代的不断延续，专制时代之下的刑罚都把犯罪作为了自己政权的敌对方。在此情形下，一旦有严重的危害社会的犯罪行为发生，犯罪的悲惨结局往往就是客观注定的。加之，专制时代过于崇尚权力，针对个体的权利意识与权利保障更是无从谈起。

---

① 高长富：《论中国古代酷刑的种类》，《南方论刊》2008年第3期，第63—64页。

因而，在犯罪人实施了犯罪的前提下，对应的基本上都是刑罚的义务承担，而很难看到实体性的权利享有与程序性的救济保障，基于此，专制时代下的血腥刑罚也就见惯不惊了。

可以看出，血腥性刑罚仍然是报复刑的历史残留，具有过于强调报应刑而忽视预防刑的显性特征。但是，当统治者愈来愈清晰认识到单纯的报应无法抵制犯罪的高涨态势，也无法换来统治的千秋万代时，一旦意识到这一点，就能省思先前实施的血腥刑罚的缺陷所在，反向推动当权者极力寻求并践行新的治国之策、统治之术。具体到刑罚层面，在报应刑之外如何通过有效的预防措施来收获可以实现的期待，自然就要成为后期的努力方向。历史的过往已经告诉我们，血腥性刑罚只能换来一时之快，但是，通过此路径无法换来更多，除了激发更多的反抗与抵制，剩下的就应该是在末路尽头的折返而行了。

报应作为刑罚的天然性内在，自然是无法摆脱的客观事实，但是，刑罚除了报应的惩罚之外，还必须兼顾其他价值，这是刑罚实践告诉我们的结论。当我们无法放弃报应，但是，又因刑罚的适用看不到更好的前途之时，综合论的观点总会"润物细无声"地潜入进来。质言之，在综合论的刑罚论之中，刑罚的教育功能自然将被挖掘。正如学者所言，"刑罚的报应功能是必不可少的，而以教育功能来限制报应应当成为刑法容忍的一大特色。因为教育刑不仅具有改造和挽救罪犯的功能，而且对于淡化刑罚严厉性、提升人道主义精神也是十分有利的"[①]。

教育刑论当然强调刑罚的教育意义，它并非一味急于消灭或者摧残犯罪人的身体，也不是以针对已然的犯罪行为作为刑罚运行的全部旨趣所在，而是以刑罚的教育温柔之面目来唤醒犯罪人的内心，通过规范性意识的重塑来重新拯救行为人，让其重返社会之后能够适应正

[①] 张光宇：《边缘刑法学》，中国人民公安大学出版社2008年版，第92页。

常的生活，步入社会关系的正常序列之中，在按部就班的日常交往中能够重新开始新的人生。

由此来看，与专制时代下的刑罚完全不同，此时的教育刑论通过强调刑罚的教育功能，通过里里外外的全新装扮从而改造了刑罚。在此情形下，刑罚原先嚣张跋扈、蛮横无比、充满血腥的气味逐渐得以消散，它把报应时代遗留下来的招人厌恶的一面放诸一边，而把教育感化的温柔气息释放出来，在冲淡野蛮刑罚的血腥味的同时，也让人们对刑罚的多重面目有了更新的认识。

三、为僵硬的刑罚现实注入更多的灵活性

受单纯报应观的影响，刑罚的僵化与机械是其自然结果。或者可以说，刑罚血腥化的现实正是刑罚僵硬与机械的现实写照，原因在于，当面临现实化的犯罪行为时，单纯就回应犯罪与犯罪人来说，刑罚的直接出场是为了应对犯罪行为，是对犯罪行为人的追责与责任兑现。如此一来，当我们极端化地把刑罚作为犯罪的责任后果，刑罚的功能性作用也就随之被大打折扣了，此时的刑罚仅仅只是作为应付犯罪而出现的，也仅仅只是在已然化的犯罪行为之后被动性地出来"救场"。毋庸置疑，当我们把刑罚看成犯罪之后的责任应对，刑罚自身的目的性预期也就随之被冲淡，致使蕴藏其中的目的性要求必将被严重遮蔽。此时，单就犯罪与刑罚发生的先后关系来看，我们就能看到，在罪刑关系的框架中，刑罚处于滞后性的地位，刑罚之于犯罪的关系决定了刑罚的适用具有滞后性，这种滞后性必将束缚刑罚应有的目的性，致使其必不可少地具有了僵硬性特点。

并且，在传统的刑罚观念中，刑罚一直以惩罚的特殊性手段而立足于制裁体系之下。也正是如此，才导致我们对刑罚的认识局限于惩罚、威慑、报应等内容。从罪刑关系层面来看，刑罚只能在犯罪之后

才能出场，这无疑是司法机关定罪量刑的自然逻辑发生顺序，换言之，如果没有犯罪行为的发生，此时就不能把刑罚加诸其身，否则就必然导致责任类型的混乱，或者更直白地说就是在制造冤假错案。先有罪，后有刑，这是刑事司法的基本思考过程，也是我们应该秉持的一种刑事法治逻辑。尽管现在不断有学者提出"以刑定罪"的刑事司法思维及其在个案中的现实运用，但是，"以刑定罪"绝然不可能在没有犯罪行为的前提下予以展开，也不可能脱离犯罪行为的实质评判而单纯以刑作为基准。①

在相当长的历史时期，刑罚都以重刑苛责的面目示人，而且也以此僵化的方式在现实中予以运作。"长期以来，对于犯罪问题，国家在战略上偏重于依靠社会政策、综合治理的措施来整治和预防犯罪，虽然也强调刑罚手段的作用，但局限于刑罚的惩罚、制裁作用，对于怎样运用刑罚手段来减少和预防犯罪方面却考虑得很少，司法机关对刑罚的实施也只满足于合法和规范，办案的数量和法律运用的熟练程度是司法人员普遍追求的目标，至于刑罚实施的方法怎样、效果如何，则不加过问，也无须过问。"② 在某种意义上，司法机关运用刑罚的过程，并不过多考虑刑罚理念与价值实现问题，他们判断犯罪是否成立，然后在此基础上，对定罪的犯罪行为人加诸刑罚。整体性的司法实践过程大致都是如此，至于刑罚是否与现实的犯罪人相匹配、能否较好地教育改造犯罪人、是否应该采取其他更好的方式等，诸如此类的这些问题一般很少会有深入考虑。

惯常性的司法运作往往是在犯罪行为发生之后给出一个结论性的

---

① 在笔者看来，"以刑定罪"的最大价值实际上是在提倡"以刑配罪"，是在犯罪行为客观存在的前提下，而且行为性质已经符合犯罪构成且达到犯罪之时，选择合乎犯罪行为严重社会危害性的刑罚来进行相应的配置。这样的"以刑定罪"才能既不违反罪刑法定原则，也能真正与罪刑均衡的刑法基本原则相一致。

② 牟军：《刑罚方法论》，《西南民族大学学报》1991年第6期，第88页。

罪刑评判，除此之外，大多也是"有心无力"。然而，在此之下的刑罚究竟是否与犯罪行为相称？刑罚是否必要？刑罚是否要与教育改造相一致？是否要顾及行为人的教育改造难度？这些过于精细与精深的问题及其回答，明显属于高难度的目标，由于传统观念及其操作模式的影响，自然无法纳入刑罚的框架之下予以认真对待。

很显然，刑罚的僵硬化与刑罚的个别化是直接相对的。刑罚的僵化只是把刑罚的视线投注到犯罪发生及其之后责任的对应层面，而与行为危害性的原因、差异和行为人教育改造可能性的大小并无直接联系。尽管，石经海教授指出，"在近代新派产生之前，刑罚个别化就已客观存在，只不过其不是以行为人的人身危险性为根据，而是以行为的社会危害性为根据"①。但是，在刑事古典学派时代的以社会危害性为根据的刑罚裁量，此时仍然是以报应刑为基础的，其与我们惯常性使用的"刑罚个别化"的内涵具有较为悬殊的差异。就现在的"刑罚个别化"而言，其与犯罪人存在紧密性的关联，单纯以社会危害性而忽视行为人的刑罚已经很难称得上是"刑罚个别化"了。正如有学者所看到的，"刑罚个别化是基于个别公正与个别预防的理论形成的一项刑法原则，主要调整'刑罚'与'犯罪人'两大实体范畴关系"②。因而，就现代意义所使用的"刑罚个别化"而言，必然是强调行为人及其人身危险性的产物，而非形式意义上的刑罚个别化，也不是基于报应刑意义上或者社会危害性意义上的刑罚个别化。

但是，自从刑罚个别化提出以来，关于其价值就一直存在着争议。比如，邱兴隆教授直接否定"刑罚个别化"的提法，他认为，"个别化因为与一般预防相对立而有失片面，因为与报应论相排斥而有失公正。而且个别化的诸多立论不合逻辑。诸如此类的理论缺陷决定了个别化

---

① 石经海：《从极端到理性——刑罚个别化的进化及其当代意义》，《中外法学》2010年第6期，第888页。

② 杨琳、赵明一：《浅论刑罚个别化》，《法学杂志》2013年第4期，第115页。

是一种天生不良的刑罚理念。同时，由于个别化以犯罪人的人身危险性为核心，而人身危险性难以预测，因此，个别化也不具有实施的现实性。这又决定了它是一种后天不良的刑罚理念"[1]。对此，翟中东教授提出了与之不同的观点，他认为，"刑罚个别化不是一成不变的教条，今天的刑罚个别化不再是昨天的刑罚个别化，正如今天的罪刑法定原则不是严格规则意义上的罪刑法定原则一样。刑罚个别化不仅从修正罪刑法定原则不足的思想发展到近代刑罚个别化，而且从近代刑罚个别化发展到现代刑罚个别化。刑罚个别化仍是一种充满生机的理论，刑罚个别化仍是各国立法者立法、司法者裁量刑罚与执行刑罚离不开的思想与方法"[2]。

从上述学者的论述中已经可见，邱兴隆教授从理论与实践两个层面对"刑罚个别化"进行了批驳，而翟中东教授从动态化的刑罚发展理论视角，对"刑罚个别化"进行了大力支持与肯定。笔者认为，就刑罚的发展趋势而言，要断然否定刑罚个别化及其司法运用，很显然并不是理性与客观的做法了。就批评者的声音来看，质疑刑罚个别化与一般预防理论与报应刑的对立，从而据此否定该理论，是人为绝对化抬高刑罚个别化的地位，夸大刑罚目的多重价值的结果。实际上，刑罚个别化作为刑罚理论之一种，具有自身的合理定位与适用空间，不可能随意性地放大或者抬高，也不可能完全否定或者忽视相关刑罚理论的价值。可以说，正是由于把刑罚个别化予以绝对化对待，才导致刑罚个别化与一般预防、报应刑呈直接对立关系，致使彼此之间相互抵牾。但是，这明显不符合刑罚综合论的实际情形，也与刑罚个别化理论的现实定位不吻合。

另外，关于刑罚个别化之下的人身危险性难以预测的见解，实际

---

[1] 邱兴隆：《刑罚个别化否定论》，《中国法学》2000年第5期，第98页。
[2] 翟中东：《刑罚个别化的蕴涵：从发展角度所作的考察——兼与邱兴隆教授商榷》，《中国法学》2001年第2期，第51页。

上是通过手段方式上的不可能来否定刑罚个别化理论，实则也是在避重就轻。笔者认为，尽管这一现实处境确实是刑罚个别化的短板所在，但是，人身危险性预测或者评估的困难，并不代表其就完全毫无章法或者操作性可言。笔者认为，只要我们认真对待并合理理解人身危险性的评估，不断探索科学性的评估方法，这一所谓的"难题"也会慢慢得以化解，刑罚个别化在实践适用中的功能特性也会逐渐发挥出来，我们对人身危险性与刑罚个别化的认识必然也会大大得以改观。何况，单纯通过手段工具的不可能来抛弃刑罚个别化，本身就是经不起推敲的，原因在于，尽管人身危险性的评估效果亟待提高，但是，这仍然分属两个不同的话题，我们不能据此否定人身危险性理论的科学合理性。基于此，既然人身危险性仍然存在无法遮蔽的合理性内涵，因而理性的态度就不是否定它，而是进一步完善和提升其司法适用。

从根本上来说，在现代意义上，"刑罚个别化"已经不仅仅只是与行为的危害性程度相一致，更重要的是，刑罚的轻重必须在行为的社会危害性与行为人的人身危险性综合考量的基础上相一致，是"罪行"与"罪人"相协调的统筹性考虑。只有把"罪行"与"罪人"进行一体化地统一起来，据此裁判得出的刑罚才不致畸轻畸重，也不致因为过于机械而欠缺灵活性要求。但是，就传统刑法观来看，由于思想认识上没有根本性改观，加上受之于司法操作的便利性考虑，因而行为人刑法之下的人身危险性理论价值并没有得到充分发挥。

教育刑必然不能忽视行为人的存在，更不能漠视行为人的人身危险性这一理论基点，这是教育刑之于传统刑罚的最大特色所在，也是其最大化发挥其积极功能的现实意义所在。顾名思义，教育刑的"教育"是要教育行为人，而不是教育已经实施并且造成危害结果的行为，毕竟，此时对已然发生的危害行为来说，教育与否已经没有任何意义了。从报应刑转到教育刑，实际上也就把自己的理论视域从行为转向了行为人，或者至少是大大抬升了行为人在刑罚中的地位与意义。当我们以危害行为或者严重社会危害性作为犯罪的本质特征时,行为人是难以作为考量因素而获得自身地位的,此时必然因行为重心的倾向性而致使行为人的意义大大折损。

毫无讳言,教育刑增加了刑罚适用的灵活性,推动了刑罚个别化的运用,也增强了刑罚在刑事法治中的适应性,为刑罚自身价值找寻到了立足之地。教育刑倡导的对行为人的教育,需要司法人员对此予以个别化审查,对行为人的人格要素特征予以更为细致的考量,使之分配与行为人的人身危险性相当性的刑罚,体现刑罚个别化公正的应有内涵。尽管这一步骤确实大幅度增加了司法人员的工作负担,对司法人员的自身素质有相当高的要求,但是与之同时,也使得宣告刑的理论论证与实践操作变得"扑朔迷离",致使这一灵活性有过于扩大自由裁量权之嫌。但是,普遍化的一般公正并不是我们终极性的追求目标,机械化地按照已有危害行为简单定罪量刑也不是刑罚个别化的应有之义。刑罚的现实化过程本身就是个别化的考察过程,是一案一审、一人一刑的科学审判结果,如果不是个别化的刑罚追求使然,我们根本用不着如此大费周折地设置烦琐的程序要求,用不着创设如此多的罪名而"徒增烦劳",更用不着去护守罪刑均衡这一基本原则。

刑罚的僵化总是存在一些弊端,因而我们需要在仔细审查其弊端的基础上,寻求与之相对的解决思路。可以说,教育刑正是基于反思性思索的结果。但是,与之同时,我们也应该看到,教育刑追求刑罚的灵活性,这种灵活性如果过于极端化,又会导致罪刑擅断,甚至会走上抛弃罪刑法定原则的最终结果,因而我们在认识其积极意义的同时,又不能完全无视其短板所在。具体来说,虽然教育刑具有较之于传统报应刑的灵活性,但是,这种灵活性并不是无条件或者无原则的,这是我们在理性认识教育刑时应当时刻坚守的一条基本底线,也是教育刑能否在司法实践中得到认可并推广适用的关键所在。

四、在刑罚运用中注入更多的目的性价值

刑罚作为刑事责任的后果承担方式，它位于法律体系之中需要兼顾两个方面的问题。一方面，刑罚要与其他责任承担方式相衔接，不能在司法适用过程中存在空档，留下法律空白；另一方面，刑罚与非刑罚之间不能相互产生抵触与对抗，导致司法适用无所适从。自从刑罚进入刑事法律体系之中，我们愈来愈认识到，刑罚并非以纯粹已然之罪的报应为全部内容，因为机械性的报应除了能够加强和严密罪刑关系之外，刑罚带来的诸多弊端根本无法克服与解决。刑罚作为综合价值的产物，在撇开目的性追求之后，刑罚自身的合理性根基必然会有所动摇。理性地评价刑罚，就要求我们必须综合性地审视刑罚的目的性价值，并围绕刑罚的多元目的性追求重新构造或改革刑罚。

为了证明刑罚的正当性，功利论者必然要强调刑罚的目的性，即在报应之外，刑罚还存在预防或者减少犯罪的目的性指向。从某种程度上来说，刑罚的刑事立法与司法适用，不管其在程度上是趋重或趋轻，除了与罪行程度相一致外，必然要为预防犯罪或者减少犯罪这一根本目的服务，是以目的追求为中心的立法与司法实现。在日常生活中，我们看到的刑罚之轻重，是刑事立法转化为刑罚现实的结果，这一表象性的内容仅仅只是刑罚呈现于外的最直观性呈现。很显然，刑事立法层面上的刑罚只是静态意义的刑罚，也是成文法或者字面上的刑罚，在没有转化为现实的刑罚之前，社会民众根本感受不到，更不会主动对其有所评价。只有从立法层面走向具体的司法适用，刑罚才与具体的犯罪人接合，并对社会公众产生最为现实的影响力，此时，人们才会对刑罚的具体适用产生具体感知，才会对其适用的正当与否或者好坏善恶具有主观评价。

如果单纯从刑罚的表象来看，刑罚作为滞后性的存在，仅仅只是

以犯罪发生而作为其发动与否的根据，而且其多是以生命或者自由的剥夺为实体内容的，那么，单就此点来看，刑罚的现实存在有无意义的追问就不可能得以停止，甚或可能存在对刑罚的消极评价或者全面否定。但是，只要我们通过外部的表象而更深入一步，我们就知道刑罚的积极价值并不限于上述表面的肤浅认识。质言之，刑罚除了针对犯罪的责任追究，以达到报应刑的公正性目的之外，与之同时，还期待通过已有的犯罪追究程序与实体性刑罚结果而达到预防或者减少犯罪的深层次目标。因此，我们要理性看待刑罚的价值，就必须通过外在的表象而深入到刑罚的内部，即触及刑罚的目的性价值层面，从而才能对其存在的合理性有一更清晰的认识。否则，仅仅就事论事地对刑罚的表象进行评价，没有深入到内部而看得更远，因而相应结论的得出自然也是有欠合理性的。

实际上，在没有考虑刑罚的目的性价值之前，就是把刑罚置于工具性的地位，即把刑罚惩处当作外在手段予以对待。无论是同态复仇、血腥报复，还是进化到一定程度才出现的法律报应论，刑罚都具有工具价值的明显意味。问题在于，如果刑罚仅仅是一种工具，那么，刑罚作为工具如何适用方能"用之得其当"，此时从刑罚工具论本身不能较好地予以说明。另外，如果刑罚是用以对付犯罪的工具，那么，该工具是否能够有效地应对犯罪形势，工具适用之后的效果究竟如何，此时同样不因该种工具性价值就能恰如其分地回答。当随着社会的不断进化，刑罚自身不能阻挡犯罪化的浪潮已经显现化之时，刑罚的工具性价值功能实际上已经发挥到极致，也基本上走到了尽头。若此时我们还抱着刑罚工具论而死死相守，明显已经不合时宜，也与刑罚自身蕴藏的目的预期明显相悖。

从刑罚发展的方向来看，按照刑罚目的来促使刑罚合理性变革，已然成为大家较为认同的内容。传统刑罚不注重刑罚的目的性，或者过于注重刑罚报应性而致使刑罚趋于严苛，这一弊端已经为人所共知。我国学者较早就指出，"片面、机械地强调刑罚的重与轻，并将其看作是刑罚改革的方向，则是从根本上忽视了刑罚的本质目的。根据刑罚目的理论，刑罚之优与劣，关键不在于刑罚的重与轻，而在于对犯罪来说，刑罚是否公正合理，是否必要，是否有利于预防犯罪。凡是能够体现刑罚之公正合理性和必要性，并有利于预防犯罪的刑罚，哪怕再重或者再轻，都是好的刑罚，应当予以保留和发展。反之，则是坏的或至少是有缺陷的刑罚，应当予以删除或改进。这才是我国刑罚改革的基本方向所在"[1]。可以说，围绕刑罚目的进行的具体制度与刑罚适用上的实现，是刑罚自觉注重目的性追求的现实体现，也是刑罚更为理性化的现实所需。当我们愈发注重刑罚的目的性价值，而较少把刑罚当成医治犯罪的万能妙药时，我们就是真正秉持着一种理性思维在进行刑罚适用，我们所适用的刑罚也才能经受住时代与岁月的考验。

从本源上来说，刑罚之所以作为一种刑事责任而长期存在人类社会，整体上是对人类社会有益性价值的体现与选择。可以理解的是，如果刑罚本身是对社会或人类无益的法律制度，那么，在长达数千年的法律发展史之中，其早就已经被弃之不用，而不可能延续至今。刑罚从目的层面来说，并不是为了惩罚而惩罚，而是适应社会需要而提供的一种责任类型。"法律的主要作用并不是惩罚或压制，而是为人类共处和为满足某些基本需要提供规范性安排。使用强制性制裁的需要愈少，法律也就更好地实现了其巩固社会和平与和谐的目的。"[2] 正是因为刑罚适应了社会需要，也体现了变动社会情势下的目的性，因而有其生存的现实土壤与必要性。

强调刑罚的目的性具有另一层面的积极意义，即按照刑罚目的性

---

[1] 赵国强：《我国刑罚改革的理论探讨》，《法学》1989 年第 7 期，第 5 页。
[2] 博登海默：《法理学——法律哲学与法律方法》，邓正来译，中国政法大学出版社 2004 年版，第 365 页。

需要进行的安排，具有限缩刑罚适用范围或者限制刑罚权发动的最大优势。在我们认真严格地考量刑罚目的性内容时，我们对具体个案的深入思考往往不限于案情的简单陈述，而是会自觉地透过案件的事实描述而深入到案件之外，此时由内及外的理论思维及其思路拓展，使得我们在对案件处理的时候会更加审慎而全面，对危害行为与行为人的一体化考虑也会成为常态，对刑罚裁判结果与犯罪行为的对应上也更为周详，由此得出的结论也自然更为科学。

就未来的发展趋势来看，人们对刑罚的人性化认识会获得越来越多的共鸣。有学者指出，"刑罚目的的实现既需要刑罚设置适度，在刑罚适用与执行中注重人的主体性地位，也需要提升法官的职业素养，保障其在实施裁判行为时尊重人的尊严与价值，还需要引导公众逐步更新刑罚价值理念，培育人们对刑罚改革理性认同的社会基础"[①]。通过刑法修正案（八）（九）的相关修改内容来看，其中最为闪耀之处就是先后废除了22个罪名的死刑，可谓刑罚人性化的最大体现，也是通过刑事立法来契合刑罚目的性的现实写照。但是，从总体框架与后期的刑罚发展来说，立法层面的跟进总是不会太频繁，因为立法的修改往往需要一个较长的过程。由于刑罚立法在刑度与刑量上保持一种相对确定的法定刑，给司法适用保留了相当的裁量空间。因此，要真正按照刑罚目的性的要求予以实现，更多的内容仍然需要司法理念层面的及时变动，并且通过类型化的司法案件予以呈现，从而把刑罚人性化与目的性要求较为显性化地展现出来，使之成为一种常态化的潮流而涌现在司法的整体性环节与刑罚结果之中。

从整体性的刑罚发展来看，其所迈向的也是一条综合目的观道路，而不是简单划一的单一性取向。正如邱兴隆教授所言，"单纯的报应论与功利论要么只承认刑罚的内在价值，将惩罚本身作为刑罚的目的，

[①] 陈异慧：《刑罚目的的人性反思》，《法学杂志》2014年第6期，第75页。

要么只承认刑罚的工具价值，只看到报应与功利的对立性而忽视了两者所固有的同一性，从而将报应与功利作为互不相容的两个问题"[1]。无论是相对报应主义还是刑罚并合主义，都是在报应与预防的综合性协调中积极寻求平衡点，以实现刑罚目的在不偏不倚中的两相兼顾。"量刑不可避免地需要考虑已然之罪与未然之罪，刑法不可能'不管不顾'地专任惩罚，还要注重犯罪人之社会复归，并兼顾控制犯罪之效果，为此，需要在各种相互竞争与矛盾的刑罚目的之间保持恰当的关系。"[2]无论如何，从总体上来说，抛弃一方而彰显另一方的做法，都已经无法在理论上自我圆融，如何在报应与预防的协调统一中获益最大，已经毫无疑问地成为当下主流观点。[3]

"刑罚是刑法的落脚点，刑罚目的是刑法的核心旨趣，通过惩罚实现公正与通过预防实现教育均不可偏废。"[4]我们如此郑重其事地强调刑罚的目的性，也并不是我们人为有意为之，实际上是刑罚自身的现实运转所决定了的。由于刑法的现实适用脱离不了刑罚，当刑法付诸具体个案，对危害行为与犯罪行为人就要兑现刑罚，刑罚通过现实个案而展开的过程中，必然就要据此而达致惩戒与矫治犯罪的目的。简言之，在让犯罪行为人接受教诲而知恶从善的过程中，刑罚目的自然也在发挥着引导性作用。

教育刑以教育改造犯罪人作为自己的核心任务，这明显是以目的

---

[1] 邱兴隆：《关于惩罚的哲学》，法律出版社 2000 年版，第 329 页。

[2] 刘军：《该当与危险：新型刑罚目的对量刑的影响》，《中国法学》2014 年第 2 期，第 222 页。

[3] 有学者提出，"刑罚目的"与"刑法目的"是两个不同概念。基于此，该学者指出，刑罚目的就是特殊预防，刑罚的本质是报应，刑罚目的并不包含其他的内容。参见王刚：《论我国刑罚理论研究中的四个误区——刑罚目的一元论之提出》，《法学论坛》2012 年第 1 期，第 116 页。对此，周少华教授也认为，刑罚目的不包括一般预防，一般预防应当属于刑法目的。参见周少华：《刑罚目的观之理论清理》，《东方法学》2012 年第 1 期，第 12 页。

[4] 孙道萃：《我国刑罚目的理论的重构：基于普遍正义观的立场》，《南昌大学学报》2012 年第 6 期，第 70 页。

性追求作为自己的使命所在,而不是单纯以报应或者惩罚为其视点所在。当刑罚把矫治行为人作为自己的重要内容之一,教育刑就要考虑采用何种手段来实现这一目标,何种刑罚是行为人所能接受的,何种教育改造方式是对行为人有益的,是能够与行为人的自身特点相吻合的。可以说,正是在刑罚愈来愈追求目的性价值时,教育刑找准了该时机,并且迅速摆脱传统刑罚的束缚而为自己寻觅到了立足之地。反过来说,教育刑又为刑罚目的性的定位找到了落脚点,通过教育刑的开展而把抽象性的目的刑予以细化,使目的刑能够借助教育刑的具体实施而得以具体化。

五、刑罚吸纳刑事政策科学精髓提供契机

自刑事政策提出以来,学界的认识与理解多种多样,比如,储槐植教授认为,"至今几乎所有关于刑事政策的著述,找不到两个完全相同的刑事政策定义"[①]。曲新久教授也指出,"有多少个刑事政策研究者大概就有多少种刑事政策概念"[②]。但是,无论刑事政策的概念有多少种,其基本的指向仍然是一致的,即通过多种有效性方针措施的运用,来实现惩罚与预防犯罪的整体性策略。对此,白建军教授认为,"刑事政策就是国家关于犯罪问题的基本立场及其技术手段的选择艺术"[③]。作为一门"艺术"的刑事政策,当然不可或缺地具有较强的主观性色彩,是政策制定主体与适用主体与时俱进的人造产物。可以说,也正是基于此,于是产生了形形色色关于刑事政策的不同概念界定,以及由此而演绎出刑事政策司法化的多种样态。

[①] 储槐植:《刑事政策:犯罪学的重点研究对象和司法实践的基本指导思想》,《福建公安高等专科学校学报》1999 年第 5 期,第 4 页。

[②] 曲新久:《刑事政策的权力分析》,中国政法大学出版社 2002 年版,第 34 页。

[③] 白建军:《刑事政策的运作规律》,《中外法学》2004 年第 5 期,第 513 页。

作为政策学的一个分支，刑事政策以其特有的规制对象而具有与其他学科的差异性，也因其与刑事实体法与程序法之间的关联而与犯罪和刑罚密不可分。而且，从适用层面来说，刑事政策是刑事立法与司法适用的方向性指引，它必须深入到刑事法律活动中才能体现自身的价值。否则，如果刑事政策只是一个宣言性口号，那么刑事政策的提出就毫无意义可言，蕴藏其中的合理性内核也根本没有发扬光大的任何可能。

刑罚作为刑事责任的重要内容，主要寄存于刑事实体法之下，其具体的内容和方式与刑法的关系最为直接。在此情形下，刑罚适用所援用的法律根据当然与刑法最为密切，与之对应的是，只要刑事法律规范未作相应的调整，刑罚的内容就是固定不变的。然而，刑法作为基础性法律，刑罚作为刑事责任的重要方式，其相对稳定性是客观存在的一种常态，由于刑法规范自身的静态性与滞后性，一些符合时代需要而适时变动的法治理念就无法得以迅速地扩散开去，在具体化的公正追求中往往也将显现出现实弊端。正是基于此，因刑事政策倡导的积极内核较为迟缓地作用于现实个案，从而难以契合法治变动发展的现实所需，最终暴露出刑事法治封闭僵化的一面。

就此来说，这实际上涉及法治的适应性问题，刑法也毫不例外。不可否认的是，在刑法的变动性与稳定性之间总是存在着一些矛盾，如何在此二者之间进行有效协调，成为刑罚与刑事政策之间面临的棘手性问题。由于政策本身的灵活性与变动性，致使政策一方面要么很难被正确地理解与贯彻执行，要么就是在政策的引导下"大行其事"，如此一来，毫无束缚的结果往往是肆意妄为，导致最终偏离政策本意的不良局面出现。因此，如何把政策性内容予以细化与规范，就是在落实政策过程中必须注意和慎重的事情。正如政策需要规范化一样，刑事政策也需要通过规范化的技术加以引导，通过规范化力量的介入与转化而使之能够进入到刑事法律活动中来，把刑事政策的内在积极价值予以有效发挥。

刑事政策的内涵是一个逐渐被理性化认识的过程，而不是一个依赖朴素情感而随意运用的凭借。刑事政策的理性化强调的是政策内容的审慎性，这决定了其需要通过具体刑事政策的运用来发挥积极作用；同时也决定了刑罚的运用需要汲取刑事政策的合理内涵，而不是把犯罪现象单纯看成打击的对象，把刑罚看成报应刑的单一化存在。从我们严打刑事政策—惩办与宽大相结合的刑事政策—宽严相济刑事政策的变化发展过程来看，刑事政策经过了一个较为明显的调整历程，这不仅是形式层面的变化，也涉及刑事政策实体内容层面的变化，简单地说，刑事政策的变化过程反映了其内容也是朝着理性化的方向在不断调整的。可以说，在刑事政策理性化的迈进过程中，反映当权者对待犯罪的态度的理性化，说明了我们对犯罪与刑罚的认识是在不断深入的。

陈兴良教授指出，"犯罪与刑罚具有一种互动关系。在这种互动关系中，犯罪是一种活跃的、变动的因素，刑罚是由犯罪而产生的并以遏止犯罪为使命的。相对于犯罪来说，刑罚是滞后的与消极的。犯罪的表现是无穷尽的，而刑罚的功能则是有限的。犯罪往往是无理性的、情绪性的产物，但刑罚却是立法者深思熟虑的结果。刑事政策作为刑罚运用的指导思想，必须立足于犯罪的规律性，而不能随着犯罪而盲动"[1]。诚如斯言，立足于犯罪的规律性，我们就不应该把刑罚单纯看成是滞后性与消极性的存在，因为刑罚自然也是具有目的性追求的，也需要通过对刑事政策的积极消化来获得自我认同，通过刑罚积极功能的运转来实现功能价值。

必须要承认的是，刑事政策并不仅仅是针对犯罪的定性而言的，刑罚同样是刑事政策指向的不可偏废的核心内容。然而，在相当程度

---

[1] 陈兴良：《刑事政策视野中的刑罚结构调整》，《法学研究》1998年第6期，第45页。

上，我们认为刑事政策关注的是犯罪现象，把刑事政策与犯罪建立起关联，从而有意或无意地把刑罚的内容撇开在外了。但是，这一错误认识必须加以澄清。原因在于，刑事政策当然与犯罪现象最为直接相关，正是外在犯罪现象的存在才促使刑事政策的出台，可以说，存在何种犯罪现象态势就会有何种刑事政策，没有犯罪现象当然也就根本不需要刑事政策，刑事政策与犯罪现象是息息相关的。但是，必须指出的是，这一关注焦点只是刑事政策拟定内容的着眼点所在，是刑事政策出台的社会背景与现实所需，通过犯罪现象来理解刑事政策只是看到外在的表象，而没有深入地释清刑事政策的内容为何及其现实运转的根本依凭所在。

因而，理当注意的是，刑事政策关注犯罪现象，只是说明了刑事政策的基点所在，然而，刑事政策的具体内容仍然脱离不了刑事实体法律与程序性法律的支撑。可以说，刑事政策的运用不可能单纯通过抽象性内容得以实现，如何在刑罚具体的实践过程中收益预期效果自然是其要重点关注的内容。"刑事政策始终是与刑罚的功利追求联系在一起的，因而具有明显的目的性。"[①] 而刑罚的目的性预期是刑法实体规范的基本方向，二者具有高度一致性，因而刑事政策的目的性预期必然要嫁接于刑罚之上，从而通过刑罚的现实运转来实现刑事政策制定出台之后的目的性追求。

实际上，无论我们认可与否，刑罚都与刑事政策存在直接性关联，这既与刑罚本身的功能有关，也与刑事政策的规范化运作息息相关。从犯罪现象的微观层面来看，具体个案总是要通过刑罚的运用而配置均衡的责任后果，尽管刑事政策更大程度上具有宏观层面的作用与影响，但是，刑事政策除了从政策的整体层面进行指导之外，其具体的效果落实与贯彻执行必然是要通过个案的积累而体现出来的，其当初

---

① 陈兴良：《刑事政策视野中的刑罚结构调整》，《法学研究》1998年第6期，第44页。

拟定的政策与实践相结合是否能够收到良好效果也必然通过现实个案予以呈现。

刑罚的适用可谓是刑事政策的"晴雨表",无论是偏向惩罚与打击犯罪的刑事政策,还是以预防或者改造犯罪为主要目的的刑事政策,在整体性的犯罪治理视野下,都需要通过刑罚来直接推行刑事政策的内容,把刑事政策的意旨进行个别化地予以实现。刑事政策作为政策性的存在物,在没有转化为刑事法律之前仍然是刑事法律之外的影响性因素,刑罚作为具体的责任后果,当然既要在刑事法律之内寻找刑罚配置的法定参照物,同时又要在法律之外选择适合犯罪行为人的刑罚均衡性的考量因素。与此相类似,刑罚既要考虑犯罪行为及其相关的因素,又要考虑犯罪行为人的个别情况;既要对犯罪中的情形予以细致把握,又要对犯罪前、犯罪后的表现予以综合衡量;既要考虑报应刑的需要,也要考虑刑罚的功利性目的;既要对已然之罪有所关注,又不能脱离对未然之罪的关照。正是在此层面上,刑罚与刑事政策产生了交集,因而相较于犯罪论来说,刑罚论的内容与刑事政策的关系也是非常紧密的。

教育刑与刑事政策具有一体性的内在关系,刑事政策没有受到应有的重视,教育刑也根本不可能得以出台,可以说,教育刑的提出正是刑事政策与刑罚互动之后产生的"智慧火花"。自从二极化的刑事政策提出以来,我们从刑罚过于强化单一惩罚性的实践中就已经看到了其弊端所在,因而,如何在二极化的刑事政策中,寻求惩罚与改造、惩办与宽大、报应与预防之间的协调,成为必须考虑和面对的重要事情。实际上,无论是轻轻重重的刑事政策还是宽严相济的刑事政策,都只是外在的表象性问题,原因在于,二极化的刑事政策只是强调刑罚的轻重区别对待问题,如何在刑罚的轻重处置过程中真正与刑事政策的内涵统一起来,通过刑罚的差异化对待而获得刑事政策所追求的实际效果,才是刑罚与刑事政策在有效对接之后应当更为关注的事情。

教育刑的提出是对刑事政策内涵的积极发掘,有助于我们合理汲取刑事政策的有利因素，通过刑罚的现实运转而获得规范化运用的合法性效果。刑事政策的包容量具有伸缩性，较强的灵活性是其与生俱来的特点。从当前倡导并践行的宽严相济的刑事政策来说，除了要求我们注重对犯罪人的惩处之外，还要求合理适当地予以从宽。从宽性的刑罚运用包含了要从犯罪人的主体可改造性角度予以积极对待，要通过刑罚的积极教育功能而让犯罪人真诚悔罪，削减犯罪的主观恶性与人身危险性，实现刑事政策所要达到的犯罪治理目标。

　　刑罚的本质属性是惩罚，这一点无可厚非，问题在于，如果我们执意地过于强调刑罚的惩罚性，受浓厚的报应观念的影响，那么必然就要把刑罚应当具有的其他属性予以遮蔽，刑罚本身具有的多重积极功能也必将被忽视而难以发挥。合理化的刑事政策是基于犯罪现实而提出来的，当我们看到单纯的刑罚惩罚无法遏止犯罪浪潮，犯罪的趋增趋减并不以刑罚轻重而呈正比例关系的时候，作为刑事政策的制定者也必将能够看到这一客观事实，并在刑事政策的出台过程中针对性地做出相应的调整。何况，刑事政策总是脱离不了目的性预期，无论是否把惩罚置于首要位置，它都要寄望通过刑罚的运用来收到预防犯罪的良好效果。在需要借助刑罚实现刑事政策良愿的前提下，刑事政策必然要把这一目的性预期传导给刑罚，并在刑罚现实运转的过程中自觉遵守或者消化吸收，通过刑罚良好效果的获得，既维系自身的存在价值，又使得刑事政策的科学理念得以有效落实。

　　由于刑事政策总是具有全局性的导向，并且任何刑事政策都希望通过政策性内容的实践展开收到积极功效，因而刑事政策不仅具有惩治性的一面，实际上，更为重要的是，刑事政策的制定者往往要通过该刑事政策的运转而达到功利性目的，因而刑事政策的预防性效果是其较为突出的目标追求所在。比如，就宽严相济的刑事政策来说，从表面上来看，是要求针对不同案件就量刑层面的轻重不同配置不同的刑罚，实现刑罚"该宽则宽、当严则严"这一轻重有别的不同界分。

实际上，宽严相济的刑事政策是通过灵活性的刑罚配置达致分配正义的实现，通过个别化的刑罚裁量来实现刑罚的个案公正，并通过个案正义来传导刑罚对社会治理的积极功用，在收到刑罚报应刑公正的同时，实现刑罚在秩序维护与防卫社会上的良好效果。

所有的刑罚都是要面向现实的，脱离了现实与实践的刑罚只能是虚幻的泡影，也正是在这一点上，刑事政策与刑罚具有共同之处，即通过实践性的运转而获得社会的认可。刑事政策的出台是"从社会中来，又要到社会中去"，它与社会发展与犯罪情势相关联，基于此特点，刑事政策也完全可以作为社会政策之一种，并在社会管理创新中不断调适刑事政策的内容，使之能够与社会变动的节奏更合拍，并能更好地为发展中的社会进行整体性的调度，实现其应有的价值。与此类似，刑罚同样具有此功效，尽管刑罚是对具体案件的犯罪行为人而适用的，但是，个案总是社会中的个案，加之刑事案件所具有的严重社会危害性，它必然牵涉到社会生活的方方面面，对社会关系中的多方主体必将带来现实性影响。因而，刑罚的适用不可能是就事论事，不可能对社会现实置若罔闻，不可能不受刑事政策的调整而"特立独行"。

在刑事政策之中，有效的教育改造犯罪人是其一直都未放弃的基本出发点，如何在此层面有效地实现目的预期，刑事政策必然要投入较多的关注。尽管刑事政策要预防犯罪，其中包括了对犯罪人和社会一般人的预防性需求，但是，一旦进入刑事程序之后，对犯罪人的预防成为刑事政策关注的重要内容，如何对已然犯罪人的未然犯罪之预防必将成为重心所在。与之相对应的是，刑罚的特殊预防也正是对已然犯罪人的教育改造，希望通过刑罚实践的有序适用与功能展开，能够让已然犯罪人知罪悔过，重新树立规范化认识并达到适应社会需要的目标预期。由此可见，在教育改造犯罪人这一点上，教育刑与刑事政策实际上是不谋而合的，教育刑吸取了刑事政策的合理内核，为刑罚吸纳刑事政策的科学精髓提供了契机。

第二章　教育刑的概念界定与误区澄清

刑罚的适用囊括了惩罚与教育的多元化因素，究竟是以惩罚还是教育改造为己之重任，是我们如何界定教育刑的关键性问题。为了对此有一合理性认识，我们有必要重新厘清教育与惩罚的关系，通过对二者关系的梳理更加清楚地看清其本来面目。另外，在教育刑概念界定的前提下，还需要我们对教育刑与刑罚的教育功能之间的关系予以清晰认识，并以刑罚的教育功能重新唤醒教育刑的合理内核。因此，在本章节，笔者将对教育刑的内涵、教育刑存在的困惑、教育刑与刑罚教育功能的关系等问题进行一番深入探讨，以期能够为教育刑理论的实践回应与规范运行提供良好的基础前提。

第一节　教育刑的原初内涵及其问题

一、教育刑的内涵界定

在对教育刑的价值理念与社会背景进行了一番考察之后，到此为止，我们必须明了这样一个问题：教育刑为何？毫无疑问，这一前置性的概念揭示是我们所有问题的出发点，不厘清此点难免就会成为无的放矢和自说自话，并且缺乏共同话语平台的最终结果只能是剪不断、理还乱的一团糟。从词条或辞源上分析，其代表性的界定主要有如下：一般认为，教育刑是刑罚理论之一，其适用刑罚的目的是为了教育犯罪人改恶从善，复归社会。[1]有学者称教育刑为"教育改造原则"[2]（the doctrine of the reformatory education），认为在这一总原则之下，具体又包括因人施教、以理服人、循序渐进等分原则。教育刑依据教育改造罪犯工作的客观规律，并指导监狱人民警察尊重规律，是提高教育改造工作质量必须依据的准则。[3]还有学者直接把教育刑称之为"教育刑主义"[4]（the doctrine of education-oriented punishment），即以教育刑为中心的刑罚原则，教育要贯穿于刑罚活动的全过程并在其中释放其最大功效。

在刑罚学理论上，不同学者的认识和表述也并不完全一致。德国学者李普曼认为，刑罚本身就是一种教育；李斯特同样认为，刑罚的目的即是教育。"教育刑思想的主张者认为，刑罚的目的就是对有罪者的再教育，刑罚的本质是教育，否则监狱就没有存在的理由。"[5]而我国传统观点认为，"教育改造是指我国监狱在刑罚执行过程中对在押罪犯强制实施的以转变罪犯思想，矫正犯罪恶习为核心内容，结合文化、技术教育进行的有目的、有计划、有组织的系统的影响活动"[6]。也有学者认为，"教育刑论，是在刑罚目的主义的基础上发展起来的，教育刑论认为行刑的目的不在于惩罚，而在于对犯罪人的教育和改善作用"[7]。"行刑教育原则源于教育刑主义，指监狱在执行刑罚过程中运用教育的方法改造罪犯，以促进他们改过自新，将教育活动贯彻刑罚执行始终

---

[1] 《法学辞源》，黑龙江人民出版社2002年版，第2932页。
[2] 在教育刑的整体框架下，"教育""改造""矫正""教化""治疗"等语词的意义并无二致。
[3] 《法律辞海》，吉林人民出版社1998年版，第1514页。
[4] 《汉英法律词典》，北京外文出版社1995年版，第395页。
[5] 木村龟二：《刑法总论》（增补本），东京有斐阁1984年版，第46—47页。
[6] 司法部政治部监狱管理局：《监狱专业基础知识》，法律出版社2004年版，第132页。
[7] 王耿心：《行刑学》，法律出版社2004年版，第398页。

的准则。"[1] 另有学者认为,"教育刑就其字面理解,不过是认为刑罚本质应该是一种教育,其旨在通过以教育为目的和内容的刑罚使罪犯改恶迁善,并使其复归社会后不致再危害社会"[2]。

综合以上词条的注释和学者对教育刑的界定,笔者认为,教育刑原初意义的内涵囊括了以下三个层面的内容:其一,教育刑视教育为刑罚的本质;其二,教育刑以教育作为刑罚的目的;其三,教育刑的教育理念要贯穿和指导刑罚适用的全过程。结合三者,可以给教育刑下一个比较准确的定义:教育刑是指,把教育定位于刑罚的本质与目的并在此基础上把教育理念贯穿和指导刑罚适用(行刑)全过程的刑罚思想。

如果对此做一个大致的分类,可以明显地看出,教育刑内涵的三要素是基于不同层面的描述:其中前面两点是从静态角度予以说明的,是教育刑质的规定性,与刑罚基本理念关系密切,带有明显的抽象性;第三点是从动态角度予以说明的,是对教育刑具体行刑实践的现实表述,通过刑罚实践可以直接加以把握和检验,相对前面两点而言,它更为具体,也更容易为人理解。教育刑的内在三要素是教育刑内涵的实质所指,明确界定教育刑内在属性的三个方面,将是笔者下文以此为中心展开阐述的关键所在。

二、教育刑的现实并非自证合理

在很大程度上,对教育刑背景底蕴的挖掘和揭示很可能让人误解,认为这是教育刑滋生的有利土壤和合理存在的正当根据。笔者认为,其实并非如此。自然科学方法论和科学工具主义以及多元的背景

---

[1] 张全仁:《监狱行刑学》,中国物价出版社2003年版,第75页。
[2] 郭明:《学术转型与话语重构》,中国方正出版社2003年版,第140页。

要素只是催生教育刑产生的外因而已。要知道，任何事物的产生都是有原因的，无论是在网状结构的自然界还是在社会关系中，根本不可能存在脱离周围环境和外在原因的支撑而孤零零存在的个体。但是，事物的产生只是一个事实范畴，并不能代表其价值评判（褒或贬，正或负，优或劣等等），应然的价值如何并不与实然的存在与否具有同等意义。比如，爱与恨都是有缘由的，正所谓没有无缘无故的爱，也没有无缘无故的恨，爱恨都有其自为自在的理由，但是爱恨价值分明，褒贬易辨。

教育刑的存在是客观的，但这一客观性根本不是证明其正当性的根据。正如结果不能证明原因的正当性一样，客观存在也证明不了价值的合理性。犹如寄居社会体中的犯罪现象，总是多种原因使其实然发生，尽管任何人都不能否认它存在的客观性。然而，犯罪并不是社会的常态，犯罪也不能以其客观存在作为自己的正当性根据。教育刑把教育与刑罚人为地植根于犯罪心理学的土壤之中。希望通过教育来直接改造刑罚，甚至取代传统刑罚的奢望，根本缺陷在于忽视了二者质的规定性，最终注定了教育刑无法开出"斗艳奇葩"，也结不出"灵药圣果"。

20世纪70年代，美国曾经出现过围绕"教育是否有效"而展开论辩的"马丁森—帕墨"一案[1]，德国出现过著名的"维耶兰德研究"[2]，其最终都对教育刑的效果持否定态度。甚至在现在的美国，人们也认识到对罪犯过于宽大并不是一件美好的事情，从而少数州不再实行假释制度，州立法机关更是对判决的实践进行了更改，以强调刑罚

---

[1] 理查德·霍金斯等：《美国监狱制度——刑罚与正义》，孙晓雳、林遐译，中国人民公安大学出版社1991年版，第249页。

[2] 罗伯特·J.威克斯：《各国矫正制度》，郭建安译，中国政法大学出版社1988年版，第67页。

的惩罚对应犯罪的严重性。[①]这样,人们就不得不承认,"在现代实践中,改造是主要的被明确宣布的目的,但是,它是一个困难的,几乎不可能达到的目的"[②]。理论可以早于社会发展的阶段而提前出现,也可以在事物成熟或成型之后的某个阶段出现,但是,一项理论要投之于实践并带来预期的效果,必须要有大量的现实条件予以辅佐。

无论怎样,理论的存在如同任何事物的诞生一样是一项客观事实,这无须我们借助任何外在的工具就可以明确地感知。但是,必须强调的是,"存在与否"与"价值如何"是两个不同的命题,二者不能简单地画等号,正是基于此,存在并非合理也同样是不以人的意志为转移的客观事实。毕竟,理论要转化为现实的作用力,一方面需要符合自身规定性的内在逻辑,另一方面离不开外在多元因素的支撑以及相关实践的检验。

三、教育刑概念界定引发的问题

从现有的实践运转来看,教育刑从理论走向实践的步伐缓慢。虽然教育刑作为一种代表性刑罚观念有其产生的社会背景与内外条件,也有其与当下社会相结合而产生现实功能的重要价值,但是,背后的推动因素却并没有在实践中顺利开花结果。关于其中的原因,我们仍然不得不说,这与教育刑理论的认识不清仍然相关。由于我们对教育刑自身仍然存在一些解读性的不当,在此前提下,基于理论认识上的不清晰,随之带来了实践转化上的现实障碍。

为此,教育刑原初概念界定只是一个基础性的认识,在此前提下,进而需要进一步深究的是,教育刑作为原初意义上的内涵得以诞生和

[①] 刘强:《美国刑事执行的理论与实践》,法律出版社2000年版,第14页。
[②] 戴维·M.沃克:《牛津法律大词典》,光明日报出版社1988年版,第684页。

提出之后，为什么这一刑罚理论并没有得以顺利被接纳？为什么没有在多元价值的基础上得到广泛性认同？为什么没有在理论确立的基础上顺利地被实践推行？教育刑背后挥之不去的困惑究竟是什么？何种排他性力量使教育刑难以有所作为？

基于这些疑问的存在，为了更好地有所回应，需要我们对这些基础性问题进行重新思量，需要在教育刑概念界定的基础上更为深入地再进一步探究。笔者相信，唯有此，我们才能全方位地更好审视教育刑，在澄清认识误区的同时，辨清教育刑原有的一些误解所在，从而为教育刑能够重新走进学术视野提供有力的理论支撑，为教育刑日后的规范化运行提供更加切实可行的保障。

第二节　教育刑的绝对化具有客观上的多重弊端

在笔者看来，教育刑的合理内核之所以难以发挥，其原因在于我们把教育刑理念过于绝对化使然。在此情形下，致使教育刑作为一种刑罚抽象观念，仅仅只能停留在少数学者的话语之中，根本无法真正融入传统的刑罚理论当中，也不可能转换为实践操作中的具体现实做法，因而无论在理论还是实践层面都面临着较为尴尬的境地。基于此，笔者对源初意义上的绝对化教育刑予以探讨，以辨清其存在的多元弊端，从而为绝对意义上的教育刑与刑罚的教育功能之间的关系厘清奠定良好基础。

一、绝对教育刑视教育为刑罚的本质存在根本偏差

刑罚的本质是刑罚自身存在的特质，是刑罚区别于其他事物的根本性标志。笔者认为，刑罚的本质在于应受刑罚的惩罚性，因为一旦将危害社会的行为界定为"应受刑罚惩罚",实际上就界定了对危害行为用刑事法律加以调整的手段方式,并基于调控方式的差异性(是刑罚惩罚而非民事、行政处罚)说明了行为质的内容。① 危害行为应不应受刑罚惩罚(应受何种刑罚惩罚那是之后的事情),要考虑危害行为和危害行为所征表的人身危险性的严重程度是否与刑罚作为最严厉的处罚手段相匹配:危害行为和人身危险性程度轻的时候,处于其他部门法保障地位的刑法务必谦抑,刑罚的惩罚性应该自动予以避让;危害行为和人身危险性严重到其他部门法不可调整的时候,具有惩罚性的刑罚就要从幕后进入幕前,勇于肩负职责并积极地对危害社会的行为进行有效规制。否则,当刑罚不该介入的时候介入,就打乱了民事责任、行政责任和刑事责任的体系划分,把本是民事和行政违法的行为人为地制造为犯罪;当该介入的时候刑罚又过度地谦让,应受刑罚惩罚性则无法现实作用于严重危害社会的行为及其行为人,再加之民事、行政法律受自己调整对象所限又难以调整严重危害社会的犯罪行为,于是产生的后果便是既纵容了犯罪行为人,又刺激了更多潜在的犯罪人实施犯罪。

可以说,正是在达到了应受刑罚惩罚的程度,我们才清楚地可以鉴别该行为已经是犯罪,而非一般的违法行为。国家或者立法者认为某种行为应用刑罚手段予以调整,其本身就表明了该行为的社会危害性及其行为人的人身危险性已经高于其他危害行为的程度,需要犯罪予以界定的社会危害性在这里就直观地由"应受刑罚惩罚性"表现出来了。就此而论,"应受刑罚惩罚性"具有质的规定性。另外,应受何

---

① 这里实际上牵涉到刑民分界的问题,即究竟是让行为人承担刑事责任还是民事责任,关乎的仍是刑罚本质的问题。有学者认为,"刑、民分界的标准即为严重脱逸社会相当性理论"。于改之:《刑民分界论》,中国人民公安大学出版社2007年版,第205页。在笔者看来,"严重脱逸社会相当性"的同等话语就是"应受刑罚惩罚性",因为我们在评判行为人的行为是否"严重脱逸社会相当性"时,仍然需要根据是否"应受刑罚惩罚"给出答案。

种刑罚，刑罚的种类是什么，刑罚的程度是多少，这是"应受刑罚惩罚性"包含的第二层意思，在这一意义上，"应受刑罚惩罚性"又具有量的规定性。因此，"应受刑罚惩罚性"是犯罪质与量最为直接的外观显现，是区别民事侵权行为、行政违法行为的标尺。刑罚既然是由审判机关给出，并由执行机关予以执行的对行为人的谴责或者对其行为的否定评价，那么这种否定与谴责必然要求惩罚性是其第一要义，刑罚的本质不可能偏离这一实体而另选其他。就教育刑所依附的自由刑而言，同样离不开刑罚本质所要求的范围，同样需要通过隔离、剥夺、劳役等方式，以外在身体上的强制作用使行为人自食其果，让行为人认识到危害行为所必然对应的刑罚惩罚，认识到刑罚是在对自己进行谴责以及对其行为方式进行否定评价。笔者认为，即使在这一过程中刑罚能够达到"作用于心""行拂乱其所为"的预防效果，在相当程度上，可以说也仅仅是自发而非自觉的过程，是伴随刑罚的实施而"种瓜得豆"的副产品而已。

误把教育等同于刑罚的本质，实际上潜在地虚置了一个前提，即行为人受教育的不良状况是犯罪发生的动因所在，刑罚需要承受的是对犯罪行为人再教育的重任。然而，故意犯罪与过失犯罪并不明确地支持这一点。就故意犯罪而言，行为人的知与意、情与欲、动机与目的都异常明晰，在实施危害行为时仍然不失理性，尤其是国事犯、行政犯、高科技犯罪的犯罪人的智识水平不亚于常人，甚或远在常人之上，"谁教育谁"是一个很尴尬且有强烈讽刺意味的事情。就过失犯罪而言，过失心理反映的是行为人对刑法保护法益的忽视或漠视的态度。[1] 相对故意犯罪来看，过失行为人的认识因素与意志因素更为弱化，但是这并未为教育刑留有空间。可以说，"忽视态度"是行为人对自我能力与外在条件的懈怠而引发的生活态度问题，在正常情境和时空转

---

[1] 陈忠林：《刑法散得集》，法律出版社 2003 年版，第 275 页。

换后行为人已然明了于心的事情，根本没有必要采用教育刑：无论怎样，多余的刑罚是不公正的刑罚，以教育刑的名义大显其道就必然要扩大刑罚圈，从而导致我们把细枝末节的东西当作重要的东西，把重要的东西当作细枝末节的东西。而"漠视态度"属于行为人"明知而轻信"，其对法益保护的不予关心是行为人内在心理的外在征表，教育刑对其失效有两个方面：其一，"明知"说明行为人对自己行为的手段方式、时间、地点、作用对象、因果历程等都有清楚的认识，那么，在已然达到教育刑要求的基本目标之后，还有必要配置教育资源吗？还有必要在刑罚的名义下动用教育的有限力量吗？其二，"轻信"是轻信危害结果可以避免，未能避免不在于行为人心智与技能上的欠缺，因为外在因素的介入总是未加预料地会干扰行为人明知的内容。那么，依靠国家强制力为后盾的教育又如何能够排除不期而至的各种主客观因素呢？如果不能，刑罚的强行介入是否就有凭借公权力进行肆意规制的色彩？

当然，通过教育可以让行为人在具体犯罪过程中避重就轻。正如边沁所言："在两项罪过彼此竞争的场合，对那项较大的罪过的惩罚，必须足以诱导一个人宁愿去犯那项较小的。"[①] 因此，照此推论，行为人可以通过违法性认识的自觉教育过程而知晓刑罚的孰轻孰重，从而在自己行为过程中自觉地对行为的可选择项目予以理性选择。可是，这一理性思维活动也并不给教育刑积极的理论支持，因为迁恶从善的教育目的是要杜绝犯罪，而不是告诫行为人不犯重罪或者在能够犯重犯的情况下去犯轻罪。否则，如果教育的目的仅限于此，那么这种教育担当的不是积极禁止犯罪的角色，而是充当了行为人犯意的惹起者和犯罪行为教唆者的角色，即教唆行为人尽可能地犯轻罪而不要犯重罪，而非告诫行为人不要犯罪。显然，这不是教育刑的最初旨趣所在。

---

① 边沁：《道德与立法原理导论》，时殷弘译，商务印书馆2006年版，第227—228页。

并且,依照上述理解进一步推论,教育的效果也根本无法防止重罪的产生,因为完全以行为人"存乎于心"为标准的轻重界限的划分是模糊或混乱的,比如故意伤害相对故意杀人是轻罪,故意杀人相对绑架杀人也是轻罪,孰轻孰重以不同的参照系就会得出截然相反的结论。既然行为人实施何种罪行都可以是避重就轻的结果,那么通过教育刑让行为人有意识地规避重罪行为恰恰从侧面说明了教育刑的弊端,即教育刑以这样的方式教导行为人进行行为选择是无效的,希望在具体个罪上依靠教育达到避重就轻的预防是徒劳的,在某种意义上,这种引导不是在遏制行为人的犯罪意图,而是在助长行为人的主观恶性。

二、绝对教育刑以教育作为刑罚目的存在理解偏颇

刑罚目的理论是整个刑罚理论体系的基石,它贯穿于整个国家的刑事立法、司法审判和行刑三个阶段,犹如人体内的中枢神经,高屋建瓴地发挥着指挥作用。确立得当,可使国家的刑事立法、司法审判和行刑配合默契、协调运作;反之,则可使国家的刑事活动各行其是,使刑罚理论大厦建立在泥淖之中,危机重重。在此,笔者把刑罚目的分为存在论意义上刑罚目的与价值论意义上的刑罚目的。[①] 存在论意义上的刑罚目的,是就刑罚在什么条件下发动而言的。从罪刑关系角度分析,刑罚的发动只能呈被动应对式地介入,即先有犯罪行为而后才有刑罚,即我们常说的"因为有犯罪所以有刑罚",颠倒这一基本关系不仅不合常态逻辑,而且还将导致刑事程序的贬值以及人权价值的

[①] 笔者认为,还可以以实然的刑罚目的与应然的刑罚目的进行区分,在实然与应然的刑罚目的之间有一条通途,可以互达彼此。要指出的是,刑罚目的究竟是分为直接目的与根本目的,还是从立法与司法层面进行两分法划分,还是根据制刑、求刑、量刑、行刑过程中体现的刑事法律关系约不同而各有侧重,由于不同的划分方法是基于各自对刑罚目的层次性的不同视角与理解形成的,因而没有一个孰优孰劣的界分。

沦丧。因此，存在论的刑罚目的必须围绕犯罪来确立，报应刑是其应有之义。在价值论意义上，刑罚的视线必须触及犯罪背后更深的追求，惩罚犯罪是为了不罚（刑措）、少罚、"刑期于无刑"，即我们常说的"为了没有犯罪所以有刑罚"。"刑罚的目的仅仅在于：阻止罪犯再重新犯罪侵害公民，并规诫其他人不要重蹈覆辙。"[1] 就此而论，预防犯罪是价值论上刑罚目的的应有之义。

笔者认为，就预防论中的特殊预防而言，仍然不能无限放大其功用。关于其理由，简要的一点也是至为关键的一点：由于犯罪的个人原因与社会因素的掺和，身处人造社会（监狱）之下的所谓特殊预防措施，即使有完善的测评系统表明行为人已经改恶从善、回归主流社会，然而时空转换之后，服刑人要从人造社会（监狱）顺利过渡到常态的社会关系圈中，原有的教育效果依靠什么来巩固和维系终究是一个无法攻克的难题。因而，遵照存在论先于价值论的逻辑思路，笔者认为，在刑罚目的价值体系之中有一个内在的位阶关系，即报应——一般预防——特殊预防。[2] 这一兼顾了报应、一般预防和特殊预防的刑罚目的论既有制约又有互动：制约体现在，一般预防和特殊预防要受制于报应的原则性要求，特殊预防要受制于报应和一般预防的原则性要求，位阶关系中的任何后者都不能为了自己价值的最大化而不顾前者

---

[1] 贝卡利亚：《论犯罪与刑罚》，黄风译，中国法制出版社2002年版，第49页。

[2] 关于刑罚目的的层次性，韩轶教授在其博士论文中有深入论述，他把刑罚目的视为一个完整的整体，统揽三个层次：公正惩罚犯罪、有效预防犯罪、最大限度地保护法益。参见韩轶：《刑罚目的的建构与实现》，中国人民公安大学出版社2004年版，第78页。韩教授认为，第一个层次"公正惩罚犯罪"是报应刑的原义，第二个层次"有效预防犯罪"囊括特殊预防和一般预防，并且承认"随着社会形势的变化或某种犯罪在一定时期内的增加或减少以及案件情况的差异，在刑罚裁量时可以对一般预防给予更多考虑"。参见韩轶：《刑罚目的的建构与实现》，中国人民公安大学出版社2004年版，第119页。如此看来，就韩教授前面所谈的两个层次而言，与笔者的观点和旨趣相同。就其所言的第三个层次"最大限度地保护法益"，笔者认为，严格说来这是整个法律体系的目的性要求，并不是刑罚所特有的目的性要求，它由于缺乏独立的刑罚目的的品格而无实际意义。并且，只要真正做到了第一和第二个层次，最大限度保护法益的目的就已经达到，即后者是前两者最终追求的目标和价值理想的应有之义，因此根本没有画蛇添足的必要。

的限制；互动体现在，一般预防和特殊预防是报应之后目的性的进一步要求，正是通过对报应刑的不断修正，预防论使得刑罚的适用逐渐趋于价值平衡的理想状态。但是，无论是制约还是互动，一般预防与特殊预防都必须在报应的框架内才能有所作为。原因在于，公正制约效益、手段限制目的作为常识性存在，是刑罚实践目的性追求必须遵循的准则，否则，超脱这一关系束缚，最终将既失之公正也失之功利。毕竟，报应是基于公正观念而生的对刑罚的正当性要求，预防是基于效益观念而生的对刑罚的正当性要求；单纯的预防因为使刑罚具有一定的目的性价值而是正当的，但又因使刑罚不具有公正性而是不正当的，只有将报应作为限制功利的手段，才能使刑罚既因为是公正的而具有预防犯罪的手段的正当性，又因为具有正当的目的而是正当的。[①]报应是一般预防与特殊预防不可逾越的屏障，若不其然，单独的一般预防必将因为强调刑法的社会防卫机能而法外施刑导致重刑化，单独的特殊预防则将无视报应的要求而缺失公正。在报应—预防（包括一般预防和特殊预防）的位阶厘清之后，一般预防与特殊预防的层级关系将更为明了：既然预防论都是基于功利价值予以阐释的，那么遏止多数人犯罪的一般预防论，较之防范具体行为人再次犯罪的特殊预防论，从"最大多数人最大幸福"的功利价值上进行比较和权衡，显然一般预防优于特殊预防。因此，通过上述的分析，刑罚目的的位阶已经清楚地显明，预防必须受制于报应，特殊预防必须受制于一般预防，这是刑罚公正与功利价值的辩证要求。

教育刑难以等同公认的刑罚目的的任何话语，这种语义上的转移虽然可以代表一种目的观的新思路，可数典忘祖地另辟蹊径已与刑罚本身背道而驰了。存在论意义上的刑罚目的，注重报应，以回顾过去、留意已然之罪为己任，教育目的论以前瞻未来，注视未然之罪、防卫

[①] 邱兴隆：《关于惩罚的哲学——刑罚根据论》，法律出版社2000年版，第299页。

社会为宗旨。前者的"顺理成章"与后者的"曲径通幽"形成鲜明的对比。一般预防的任务是宽慰被害人、防范不稳定分子和一般民众，虽然与教育观的方向一致（前瞻未来），但是行为对象的差异性注定了二者只可能是平行线的上下支，相似而永不相交。不可否认，教育目的观与特殊预防论存在天然的近姻亲关系，表面上似乎可与特殊预防论相互等置。其实不然，尽管教育刑可归之于特殊预防的手段之列，但特殊预防并不仅限于教育刑，这种关系说明教育刑只能充当特殊预防的分支发挥有限的作用。

基于笔者上述对刑罚目的位阶的排列次序，既然教育刑尚且要寄居特殊预防之中，而特殊预防又位居刑罚目的层次性之末，那么遵照刑罚目的报应——一般预防——特殊预防的整体性位阶和三者之间的内在关系，可以十分清楚地得出一个结论：教育刑根本不是刑罚目的的全部内容，教育刑也根本无法担当刑罚目的的重任。试想一下，特殊预防在刑罚目的位阶中尚且处于虚弱之势，寄其篱下的教育刑又如何能够越过一般预防与报应主义而在刑罚目的中独当一面？并且，教育手段的多样性与个别化要求，通过刑罚实践将不自觉地改变犯罪三要素（社会危害性、应受刑罚惩罚性、刑事违法性）和犯罪的本质特性，造成相当程度地弱化刑罚的必然性、刑罚的等价性、刑罚的惩罚性和刑罚的统一性等要求。[①]

三、绝对教育刑与教育的异质性存在契合上的困难

绝对教育刑力主把教育的要素纳入行刑过程的始终，在刑罚实践中遵照教育规律行事，把犯罪人的思想改造、精神治疗、行为矫正等

[①] 邱兴隆：《刑罚理性评论——刑罚的正当性反思》，中国政法大学出版社1999年版，第635页。

委之于常规形态下的教育。就此来说，教育刑主导的教育内容的实质成分是教化而非惩罚，教育刑只不过借助"教育万能"的先入为主意识，侵占了本应属于传统刑罚的领域。孟德斯鸠鲜明地指出，"有两种腐化，一种是由于人民不遵守法律，另一种是人民被法律腐化了。被法律腐化是一种无可救药的弊端，因为这个弊端就存在矫正方法本身中"[①]。我们知道，教育和刑罚是两种性质不同的人类实践活动，富有理性的教育活动与刑罚本质上的强制存在根本的冲突，二者在应用的对象、追求的目标和实现的条件方面都有着自身的规定性。[②] 这种自身的规定性，是彼此特质所在，是维系二者自身整个体系的血脉，面对任何异己力量的介入，其固守自我的本性都将予以抗制，互斥性的结果必将是排异现象的出现。问题在于，社会现象的排异并不给人直观的体验和真切的感受，正是这种隐性特征，导致了教育刑论者把理论困惑和实践困难当作挑战，把步履维艰视作积聚力量的必要代价。绝对教育刑论者对教育刑的"成效"津津乐道，并在教育刑的手段方式上苦心孤诣，在细枝末节上大做文章，而唯独在基础理念上疏于体察，缺乏论证。没有良好基础的大厦在风雨飘摇中结局如何，是任何人都可以大胆进行预言的。笔者认为，教育只能作为外在因素或内在功能影响刑罚的顺利实施，积极地对刑罚实现有所推动，唯独不可能取代刑罚。如果绝对教育刑要凭借教育彻底地占据传统刑罚的全部领域，那么这充其量不过是一场"鸠占鹊巢"的闹剧。"亡羊补牢"的做法应该是，绝对教育刑的践行者应该在拨云见雾的理论指引下尽早认识到自己的误区所在，尽快调整自己的整体思路和司法活动中的践行方式，以免愈趋愈远以至积重难返。

肯定有人会质疑，教育刑的受教对象受时空的束缚、会身心疲惫、

---

① 孟德斯鸠：《论法的精神》（上册），张雁深译，商务印书馆 2005 年版，第 102 页。
② 郭明：《学术转型与话语重构》，中国方正出版社 2003 年版，第 145 页。

有精神压力、自由受限制等特征，不正说明教育刑的本质仍在于惩罚，教育刑的性质即是刑罚，教育与刑罚又何来异己力量的迁入而出现排异现象？就此，笔者认为我们应该注意以下两点，这两点即是回答上述问题的答案所在：其一，如果承认教育刑的本质在于惩罚，那么对受刑人思想予以感化的教育又岂能与对其身体进行的刑罚惩罚同日而语，毕竟前者的着力点在行为人的思想，而后者却着眼于行为人的人身自由，因此，作用力方式上的不同决定了二者的根本性差异。何况，姑且承认上述论点，但是当我们把思绪拉回到前面已阐明的教育刑的三要素上，两相对照则会发现，绝对教育刑把教育视为刑罚本质与目的的内容要素难以自圆其说地进行解释，毕竟教育刑的教育本质与教育刑的刑罚惩罚形式并没有任何调和的余地，要求两者兼顾却又互斥互排的非相容性，导致的最终结果只能是一个非驴非马的异物而已。如果教育刑真的一方面期许借助教育来彻底改造犯罪人，另一方面还要在刑罚的框架内进行有效操作，那么可以看出，欠缺原则性立场本身就说明了教育刑论难以遮蔽的理论缺憾。我们清楚，既然行为人的过错在于其行为损害了刑法保护的法益，刑罚调整的是行为人的行为而非思想，那么如果仍然坚持认为教育刑的本质在于惩罚，惩罚的基础也应该只是其危害法益的行为，为何又要虚张声势地假借教育的手段折磨行为人的思想？其二，承认教育刑的本质在于惩罚，其根据是从教育的需要出发，反推刑罚惩罚手段与教育目的的关系，这在主观上是为了突出教育改造在行刑中的作用。然而，就罪犯的教育改造而言，刑罚实际上是它所不能选择的前提。一个很明显的事实是，刑罚必须对应犯罪行为的应受惩罚性，刑罚根本不是为了教育而存在，教育也不是在刑罚之下才能生存，否则刑罚与教育就根本没有必要分成两个领域，也没有必要采用两套不同的运作方式。过多强调教育前提下的刑罚惩罚，惩罚与教育两种结构因素的潜在冲突就可能导致刑罚本性与行刑功能的实际分裂。[①] 可以说，绝对教育刑论者没有清楚认识到教育原本是什么，也不清楚刑罚是什么，他们既强调受刑者的人权及作为人的尊严，又追求符合预防犯罪目的的犯罪对策，二者明显形成了二律背反的紧张关系，这种寄求于歪打正着的良愿最终注定了其只是背离刑罚实质的乌托邦而已。

四、绝对教育刑以教育为中心的主线难以贯穿始终

前述内容是对教育刑静态层面的剖析，而教育刑在动态层面的实践运转也必须澄清；动静两个层面是分析教育刑必不可少的一体二面，完整的表述组合成为了反思教育刑的全貌。绝对教育刑要求从教育始，到教育终，以教育温馨可人的亲和面孔，通过教育的精神渗透力，感召落入歧途的犯罪人，让他们在教育中忏悔，在忏悔中知罪，在知罪中远离犯罪。确实，教育如果能够在洗去他们污浊的双手的同时，也涤荡和洗刷他们的灵魂，那将是一个多么令人向往的场景！然而，对其结果梦寐以求的畅想，一不小心就跳跃式地步入了思维的藩篱之中。这里有两个问题：教育刑如何始？如何终？

在教育刑的现实操作层面，为教育刑的顺利施展配置一般的教学设备，单就刑罚资源排挤性的障碍而论，这一问题似乎总有解决之道。可是，抛开物质条件和硬件要求，就教育刑如何起始和开展的宏观设计，无法回避地会遭遇以下难题：（1）教育刑主体的适格问题如何解决？即施教者为谁，是犯人还是专家？从我国现实情况来看，依靠犯人管教犯人是普遍存在的事实，如果把教育主体确定为犯罪行为人，那么与受教对象无地位差异的施教主体如何获得受教人的心理认同从而育人服众（其他行刑人）？如果是专业人士的介入，采用集体教育方

---

① 王利荣：《行刑法律机能研究》，法律出版社 2001 年版，第 170 页。

式不免有走过场之虞,而采用一对一的教育方式,面对庞大的犯罪群体又如何配置资源以满足不断高涨的犯罪人群的需求?(2)教育内容为何,教学计划如何安排?面对参差不齐的受教人群,以及受个性特征、教育背景和受教环境等差异的制约,在现实中并不存在一种横向的可以一体遵行的现成教育方案。然而,教育的基本原则是因人施教,教育刑必不可少地要求现今的行刑实践从僵硬到灵活的转变,这无疑是一种难以应对的挑战。(3)受教对象如何分类?标准何在?现行的分类羁押制度是出于监管秩序的需要而设置,如果不按照教育的原则要求加以变革,教育刑如何顺利展开?(4)如何解决主流文化与监狱亚文化之间的冲突?这种抵触与碰撞不仅是对监管环境的破坏,也是教育刑面临的最大障碍,如果缺乏行之有效的解决问题的办法,必将阻滞教育刑的顺利施展,并对前期效果的维系带来毁灭性颠覆。[①]

就教育刑如何终的问题,笔者的疑问主要有:(1)教育刑的绩效如何测定?以什么标准认定行为人通过教育刑已经达到了改恶从善、不致再犯的效果?(2)如何解决教育刑与不定期刑、罪刑法定、罪刑均衡的关系?涉及刑法基本原则的这些问题是必须直接面对的,绕开这些基础性的刑法范畴不是解决问题的根本之道,回避锋芒和掩盖矛盾对固守教育刑的根基于事无补。(3)刑期已满与受教对象回归社会的认定发生冲突时,以何者为准,如何调适?如果受刑人的刑期已经

[①] 我国台湾学者认为:"教化受刑人,应本着仁爱之观念与同情之心理,了解其个别情况与需要,予以适当的矫正与辅导。其目的在于增强受刑人之自尊与内省其行为,并助其控制自己与改善人际关系,激发受刑人良知良能,培养其崇法精神,促进其变化气质,重建完整人格,使其成为一健全国民。为使监狱教化发挥其功能,应遵守下列原则:(1)避免集体教化,采用个别教导。(2)避免依循一成不变之老套计划与例行之常规。(3)认识受刑人教育乃是一种成人教育。(4)监狱教育社会化,因此设计课程应广泛,且能适用受刑人之需要。(5)教化内容应引起受刑人之兴趣,乐意接受教化,不宜施以强迫。(6)教化之成功,必事先分析在监受刑人。"(许福生:《刑事政策学》,中国民主法制出版社2006年版,第335页)根据上述列举出来的原则,可以进行略微思考,如果要真正按照教育刑的要求行事,那么在现今社会现实中上述任何一个原则都尚难符合的情况下,又如何满足全部条件?在常态的学校教育尚无法做到的情况下,教育刑要想在高墙铁网中实现这些标准又谈何容易。

服完，如何面对教育的绩效评定尚未达到预设标准的具体情形？（4）如何解决行为人受特定利益驱使而故意迎合教育评定系统的虚假情形？是按照绩效标准的符合情况减少刑期，还是以行为人故意迎合行为所表征出来的主观恶性延长刑期？（5）教育刑与保安处分有何内在关联，在我国保安处分尚未建立的现阶段，教育刑的倡导究竟是一种契机还是现实的难题所在？（6）如果行为人始终达不到教育评定系统的标准，如何处置行为人？释放行为人会违背教育刑的绩效评定标准，延长关押又显然不符合刑事判决的确定性和罪刑法定原则的明确性要求。[①] 笔者提出上述问题，不是要留下什么悬念，实际上，即使刑事司法发展到今天，绝对教育刑对上述困惑仍然无法给出圆满的回答。因此，这些瓶颈性问题集中地说明了一点，即绝对意义上的教育刑以教育为中心的刑罚主线难以贯穿始终。

五、绝对教育刑的多重弊端决定理性再反思的必要

由上观之，教育刑的产生受着自然科学和科学工具理性主义的推动，并在时代背景底蕴的支撑下应运而生，这是原初意义上教育刑的基本形成过程。在此层面上，教育刑的内涵阐明了该理论对刑罚的三点指导性认识，教育刑理念是这些实质三要素的统一，这三大基本要素同时也构成了教育刑理论对刑罚实践的原则性要求。基于对教育刑理论内在三要素的查探，可以清楚地看到：教育刑理念的现实存在并不代表其合理性依据；教育刑把教育视为刑罚的本质与目的，强调教

---

① 抱歉的是，笔者在此提出了众多问题，却没有给出只言片语的答案。理论是行动的先导，欠缺正确的理论就无法达致正确的实践。由于教育刑缺乏科学的内在合理根据，注定了其在践行中危机四伏。仅仅局限于单方面的补救同样无济于事，难以化解的各方冲突显现的反倒是其捉襟见肘的窘境。由于缺乏稳妥的理论根基，注定了教育刑的困境无法通过零碎的修修补补得到根本改善。因此，不给出问题的答案，是笔者认为迄今为止尚且没有正确的答案。

育贯穿行刑实践全过程的奢望,造成了教育与刑罚自身特性、刑罚目的位阶性等方面的冲突和困惑。可以说,正是这些无法排解的困境的存在,最终说明了绝对教育刑理论存在不容否认的现实缺陷,也致使该理论诟病重重。

但是,对绝对教育刑理论的批判性反思,并不代表我们要否定刑罚的教育功能,刑罚作为有效调处社会弊病的一种手段,其多元功能的发挥仍然无法遮蔽实践运转中刑罚教育改造犯罪人的积极追求与现实效果。基于此,我们仍有必要进一步区分教育刑与刑罚的教育功能,这既是对教育刑在刑罚理论上再一次更为全面的审视,也是从当下刑罚实践层面反思教育刑究竟能否顺利现实运行的关键所在。由于刑罚功能总是与社会发展具有关联性,对刑罚的理性认识是其前提所在,因此基于对刑罚更好发挥刑罚教育功能的需要,我们还应当在重新反思绝对教育刑之后,对刑罚的教育功能另行考察,从而把教育刑理论引入到更加科学合理的轨道上来。

第三节 诘问澄清:教育刑理念在我国相关疑惑的排解

教育刑理论上的困惑本身是不分国界的,就理论的共通性而言,似乎已无必要在此画蛇添足。但是,思绪牵牵绕绕走得太远,就极易忘了自己周遭的事情。当把目光收回予以内省时,有两个疑惑是笔者不能回避的:其一,我国的传统文化难道不是教育刑成长的天然温床?拥有几千年中华悠久历史传统和优良道德素养的培育,有着孔孟之道的"尚儒追求""兼爱""仁政"的宽广胸襟、"德主刑辅,明刑弼教"的政治宣言、以"礼刑"为国粹的中国传统文化的支撑,教育刑在我国的优势可谓深厚绵延,为何却对这一本土文化事实熟视无睹而对教育刑理论另眼相待?在中国传统文化的滋润下,这些积极因素难道不能让教育刑摆脱教育刑的一般困惑而在中国"风骚独领"？其二，受刑罚轻缓化潮流的牵引和宽严相济刑事政策的影响，对未成年人"教育为主，惩罚为辅"的事实难道不是教育刑最好的明证吗？鲜明的生活事实不是已经切切实实地感受着教育刑带来的恩泽吗？为何要对落入现实的"教育刑"所取得的"成效"视而不见？

一、儒家文化中礼的传统不是教育刑的理论根基

我国有悠久的礼的传统，这一建立于血亲关系之上的包罗万象的行为规则体系，自上而下地波及世俗生活的各个角落。然而，儒家所宣扬的礼教精神无疑是服务于政治结构需要的，由于它自身的性质，与其说礼不可能注重个人，不如说它是否定个人的。由于"人的位置也只能在亲疏贵贱的等级序列中确定。因此，要求于每一个人的，首先是对于社会（可以是家族，也可以是国家）的各种义务，它主要表现为要求与禁忌，缺少的，正是权利赋予人'能为'的东西"[1]。所谓礼刑关系，可以简化为"刑不上大夫，礼不下庶人""礼之所去，刑之所取"，正因为如此，"德主刑辅""明刑弼教"在实质上化为了统治者安抚百姓和稳定人心的口号，标榜政绩的意味甚浓，而与广大民众的切身利益干系甚微。

有学者认为，"在中国古代刑罚制度由肉刑向徒刑的发展沿革中，也包括建立教育刑制度"[2]。笔者对此不以为然。因为纵观中国刑罚制度史就可以明确地看出，专制社会中生命刑、身体刑比自由刑在体系上更加成熟，在适用上更加广泛，并且法外滥用生命刑、身体刑更是比比皆是，在中国古代刑罚体系中徒刑（自由刑）远不是主流。[3] 因此

---

[1] 梁治平：《法辨》，中国政法大学出版社2002年版，第148页。
[2] 西田太郎：《中国刑法史研究》，段秋关译，北京大学出版社1985年版，第203页。
[3] 周密：《中国刑法史纲》，北京大学出版社1998年版，第442页。

在非主流的自由刑条件下，教育刑缺乏依附的载体，难以有实质的用武之地，这就注定了教育刑难以有成长的空间。尽管封建统治者提出了"德主刑辅""明刑弼教"的口号。但是，"德主刑辅""明刑弼教"导致在专制制度的社会结构下个人享有的权利较少，"德主刑辅"的"德"是统治阶层自身的以德服人（民众），是稳固专制政治所需要的凭借。正所谓，"政者，正也。子帅以正，孰敢不正？"[①]"政者，正也。君为正，则百姓从政矣。君之所为，百姓之所从也。君所不为，百姓何从？"[②]"其身正，不令而行；其身不正，虽令不从。"[③]而"刑"，主要是针对"愚顽不化"的百姓的，是礼治教化的主要工具。在形而下的层面，实际的情形不是以德统刑，而是以刑统德，即通过重刑的威严来强调三纲五常、礼仪教化，把本属于道德治理的精神范畴强行纳入刑罚之中，以达到安抚民心、天下大治的局面。"明刑弼教"充其量也不过是"弼教于重刑"，通过生命刑或肉刑的痛苦来威慑受刑人与一般民众。这就是所谓的"吾以是明仁义爱惠之不足用，而严刑重罚之可以治国也"[④]。因此，即使有人认为其中或多或少含有教育的成分，也是礼和刑交互进行的"奴化教育"，与教育刑的实质与目的相去甚远。

从中国法律史来看，刑罚的酷烈和繁多不仅在夏商周三代，即使在整个中国古代法中也是一个显著的特点。正如学者所言，肉刑在古代刑罚体系中历来占据着主导地位，徒刑相对五刑而言呈萎缩之态。[⑤]然而，令人吃惊的是，这种野蛮残酷竟然与四千年的文明共存，与古代发达的道德哲学并行不悖。[⑥]笔者认为，其中的原因在于，统治者奉行的是权力至上的治国方略，道德法律化现象相当明显。道德哲学作

---

① 《论语·颜渊》。
② 《礼记·哀公问》。
③ 《论语·子路》。
④ 《韩非子·奸劫弑臣》。
⑤ 高绍先：《中国刑法史精要》，法律出版社2001年版，第410页。
⑥ 梁治平：《法辨》，中国政法大学出版社2002年版，第88页。

为刑的基础信念,"原心论罪"而不"原心教化"。在注重安全而不注重自由的价值取向下,刑法极力强调"入罪"功能而淡化"出罪"机制,强调刑罚的威慑力、重刑化而疏忽刑罚的教育成分。这样,就必然不仅要扩大刑罚的适用范围也要大大加强刑罚受处的力度。

何况,儒家道义也并不是一成不变的。荀子言:"不教而诛,则刑繁而邪不胜;教而不诛,则奸民不惩"。① "杀人者不死,而伤人者不刑,是谓惠暴而宽贼也,非恶恶也。"② 荀悦在此基础上进一步扭转了"德主刑辅"的根本原则,旗帜鲜明地提倡"德刑并行"。他认为,"夫德刑并行,天地常道也,先王之道,上教化而下刑法,右文德而左武功,此其义也"③。由此可见,儒礼精神随着时代的演进而逐步走上了一条"明儒暗法""内法外儒"的道路。④ 因此,笔者认为,虽然礼教在历史的长河中不断积淀并有所变迁,但是作为治国方略,在法治的意义上,它无法在民主政治中占有一席之地;寄望于国家强制力把它自上而下地贯通于刑罚适用全过程,显然又违背了礼的本意而难有实质性作为。

二、未成年人刑事政策无法辅证教育刑现实根基

之所以会出现第二个疑惑,源于人们对现实的感悟。当绝对教育刑论者心中完全被教育刑所盘踞时,其眼中闪现的也全然都是教育刑了。在这里,未加思索的结果要么是倒果为因,要么是把部分视为全部,更荒唐的是把外部的间接联系当成了绝对教育刑合理化的实质证据。刑罚轻缓化与轻轻重重的刑事政策,直接推动了刑罚个别化的出

---

① 《荀子·富国》。
② 《荀子·正论》。
③ 《后汉书·荀悦传》。
④ 高绍先:《中国刑法史精要》,法律出版社 2001 年版,第 444 页。

现，并通过个别化处遇措施的施行促生了教育刑。因此，在因果关系的顺序链上，教育刑并不是因，刑罚轻缓化潮流与轻轻重重的刑事政策也不是果，毕竟前述二者根本不是教育刑强力推动的结果。如果真正要从因果链条上把二者扯上关系，现下所言的教育刑只不过是源自其基本理念的部分衍生物而已。如果说生命刑——身体刑——自由刑的演进代表了刑罚进化的历史，而刑罚轻缓化的意义也在此的话，这一世界各国莫不如此的客观现象说明教育刑的有无在此演进过程中无足轻重。这一演进的中间环节"生命刑——身体刑"，尽管无可非议地代表了刑罚的轻缓化，但是，由于欠缺自由刑的行刑环境，连坚定不移的教育刑论者也不会赞同在这一演进过程中蕴含有一丝一毫教育刑的影子。最明显的道理也在于，刑罚演进是随着社会环境渐进推行的过程，是综合多种因素的产物，它无法直接为教育刑注入新鲜血液，教育刑更不能直接借助刑罚之外的教育来促动整个刑罚体系的进化。撇开刑罚演进史的宏观角度，在现实意义上，刑罚轻缓化和轻轻重重刑事政策与具体行为人的切身利益密切相关，如禁止类推、禁止重法溯及既往、排斥习惯法、排斥绝对不定期刑、有利被告原则、前科消灭制度、非犯罪化、非监禁刑等都是其明确内涵所在。然而，这实际上也极大程度地只涉及对行为人的定罪与量刑，而与教育刑的功能发挥无涉。这说明了，教育刑不能把刑罚轻缓化的潮流以及刑事政策对定罪与量刑的民主化效果强加在自己的功劳簿上。

针对未成年人"教育为主，惩罚为辅"的刑事政策，同样不是教育刑理论辉映下的结果显现，以此作为教育刑现实根基的佐证并不恰当。对此，笔者在此提出以下几点以作澄清：其一，以主辅次序把"教育"与"惩罚"分而置之，这与绝对教育刑要求教育与刑罚应该浑然一体的原则明显相悖。按照绝对教育刑以教育为刑罚本质和目的的原则性要求，极力张扬教育的强势地位实际上将彻底掩盖刑罚的本来面目，那么在此基础上，"惩罚为辅"又何以有容身之所？并且，这种主辅次序的划分从侧面说明的正是教育刑本身内在教育的有限意义而非全部，如果承认此点，这显然又与教育刑的实质内涵明显不符。

其二，就未成年人的特殊性而言，教育刑的外延缺乏周延性，并且也不符合绝对教育刑三要素的旨意。在教育刑内涵的界定上已经清楚地显明，教育刑对主体范围并没有作特殊的限制，从目前实践层面来看，教育刑的触及面并不以未成年人为限，而是寄求于通过教育刑理念的扩张而覆盖行刑实践的全部。因此，以未成年人作为防护盾牌暴露的反而是教育刑的更多软肋。

其三，对未成年人"教育为主，惩罚为辅"的原则，虽然程度上主次有别，但是在作用方式上是由惩罚外在的行为而深及行为人的思想——由外而内；与之相反，教育刑由思想（改造）而及行为人的外在行为——由内而外。由此可以清楚地看到，二者在作用力的方向上存在根本差异。所以，尽管对未成年人的"教育为主，惩罚为辅"很大程度上突显了教育的功能，可是它与教育刑并不能形成相互印证关系，以此作为辩护理由明显不能成立。

其四，如果严格按照教育刑的思路对未成年犯的刑事归责进行操作，教育与刑罚惩罚的界限就会变得异常模糊，并且对未成年人的保护性教育很可能会演化为苛厉重刑。因为，教育刑论者主张刑罚的轻重应以犯罪人的性格、主观恶性或人身危险性的强弱为根据，这样，对轻微的客观危害行为就有了适用重刑的可能。李斯特特别举例说明，"德国普鲁森地方司法省曾命令法官，对于少年被告事件，所处自由刑较成年者为长，因为根据少年的心理特征，与其处以短期自由刑，不若处以长期自由刑有利。……这样做的根据不是因为少年实施的犯罪行为较成年人重，而是少年行为者因行为表征的意向有注意的必要。实际上就是因为要使刑罚在行为者方面发生作用，达到实施感化教育的目的"①。很显然，教育刑论者一方面强调对未成年人的保护性原则，在刑罚适用上体现从宽精神，而另一方面却以未成年人心理不成熟需要着重教育为由延长刑期，这样，原本的保护初衷很自然地就滑入重刑。由此可见，在理论标准上，教育刑论者对未成年人采用何种处遇原则是混乱的；在实践操作上，教育刑又极可能彻底颠倒对未成年人"教育为主，惩罚为辅"的主辅关系。因此，上述理论与实践层面的双重困惑，注定了以此作为绝对教育刑的论据也只是虚张声势而已。

可以说，对未成年人"教育为主，惩罚为辅"很大程度上是以不足量的惩罚（《刑法》第17条第3款明确规定，已满十四周岁不满十八周岁的人犯罪，应当从轻或者减轻处罚）来达到教化未成年人的最大效果，否定刑罚而极力推崇教育的手段性意义并不明显。对未成年人的任何保护性处罚措施，都是源于未成年人较之于成年人的特殊性，正是这一特殊性使得刑罚在未成年人刑事法律中刻意收敛，从而使得常态下的刑罚功能并未正常予以发挥。就此，我们可以得出一个结论：对未成年人的保护性规定及其实践运用，并不是绝对教育刑的作用使然，更非绝对教育刑的现实佐证。

第四节　走出迷途：刑罚教育功能与教育刑的关系厘清

刑罚的功能是指国家创制、适用与执行刑罚所可能产生的积极的社会作用。② 刑罚的功能是伴随着刑罚在刑事实践活动中的具体适用而呈现的，其功能性发挥与呈现的动态过程相伴随。"如果说，刑罚的内在属性是惩罚与谴责，刑罚的功能应当是刑罚的内在属性在其运动

---

① 马克昌：《近代西方刑法学说史略》，中国检察出版社2004年版，第214页。
② 邱兴隆、许章润：《刑罚学》，中国政法大学出版社1999年版，第63页。

中的外在表现，是刑罚内在属性的外化"。① 由于刑罚的运作模式不是单向和封闭型的，加上人的心理受外在物理强制（刑罚）所必然会有的不同心理反应，刑罚外化的功能就有多元性。学界较为一致地认为，刑罚有剥夺、矫正、感化、教育、威慑、补偿、安抚、鼓励等功能。② 那么，刑罚的教育功能与刑法的教育功能的区别何在？刑罚的教育功能是如何展开的呢？教育刑与刑罚教育功能的关系如何释清？

刑法的功能，也称刑法的机能，是指刑法在其运行过程产生的功效和作用。③ 宽泛地讲，刑法功能是刑法本身所可能具有的在国家创制、适用、执行刑法及其他一切与刑法有关的活动过程中所发挥出来的，对于全体公众的积极作用与影响。④ 在规范学上，刑法的教育功能主要是通过命令规范和意思决定规范来发挥作用的，行为无价值与结果无价值是其具体表现。⑤ 刑罚的教育功能与刑法规范的指引、预测、评价机能无关，如果行为人按照刑法规范的指引、预测、评价机能行事，所有的行为都将处于正常的行为范式之内，无所谓刑罚，更无所谓刑罚的教育功能。在法规范意义上，刑法的运行过程只局限于刑法法规的废除、创制、修改、宣传、解释等活动，而不涉及具体的刑事程序和诉讼参与人，因此这一特定意义上的运行过程使得刑法的教育功能

---

① 陈兴良：《本体刑法学》，商务印书馆2003年版，第630页。
② 有学者认为，刑罚的功能包括横向和纵向两个层面，横向功能又包括对犯罪人的功能、对潜在犯罪人的功能、对受害人的功能和一般守法者的功能，纵向功能包括制刑功能、量刑功能和行刑功能。参见邱兴隆：《撩开刑罚的面纱——刑罚功能论》，《法学研究》1998年第6期，第59—67页。横、纵两个层次确实是很清晰的线索，但是不足之处在于没有区分刑法功能与刑罚功能，导致了把本属于刑法功能的一部分划进了刑罚功能之中。但是我们仍然可以从横纵层次的论述中看出，教育功能只是刑罚功能的一部分（次生性功能），它无论如何都不是刑罚功能的全部，也不是其中最重要的一部分，教育刑的存在正是由于教育功能的过分张扬，以至充斥整个刑法理念的结果。关于教育改造在行刑法律机能中的地位，我国有学者已经明确指出，教育改造在行刑法律机能层面只能低于"以恶制恶"，教育改造在自由刑的执行中只能处于次生法律机能的地位。参见王利荣：《行刑法律机能研究》，法律出版社2001年版，第158—159页。
③ 陈兴良：《本体刑法学》，商务印书馆2003年版，第37页。
④ 储槐植、宗建文：《刑法机制》，法律出版社2004年版，第28页。
⑤ 张明楷：《外国刑法纲要》，清华大学出版社2002年版，第136页。

具有同样的特性。与之相反,刑罚的教育功能必须与具体的犯罪人紧密相连,必须与具体的刑事审判程序和诉讼过程不可分割。刑法的教育功能要发生直接的作用力,由刑法对人们行为控制的间接性所决定,刑法的教育功能不可能直接加之于特定行为人的行为之上,只有借助刑罚和刑罚的教育功能才能最终影响具体行为人的主观心理,从而规制他们的行为。因此,二者的根本区别在于刑法的教育功能是观念形态的,而刑罚的教育功能是现实形态的。刑法的教育功能要向刑罚的教育功能转变,就必须由静态层面转入动态层面,必须从观念形态向现实形态予以纵向深化。

刑罚教育功能的展开有时间和主体上的特征。在时间上,对具体的刑事被告人,刑罚的教育功能以刑事审判的结束或刑事判决的生效为开始的标志,在行刑期间得以强化,通过应当承受的刑罚惩罚,认识自己危害行为的性质,反省自己行为的恶性,谴责自己内心的不良动因。对相当长时间内未犯罪的受刑人来说,刑罚的教育功能没有明显的结束标志,未犯罪的事实说明刑罚正在潜在地发挥作用力,刑罚的教育功能比较好地收到了预期效果;但是,如果行为人再行犯罪,再次犯罪的事实说明前次刑罚的教育功能对行为人未达效果,需要新的刑罚对行为人予以再次责难,于是刑罚的教育功能必须得以重新展开;对潜在的犯罪行为人(包括有报复倾向的被害人及其亲属)而言,刑罚的教育功能以具体犯罪人的受刑时间作为开始的标志,如果潜在犯罪行为人对客观对象实施犯罪行为,原来的刑罚教育功能因为潜在犯罪分子实施犯罪而结束,并以针对自己的刑事审判程序的结束或判决的生效,再次启动刑罚的教育功能;对一般民众而言,以具体犯罪人的受刑时间为起点,通过外在的刑罚活动使他们对自己的行为有所预测与评价,刑罚的教育功能因此得以展开,但是刑罚的教育功能并无明显结束的迹象,并且一般民众可以通过自己所感触到的受刑人事例不断强化刑罚的教育功能。[1] 由此可见，刑罚的教育功能是一个动态的运行过程，是以具体受刑人为中心进行辐射的，如果没有具体受刑对象的存在和具体刑事程序的开始，刑罚的教育功能只能凭借观念形态的刑法教育功能对抽象行为人发生作用，刑罚的教育功能就只能处于静止状态而无法自行展开。并且，刑罚的教育功能又是非封闭性的，在其展开过程中它必然随着主体和时间（在具体行为人所处的一定社会环境内）周而复始地不断运行，并在其能够影响的范围内释放其功能和能量，从而或显或隐地改变具体行为人的主观内容和行为方式。

刑罚的教育功能通过现实形态的刑罚运行而展开，在时间的起点上各类主体并无二致，但在刑罚教育功能展开的运作方式上各类主体并不划一。对具体的犯罪人，刑罚的现实存在就是对行为人自身的谴责和对其行为归责的否定评价，同时以物理强制作用施加于身，通过生理上可感知的痛苦反作用于行为人的心理，进而对自己行为的性质、刑法保护法益的态度、规范约束力、司法机关的立场、自己的价值取向有所鉴别。[2] 这一鉴别过程自始至终都是"己—己"的，是通过刑事审判过程和现实的刑罚惩罚进行的自我教化，对此，笔者把这种运作模式称之为"内省性方式"。

当然，"内省式方式"并不局限于受刑人单纯的自觉性行为，由于受刑活动中参与的心理专家、教育专家、精神病医学家等都是作为整个行刑环境的一部分而影响受刑人的，因而他们采取的"治疗"和"感化"措施对刑罚的教育功能可以产生积极的推动作用。与之相反，对潜在的犯罪行为人和一般民众而言，刑罚教育功能的运作方式是

---

[1] 为何以上述标准来划分时间点，同样是基于刑法教育功能与刑罚教育功能的差异性原则进行界分的，即观念刑罚向现实刑罚的转换是刑罚教育功能展开的原点，这是上述区分的关键。

[2] 有学者认为，鉴别的实质就是教育功能。参见陈兴良：《本体刑法学》，商务印书馆2003年版，第635页。这相当程度上无疑是对的，因为鉴别过程就是明是非，辨真假，知善恶的过程。如果行为人对自己行为的行为方式、行为方向、外在环境、客观对象、因果关联等建立在鉴别的基础上，理性和事实告诉我们行为人要么不会犯罪，要么在犯罪后知罪悔过的改造效果尤为明显。

"人—己"的，需要借助其他犯罪人的犯罪事例和惩罚事实才能影响潜在犯罪行为人的认识因素和意志因素，对此，笔者把这种运作模式称为"外发性方式"。

"外发性方式"的性质决定：外在的力量愈强，对内的触动就愈大，刑罚愈公正刑罚的教育效果就愈好。然而，教育刑论者采用的各种非刑罚措施，由于撇开了刑罚的本质要素，贬抑了刑罚的公正价值，弱化了刑罚的外在力量，从而使得"外发性"教育功能效果大打折扣。如此，对否定规范（指刑法规范）的人采用非刑罚措施，就在相当程度上减弱了规范否定的效果，动摇了潜在犯罪人与一般民众坚守规范与强化守法规范的意识。[1]

刑罚的教育功能必须通过具体刑罚活动的过程来展开，脱离了具体的刑罚实践，刑罚的教育功能根本不可能存在。在这一过程中，现实的受刑人所受的刑罚是整个刑罚教育功能展开的中心，并逐渐影响到其他主体。刑罚要把其教育功能发挥到最佳状态，必不可少地要注重刑罚的必然性、及时性和刑罚的强度。刑罚的必然性是犯罪与刑罚之间的因果关系，是行为人行使危害社会的行为之后所应负担的责任后果，是国家对其行为谴责与否的一种可能性，只有这种可能性近于一种必然因果关系的时候，一旦行为人产生犯罪动机和犯罪目的的萌芽，才能够及时地将其即将征表于外的行为与刑罚的惩罚后果现实地对接上来，防止其进一步步入深渊。刑罚的及时性是对司法机关办案效率的要求，是刑罚能不能马上对行为人兑现刑事责任的表现。如果行为人在实施犯罪后的相当一段时间内仍然未能承受刑事责任，应然的刑罚仍然遥不可及，这样一方面行为人因犯罪产生的各种压抑和罪

---

[1] 由此观之，刑罚的教育功能与笔者前述的刑罚目的的位阶是不谋而合的，即刑罚目的抑制着刑罚教育功能的发挥，并随着刑罚目的层次性地递减而递增性地展开其教育功能。如果承认刑罚目的是整个刑罚活动的基石，刑罚的功能性地位必然要求与刑罚目的相一致，那么据此排列一幅刑罚功能的主次序列表就不仅是可能的也是必要的。

责心理会随着时间的流逝而消散,另一方面行为人通过犯罪的所得之物也将被消耗殆尽,即使最终行为人成为刑事处罚的对象,他也会怀着一种淡然的心态来坦然面对"迟到的处罚",并通过自己深切的感性经验,在利与弊、苦与乐的衡量中精确的算出胜负比率,后面一旦面临合适的犯罪机会,他仍然会再次铤而走险,实施犯罪。何况,由于"迟到的刑罚"距离现实的犯罪行为人太远,刑罚自身的功能无法触及具体对象,刑罚效果无从施展并显现出来,致使刑罚给人一副软弱无力的虚弱形象,刑法的外在尊严因此受到贬低。并且,这也使得行为人在犯罪与刑罚处罚的间隔期中拥有足够多的时间为逃避刑事责任做好准备,对应受的刑事责任予以积极防御,这样又使得刑罚的必然性大大降低。当然,强调刑罚的必然性和及时性,对司法机关提出了更高的要求,需要他们在刑事技能操作上完善相应的机制,实现实践运用环节的不断创新与提升。最后,刑罚的力度与刑罚的教育功能同样有着内在关联,因为刑罚教育的背后存在国家强有力的公权支撑,无论是行为人"己—己"的"内省式教育",还是刑罚对潜在犯罪行为人和一般民众"人—己"的"外发性教育",不可否认,外部的压强越大,内部的回应就越显著;外在力量的强度越高,就越能高效强化刑罚的教育功能。当然要注意的是,在现今社会主流价值多元的时代背景下,重刑主义的威吓已经失去了市场,刑罚的轻重力度应该与时俱进,并随着社会文明进程中的价值观念而相应转移。

综上而言,要真正发挥刑罚的教育功能,就应该把刑罚的必然性、及时性和惩罚强度三个方面统一起来,使之能够和谐互动,兼顾公正和功利的价值要求,在刑罚本身合理延伸的基础上进行正当化的拓展与重塑。遗憾的是,绝对教育刑偏离了这种合理的界限,寄希望于彻底重构的突发奇想难免就在根本上忽视了自己的立场所在。

必须指出,否定实质三要素构成的绝对教育刑论,并非是回归重刑和酷刑的同义语。刑罚的轻重"本质上是犯罪与社会控制之间的关系在司法者头脑中的主观反映,这种关系的冲突性质的隐显、激化程度的强弱,或者犯罪控制效果如何,或者社会文明程度的高低,都会表现为刑罚轻重的变动"①。要知道,无论轻刑或重刑都必须以该行为是否应受刑罚惩罚为中心轴进行上下波动,只有达到了严重社会危害性的应受刑罚惩罚的程度才能进入刑罚的视线之内,才有区别刑罚轻重的必要。由于绝对教育刑论撇开了刑罚的本质要素,脱离了刑罚的轨道,它所主张的已经不是刑罚的轻缓化之路,而是刑罚的异化。

揭示绝对教育刑的弊端,是为了对刑罚的教育功能更好地重新定位,只要我们在刑罚的调整范围内对其教育功能合理地加以重视,就必将对我们的刑事立法和司法实践中的重刑化倾向进行相当程度的遏止。再则,否定绝对教育刑并非必然步入酷刑的歧途。酷刑是指过分严厉的、故意施加的、残忍的、不人道或有辱人格的待遇或处罚,但是,按照囚犯待遇最低限度标准规则施行合法处罚而引起的、必然产生的或随之而来的痛苦或苦难不在此列。② 何况,承认教育刑并非就自然而然地能对轻缓化的刑罚(非酷刑)有所积极效用。因为刑罚的轻缓具有历时性的过程,不可能简单地一蹴而就,就现阶段处于社会转型时期的我国而言,一味地轻缓或过度地苛厉都非明智之举。"至于何谓'严厉'、何谓'轻缓',应以本国国情、本国人民群众的物质、精神生活水平以及社会的平均价值观念为标准进行衡量;而且我们应当牢记:刑罚是惩罚、是痛苦,否则它就不是犯罪的法律后果了。"③ 笔者认为,我们的刑罚变革不能激情有余而理性不足,不能力求高歌猛进而鄙视缓慢推行;对现阶段的我国,只要我们在对刑罚结构进行调整

---

① 白建军:《刑罚轻重的量化分析》,《中国社会科学》2001年第6期,第116页。
② 张燕玲:《联合国预防犯罪领域活动概况及有关文件选编》,法律出版社1985年版,第21页。
③ 张明楷:《刑法的基本立场》,中国法制出版社2002年版,第377页。

的时候，以宽严相济的刑事政策为总的指导方向，注重刑罚教育功能的适当发挥，以刑罚的功利性原则和人道性原则进行双重制约，那么我们的整个刑罚体系就会不断趋于科学，我国的重刑化传统就有可能得以渐进性地最终扭转，我国刑罚的现实适用也会随着社会的演进逐渐步入到刑罚轻缓化的世界潮流之中。

行文至此，已经可以清楚地显明教育刑与刑罚教育功能的关系了。教育刑并不否认刑罚的教育功能，恰恰相反，正是刑罚教育功能的过分张扬才脱胎了教育刑。也正是源于此，绝对教育刑论者才犯了根本性的错误：他们忘了，"刑罚总是惩罚犯罪的方法，离开了刑罚的强制，片面强调教育，刑罚就很难发挥其应有的作用。"[1] 他们也忘了，教育刑的各种措施与刑罚内在的非排解性冲突，以及教育刑的非刑罚措施与最一般正义之间的关系。[2] 他们更忘了，"通过教育或通过非教育的措施或者通过其环境的改变最终也要通过其他潜在犯罪人的刑罚来威吓有再犯危险性的犯罪人和实现其社会化"[3]。就这样，教育刑与刑罚的教育功能以功能性的教育为共同的出发点，而最后却产生了原则性的分歧。[4]

当然，否定绝对教育刑并不是要否定教育刑的一切。无论绝对教育刑论者以教育改造刑罚的努力多么不切实际，但是正如"教育的缺陷——也是在较少争论的事例中——可能经常只是一种状态，把它

---

[1] 马克昌：《近代西方刑法学说史略》，中国检察出版社2004年版，第219页。
[2] 邱兴隆：《关于惩罚的哲学——刑罚根据论》，法律出版社2000年版，第245页。
[3] 格吕恩特·雅科布斯：《行为 责任 刑法——机能性描述》，冯军译，中国政法大学出版社1997年版，第9页。
[4] 或许教育刑论者对刑罚教育功能的夸张，以及对教育刑理念的大力张扬，根本不是理论上的疏忽所致，而是有意为之——映衬着"求乎其上（教育刑），得乎其中（刑罚的教育功能）"的良苦用心与动机。若果真如此，教育刑和教育刑论者仍然难辞其咎，因为真理与歪理之间存在截然有别的界限，绝对不能为了自己的目的诉求而不择手段，混淆视听；并且无论教育刑论者的动机如何，它都导致了在无法得到预期所设的真理道路上吸引了众多不明所以的后继者盲目追随，何况，学术的理性探讨与生活态度的狡黠策略是万不可混为一谈的。

解释为缺陷,并不意味着怀疑整个秩序"。[①] 尽管绝对教育刑的基础理念与刑罚的本质与目的并不契合,但是绝对教育刑论者以此为信念所做的实践努力,却极大程度地促进了刑罚教育功能的展开,并且在特殊预防刑罚目的的实现上建功至伟。刑罚的教育功能是教育刑论大力推广的结果,从刑罚内核往外围的延伸大大拓展了刑罚的视域。欠缺了这些,整个刑罚实践就缺少了灵性,甚或可以说,正是教育刑论者践行刑罚教育功能的大量努力,才使得灰色的刑罚变得缤纷多彩,让刑罚变得极富人文情怀和人道精神。

通过以上的分析得知,教育刑与刑罚的教育功能这一界限的厘清,具有如下意义:其一,有利于明确罪刑关系,使刑量和刑质与犯罪的应受刑罚惩罚性相对应,使行刑实践按照行为人的犯罪行为和归责原理有序进行。刑罚作为罪刑关系统领下的实践展开,必须按照行为人征表于外的危害行为进行行为性质的客观认识,并在理性评判之后合理配刑,做到不枉不纵,罚当其罪,达致主观与客观相统一。其二,有利于澄清刑罚本质与刑罚目的,通过排除外界因素的干扰而遵照刑罚的客观规律办事,并在正本清源之后的刑罚理念的指导下使刑罚回归理性。我们的行刑实践理当与刑罚的目的性位阶相一致,按照刑罚目的的层次性要求具体构建刑罚实践,使刑罚一方面随着时代发展而有所变迁,同时又要保持刑罚的内在特质。其三,有利于在刑罚运转过程中通过刑罚的教育功能更好地改造行为人,体现刑罚人道化、宽容化的精神,摆正监狱在"受刑人教育社会化"过程中的地位。其四,有利于刑罚与宽严相济的刑事政策相呼应,通过刑罚教育功能的实践展开实现宽严相济刑事政策的价值追求。宽严相济刑事政策的提出,不仅是刑法结构重新调整的政策性导向,也是刑罚理念与司法实践重

[①] 格吕恩特·雅科布斯:《行为 责任 刑法——机能性描述》,冯军译,中国政法大学出版社 1997 年版,第 30 页。

塑的指导性方针，这一"轻轻重重"的刑事政策是兼顾刑罚的惩罚性与教育性的统一，刑罚的教育功能是宽严相济刑事政策的具体化与现实化。

我们认真对"教育刑"进行理论层面的剖析，较好解决了认识论上的一些误解，防止绝对教育刑内在的一些过于极端化的主张侵占"刑罚的教育功能"的合理内核。较为明显的是，由于在日常性的学术研究中，诸多学者并没有进行细致地界分，因而在具体适用上有混淆之嫌。笔者仍然认为，对绝对教育刑与刑罚教育功能的科学界分意义非常，正所谓没有科学的理论就没有科学的实践，如果对教育刑的理论认识本身不科学，必然对其实践适用带来负面误导。

认可教育刑并不是认可教育刑的绝对化，否定绝对教育刑也不是否定刑罚的教育功能。从表面上来看，在对教育刑持正面立场的前提下，撇开理论上的重大分歧不谈，我们对其所进行的规范化研究也并不会有实质性冲突。但是，仍然需要指出和澄清的是，为了整体性研究的顺利推进，也为了保持学术间的理论共通性，以便让我们在减少分歧的同时，进行共通性的学术对话与正常交流，从而避免一些不必要的冲突与对抗，通过求同存异的方法获得更多有价值的结论，因而这一理论澄清仍然不可或缺。

需要指出的是，基于全书研究的前后统一性，在整体性语词的适用上，笔者仍然通篇使用"教育刑"一词。其主要意图在于，一方面通过此保持学术话语的统一性，另一方面保持理论探讨的前后延续性。但是，必须要排除认识误区并加以澄清的是，这一"教育刑"并不是绝对化、极端化意义层面的"教育刑"，也不是笔者对刑罚反思之后提出重大质疑的"绝对教育刑"，而是以"刑罚的教育功能"作为其核心内涵的"教育刑"。

第三章 刑事政策与立法层面的考察：教育刑规范化运行之一

第一节 教育刑与宽严相济刑事政策的内在联动考察

宽严相济刑事政策自被提出以来，围绕该刑事政策进行研究的学术著述不胜枚举，从中可以看出，该刑事政策已经较为迅速地得到理论界的关注与认同，并在司法实务界得到较为深入的推广与具体化的现实适用。作为一项基本性的刑事政策，教育刑是否与宽严相济的刑事政策具有内在关联，是本节需要讨论的话题。

一、宽严相济刑事政策应作为基本刑事政策

（一）推动刑事司法进行一体化的整体变革

刑事一体化要求的是一种全体刑法学的理论与实践的探求思路。从刑事一体化的刑事学科群来看，它要求犯罪学、刑罚学、行刑学、监狱学、刑事侦查学、刑事诉讼法学等都可以彼此策动，相互呼应，进行一体化的思考并寻求具体问题的解决之道。刑事一体化开拓了新的刑事方法论，它的宏观立场在于思考犯罪原因、探究预防或惩罚犯罪的整体思路，从而克服以往刑事学科各自为政的狭隘情形，以实体和程序双向层面的并进之举避免了重此轻彼的弊端。"刑事一体化蕴含

的实质是权力行使的文明化"。① 可以说,权力行使的文明化既促进了刑事一体化的诞生,同时一体化的刑事司法又不断促进着权力行使的文明化的进程。

具体到刑事法律活动的过程,就应该是刑事立法—刑事司法审判—行刑一体化。只有这样,刑事一体化的运转才会顺畅,各个法律阶段与活动才能相互衔接而不遗空缺,从而促进刑事司法的整体性改进和完善。宽严相济刑事政策作为基本性的刑事政策,就是要映照上述整体性的刑事过程,而不是束缚于某一阶段、某一类型、某一个案。与之相反,如果单纯局限于刑事法律活动中的某一个阶段,宽严相济刑事政策的精神内涵就很难被彻底地消化吸收,宽严相济刑事政策将停留在口号层面而难以自觉融入刑事司法(审判)活动当中,其自身的巨大能量也将难以得到有效释放。这根本不符合宽严相济刑事政策提出的本意,也不是刑事司法自身运转过程中的自然情景。很难想象,没有在立法层面与行刑层面进行一体化贯彻的刑事司法,怎么可能算得上是刑事一体化?同样,没有在此方面进行宽严相济对待的司法运作,怎么可能是真正的宽严相济呢?

(二)引导刑事程序法与实体法的双向互动

刑事法治运行到今天,已经逐渐达成了一个共识,即单纯的刑事实体法或者单纯的刑事程序法都不是法治建设的全部内容,只有刑事实体与刑事程序的双向互动才可能把我们的法治建设推向新的境界,不断靠近预期的目标。宽严相济刑事政策的效果是通过实体予以显现出来的,但是它不能脱离刑事正当程序原则,缺少了程序保障的单纯实体目的追求,它注定将走向自己的反面。"正当程序要求必须依照法定而合理的程序进行刑事诉讼。在宽严相济刑事政策的贯彻执行中,

---

① 苏惠渔、孙万怀:《论国家刑权力》,北京大学出版社 2006 年版,第 325 页。

必须坚持正当程序原则，严格按照《刑事诉讼法》的规定办案，不能为了'从快'而人为地缩短甚至取消犯罪嫌疑人、被告人合法权益的行使期限"。[①] 龙宗智教授认为，"刑法的适用，刑事政策的贯彻，需要通过一定的程序。为实现宽严相济刑事政策，应当增强程序柔性；应当提高程序的个体参与性；应当增强程序的独立性；应当增强程序的多样性；应当提高内部工作程序制度的合理性；应当增强最严重犯罪案件司法程序的严格性"[②]。

实体与程序是互相扶持的双肢，脱离了程序性价值追求的宽严相济是仅有一足的跛子，很难坚持到最后并达致预期的目的性构建。实体理念合乎根据，程序设计价值正当，实体追求兼顾程序安排，程序运转与实体并行不悖，二者的互动互补是宽严相济刑事政策的体系性要求。可以大胆预测，宽严相济刑事政策不忽视程序性的保障作用，极力推进程序与实体的同步发展，必将使实体与程序获得双赢局面，使自身获得更大的发展空间。

（三）促进刑罚执行方式的有益创新

"刑法与其严厉不如缓和"[③]。随着人道性价值的日益提倡，学者们愈发认识到刑罚的功能不是简单地通过重刑主义一蹴而就的事情，而必须通过刑罚的及时性、确定性、不可避免性予以整体推进。具体到行刑内容上，我们不能简单地通过肉体虐待消灭犯罪人，而需要通过有效地教育矫正而"驯化"行刑人。行刑方式的改革在我国当前和谐社会的时代背景下已成刻不容缓之势，需要寻找新的思路与理念进行应对。

有学者提倡，"贯彻宽严相济刑事政策尤其是宽松刑事政策，可以

[①] 赵秉志：《宽严相济刑事政策视野中的中国刑事司法》，《南昌大学学报》2007年第1期，第3页。
[②] 龙宗智：《通过程序实现"宽严相济"刑事政策》，《社会科学》2007年第5期，第94页。
[③] 张明楷：《刑法格言的展开》，法律出版社1999年版，第289页。

避免因刑罚执行而导致罪犯与社会的隔阂,在行刑过程中提倡社会化、开放式的执行方式,从而更好地发挥刑罚的教育改造功能"[①]。行刑活动是刑事法律活动的重要一环,是体现刑罚文明不文明、人道不人道、科学不科学的晴雨表,顺利地改造和教育行刑人员对预防或减少犯罪居功至伟。然而,尽管我们的实务部门对我国现行的行刑方式在借鉴国外的基础上进行了自我创新,但是其中的某些大胆创新突破了现有的法律框架,比如社区矫正实施初期的执行主体与《刑法》《刑事诉讼法》的规定并不一致,社区服务令、恢复性司法欠缺明确的法律依据,这些都受到了学界众多指责,导致行刑的创新试点难以在面上予以施行的尴尬现实。笔者认为,为打开局面,我们只有凭借宽严相济刑事政策的催化剂发挥促动作用,一方面力保这些创新在现今的刑事法律环境中顽强地生存下去,另一方面要尽快地创设相应的刑事法律给其以有力的支撑,这是宽严相济基本刑事政策责无旁贷的重要使命。

(四)助力和谐社会与法治社会的合理构建

在新的世纪,构建和谐社会成了全国上下共同为之努力奋斗的目标,这一带有战略意义的任务是新的时代主题。然而,从总体趋势来看,犯罪率呈不断上升趋势,严重刑事犯罪仍然占有相当程度的比例,人民群众的社会安全感与幸福感仍然有待提高,寻求新的有效出路的呼声日渐高涨,职能部门的压力仍然沉重。实践已经证明,单纯依靠"严打"的刑事政策,仅可达到缓解社会矛盾的一时之功效,只能治标,不能治本,而且过多地倚重于重刑报应而轻忽预防目的的操作方式导致了罪刑关系恶性循环的根本性缺憾。

宽严相济刑事政策从"宽严有别,宽以济严,严以济宽,当宽则

[①] 赵秉志:《和谐社会构建与宽严相济刑事政策的贯彻》,《吉林大学社会科学学报》2008年第1期,第8页。

宽，当严则严，整体从宽"的辩证视角，灵活地处理刑事犯罪，既保障了公民的基本人权，又保卫了社会的安定，真正领悟了和谐社会的旨趣所在。毫无异议，和谐社会同样有纷争与矛盾，同样有违法与犯罪，我们在否定这些前提的同时，更需要的是一种有效的调处与化解矛盾的手段与方式。宽严相济刑事政策给我们提出了明确性的方向，是刑事司法围绕这一中心不断建构与完善的要旨所在。而且，宽严相济刑事政策指导下的社会治安综合治理，是预防和减少犯罪发生的多项策略优化组合之后的提炼，是提升民众安全感、增强法律权威和尊严、最终实现和谐社会的必由之路。和谐社会必然是法治社会，提倡和谐社会，建构法治社会，都离不开宽严相济刑事政策的辅助，都要在该刑事政策的指导下开展具体的刑事司法活动。

二、教育刑与宽严相济刑事政策的内在关联

教育刑是一种刑罚思想，它把教育作为刑罚的本质和目的，在此基础上将教育理念贯穿和指导刑罚适用的全过程。教育刑的核心内涵是刑罚的教育改造，体现了刑罚的人性化、轻缓化等价值取向。宽严相济刑事政策是在"宽"与"严"的平衡中，倾向"整体从宽"的政策导向。宽严相济刑事政策就是要在过于从严的整体刑罚传统之下区别对待犯罪行为与行为人，自觉遵守刑罚的谦抑性、人道性、轻缓化等价值。从教育刑与宽严相济刑事政策的内在关系来看，二者在诸多方面都存在着暗合之处，主要体现在如下方面：

（一）都趋于更加理性地认识刑罚

在古老的报应性刑罚中，犯罪主要被看作是对国家利益的侵犯，个人权益则被边缘化或者严重处于从属地位。这时，刑罚强调其严厉性，通过刑罚的威慑来达到预防犯罪的效果。犯罪的个人特性被无情

淹没，犯罪人的应有权益没有得到任何重视，刑罚对犯罪人的教育改造功能也没有被提到应有的地位。传统刑罚以单纯的报应惩治作为其归依，通过惩罚犯罪的路径来达到社会治理之目标，基于对刑罚的认识未能科学化，因而大大限缩了刑罚的内外功能。

宽严相济刑事政策基于对刑罚理性认识的结果，更多强调刑罚的宽缓性，注重对犯罪个人利益的应有保障，也必然强调刑罚适用的教育意义。刑罚权除了惩治犯罪之外，还应当把视线放在未来如何教育改造、预防犯罪的问题上面，而不是仅仅停留在如何处置犯罪人的单纯报应上面。在此特性上，教育刑与宽严相济的刑事政策是一致的，即都要关注如何通过刑罚的功能释放，更好地教育改造犯罪人，让犯罪人更好地回归社会成了挥之不去的现实问题。可以说，教育刑和宽严相济的刑事政策都是对刑罚的理性认识，是刑罚回归理性的一种结果体现。

（二）都对刑罚功能有了更为科学的定位

刑罚的目的是预防犯罪，这是刑罚的目的性追求所决定的。但是，就预防犯罪的路径来看，刑罚并不是万能的，无论刑罚如何发展，刑罚自身都解决不了犯罪的所有问题。刑事法律不可能阻止越轨行为和社会弊病的产生，运用刑罚处罚犯罪，是国家为了预防和减少犯罪而不得已使用的方式。宽严相济刑事政策是对刑罚万能论的一种否定，是看到刑罚自身弊端之后的一种主动纠错，较好防止了刑罚功能不当扩张所带来的负面弊端。

教育刑就是要充分运用刑罚的教育改造功能，通过刑罚的人性化方式改变传统刑罚的面目，因而其是对刑罚惩治功能的一种自我反省。教育刑不仅希望从根本上对犯罪人的思想予以改造，使犯罪人不致再走上犯罪道路，而且教育刑基于对刑罚万能论的否定，希望在刑事诉讼活动中改变过重依赖刑罚的思维传统。宽严相济的刑事政策强调刑罚的整体从宽，废除酷刑、减少犯罪化和缩短刑期，通过国家刑罚权的正当行使与限制性适用，理性地看待犯罪行为与刑罚功能，减少残酷和野蛮的犯罪的发生，步入刑罚理性轨道。

（三）都体现了刑罚整体从宽的价值取向

法谚有云，刑罚严厉不如缓和。正是在此层面，基于对刑罚的理性认识，宽严相济刑事政策与社会发展相一致，是对刑罚单一从严性予以反思之后的体现。作为基本刑事政策的宽严相济刑事政策，对刑事立法发挥着重要影响，要求在立法上合理配置轻罪与较轻的刑罚；在司法层面，同样要体现刑罚适用较为轻缓的一面，即在量刑与行刑过程中，需要把宽严相济的刑事政策推行到底。从世界刑罚的发展历史来看，刑罚从生命、身体刑向自由刑甚至是罚金刑演进，这是刑罚越来越趋向于轻缓化的表现，宽严相济刑事政策就是呼应这一刑罚轻缓化的产物。

教育刑重视对犯罪人的教育和改造，其主要目的是使犯罪人经过刑罚的洗礼之后能够回归社会、重新做人、不致再犯，它强调的是合理有度的教育功能，而不是单纯的苛厉严惩。为了更好地使犯罪人回归社会，就要求适用刑罚的时候，能不剥夺生命就不剥夺生命，能适用较短的刑期使犯罪人更快回归社会就不用较长的刑期禁锢犯罪人，能用罚金代替就不剥夺自由，体现了刑罚从宽的基本取向。由此可见，宽严相济刑事政策与教育刑在刑罚轻缓方面是一致的，二者都要求刑罚总体从宽，与"重刑优于轻刑"的传统观念相对立，都要求尽量控制刑罚的处罚程度，发挥轻缓刑罚的内在价值。

（四）都要求刑罚的具体适用应当区别对待

法律不是针对个别人而是针对一般人而设计的，这决定了只能根据一般人的价值观念来设计刑罚的类型和轻重，这是立法的。而刑罚的对象却是特殊的、个别的，用一般的刑罚设计适用于特殊的、个别的犯罪人，不可避免刑罚使用过程中的僵硬性，不利于对犯罪的改造和对人的尊重。而教育刑和宽严相济的刑事政策都是对不同的使用对象进行区别对待，避免了刑罚的僵硬性，使我们可以更好地适用刑罚。

教育刑作为刑罚理念，同样不能全然放纵对犯罪人的刑罚惩治，针对不同情形同样适用不同的刑罚形式：对需要改造的犯罪人进行积极改造，使其尽快回归社会；对不需要改造的犯罪人要审慎适用刑罚，甚至不适用刑罚；对无法改造的犯罪人进行严厉惩治，消除该犯罪人再犯的可能性和危险性。与此相类似的是，宽严相济刑事政策要求对不同的犯罪适用轻重不同的刑罚，该宽则宽、该严则严，而不是不加区别的全盘宽化。由此可见，无论是教育刑还是宽严相济的刑事政策，二者都要求对刑罚的适用进行区别对待。

（五）都注重对行为人的合理评价

已经完成的行为不可能在不可逆转的时间中赎回，我们在进行事后的追溯评价中，实际上已经不单纯是对客观化的危害行为进行评价了。已如前述，宽严相济刑事政策要对犯罪人的权益进行应有重视，因而对"人"的刑罚评价是该刑事政策不可偏废的重要内容。宽严相济刑事政策要真正做到宽严有别，就不可能只注重已然化的外在行为，因为脱离了行为人的现实存在，犯罪行为既不会发生，刑罚的兑现更无意义可言。因此，宽严相济刑事政策要求我们重新审视行为，把行为与行为人结合起来综合性地一体化评价。

刑罚的目的是预防犯罪人重新犯罪，而不是企图抹灭犯罪行为所造成的客观痕迹和现实危害。教育刑作为特殊预防的产物，预防行为人再犯就是要立足于不同犯罪人的特性，其教育改造效果的好坏也直接与具体的犯罪人息息相关，因而是对刑罚加诸该犯罪人身上的一种现实评价。教育刑注重对犯罪人成长经历、生活环境、教育改造程度和可能的评价，从而强调刑罚的个别化适用与积极性调整。宽严相济刑事政策同样注重对行为人的现实评价，对于初犯、偶犯配置较少的刑罚，从宽对待；对于累犯、再犯，改造难度较大者，同样需要较多的刑罚予以从严处罚。因而，无论是教育刑还是宽严相济的刑事政策，二者在对行为人的刑罚评价方面具有明显的一致性。

总的来说，教育刑和宽严相济刑事政策除了共性之处，还存在承接关系。教育刑是在宽严相济刑事政策指导下的刑罚思想，可谓宽严相济刑事政策之下的子政策，宽严相济刑事政策统领教育刑的具体发展，而教育刑反馈和回应宽严相济的刑事政策。二者相辅相成，互为补充，共同发挥作用。

三、教育刑契合宽严相济刑事政策的新意义

（一）促进我们现有刑事立法的积极反思与重新调整

刑事政策的导向功能、中介功能、规制功能在整个刑事法律过程中体现得淋漓尽致。[1] 法治国家内，刑事政策是刑事法律的先导和补充，刑事法律是刑事政策的升华和边界。[2] 有学者明确指出，我们当前的刑罚结构存在的主要问题是"死刑过重，生刑过轻"，一死一生，轻重悬殊；宽严相济"体现一个基本的思想，也就是宽和严的相对性。任何一种宽和严都是相对而言的。基于这样一种考量，我们目前在贯彻宽严相济刑事政策当中，首先需要解决的就是我国的刑罚结构性的调整问题"[3]。教育刑作为与宽严相济刑事政策相一致的刑罚理论，也要遵照该刑事政策的精神，从立法层面积极有所作为。

因此，我们要严格遵照并认真贯彻宽严相济刑事政策，积极发挥教育刑的功能，并在立法层面予以积极有效的回应。"在社会主义法治

---

[1] 何秉松：《刑事政策学》，群众出版社2002年版，第56—57页。
[2] 侯宏林：《刑事政策的价值分析》，中国政法大学出版社2005年版，第98页。
[3] 陈兴良：《宽严相济刑事政策与刑罚规制》，《法学杂志》2006年第2期，第8页。

理念下，宽严相济作为刑事法律基本原则统治下的刑事政策，首先要具体为刑事立法政策，然后借助于刑事立法理论和技术，转化为全国人大及其常委会制定、通过的刑事法律规范。"① 既然教育刑与宽严相济的刑事政策具有理论上的一致性，教育刑就要积极与此相对应，并真正从立法层面予以直接体现出来，指导司法实践予以适用。否则，要想达致教育刑全方位或者刑事一体化过程中的最大程度的功能释放，其难度就可想而知。

（二）促进刑事司法实践更好遵守宽严有别的操作路径

教育刑除了在立法中要求有所突破之外，还需要在刑事司法中绽放光彩，作为与宽严相济刑事政策相一致的教育刑，也必须能够在该刑事政策的带领下深入到司法适用之中。实际上，宽严相济自进入刑事司法视野以来，也有不同的声音存在。有人认为，该刑事政策为当前过于严苛的刑罚制裁提供了缓解渠道，具有刑罚人性化与人道化的体现。另有学者担心，宽严相济的刑事政策会不当扩大刑事司法人员的裁量权，致使原本就没有受到良好束缚的刑事司法变得更加飘摇不定。尽管不同的立场存在争论性，但是，学者们较为一致的观点仍然并不否定或者排除宽严相济的刑事政策，而是希望在新的刑事政策和新的思路的带领下，能够冲破传统刑事理念与司法操作的固有藩篱，为更好的刑法适用提供新的指导思路与路径。

就刑事司法操作层面来说，教育刑并不否定刑罚的本质是惩罚，因而教育刑同样体现了"区别对待"的精神。尽管在刑法总则与分则中，也部分地包括了区别对待的内容，但是，这还不是教育刑的真正体现。与之相对，要真正注重教育刑，就要求无论是在实体性判断，还是程序性操作上，都要在提升教育刑地位的同时，充分展现教育刑

---

① 刘远：《宽严相济刑事政策之概念分析》，《南昌大学学报》2007年第1期，第25页。

教育改造的功能。因而，无论案件性质是否相同，案件情节是否存在出入，犯罪行为人的差异性都是客观存在的，此时都要求我们认真运用教育刑理论，仔细分辨案件本身的同与不同，区别对待犯罪人，公正性地进行程序对待，并据此得出合理化的实体性结论。

（三）确立该宽则宽的刑罚轻缓化的实践运用方式

就我国的刑事司法实践来看，刑罚过于苛厉的特征较为明显，由此引发了诸多弊端，教育刑的提出就是要革除这些弊端，并在积极性地重新改造中能够把刑罚带领到新的认识，为刑罚实践换来新面目。"从中国法律史观之，刑罚的酷烈和繁多不仅在夏商周三代，即使在整个中国古代法中重刑主义也是一个显性的特点。"[1] 让人难以理解的是，刑罚的此种野蛮残酷竟然与我国四千年的文明共存，与古代发达的道德哲学并行不悖。[2] 时代已经发生了较大变化，法治理念也在不断得以伸张，刑罚行走到今天，轻缓化的潮流已经不可逆转，教育刑的提出就是要把刑罚该宽则宽的理念推进下去，为刑罚适应社会提供更好的基础与可能。此时，教育刑虽然是一种理念，但是教育刑更是社会化的产物，必须在社会化过程中进行适应与重新规范化的运行。质言之，我们要通过教育刑价值的彰显，积极步入刑罚的基本发展潮流与趋势之中，并在规范化的指引下进行当下刑事司法的现实安排。

（四）确立审慎的刑罚适度从严的现实化刑罚适用

就世界各国的刑罚发展趋势来看，轻缓化已经成为当前不可逆转的潮流，但是，需要指出的是，这也只是基于刑罚宏观整体层面所得出的一个基本认识。在具体的现实个案中，无论刑罚发展到何种程度，

---

[1] 陈伟：《教育刑与刑罚的教育功能》，《法学研究》2011年第6期，第166页。
[2] 梁治平：《法辨》，中国政法大学出版社2002年版，第88页。

其都不可能一味地追求轻缓，更不可能毫无限度地放任犯罪。从根本上来说，"轻""重"本身就是相对的，没有轻当然就没有重，没有重更无所谓轻。教育刑作为刑罚理念，不可能脱离刑罚本身而存在，它同样要求宽严有别、轻重有度。案件要判轻还是重，都需要围绕外在的客观危害行为与现实的行为人来进行考量，而不是随意化或者无限度自由裁量的结果。

在教育刑彰显的过程中，需要注意的是，其同样是在刑罚的整体框架下进行的思想挖掘与细节建构，教育刑不是要走向刑罚的反面，也不是要否定刑罚，更不可能放弃刑罚而另谋他路。与之相反，教育刑的提出就是要在改变对传统刑罚整体认识的前提下，更加理性地看待刑罚，纠正传统刑罚过分注重报应与威慑的误区。但是，教育刑仍然不能脱离刑罚赖以存在的现实情况，对部分严重的危害行为和改造难度较大的行为人，仍有适用重刑的现实必要。教育刑必须兼顾报应与功利的统一，刑罚必须更加符合社会现实，只有这样，才能使刑罚功能在重新定位之下予以合理化地效能释放，使之在刑罚现代化的行进中能够更好地有所作为。

宽严相济刑事政策自提出以来，就立即得到理论界与实务界的积极回应，说明了该刑事政策在当前社会环境下的积极意义与重要价值。自此之后，宽严相济刑事政策需要从抽象的理论逐渐过渡到具体的实践操作，把蕴藏其下的内容通过现实化的运用而彰显出来。宽严相济的刑事政策作为基本性和全局性的刑事政策，必然引导我们刑罚理念的重新反思与合理布局，与此相一致，教育刑理论与宽严相济刑事政策在诸多层面都能够相互对接，说明在当前宽严相济的刑事政策之下，教育刑也应当与该刑事政策一样，需要贯穿到刑事立法与刑事司法活动中去，对整体性的刑事法律活动发挥其现实作用。笔者相信，通过对宽严相济刑事政策的合理归位并在实践效应层面做出的妥善安排，教育刑围绕此所进行的积极响应和规范化运行，必将为刑事实体与程序运行的完善注入现实动力，刑罚良好效果的达成必将获得刑事政策的更多扶持。

第二节 "人身危险性""社会危害性"与"社会危险性"辨析

一、"人身危险性"与"社会危害性"的关系及辨析

自从刑事近代学派提出"人身危险性"的概念以来，"人身危险性"概念与"社会危害性"概念之间的关系就是刑法学中一个纠缠未了的问题。"人身危险性"要介入刑法学理论，其与"社会危害性"的碰撞与摩擦就不可避免。鉴于"社会危害性"在我国刑法学中的现有地位，"人身危险性"要想渗入传统刑法理论并占有一席之地，厘清二者的内在关系就至关重要。

人身危险性是否属于社会危害性的内在要素，即人身危险性是否是社会危害性之下予以评判的重要参数，学界的认识并不统一。朱建华教授较早撰文指出："犯罪的社会危害性是现实危害与可能危害的统一。现实危害是指犯罪给社会已经造成的危害，可能危害是指犯罪分子再犯罪的趋势。……犯罪的社会危害性是人身危险性、客观实害性的统一，其中人身危险性是对主体有害于社会的人身的否定评价。社会危害性是犯罪的本质特征，也是犯罪构成的实质内容，人身危险性正是社会危害性的一个方面，不能将它归结为是社会危害性以外的东西。"① 王勇博士也认为，社会危害性与人身危险性是一个有机的统一整体，或者说人身危险性是社会危害性的一个方面，不能将它归结为是

---

① 朱建华：《论犯罪的社会危害性的内在属性》，《法学研究》1987年第1期，第52页。

社会危害性以外的东西，组成犯罪构成要件的各因素都在一定程度上体现着犯罪的社会危害性和犯罪人的人身危险性；那种把社会危害性和人身危险性割裂开来，认为犯罪构成要件只体现犯罪的社会危害性，而不表现犯罪人的人身危险性，从而认为行为人的人身危险性因素对定罪不发生作用的观点是不妥当的。[1] 还有学者指出，根据我国刑法第13条对犯罪概念之规定，在分析罪重、罪轻和刑事责任大小时，不仅要看犯罪的客观社会危害性，而且要综合考虑行为人的主观恶性和人身危险性，把握罪行和罪犯各方面因素所体现出的社会危害性程度。[2]

从以上论述中，我们可以清晰地看出，上述论者是把行为人的人身危险性作为社会危害性的内在评判参数予以考虑的，即论者有意识或者无意识地把人身危险性作为社会危害性之下的子元素。其优点在于，这样理解的最终结果是把人身危险性较为便利的吸纳到社会危害性之中，如同危害行为的手段、方式、犯罪对象、危害结果、主观罪过等内容一样，人身危险性能够成为评判社会危害性质与量的参考因素。很显然，依照上述见解，作为社会危害性部分内容的人身危险性根本就没有单独分裂出来的必要，由此带来的结果是，欠缺了独立品格的人身危险性将被悄悄地消解殆尽，受社会危害性所"庇护"的人身危险性，其内在功能随之也就无从得以真正发挥。

与之不同的是，另有部分学者却旗帜鲜明地赋予了人身危险性以独立个性。比如，从多数学者的语词使用情形来看，"人身危险性"与"社会危害性"常常是被分而论之的，实际上，这一表述方式已经在某种程度上告诉我们，在他们的理论学术思维中基本上认同这样一个事实：人身危险性是人身危险性，社会危害性是社会危害性，人身危险性与社会危害性存在质上的差异，不能把二者等而视之，也不能把其

---

[1] 王勇：《定罪导论》，中国人民大学出版社1990年版，第89—90页。
[2] 高铭暄、马克昌：《刑法学》，北京大学出版社、高等教育出版社2005年版，第30页。

中之一划归到另一内涵之下。对此，陈兴良教授最为明确地指出，"人身危险性与社会危害性是两个不同的范畴"。[①]

　　针对上述不同的见解，笔者认为，我们需要辩证地看待人身危险性与社会危害性的关系问题，即既要看到人身危险性与社会危害性之间的联系，同时又不能把人身危险性与社会危害性相提并论。关联之处应该予以承认，区别之处应该进行实质揭示并予以客观标明。很显然，把人身危险性作为社会危害性内在要素的上述学者，只看到了双方某些层面的内在关系，而没有看到二者质上的根本差异性。实际上，人身危险性与社会危害性既有联系又有区别：就人身危险性与社会危害性的联系来说，二者都属于规范性评价的产物，都是基于抽象思维进行判断或推理的结果；二者都离不开危害行为，都必须通过行为的客观特征进行说明；二者都蕴含着行为人的因素，人身危险性与行为人的人格特征相一致，而社会危害性则容纳了行为人的罪过与主观恶性要素。另外，人身危险性的判断需要社会危害性予以扶持，虽然人身危险性的判断与社会危害性的判断并不亦步亦趋，但是社会危害性的分析是人身危险性综合性评判并得出结论的必经阶段。

　　在人身危险性与社会危害性的区别上，多数学者认为，二者的实质性区别在于前者是未然之罪，后者是已然之罪。比如，有人就指出，"人身危险性预示着犯罪人犯罪的未然状态，社会危害性所反映的是已然的犯罪对于社会已经实际发生的危害"[②]。然而，通过社会危害性概念的审视，我们却不能得出结论认为社会危害性与人身危险性的实质区别在于"已然性"与"未然性"的界分上。比如，一般地认为，社会危害性是指"行为人对我国社会主义社会关系造成的损害或可能造成的损害"[③]。社会危害性"是表现为对我国社会主义社会关系所产生的有

---

① 陈兴良：《刑法哲学》，中国政法大学出版社 2004 年版，第 159 页。
② 刘焕奇：《论人身危险性对量刑的影响》，中国政法大学硕士学位论文，2006 年，第 18 页。
③ 马克昌：《犯罪通论》，武汉大学出版社 1999 年版，第 20 页。

害影响"、"是指对刑法所保护的社会关系的破坏","是犯罪行为对我国刑法所保护的一定社会关系的侵犯"①。社会危害性是"指行为对刑法所保护的社会关系造成或可能造成这样或那样损害的特性"②。"对犯罪的客观危害的评价应该奠基于对体现犯罪的实际损害与造成实际损害的危险的种种客观因素的综合考察之上。"③ 除此之外,由于社会危害性与法益侵害的实质关联,因此通过法益侵害说也可以对此有所了解。张明楷教授认为,"行为对法益的侵犯性包括对法益的侵害性与威胁性(危险性)。侵害性是指行为造成了法益的现实损害;威胁性是指行为具有侵害法益的危险性。当行为没有现实地侵害法益,但具有侵害的危险性时,也具有现实的社会危害性"④。由此可以获知,人身危险性与社会危害性的关键区别不在于前者涉及未然之罪,后者涉及已然之罪的问题,这仅仅只是问题的表面。"如果细致分析,我们可以发现已然之罪的主观恶性与未然之罪的再犯可能之间存在某种内在的联系。"⑤ 从学者对社会危害性的界定可以得知,社会危害性同样包括"可能造成的损害",即社会危害性并非对犯罪的未然部分一概排斥在外。"现实危害和可能危害,不是社会危害性有无的区别,而只是社会危害性大小的区别。"⑥ 尽管在传统刑法理论上,我们认为犯罪的本质特征是社会危害性,毕竟,传统的行为刑法是以社会危害性为中心建构起来的,但是传统刑法对危险犯、犯罪未完成形态等并不排斥,同样认为

---

① 高铭暄主编:《刑法学原理》(第一卷),中国人民大学出版社1993年版,第383页。
② 高铭暄:《新编中国刑法学》(上册),中国人民大学出版社1998年版,第66页。
③ 邱兴隆:《犯罪的严重性:概念与评价》,《政法学刊》2001年第1期,第13页。
④ 李立众、吴学斌:《刑法新思潮——张明楷教授学术观点探究》,北京大学出版社2008年版,第11页。
⑤ 陈兴良:《刑法哲学》,中国政法大学出版社2004年版,第149页。
⑥ 陈兴良:《刑法哲学》,中国政法大学出版社2004年版,第135页。笔者认为,以现实危害和可能危害作为社会危害性大小的界分,只具有相对性意义。无论是危险犯、行为犯,还是犯罪的未完成形态,其社会危害性并不一定就小,因为就犯罪的成立而言,其之所以构成犯罪,当然都是具有严重社会危害性的。

危险犯、行为犯、预备犯、未遂犯、中止犯等都具有社会危害性。并且，劳东燕博士指出，随着风险时代的来临，政治语境的转换使得危害性的命运发生了改变，"由此，危害的内容便不再限于实际的危害，而是同时包含侵害危险。"① 显然，这里的社会危害性并不单纯仅指实然之罪，它还包括了可能侵害刑法保护的某种法益的现实危险，即社会危害性既存在着实然的危害，也有尚未实然化的危险。

因此，笔者认为，人身危险性与社会危害性二者最根本的界分点在于，究竟是以行为为基点还是以行为人为基点的问题，以社会危害性为理论中心的传统刑法选取了客观行为作为自己的根基，而人身危险性的提出则把行为人置于了更为基础的地位。正如曲新久教授所理解的，"二者（人身危险性与社会危害性——笔者注）之间的根本性差异是（或者说区别——原文如此），社会危害性是犯罪的属性，人身危险性是犯罪人的属性，对此，我们绝对不可以混为一谈。我们既不能将社会危害性归入犯罪人范畴，也不能将人身危险性归入犯罪范畴"②。

人身危险性是行为人的人身特征，社会危害性是犯罪行为的事实特征，这是二者的根本区别所在。有学者根据社会危害性概念的不同界定，把社会危害性分别归纳为"事实说"与"属性说"二类。③ 在笔者看来，无论是"事实说"还是"属性说"，社会危害性既是行为的事实，也是行为的属性，社会危害性的界定没有也不可能脱离行为构成而作任何其他基础性评价。与之不同的是，人身危险性却强调在行为人的基础之上研究问题并进行实践操作，社会危害性并不是人身危险性问题的全部，行为的社会危害性只是行为人人格形成过程中需要考察的部分内容，从社会危害性出发并超脱于社会危害性构建起来的行

---

① 劳东燕：《危害性原则的当代命运》，《中外法学》2008年第3期，第407页。
② 曲新久：《刑法的精神与范畴》，中国政法大学出版社2003年版，第232页。
③ 赵秉志、陈志军：《社会危害性与刑事违法性的矛盾及其解决》，《法学研究》2003年第6期，第106页。

为人中心理论是人身危险性的特色和实质所在。

二、"人身危险性"与"社会危险性"的纠葛与化解

从人身危险性的现有界定来看，理论学者总体上对该概念的表述是一致的，无论是强调初犯可能性、再犯可能性，抑或是初犯可能与再犯可能的统一，都是在肯定"人身危险性"这一固定用语表达前提下的语义阐释。然而，"人身危险性"并非我们传统刑法中土生土长的一个概念，这一由外而内实行"拿来主义"的舶来品，对我们正确理解人身危险性的本来面目带来了诸多不便。笔者认为，如果从"人身危险性"孤立的语词意义上进行理解，我们很可能把"人身危险性"解释为"人身的危险性"，即要么把它理解为"行为人侵犯人身权益犯罪的外在可能性"，要么可能错误地理解为"被害人受人身攻击的可能性"，甚或理解为"人生而有之的危险性"（天生犯罪人）。因此，"人身危险性"此种语言表达的形式缺陷，经介绍到我国之后，作为本来意义的理解就很大程度上可能被误解，甚或被故意扭曲，从而在相当程度上丧失其本来面目而招致全盘否定之命运。

回归到行为人的视角，从法益侵害说的立场出发，人身危险性只能是行为人的行为对社会的危险性，这种客观的人身危险性既非主观的随意揣测，也非罪过、主观恶性的同义反复，而是危害行为侵犯社会的现实可能性。正如有学者认为的，"人身危险性，顾名思义是指'人身'所具有的一种危险状态，这种状态从法律角度讲则是人实施危害社会的犯罪行为的倾向"[1]。1910 年国际刑法学家联合会的创始人，这一社会学派的思想拥护者普林斯使用的也是"犯罪人的社会危

---

[1] 张驰、俞亮:《简析人身危险性》，《上海公安高等专科学校学报》2002 年第 1 期，第 40 页。

险状态"的用法。① 陈兴良教授在评价此用语时也认为,"这里所谓'犯罪人的社会危险状态'就是指人身危险性,也有的称为'社会危险性'"。② 因此,笔者认为,"人身危险性"应该得到正本清源的澄清,"人身危险性"这一容易引发歧义的概念应该还原为"(人的)社会危险性"。

基于学术理论探讨和深入拓展的需要,人身危险性作为刑法学中的一个基础理论范畴,由于在语词规范上的不统一,造成了人为的隔阂和障碍,从而使得这一富有矿产"藏在深闺人未识",蕴含的丰富能量开发未尽。由于翻译过程中的某种原因使然,致使"人身危险性"这一称谓进入我国之后逐渐得以确立并被延续下来。实际上,"人身危险性虽然是作为犯罪行为人的人身特征随着近代刑事人类学派和刑事社会学派的产生而出现的,但是,在刑事人类学派和刑事社会学派那里并不叫人身危险性,而是被表述为行为人的社会危害性或者被理解为由特定原因决定的行为人倾向于犯罪的危险状态"③。其实,在《意大利刑法典》中明确使用的也是"社会危险性"而不是"人身危险性"④。比如,在《意大利刑法典》第164条第2款第2项规定:"由于犯罪人被法律推定为具有社会危险性的人,应当在刑罚以外附加适用人身保安处分的。"⑤ 同时笔者还查阅得知,黄风教授根据2006年修订版从意大利文直接翻译了《最新意大利刑法典》,在"第八章行政保安处分"的第201、202、203、204、206、207、208条中,使用的都是"社会危险性"而非"人身危险性"。

---

① 普林斯指出:"这样一来,我们便把以前没有弄清楚的一个概念,即犯罪人的社会危险状态的概念,提到了首要的地位,用危险状态代替了被禁止的一定行为的专有概念。"A. H. 特拉伊宁:《犯罪构成的一般学说》,王作富等译,中国人民大学出版社1958年版,第22—23页。
② 陈兴良:《刑法哲学》,中国政法大学出版社2004年版,第141页。
③ 徐久生:《保安处分新论》,中国方正出版社2004年版,第66页。
④ 《最新意大利刑法典》,黄风译注,法律出版社2007年版,第75—76页。
⑤ 王炳宽:《缓刑研究》,法律出版社2008年版,第146页。

并且，笔者在搜集资料的过程中还发现，在同一作者所作的同一篇著述中，也存在人身危险性的不同表达：有学者在同一含义上使用"人身危害性""行为人的危险""人身危险性"的不同表达[①]；有学者把"人身危险性"与"社会危险性"并用[②]；还有学者把"有犯罪危险的人""人身危险性"与"社会危险性"三者互换混同。[③] 从研究现状来看，"人身危险性"语词表达的模糊不清导致了目前对此问题有所涉略的理论学者在人身危险性的认识上也较难沟通，更不用说人身危险性要想更大幅度地被认同所面临的现实困难了。在人身危险性的概念层面上，学者自说自话的研究现状严重阻碍了学术的推进和深入交流，究其原因，语词界定的未达统一难辞其咎。基于此考虑，把"人身危险性"置换为"（人的）社会危险性"，其理论的抽象性将得以大大削减，人们对它的把握将变得更为直观与具体，学术交流与理论对话因而可以变得更为顺畅。

尽管笔者明显感到"社会危险性"较之"人身危险性"的众多优点，但是，学术的传承延续总是不能一笔抹掉，其固有的惯性力量是如此之强，要想彻底地颠覆实在不是"一人之力、一日之事"所能奢求。换言之，在现有的学术文献中，虽然也有学者使用"社会危险性"或"行为人的社会危险性"代替"人身危险性"，但是，一个显著的事实是，"人身危险性"较之于"（人的）社会危险性"，在我国

[①] 参见劳东燕：《危害性原则的当代命运》，《中外法学》2008年第3期，第401—410页。在该文中，第401页使用的是"人身危害性"，第410页前面分别使用的是"行为人的危险"和"危险性的个人"，第410页后面使用的是"行为人的人身危险性"。

[②] 该论者认为，"人身危险性和社会危险性大，应予保安监禁处分"。屈学武：《保安处分与中国刑法改革》，《法学研究》1996年第5期，第65页。

[③] 梁根林：《刑事政策：方式与选择》，法律出版社2006年版，第250—253页。在该书中，第250页使用的是"有犯罪危险的人"，第251页使用的是"人身危险性"，第253页使用的是"社会危险性的犯罪人"。另外可参见苗有水：《保安处分与中国刑法发展》，中国方正出版社2001年版，第31—135页。在第31页中使用了"社会危险性"，而在该著作的其他表述中，尤其是第三章的标题及内容却使用的是"人身危险性"。

实体刑法中已成为一个相对成熟的学术用语，那么，这是不是意味着"人身危险性"的惯常用法不可轻易撼动而必须照旧呢？对此，可能有人会担心，在"人身危险性"根基未稳的前提下，将之轻易地变更为"（人的）社会危险性"，人身危险性所获得的些微认同将在概念的变动之下使原来持支持态度的学者不知所云，使更多的后来者无所适从，从而导致原有的一点点成效也丧失殆尽。但是，笔者认为，如果我们要从正面真正地支持人身危险性，并使人身危险性理论发挥出其内在蕴藏的现实价值，那么"人身危险性"就必须转换成"（人的）社会危险性"。否则，"人身危险性"的沿袭使用并不能使其走得更远，也难以使其在刑法学中真正立足，最终的得不偿失将更大。因此，就学术规范的科学性而言，在概念内涵上应把"人身危险性"转换为"（人的）社会危险性"，仍然是我们理论研究与实践运用亟待正视的基础与前提。

三、"人身危险性"与"社会危险性"辨正及其功能

"人身危险性"向"社会危险性"的语词过渡，本身并不是学者单纯的文字游戏而已。在传统的社会危害性理论占据主导地位的当下，我们要把人身危险性渗入其中并发挥相应的价值，必不可少的第一步就是进行语词厘清。笔者认为，把"人身危险性"的内涵转换为"（人的）社会危险性"至少有以下几个方面的优点：

（一）提升人身危险性的自身价值，避免不必要的排斥或抵触

由于长期受客观主义刑法的思想洗礼，相当多的理论学者和司法人员对主观主义刑法理论框架下的产物——人身危险性，采取了一种并不友好的排斥态度。笔者以为，其中一个主要的原因就在于人身危险性在语词指向上的主观色彩过浓，并随之额外附加的非核心意义

（可能侵犯人权之虞）的侧面暗示引发了学者的诸多担忧。"（人的）社会危险性"意指人侵犯社会的危险，这种社会危险性不等同人的主观危险性，也非侵犯人身的危险性，它是行为人通过行为展现出来的危害社会的危险性，因此它的客观性较之于"人身危险性"更胜一筹。把"人身危险性"转换为"（人的）社会危险性"，可以较好地规避我们已有的心理抵触情绪，从而为正确理解人身危险性打通形式要道，避免误会和尴尬，为最终的心理认同铺平前提性可能。

（二）促使"行为刑法"积极汲取"行为人刑法"的有益价值

传统的"行为刑法"以犯罪行为作为自己的理论基点，并以此构建了自己的全套理论体系，因而存在相当多的弊病。"其实，事实上的制裁也不可能对已然的行为进行——行为一旦完成其本身就立即烟消云散，根本谈不上受制裁的问题；制裁只能是落在行为的发出者，现实的人的既得利益的剥夺上（这应该是现代刑法由以'行为'为中心转向以'行为人'为中心的务实倾向的理论根基）。"[1] 如何在刑法理论的发展过程中，突破传统的思维局限，以一种新的视角审视现有理论的不足，是一个亟待解决的重大课题。笔者认为，"行为人刑法"的提出并加以自觉完善和现实运用，是治疗当前众多弊病的一剂良药，有利于克服行为刑法的短视和被动局面。[2] 人身危险性的提出，通过把犯罪行为纳入主体行为人之下予以考察和探讨，让犯罪行为与犯罪人密不可分，促使"行为刑法"向"行为人刑法"逐渐靠拢，引导"行为刑法"积极汲取"行为人刑法"蕴含的有益内涵，可以使刑事法学进

---

[1] 冯亚东：《刑法学研究的层面划分》，《法学研究》2001年第3期，第68页。
[2] 罗克辛教授指出，"人们公认，现行刑法绝大多数是一种行为刑法"。克劳斯·罗克辛：《德国刑法学 总论》（第1卷），王世洲译，法律出版社2005年版，第110页。日本学者团藤重光教授与大塚仁教授兼顾行为责任与形成人格责任的理论思路，是"行为人刑法"真正首倡者。在国内，北京大学的张文教授旗帜鲜明地主张"人格刑法学"并重新全盘构建了"行为人刑法"的诸多新见解。参见张文、刘艳红、甘怡群：《人格刑法导论》，法律出版社2005年版。

入到更科学的研究领域，促使定罪与量刑的公正化实现。需要指出的是，"行为人刑法"并非要隔绝"行为"而让"行为人"孤芳自赏，人身危险性的提出也并不是要否定行为的客观危害而独占鳌头。我们把"人身危险性"转换为"（人的）社会危险性"，以此充任"行为人刑法"当中的一个重要范畴，是为了更好地践行其内在价值，并且在当前的条件下可以较少障碍地先行一步，并在逐渐取得成果的基础上积聚自己的力量、获得更多的支持。

（三）为刑事法律活动的一体化建构创造可能

自刑事一体化提出以来，在理论界与实务界已经逐渐深入人心，并引发了学者极大的学术热情与关注度。刑事一体化的建构既是宏观视域研究方法的创新，它通过一体化路径下的整体刑法学思路开创了理论研究的新方法[1]，同时也是一种微观视角的司法实践操作，把刑事诉讼全过程进行一体化地全盘统筹考虑和运行。[2] 如果坚持传统的概念，由于把人身危险性仅作为刑事责任大小的一个要素，在现有的司法活动中，人身危险性就单纯简化为量刑活动中影响刑事责任大小的一个酌定情节，其适用的诉讼阶段必将仅限于刑事审判活动。既然社会危

---

[1] 最先提出"整体刑法学"这一概念的是李斯特。李斯特主张刑法学研究应从狭窄的法律概念中解放出来，建立刑事政策学、犯罪学、刑罚学和行刑学等在内的"整体刑法学"。参见付立庆：《刑事一体化：梳理、评价与展望——一种学科建设意义上的叙事》，2003年12月20日北京大学"刑事政策与刑事一体化"研讨会论文。继后，在中国最早提出与刑事一体化有关的当属甘雨沛先生的"全体刑法学"，他认为应当"成立一个具有立法论、适用解释论、行刑论、刑事政策论以及保安处分法的全面规制的'全体刑法学'"。参见甘雨沛、何鹏：《外国刑法学》（上），北京大学出版社1984年版，前言。其后，众所周知，国内直接提出"刑事一体化"并对其发扬光大的为北京大学的储槐植教授。纵观刑事一体化的发展，可以说，李斯特的"整体刑法学"理念是刑事一体化的西方话语，是现今刑事一体化的思想源流。

[2] 储槐植教授也认为，"刑事一体化，源于宏观观察，作为思想观念是哲学'普遍联系'规律在刑事领域的演绎"。"刑事一体化，作为方法操作框架，指相关事项的深度融通，操作层面便是运作机制，思维框架主要为折衷范式——平抑偏执达致适中的方法和过程。""刑事一体化，既是观念，也是方法。"参见储槐植：《刑事一体化论要》，北京大学出版社2007年版，第22—24页。

害性在整个诉讼阶段都能发挥功用,那么鉴于"(人的)社会危险性"与"社会危害性"较为亲近的内在关系,"(人的)社会危险性"在功能上就可以与"社会危害性"相沟通,并且按照现有"社会危害性"在刑事司法中的地位与运行思路,人身危险性同样可以具有同等效力并贯通到整体诉讼活动中去,促使我们从定罪、量刑、行刑等一体化地逐一详加考察行为人的人身危险性,避免人身危险性在诉讼活动中局限于某一阶段而大大限缩其内在功能。

(四)为刑事学科群的整合提供向心力

在实体法上,1979年《刑法》和1997年《刑法》中都没有"人身危险性"这一学术用语,与此有密切关联的是《刑法》第72条中"没有再犯罪的危险"应当宣告缓刑,以及《刑法》第81条中的"没有再犯罪的,可以假释"的立法表达。① 可以说,这一立法意图的内在含义,显然所指的就是行为人对社会的危险性,即行为人对包括个人法益、社会法益、国家法益等在内的刑法法益侵害的现实危险。简言之,就是"(人的)社会危险性"。在程序法上,现行《刑事诉讼法》第67款规定,"可能判处有期徒刑以上刑罚,采取取保候审不致发生社会危险性的",人民法院、人民检察院和公安机关对犯罪嫌疑人、被告人可以取保候审;第81条规定,"对有证据证明有犯罪事实,可能判处徒刑以上刑罚的犯罪嫌疑人、被告人,采取取保候审尚不足以防止下列社会危险性的,应即依法逮捕";第265条第3款,"对适用保外就医可能有社会危险性的罪犯,或者自伤自残的罪犯,不得保外就医"。由此可见,在《刑事诉讼法》上明确使用的是"社会危险性",

---

① 《刑法》第72条是《刑法修正案(八)》修改过的,原法条的内容是:"适用缓刑确实不致再危害社会的,可以适用缓刑"。《刑法》原第81条的内容也是《刑法修正案(八)》修改过的,原法条的内容是"假释后不致再危害社会的,可以假释。"实际上,通过前后立法变更的内容来看,人身危险性在现有刑事立法的明确规定中变得更为显然。

而非"人身危险性"。笔者相信，把人身危险性置换为"（人的）社会危险性"，刑事实体法与程序法语言上的隔阂将得以释清，从而将大大便利学科之间的理论研究和司法工作人员的实践操作。

"在我国，刑事学科科学协调发展的内在矛盾日益显著，客观上要求我们不仅要研究单个的刑事学科，还要同时关注并深入地研究刑事学科的整体，以及整体与部分之间的有机关联。"[1]虽然刑事学科群并不仅仅包括刑法与刑事诉讼法，但是不容否定的事实是，在规范意义上，刑法与刑事诉讼法的关系最为紧密。从刑事学科群的整合角度视之，除了宏观体系上的深入探究之外，学术用语上使用统一性的概念仍是最起码也是最基本的要求。职是之故，转换"人身危险性"为"社会危险性"，其深层意义就在于能够为刑事学科群的构建提供现实可能。

学术语词的适用不仅影响着内涵的表达及其传递，而且关乎着学术共同体的形成与学术交流的顺畅进行。"人身危险性"与"社会危害性"具有各自独立的学术品格，"人身危险性"不能寄居于"社会危害性"之下并被其简单囊括。人身危险性的介入并不排斥社会危害性理论，在彼此内涵中究竟以行为还是以行为人为中心是界分二者的核心基准。"人身危险性"概念应该得到正本清源的澄清，"人身危险性"这一容易引发歧义的概念应该还原为"社会危险性"。厘清"人身危险性"的概念具有多元化的现实意义，是我们顺利接纳并重新认识其学术价值的理论前提。

第三节　累犯从重处罚立法缺陷的检视及重构

累犯从重处罚作为我国刑法规定的一种法定量刑情节，同样需要

---

[1] 高维俭：《刑事学科系统论》，《法学研究》2006年第1期，第14页。

呼应教育刑理念的内在精神，为了实现诉讼资源的有效配置，应当在对应刑罚更为严厉性处罚的同时将教育刑理念所要求的差异化内核贯彻其中，同时遵循宽严相济的刑事政策，在具体的刑罚裁量中实现刑罚均衡的价值追求。

一、累犯"整体从严"符合教育刑理念的内涵

在我国刑事处遇语境下，累犯区别于其他犯罪人的，主要是指应当从重处罚，不得缓刑和假释。对累犯从重处罚的理论根据为何？一般存在着"行为中心论"和"行为人中心论"两个维度下的思考，在我国刑法理论界对于累犯一直存在不同的看法，主要有人身危险性说、社会危害性说和综合说。人身危险性说主张对累犯从重处罚关注的是未然的犯罪态势，而不是已然的犯罪属性，累犯的再犯可能性较之初犯、偶犯更大，说明其人身危险性大。社会危害性说认为对累犯从重处罚的根据，在于累犯的人身危险性和主观恶性外化为累犯行为，表明其更大的社会危害性。综合说认为应当从主客观的统一性来考虑，累犯相对于初犯、偶犯具有更大的人身危险性，其累犯行为具有更大的社会危害性[①]。虽然我国当下累犯制度的立法表述是从行为角度加以规定的，但并不能就据此否定行为人因素的重要性，再加上理论界越来越多的学者肯定人身危险性的实体内容，因而撇开"行为人的行为"或者"行为的行为人"都已然不能达致理论层面的圆通与自洽。因此，笔者认为为了更好地诠释累犯从重处罚的理论根据，我们以行为和行为人双重视角、报应和预防双重目的的研究思路来探讨问题才是合理的。

"行为中心论"从犯罪行为入手，关注的是行为人实施后罪所表现的三观恶性、严重程度等与犯罪行为直接相关的因素，强调行为的刑

[①] 徐久生：《刑罚目的及其实现》，中国方正出版社 2011 年版，第 133—134 页。

罚报应。刑罚的启动必须以已然之罪为依托，刑罚的限度必须与已然之罪的危害性与人身危险性具有内在的相当性，这是累犯制度设置的正当性根据，而此时已然之罪的社会危害性较之初犯行为是否更大是需要我们解决的关键问题。[①] 有学者认为累犯的出现很可能会削弱国家法律的权威性，同时对潜在的犯罪嫌疑人也是一种煽动和鼓励，可能对社会心理造成较大的破坏性，降低民众对国家法律的信心[②]，故而主张累犯造成的社会危害性较大，应当从重处罚、刑加一等。也有学者认为"国家对累犯从严处罚的依据是因为法治的威严受到了新的挑战。累犯的行为说明了之前国家刑法的处罚并没有起到应有的效果，说明了其对刑罚处罚的一种蔑视，因此有必要进一步加强惩罚性"[③]。笔者认为从国家和社会的角度来认定累犯应当从重处罚，其恰恰违背了累犯制度设立的正当性根据。犯罪控制力度不够、效果不好，是国家和社会需要反思的问题，国家不应当转嫁责任，将犯罪率的提高以及民众对法律失去信心的后果强加给累犯行为人来承担，不得将一个人纯粹当作国家权力的客体来看待，"因为一个人绝对不应该仅仅作为一种手段去达到他人的目的"[④]，从而符合惩罚的公正性要求。也有人从累犯行为人实施后罪的主观恶性较深，据此推定累犯行为的社会危害性更为严重，比如有学者就直接认为"累犯表明前次适用刑罚，对该犯罪人没有收到应有的效果，反映了犯罪分子主观恶性较深，对社会的危害较大"[⑤]。笔者肯定行为人的主观恶性大小是影响行为社会危害性的因

---

① 此处提及的初犯行为仅仅是一个假设，我们将初次犯罪与再次犯罪作为唯一变量，假设该行为人实施了与累犯行为在性质、情节和社会危害程度等方面相似的初次犯罪。由于犯罪人不同，所犯之罪的具体情况也会有所不同，因此，我们不将该行为人的累犯行为与其他犯罪人的初犯行为进行横向比较，否则会出现两个变量，影响推论的正确性。
② 高铭暄主编：《刑法学原理》（第三卷），中国人民大学出版社1994年版，第294页。
③ 于志刚、孙万怀、梅传强：《刑法总论》，高等教育出版社2011年版，第512页。
④ 康德：《法的形而上学原理——权利的科学》，沈叔平译，商务印书馆1991年版，第164页。
⑤ 刘建宏、李永升：《刑法学总论》，法律出版社2011年版，第322页。

素之一，但是，"犯罪主观恶性绝非抽象物，总是与具体犯罪类型、犯罪后果及其情节等紧密相连，因此不在一个具体罪名框架下进行比较，没有事实根基、理性以及逻辑的支撑就贸然断定累犯恶性大于初犯，是缺乏说服力的"[1]。因此，累犯实施后罪时未必主观恶性深，进而也无法推论出累犯行为的社会危害性必定严重的结论。易言之，通常情况下我们所说的"累犯主观恶性较深"只是从累犯行为整体上考量的情形，至于具体个案中行为人主观恶性大小如何，仍然可能存在差别上的不同情形，因而需要我们在刑罚适用时予以细致的把握与考察。

"行为人中心论"从行为人入手，主张累犯从重处罚的理论根据在于行为人的人身危险性，强调刑罚的预防功能，认为累犯的产生是由于以往所判刑罚尚不足以使其悔过自新，因此应当在后罪的量刑裁量上予以从重。毫无疑问，累犯的从重处罚是基于刑罚的功利性目的，着眼于未然之罪，强调"刑须制罪""刑足制罪""刑能制罪"，若采取与初犯等同的刑罚力度进行规制，很可能与之前刑事制裁一样，无法达到预防犯罪的目的、收不到刑罚应有的效果，因此有了从重处罚之必要。然而，有学者发出了与之不同的质疑之声，并质问"在两个刑期本质完全一样时，既然前次刑罚无益于预防，如何能保证本次从重处罚有效"[2]，这一问题的提出确实也不容忽视，甚至也牵涉累犯刑罚适用的正当性根基。然而，笔者认为具体刑罚运作中有可能出现效果不佳的情形，但并不能据此而否定累犯从重处罚的合理性。刑罚只是社会控制犯罪的一个手段，而且已经属于最后无可奈何的屏障或者依赖。实际上，社会秩序的调控是一个综合性的产物，通过法律治理只是其中的部分组成内容，从现实层面来说，除了法治方式，一种良好秩序的获得不可或缺地需要多个因素或者多个手段。单纯凭借刑罚自身的

---

[1] 熊建明：《累犯通说的反省与批判》，《环球法律评论》2011年第3期，第71—81页。

[2] 熊建明：《累犯通说的反省与批判》，《环球法律评论》2011年第3期，第71—81页。

力量，我们无法保证刑罚功能的充分展开，更无法保证客观实在的优良效果的获得，尽管我们不能否认这个社会上存在一部分犯罪人是不会经由刑罚而改造成功的，但是，是否放弃刑罚就能获得更好的预期结果也是任何人不能确认之事，甚至我们可以假设在舍弃了刑罚而又别无其他替代方法的情形，可能现有的这一点成果也将成为"风雨飘摇"之事。基于此考虑，我们可以批判刑罚，也可以质疑其功能发挥上的不尽如人意之处，但从总体上来说，这些质疑与反思都不是用来排斥累犯制度的合理性理由，在我们尚未找到一种更为科学的替代性措施之前，刑罚及其累犯制度的长期存在仍然是我们的不二选择。

行为人在刑罚执行完毕或者被赦免以后的一定期限内再次犯罪，其人身危险性（仅指行为人的再犯可能性）必然比初犯行为人要大，而前次刑罚尚不足以达到特殊预防的效果，各国刑法对其后次刑罚加以补足，是符合因果报应律的一般逻辑思路的，也更是从累犯制度预防效果角度出发进行综合考虑的结果。累犯制度本身就是一般预防与特殊预防的结合体，在具体的刑罚运作过程中，为了更好地收到特殊预防的效果，一方面需要设置更具切实可行性的个别化处遇措施，通过有效的刑罚矫正措施来削减行为人的人身危险性，以防范行为人再次犯罪的可能性；另一方面需要完善现有的刑罚体系，通过设置保安处分制度来救济现有刑罚适用中的不足，通过刑罚体系的重构来解决刑罚效力当前无法胜任的重负。基于此考虑，根据行为人在刑罚执行中的具体情形，对那些刑罚执行期满而人身危险性仍然较大的行为人，通过施以保安处分的多样化措施来更好地教育与矫正犯罪行为人，这也必将是我国未来刑罚发展的一个基本趋势。

综上所述，笔者认为刑罚的本质是惩罚性与痛苦性，我们以预防犯罪为刑罚的目的，前提仍然不能离开报应刑的基础。正如学者所言，"累犯立法设置的初衷和应当从重处罚的根据，是立足于累犯犯罪行为之社会危害性基础上的人身危险性"①,易言之,累犯是"犯罪嫌疑人实施之后罪所反映的社会危害性与犯罪嫌疑人本人所具有的人身危险性的结合"②。累犯行为人实施后罪的社会危害性较之在犯罪性质、情节和社会危害程度等方面相类似的初犯,实际上也并不存在实质性的差异。可能的质疑在于初犯与累犯的区别主要取决于行为人在实施犯罪行为时的主观恶性大小,但是,实施犯罪行为时主观恶性的大小因具体案情而定,并不必然因为行为人的再犯行为就认定其主观恶性较深、社会危害性较大。至于犯罪嫌疑人的人身危险性,其本身就是对行为人主体人格的一个可能性预测、是一个动态化的整体性判断。在经历过刑罚惩罚和改造之后又再次犯罪的,其对抗法律制度规范的态度就更为明显,行为人难以通过正常的刑罚改造的客观现实也更为了然,因而我们可以推定出行为人的人身危险性明显更大。基于此考虑,从宏观上看,为了强化刑罚的有效性,同时也是为了教育改造犯罪人的需要,对累犯整体上予以从重处罚就是具有合理根据的。

二、遵从教育刑理念需要对累犯"区别对待"

我们在分析累犯的"从重处罚"时,往往自觉或者不自觉地会把累犯与一般的初犯做对照,即通过对累犯行为的多次与初犯行为的一次进行对比,从而推定出累犯行为的人身危险性大于一般初犯的结论。在此过程中,我们对比累犯与初犯的分析思路,实际上也是在自觉或者不自觉地运用宽严相济刑事政策"区别对待"的精神,即通过累犯与初犯的区别性对比而在刑罚配置上做出截然不同的两种对待,在此情形下,刑法对累犯配置了"从重处罚"的明确要求,而对一般初犯

---

① 于志刚:《刑法学总论》,中国法制出版社2010年版,第385页。
② 赵秉志:《刑罚总论问题探索》,法律出版社2003年版,第379页。

则无相应性要求。然而，遗憾的是，从"区别对待"的视角来看，这种对比还仅仅是第一层次上的对比，只能算得上是浅层次上的对比，仅仅区分了累犯与非累犯，而未触及累犯这一层面的精细划分，未对累犯之下的不同行为人作更为细致的区别对待。换言之，如果我们要把教育刑理念中的"区别对待"真正贯彻到底，那么，在累犯成立的同一框架之下，如何根据教育刑理念中的"区别对待"精神把累犯的"从重处罚"予以合理性地贯彻到底，从而使之更好地达到罪刑均衡的原则性要求，这同样是一个无法遮蔽的现实问题，也是司法实践在处理累犯量刑操作时务必应当规范的问题。

《最高人民法院关于贯彻宽严相济刑事政策的若干意见》第11条规定"要依法从严惩处累犯和毒品再犯。凡是依法构成累犯和毒品再犯的，即使犯罪情节较轻，也要体现从严惩处的精神。尤其是对于前罪为暴力犯罪或被判处重刑的累犯，更要依法从严惩处"。由此可见：其一，对待累犯，需要从严处罚；其二，对于前罪为暴力犯罪或被判处重刑的累犯，也更需要依法从严。宽严相济刑事政策作为我们当前的基本刑事政策，"区别对待"是其最为核心的要求，同时又与教育刑理念相符合，现有的刑罚适用都应该自觉遵循"区别对待"的适用性要求并予以落实。尽管现有刑法对累犯的规定仅有"从重处罚"的概括性表述，但这只是对累犯较之于其他非累犯的一个划分，并不代表在处罚所有的累犯时都是毫无区分的。换言之，既然累犯的差异性是一个挥之不去的存在，在将宽严相济的刑事政策作为基本刑事政策置于其重要地位之后，如何在累犯的刑罚适用时加以区别对待，同样要契合宽严相济刑事政策的宗旨，也是罪刑均衡的应有之义，因此，笔者认为可以通过分析宽严相济刑事政策"区别对待"的标准，来确定累犯内部"区别对待"的标准。

宽严相济刑事政策要求"区别对待"，那么，累犯制度是否可以"区别对待"则是需要回答的另一个问题。在笔者看来，就累犯的同一层级上同样可以作一些区别性的划分，其原因在于累犯根据的核心因素，即行为的社会危害性与行为人的人身危险性。由于只要符合累犯的罪质条件、时间条件和刑度条件等要素，累犯的规范性成立就不成其为问题。在累犯成立之后的体系下，累犯的罪质条件、时间条件和刑度条件肯定也是有区别性差异的，这样映射出来行为的社会危害性与行为人的人身危险性也自然会体现出差异性，在此前提下，我们把累犯予以轻重层级上的不同安排也就有了把握的线索，也可以在此基础上进行刑罚轻重不同的有序安排。

由于累犯的判断及其从重处罚脱离不了行为人因素，因此，从具体的行为主体来看，不同行为人的人身危险性的大小也会因人而异，需要我们在司法处理时审慎判断。从现有的刑罚配置来看，累犯从重处罚最为根本的根据在于其较大的人身危险性，但这一判断仍然较为抽象，而且，我们在评判累犯行为人的人身危险性较大时，尽管没有直接予以揭示，但是，这一结论仍然是与初犯行为人进行对比而得出的，即累犯行为人的人身危险性的参照对象仍然是初犯行为人。在行为人同为累犯的前提下，行为人的人身危险性毫无例外都是相对较大，如此一来，我们能否对累犯行为人的人身危险性进行层级上的划分，就直接决定着累犯在适用宽严相济刑事政策时能否区别对待的现实问题。

现实情形却并不如此简单，人身危险性问题一直困扰着我们，原因就在于，人身危险性的技术操作难题致使刑事近代学派的诸多学术见解受到理论学者与实务工作者的抵触与排斥，最终导致人身危险性的功能运行及其效能发挥并没有按照支持者的预期得以实现。但是，既然累犯的设立根据与行为人的人身危险性干系重大，或者说，累犯制度的设立不仅不排斥人身危险性，反而需要从人身危险性的理论层面寻找相应的根据，那么，在肯定人身危险性的基础上应对累犯的具体量刑问题予以规范化地操作与把握，而不是在否定人身危险性的基础上自相矛盾地论说。

人身危险性的评判是质与量的综合体系，我们既要判断行为人的人身危险性的有无，即评价行为人再次犯罪可能性是否存在，这是质的体现；又要判断人身危险性量的大小，即评价行为人再次犯罪可能性趋势的严重程度，这是量的体现。人身危险性的质量体系是一个不以任何人的意志转移而客观存在，同时也是紧密连成一体且不可分割的实体。只要我们承认了人身危险性的质的客观性，那么，人身危险性的量的客观性就不能称其为问题，反过来说，承认了人身危险性的量的客观性，人身危险性的质的客观性也就是自然而然的事情了。

基于此认识，既然我们坚持累犯从重处罚的根据在于行为人的人身危险性较大，而且人身危险性又具有量上的客观特性，那么，在累犯同一性的认定框架下，我们仍然可以根据行为人的人身危险性的大小对累犯进行量上的层级划分，从而在对累犯的量刑从重处罚时有一具体参照，即我们可以通过累犯相互之间的比较而对不同的累犯予以排列与划分，以实现在对累犯进行具体的量刑和行刑执行时有较为清晰的线索，不致因为在认定累犯之后，在后续的刑事司法程序中又丧失了可资执行的基准，也不致因为一旦被认定为累犯，所有的量刑处理都按照同一模式机械地进行，致使教育刑理念所要求的"区别对待"的精神无从体现。

累犯是行为与行为人的结合体，这是我们在累犯同一体系之下进行"区别对待"的核心所在，正是因为累犯的双重属性，在对累犯的人身危险性进行考察时，才不致因为司法人员"忽左忽右"的主观随意性而受到影响。累犯是行为人实施的多次犯罪的行为，因而，强调行为人的人身危险性，并不是要否定行为人的社会危害性，也不是要颠覆传统的刑法理论而彻底另寻他途。在对累犯进行划分时，我们仍然需要通过行为人实施的危害行为与行为人内在的人身危险性进行双向考察，既不能单方面地强调社会危害性而忽视人身危险性，也不能片面地抬高人身危险性而对现实的社会危害性视而不见。在对累犯同一性的认定与评价中，只有坚持"区别对待"才能真正彰显刑事司法的真义，也才能最终达致宽严相济刑事政策的本义。坚持这一原则，就要围绕累犯之下的实质要素予以细致考察，在针对现实的累犯行为进行从重处罚时，紧紧围绕累犯行为的社会危害性与行为人的人身危险性进行审慎把握，既要有抽象性的性质判断，也要有可供操作的量化标准，把理论的指导贯彻到实际的实务工作中，在保证公正性的前提下同样不能忽略功利性目的的基本诉求。

三、对累犯"区别对待"所进行的类型划分

刑事政策是建立在犯罪严重性程度的区别基础之上的，从主客观相统一的立场上来看，一个犯罪的严重性程度具体为何，离不开实施犯罪的行为人以及犯罪行为。社会危害性与人身危险性作为区别对待各类刑事犯罪及其行为人的评判标准，其中社会危害性与行为人实施的犯罪行为相对，正如学者所言，"社会危害性的内容包括主观恶性和客观损害，表征主观恶性大小的因素主要有动机、罪过、手段、犯罪对象和犯罪的时空环境等，反映客观损害轻重的因素主要有人身伤亡的程度、财产损失的数额、民愤大小、国际影响等"[1]。但在不同的语境下，人身危险性包容的内容并不完全相同。"刑事政策以危害性的社会现象为自己的关注对象，它囊括了刑法学不能容纳的多种行为，在它的学术话语中，人身危险性是理当可以包括初犯可能性与再犯可能性的，而规范刑法学之下的人身危险性单指再犯可能性，即行为人的行为已经进入刑法视野，可能需要运用刑罚具体规制行为人的危险性"[2]。

---

[1] 刘沛谞：《宽严相济刑事政策系统论》，中国人民公安大学出版社2010年版，第125—126页。

[2] 陈伟：《人身危险性研究》，法律出版社2010年版，第36页。

既然宽严相济刑事政策要求该宽则宽、该严则严,那么累犯作为不同的社会危害性与人身危险性的具体呈现就不能全然依照现有的法律规定一味予以"从严处罚"。因此,如何遵照宽严相济刑事政策的基本精神,对累犯更好地"区别对待"就是司法适用中必须面对和解决的现实问题。基于此,笔者认为在累犯制度的适用中应当从如下方面予以细致甄别。

（一）从犯罪类型上的考察

从犯罪的类型化层面来看,根据宽严相济刑事政策从严处罚严重刑事犯罪的内涵要求,可以将"危害国家安全犯罪、恐怖组织犯罪、邪教组织犯罪、黑社会性质组织犯罪、恶势力犯罪、故意危害公共安全犯罪等严重危害国家政权稳固和社会治安的犯罪"作为最严重的犯罪类型；把"故意杀人、故意伤害致人死亡、强奸、绑架、拐卖妇女儿童、抢劫、重大抢夺、重大盗窃等严重暴力犯罪和严重影响人民群众安全感的犯罪,走私、贩卖、运输和制造毒品等毒害人民健康的犯罪"纳入次严重刑事犯罪的范畴[①],在累犯的从严惩处中,上述这两类犯罪要被作为严惩的重点。一般来说,严重刑事犯罪所判处的刑罚都是重刑,而一般刑事犯罪所判处的刑罚因具体案情的差异,可能是轻刑也可能是重刑。但是,由于实施严重犯罪的主观恶性往往较大,导致的社会危害性与产生的社会影响往往较恶劣,行为人对抗国家与社会的态度明显,因而,如果累犯行为人实施了上述犯罪,可以据此在累犯内部划分出较高的层级,在对累犯具体量刑时作为从重处罚的最

---

① 犯罪的严重程度如何,与一个国家的社会形势密切相关。笔者以 2010 年《最高人民法院关于贯彻宽严相济刑事政策的若干意见》第 7 条作为我国当下严重刑事犯罪的划分依据,其中"危害国家安全犯罪、恐怖组织犯罪、黑社会性质组织犯罪"毋庸置疑是严重性犯罪,由于这三类犯罪属于《刑法》第 66 条关于特别累犯的规定,但是,由于普通累犯的前后罪名并不以该三类为限,因而仍然可能会有成立普通累犯的余地。

高参照对象。

具体来说，行为人实施的前罪可能是严重刑事犯罪、处以重刑的一般刑事犯罪或者处以轻刑的一般刑事犯罪，后罪同样可能是严重刑事犯罪、处以重刑的一般刑事犯罪或者处以轻刑的一般刑事犯罪。如果分别进行排列组合，则前后罪可能存在以下 9 种累犯类型：（1）前后罪都属于严重刑事犯罪；（2）前后罪都属于处以重刑的一般刑事犯罪；（3）前罪属于严重刑事犯罪，后罪属于处以重刑的一般刑事犯罪；（4）前罪属于处以重刑的一般刑事犯罪，后罪属于严重刑事犯罪；（5）前罪属于处以轻刑的一般刑事犯罪，后罪属于严重刑事犯罪；（6）前罪属于处以轻刑的一般刑事犯罪，后罪属于处以重刑的一般刑事犯罪；（7）前后罪都属于处以轻刑的一般刑事犯罪；（8）前罪属于严重刑事犯罪，后罪属于处以轻刑的一般刑事犯罪；（9）前罪属于处以重刑的一般刑事犯罪，后罪属于处以轻刑的一般刑事犯罪。前 4 种类型都表明行为人不思悔过、主观恶性大，且行为人不止一次犯严重刑事犯罪或处以重刑的一般刑事犯罪，是具有高度危险性的人格，从严惩处的幅度相较于其他累犯应当更大，因而可以划归于累犯中的第一级。第 5 种类型和第 6 种类型表明行为人的主观恶性有递增的趋势，前次犯处以轻刑的一般刑事犯罪时所处的刑罚在量上不足以惩罚和预防犯罪，此次刑罚应当从严论处，且从严惩处的幅度较大，因而可以划归于累犯中的第二级。第 7 种类型中，行为人在犯有处以轻刑的一般刑事犯罪后经刑罚惩处仍然故意犯处以轻刑的一般刑事犯罪，也能反映出行为人不思悔改、主观恶性较大，从严惩处的幅度较大，因而可以划归于累犯中的第三级。第 8 种类型和第 9 种类型中，累犯行为无法推出前罪刑罚总量上必然不足、效果上必然不佳，也无法反映出行为人没有悔改、主观恶性较大，从严惩处的幅度需要联系具体案情谨慎判断，因而可以划归于累犯中的第四级。

(二)从行为人的罪过来考察

由于现有刑法规定的普通累犯与特殊累犯在主观罪过类型上都是故意,所以过失犯罪我们暂时并不把它包括在内。[①] 故意可以分为直接故意与间接故意,按照这一组合排列,累犯的前后罪可能存在的情形是:前罪为直接故意犯罪,后罪为直接故意犯罪;前罪为间接故意犯罪,后罪为直接故意犯罪;前罪为直接故意犯罪,后罪为间接故意犯罪;前罪为间接故意犯罪,后罪为间接故意犯罪。由于直接故意犯罪反映了行为人直接敌视刑事法律保护利益的主观态度,而间接故意反映的是行为人蔑视刑事法律保护利益的主观态度,所以从一般情形来看,行为人直接故意的主观恶性要大于间接故意,与此相对应,在刑罚的裁量上前者也应该重于后者。因此,从罪过类型上来看,前两种情形反映出行为人对抗法律规范的态度更为明显,在危害性与危险性的层级上要明显高于后两种类型,在刑罚的惩罚幅度上要相应体现主观层面的差异性。

(三)从行为人犯罪的前后时间间隔来考察

累犯是在前罪刑罚执行完毕或者赦免之后的 5 年内再次实施犯罪,因而前后罪之间有一个明显的时间段。由于累犯属于事前已经有刑罚体验的人,在接受了刑罚的惩罚和教育改造之后,行为人是否已经通过先前的刑罚过程而得到了良好教育,其再次犯罪的时间是一个较为直观的信号。如果行为人从监禁场所出来之后,在较短的时间内就实施可能判决有期徒刑以上的故意犯罪,或者实施的符合特殊累犯的前后罪名时间不长,那么,可以说明行为人并没有通过前期刑罚得到有效的人格矫正,行为人的人身危险性相对较大。

[①] 累犯是否包括过失犯罪,仍然是值得理论界与实务界共同思考的一个问题,原因在于,我们是否能够通过人身危险性而排斥过失犯罪,或者说过失犯罪就没有人身危险性,其内在的结论究竟该如何得出,并未有一个客观的定论存在。

与之相反，如果行为人在前罪刑期服完之后，在相对较长的时间内都能够遵纪守法、严于律己，这说明行为人对刑罚的感受与体验已经发挥了一定程度的效力，尽管行为人最终仍然实施了相关犯罪，但是，其较之于时间较短期内的累犯类型来说，其人身危险性仍然不可同日而语。据此，笔者认为，我们可以把累犯前后罪的时间段划分为如下三种情形：第一级为1年以内的累犯，其人身危险性较大，刑罚从重的幅度相应也较大；第二级为1至3年内的累犯，其人身危险性一般，刑罚从重的幅度按照普通情形处理；第三级为3至5年内的累犯，该种犯罪人可塑造性较高，人身危险性与前两种相比相对较低，刑罚从重的幅度可以在前两种的基础上予以降低①。

（四）从行为人的人身危险性的大小来考察

在不同的累犯类型中，行为人的人身危险性的大小程度肯定是存在差异的。最为直接的是，相较于二次累犯，三次及其以上的累犯以重复实施犯罪的多次性从反面证明了行为人的人身危险性更大。另外，某些行为人具有反复实施违法犯罪的常习性，即使这些违法犯罪并不具备累犯所要求的实质性条件，但这种带有常习性违法犯罪的累犯，相较于其他普通累犯的人身危险性也更大。需要注意的是，在现有条件已经构成累犯的同时，假若犯罪人是老年人或者弱势群体的犯罪人，又若犯罪人具有自首、立功等情节的，并不能根本动摇犯罪人的人身危险性较大的判定，只能作为法定或者酌定从宽情节在犯罪人从严惩处的范畴内予以考量，综合性评估从严处罚的幅度。

如果行为人实施的客观外在危害行为类似，主观罪过类型与前后

---

① 《姜堰市人民法院规范量刑指导意见》中规定：在刑罚执行完毕或赦免以后一年内又犯罪的，重处40%；在刑罚执行完毕或赦免以后三年内又犯罪的，重处30%；在刑罚执行完毕或赦免以后五年内又犯罪的，重处20%。后罪与前罪属同种罪行，或比前罪性质严重的，在前述重处基础上增加10%。参见汤建国：《量刑均衡方法》，人民法院出版社2005年版。

罪的时间间隔也相同，那么，行为人的人身危险性的大小就是评判累犯层级的一个重要考察指标。尽管行为人实施的犯罪类型、罪过类型、前后罪的时间间隔等也能够呈现行为人的人身危险性的大小，但是，由于人身危险性的判断较为抽象，而且其囊括的评价指标也更为宽泛（包括行为人犯罪前、犯罪中和犯罪后的多项因素），因此，我们仍然有必要把人身危险性单独拿出来予以细致评价，而不是简单通过上述因素的考察而全然代替人身危险性这一核心要素。

人身危险性是一个综合性的体系，潜伏在行为人人格中的人身危险性是对行为人为中心的一系列外在客观因素予以推定出来的结果，它包括了犯罪行为人的年龄、性别、需要、兴趣、气质、性格、婚姻状况、职业记录、信誉记录、惩处记录、家庭关系、工作环境、社区环境、交友情况以及犯罪动机、犯罪目的、罪过内容、犯罪对象、犯罪手段、犯罪组织形式、犯罪时空环境，还包括其犯罪后有无积极补救行为、有无采取积极行为以防事态扩大、有无积极赔偿被害人、有无自首或立功、有无坦白自己的罪行和有无与司法机关的配合表现等。根据这些子项目，我们可以聘请专业人士进行专门性的人格调查，获得相应的数据，从而把人身危险性划分为非常严重、严重、一般、普通四等，从而在量刑与刑罚执行时对不同的累犯进行参照适用。

（五）从行为人前后实施犯罪的刑罚幅度来考察

由于社会危害性与行为人实施的犯罪行为密切联系，因此，累犯行为的社会危害性与具体案情紧密相连，需要结合个别化的案件予以评判。社会危害性的程度可以通过刑罚来反映，即刑罚的轻重与行为人社会危害性的大小是相一致的。正如有学者指出："实事求是地说，立法者在确定某一种刑罚之前就已经对他认定为犯罪的行为的严重程度作出了评判。"① 因此，就司法适用的可操作性上来看，从刑罚的严厉程度可以一窥该种犯罪的社会危害性，也可以依此作为累犯从重处罚划分的一个依据②。

笔者以刑罚的轻重为准则，以 3 年有期徒刑作为划分起点，以累犯的刑量条件为前提，3 年以下有期徒刑的为轻刑，较之更为严厉的刑罚为重刑③。如果行为人前罪为 3 年以下有期徒刑，后罪也为 3 年以下有期徒刑，则该累犯成立之后的处罚是第一级；如果前罪为 3 至 7 年有期徒刑，后罪也为 3 至 7 年有期徒刑，则该累犯成立之后处罚是第二级；如果前罪为 7 至 10 年有期徒刑，后罪也为 7 至 10 年有期徒刑，则该累犯成立之后的处罚为第三级；前罪为 10 至 15 年有期徒刑，后罪也为 10 至 15 年有期徒刑，则该累犯成立之后的处罚为第四级；前罪为 15 年有期徒刑以上（包括数罪并罚后超过 15 年的有期徒刑，无期徒刑、死刑），后罪也为 15 年有期徒刑以上，则该累犯成立之后的处罚为第五级。按照上述规则，可将累犯的法定刑幅度划分为五个等级，每增加一个等级，判处的刑罚则相应的要提高 20%。

毫无疑问，如果前后罪的刑罚排列并不是如此有规则地进行，则问题会变得复杂一些。比如，前罪为 3 年以下有期徒刑，后罪为 10 年

---

① 《法国新刑法典》，罗结珍译，中国法制出版社 2003 年版，第 261 页。
② 但是，依照此种方法是否一定是科学合理的，也存有争议。因为宣告刑来自于法定刑，但是，法定刑的立法制定是一个复杂的综合性产物，包含了理性与经验的共同参与。白建军认为如果犯罪轻重的分配中含有经验的成分，那么，法定刑的轻重就不完全代表行为主观罪恶的大小或与普适人性相悖的程度，正义并非刑法中罪刑关系的全部价值内涵，参见白建军：《犯罪轻重是如何被定义的》，《中国法学》2010 年第 6 期。但笔者认为，尽管刑罚的经验性不容置疑，但是由于该经验是长期往复而提炼出来的，所以刑罚量化值仍然与行为和行为人存在密切关系。
③ 被科以有期徒刑的犯罪分子，刑期的长短影响罪质的大小。为了给判处有期徒刑的犯罪分子在罪质的大小上进行一个相对轻微与相对严重的幅度范畴的划分，笔者认为，通过给刑期的长短做一个具体的界限划分，在整体上来反映罪质的轻微与严重，是可行的。比如，我国刑法在考量缓刑的条件时规定了对象条件，仅针对被判处拘役、3 年以下有期徒刑的犯罪分子，这种以 3 年有期徒刑为界的考量，在一定程度上就反映了罪质的严重程度。

有期徒刑，则在划定累犯的等级时，究竟是以第一级来认定，还是以第四级来认定呢？由于现实中前后罪的刑罚并不完全一致，因此存在的排列组合会有多种。对此，笔者认为可以通过加权平均值来解决，如果行为人前罪为第一级，后罪为第四级，我们可以按照加权平均 $(1+4)/2 = 2.5$，即行为人属于第二级与第三级的累犯之间，行为人的刑罚量刑应当在无累犯情节的基础上提高 50% 左右。

需要特别强调的是，上述不同视角上的考察只是基于不同类型所作出的划分，而不是一个绝对精细化的细则标准[①]。在此过程中，仍然脱离不了司法人员主观作用的分类对比与裁量权的自由行使。笔者认为在司法实践的操作过程中，累犯的司法适用仍然必须紧紧围绕行为的社会危害性与行为人的人身危险性大小，把行为与行为人结合起来整体性地予以判断。应当指出的是，现有累犯同一性之下的层级划分也只是指出了一个大致的方向，而不是一个毫厘不误的实施指南。但是，笔者认为，界分这些内容，就可在操作上提供明确线索，对司法人员在个案操作上也可以提供相对明确的思路，对累犯的具体适用就有了更为科学的理由，也能够更好地防范自由裁量权过大带来的诸多弊端。因此，就精确性的要求来看，我们承认依靠现有条件还无法做到完美无缺的程度，但是，朝此方向不断的努力过程值得付出，沿着此思考路径所能够获得的科学裁量结果也同样值得期待。

---

① 白建军认为，罪量综合指数 SCO = 评价关系 + 评价标准 + 评价对象 = (被害人评价罪量 × 0.7 + 国家评价罪量 × 0.3) + (利益罪量 × 0.7 + 道德罪量 × 0.3) + (结果罪量 × 0.7 + 行为罪量 × 0.3) = (被害关系 + 行为类型 + 加害地位) × 0.7 + (国家被害 + 犯罪暗数) × 0.3 + (法定结果 + 个人风险 + 利益类型) × 0.7 + 伦理内容 × 0.3 + (要件数量 + 结果趋势 + 超饱和性 + 罪过形式) × 0.7 + 犯罪态度 × 0.3，参见白建军：《犯罪轻重的量化分析》，《中国社会科学》2003 年第 6 期。实际上，这一罪量评价体系也掺和了多重主观评价成分在内，无论是指数的种类，还是指数的赋权，都是经验性判断与主观预设的结果。由此可见，无论怎样，要真正达到绝对精确的结果，仍然存在不小的距离。

累犯制度的理论根基在于累犯行为社会危害性基础上的人身危险性，受量刑规范化的指引，在对累犯制度的司法适用上就不能止步于现有刑法规定的"从重处罚"，而是应当在区分累犯行为的社会危害性与行为人的人身危险性的基础上，通过科学合理的细致甄别予以个别化的刑罚裁量。从客观上来说，累犯之间的差异性是我们在司法实践中不能否定的存在，也是司法工作人员在具体办案中可以感知和应当细致甄别之处。因此，基于教育刑理念的基本要求，即使存在累犯认定的已然前提，仍然需要我们针对具体案情与具体犯罪人予以细致分析，在审慎的综合分析中获得更为清晰和科学的答案。

虽然司法实践中评定犯罪人的人身危险性高低程度的因素很多，而且依靠当前的条件，要做到高度精确的评估也存在不小的难度，但是累犯现象作为行为人的人身危险性客观存在的一个表征，仍然需要我们对此予以仔细审查，并在累犯同一性的认定中进行"区别对待"，从而最终实现量刑均衡的原则性要求。尽管这一过程看起来烦琐，并且也必然会为司法工作人员的实践操作增加不同程度的工作量，但是，刑事司法是一项崇高的事业，裁量结果更是关系着每个犯罪人的切身利益，因而，慎重态度与谨慎行为是任何刑事法律工作者不容推卸和不应疏忽的应有职责。笔者相信，在我们去除了满腹牢骚与所谓的"痛楚"之后，为刑事法治与刑罚的规范化适用所进行的精雕细琢，必将为之增添更多的亮丽色彩。

第四节　毒品犯罪的法定刑考察及其展开

毒品是世界公认的三大公害之一，如何更好地预防与惩治毒品犯罪越来越引起国内外学者的广泛关注。在毒品犯罪遭受各国共同打压的威严态势下，其刑罚运行的现状如何、存在哪些问题、如何予以应对？提出这些问题并进行认真思考，无疑具有极强的现实意义，也是刑法学者的责任所在。基于此考虑，笔者拟对我国毒品犯罪的刑罚适用进行系统梳理，希望能够对此有一更加清晰的认识，并为未来毒品犯罪刑罚制度的完善提供借鉴。

一、我国与国外毒品犯罪的刑罚规定

（一）我国毒品犯罪的法定刑现状

毒品犯罪全部集中于我国现有刑法第六章第七节的"走私、贩卖、运输、制造毒品罪"之中，一共涉及 11 个罪名。[①] 就现有的罪名来看，其具体的法定刑规定如下：第一，走私、贩卖、运输、制造毒品罪，其法定刑共四档，分别为：15 年有期徒刑、无期或死刑，并处没收财产；7 年以上有期徒刑，并处罚金；3 至 7 年有期徒刑，并处罚金；3 年以下有期徒刑、拘役或管制，并处罚金。第二，非法持有毒品罪，其法定刑共有三档，分别是：7 年以上有期徒刑或无期；3 至 7 年有期徒刑，并处罚金；3 年以下有期徒刑、拘役或管制，并处罚金。第三，包庇毒品犯罪分子罪，其法定刑共有两档，分别是：3 年以下有期徒刑、拘役或管制，3 至 10 年有期徒刑。第四，窝藏、转移、隐瞒毒品、毒赃罪，其法定刑共有两档，分别为：3 年以下有期徒刑、拘役或管制，3 至 10 年有期徒刑。第五，非法生产、买卖、运输制毒物品、走私制毒物品罪，其法定刑共三档，分别为：3 年以下有期徒刑、拘役或管制，并处罚金；处 3 年以上 7 年以下有期徒刑，并处罚金；处 7 年以上有期徒刑，并处罚金或者没收财产。第六，非法种植

[①] 在颁布《中华人民共和国刑法修正案（九）》（以下简称《刑法修正案（九）》）之前，刑法第六章第七节的毒品犯罪共为 12 个，在《刑法修正案（九）》之下，由于刑法第 350 条把买卖与走私制毒物品进行合并，因而现有的非法生产、买卖、运输制毒物品、走私制毒物品罪成为一个罪名，本节的毒品罪名从 12 个变为当下的 11 个。

毒品原植物罪，其法定刑共两档，分别为：5 年以下有期徒刑、拘役或管制，并处罚金；5 年以上有期徒刑，并处罚金或没收财产。第七，非法买卖、运输、携带、持有毒品原植物种子、幼苗罪，其法定刑只有一档，即 3 年以下有期徒刑、拘役或管制，并处或单处罚金。第八，引诱、教唆、欺骗他人吸毒罪，其法定刑共两档，分别为：3 年以下有期徒刑、拘役或管制，并处罚金；3 至 7 年有期徒刑，并处罚金。第九，强迫他人吸毒罪的法定刑只有一档，即 3 至 10 年有期徒刑，并处罚金。第十，容留他人吸毒罪的法定刑亦只有一档，即 3 年以下有期徒刑、拘役或管制，并处罚金。第十一，非法提供麻醉药品、精神药品罪的法定刑共两档，分别为：3 年以下有期徒刑、拘役，并处罚金；3 至 7 年有期徒刑，并处罚金。

（二）德国毒品犯罪的处罚现状

德国关于毒品犯罪的立法规定集中在《麻醉品法》中，其法定刑大体可以分为八档。① 经过对其所列行为类型的概括，其中的主要罪名（笔者归纳）和法定刑如下：第一，吸食毒品罪，首次吸食可免予刑事处分，只罚款。第二，非法持有毒品罪，依据毒品数量或情节的不同，其处罚分别为：处 2 年以下徒刑；处 3 个月拘禁至 5 年徒刑；处 1 个月至 4 年徒刑或处 5 马克至 560 马克的日罚金。第三，非法种植、生产、销售毒品罪，依据行为情节其处罚分别为：处 1 年以下拘禁或罚金，处 2 年徒刑，3 个月拘禁至 5 年徒刑，处 1 个月至 4 年徒刑或处 5 马克至 560 马克的日罚金。第四，非法提供毒品罪，依据对象、结果的不同，其处罚分别为：处 1 年以下拘禁或罚金，处 2 年以下徒刑，处 2 年徒刑，处 3 个月拘禁至 5 年徒刑，处 1 个月至 4 年徒刑或 5 马克至 560 马克的日罚金。第五，走私毒品罪，为个人消费而少量走私

---

① 曲玉珠：《德国禁毒立法与戒毒方法概述》，《德国研究》1998 年第 3 期，第 31—33 页。

的，可以免予刑事处分；处1个月至4年徒刑或处5马克至560马克的日罚金。第六，以盗窃、欺骗方式购买毒品罪，处1天拘留至4年徒刑或罚款。第七，广告毒品罪，处1天拘留至4年徒刑或罚款。

(三) 日本毒品犯罪的法定刑现状

《日本刑法》专章规定了"关于鸦片烟"的犯罪，意在提前禁止毒品输入和吸食行为，对行政法规定的其他毒品管制制度的违反，也比照刑法规定的刑罚予以处罚，其禁止范围不断扩大，但刑罚在整体上并不苛刻。[1] 除了《鸦片烟法》之外，日本还有《兴奋剂取缔法》《麻药以及精神药品取缔法》《大麻取缔法》，即所谓的药物四法，并针对信纳水等有机溶剂，制定了毒物以及剧毒物取缔法。[2] 综合而言，日本毒品犯罪可以分为六大类，其法定刑均只有一档，具体如下：第一，输入、制造、贩卖、持有鸦片烟罪，其法定刑为6个月以上7年以下惩役。第二，输入吸食鸦片烟的器具等罪，其法定刑为3个月以上5年以下惩役。第三，海关职员输入鸦片烟等罪，其法定刑为1年以上10年以下惩役。第四，吸食鸦片烟罪，其法定刑为3年以下惩役。第五，提供鸦片烟等罪，其法定刑为6个月以上7年以下惩役。第六，持有鸦片烟罪，其法定刑为1年以下惩役。

(四) 法国毒品犯罪的法定刑现状

《法国刑法》第二章"伤害人之身体或精神罪"第4节规定了毒品走私罪，共11个条文；其危害性内容仍评价为"伤害身体"。法国毒品犯罪刑法规制的重点并不刻意适用重刑，除此之外，规定了毒品犯罪的特别立功制度，立功者刑期可以减半，从而一方面既缓和刑法的

---

[1] 李世清：《毒品犯罪的刑罚问题研究》，吉林大学博士学位论文，2007年，第79页。
[2] 西田典之：《日本刑法各论》，刘明祥、王昭武译，中国人民大学出版社2007年版，第249页。

严厉，另一方面又减少追诉的困难。具体而言，法国毒品犯罪的法定刑规定如下：第一，领导或组织毒品犯罪集团罪的法定刑共 1 档，即无期徒刑并科七百五十万欧元罚金。第二，非法生产或制造毒品罪的法定刑共两档，分别为：20 年徒刑并科七百五十万欧元罚金，30 年徒刑并科七百五十万欧元罚金。第三，非法进口或出口毒品罪的法定刑亦是两档，分别为：10 年徒刑并科七百五十万欧元罚金，30 年徒刑并科七百五十万欧元罚金。第四，非法运输、持有、提供、转让、取得或使用毒品罪的法定刑仅一档，即 10 年监禁并科七百五十万欧元罚金。第五，欺诈进行毒品走私罪、协助毒品走私罪的法定刑共四档，分别为：无期徒刑并科七百五十万欧元罚金，10 年徒刑并科七百五十万欧元罚金，20 年徒刑并科七百五十万欧元罚金，30 年徒刑并科七百五十万欧元罚金，罚金数额可以增加至洗钱活动所涉及的资金或财产的价值之一半。第六，向他人非法转让或提供毒品罪的法定刑共两档，即 5 年监禁并科七百五十万欧元罚金，10 年徒刑并科七百五十万欧元罚金。

（五）墨西哥毒品犯罪的法定刑现状

《墨西哥联邦刑法典》在第七编"妨害卫生罪"中规定"毒品犯罪"。[①] 具体罪名（此为笔者根据其法条内容概括）和法定刑如下：第一，无授权生产、运输、交易、经营、提供毒品罪（第 194 条、196 条）。其法定刑共两档，分别为：处 10 至 25 年监禁，并处 100 至 500 日罚金；加重前项刑罚的 1/2。第二，非法持有毒品罪（第 195 条、195 条 A），其法定刑共两档，分别为：处 5 至 15 年监禁，并处 100 至 350 日罚金；处 4 至 7 年零 6 个月监禁，并处 50 至 150 日罚金。第三，非法制作毒品罪（第 196 条 B），其法定刑为：处 5 至 15 年监禁，

---

① 陈志军：《墨西哥联邦刑法典》，中国人民公安大学出版社 2010 年，第 85—91 页。

并处 100 至 300 日罚金，没收犯罪工具、犯罪对象和犯罪所得。第四，无处方权者非法提供毒品罪（第 197 条），其法定刑共四档，分别为：处 3 至 9 年监禁，并处 60 至 180 日罚金；加重前项刑罚的 1/2；处 2 至 6 年监禁，并处 40 至 120 日罚金；加重前项刑罚的 1/2。第五，非法种植毒品罪（第 198 条），其法定刑共四档，分别为：处 1 至 6 年监禁；不超过第 194 条刑罚 2/3 的幅度；处 2 至 8 年监禁；并剥夺从事公共职务或公共委托的资格 1 至 5 年。

通过对上述毒品犯罪法定刑的比较考察可以看出，我国对毒品犯罪的刑罚惩处十分严厉。我国的毒品犯罪最高可判死刑，与上述各国规定之间的差异非常明显，依赖重刑惩治的立法思路也异常醒目。从我国刑事立法来看，尽管《刑法修正案》在不断地往前推进，但是毒品犯罪的重刑化并没有得到实质改观，在毒品犯罪猖獗的情况下，实施重刑仍然是惩罚和预防毒品犯罪的重要思路和主要依赖。另外，我国对毒品犯罪的刑罚处罚档次较多，从一档到四档法定刑都有，一般来说，刑罚档次越多，法官裁量权越大。由此可见，我国法定刑接续式的立法模式，赋予了法官较大的自由裁量权，因而，需要法官审慎进行刑罚裁量也是我国毒品犯罪刑罚裁量的鲜明特征。再则，我国毒品刑罚处罚的幅度跨度比较大，从管制到死刑的跨度囊括了全部的主刑类型，这也体现了在刑罚法定刑设置时，立法者同样考虑到了毒品犯罪的多样性与差异性。但是，法定刑的升格条件却并不严格，因而重刑适用的可能性较大，刑罚趋重很容易变为现实。

我国对毒品犯罪的立法规定也相当细致，从非法买卖、运输、携带、持有毒品原植物种子、幼苗罪到各国都有规定的走私、贩卖、运输、制造毒品罪，涉及毒品犯罪的诸多环节，一体化地反映了毒品行为的各个方面，打击毒品犯罪的思路清晰可见。这反映出不遗余力、严厉打击毒品犯罪的基本立场，希望通过刑事立法的从严规定来治理当下严峻毒品犯罪形势的指导思想。

二、毒品犯罪刑罚适用的重刑化现实

司法实践中，毒品犯罪的刑罚适用同样呈现趋重态势。毒品犯罪的刑事案件数量不断增加，证明前期重刑惩治未能达到理想效果；另外，也可以看到五年以上的重刑率较同期有所增长，而且重刑率远远高出其他犯罪。在当下毒品犯罪仍然比较严重的形势下，按照惯常性思维，自然认为其他非刑事措施难以起到应有作用。于是，为了保障其他法律法规的有效运行与规范效力，作为补充性与保障性法律的刑法自然要被推向前位，并在刑罚适用中采取程度更加严厉的惩处。

另外，从2016年4月6日发布的《最高人民法院关于审理毒品犯罪案件适用法律若干问题的解释》来看，其指导思想仍然是依法从严惩处毒品犯罪，以刑罚的严厉制裁来达到控制毒品犯罪高涨态势的目标。本次解释进一步细化了有关28种毒品定罪量刑的数量标准，重新厘定了先前没有明细规定的一些情节，并新增了有关甲卡西酮、曲马多、安钠咖等12种新型毒品定罪量刑的数量标准；针对当下实践中高发且未能有效控制的氯胺酮和美沙酮等毒品类型，下调了此类毒品在刑罚适用中定罪量刑的数量标准。

在司法实践中，各地人民法院依照刑法规定和从严打击的刑事政策，判处大部分毒品犯罪分子以极刑，以至于在一些毒品较猖獗的地方出现"寡妇村""老人村"。[1]从毒品犯罪案件的司法适用情况来看，我国刑法第347条规定的走私、贩卖、运输、制造毒品罪是毒品犯罪中最主要的犯罪类型，反映到刑罚适用上，该罪的刑罚配置在我国毒品犯罪中，刑法档次规定最多，法定刑设置也最为严厉。

---

[1] 马骊华：《宽严相济刑事政策在毒品犯罪案件中的应用》，《云南大学学报（法学版）》2008年第4期，第80页。

就毒品的刑罚适用来说，整体的趋重性仍然较为明显。正如前述统计数据所示，毒品犯罪不仅五年以上的重刑适用率高于其他犯罪，而且非监禁刑的适用也远远低于其他犯罪。比如，2015年最高人民法院关于《印发〈全国法院毒品犯罪审判工作座谈会纪要〉的通知》（法〔2015〕129号）规定："对于毒品犯罪应当从严掌握缓刑适用条件。对于毒品再犯，一般不得适用缓刑。""判处无期徒刑的，可以并处没收个人全部财产；判处死缓或者死刑的，应当并处没收个人全部财产。"就实践情形来看，司法机关把握的标准是对毒品犯罪原则上不适用缓刑，而对判处无期徒刑的，则基本上都是没收个人全部财产。由此可见，无论是毒品犯罪的缓刑适用还是财产刑的附加适用，司法机关对此都是严格掌握的，其从严的刑罚适用基本上得到了实践的一致认可。

三、毒品犯罪刑罚重刑化的症结剖析

从我国毒品犯罪法定刑的立法设置与司法适用的现状来看，通过上述陈述可以较为直观地看出，其最大特点在于重刑化明显。由于毒品犯罪在国际国内呈现出高涨态势，为了更好予以惩罚层面的回应，适用较重刑罚往往成为直接应对的首要选择，因而刑罚力度不断增长在我国也呈现出较为明显的趋势。

笔者认为，毒品犯罪重刑化的存在主要有如下方面的原因：

（一）毒品犯罪的刑罚设置整体趋重

从我国现有的11个毒品犯罪的罪名来看，刑罚的重刑化趋势十分明显。在刑罚的配置过程中，不仅有死刑罪名存在，即使在没有死刑的罪名之中，最高法定刑法为10年有期徒刑及其以上的有7个，比例达到63.6%。由此可见，在立法层面，以重刑惩治毒品犯罪的立法倾

向成为主导思想。当然，这与我国刑法"定性+定量"的立法模式存在紧密关系，因为在入罪门槛较高的情形下，如果不配置较高的法定刑，就必然致使犯罪行为的入罪需要与打击毒品犯罪的社会需求之间产生更大的阻滞，其不协调性就愈发明显。

反观其他国家毒品犯罪的刑罚设计，更能深化我们对此特征的认识。"与其他各国的刑法条文设计相比较，我们大概可以得出一个直观的感觉，我国的毒品犯罪刑罚设定比其他各国都要重得多。"[1] 从近年来的《刑法修正案》来看，通过刑事立法回应社会现实成为一种常态，立法关注社会形势已经成为法律的重要使命。在此情形下，在现有刑事立法已经拟定了较重法定刑的前提下，司法机关作为严格依法办事的主体，受罪刑法定原则的制约，会将重刑观从立法转化为司法现实。

（二）刑事政策依赖重刑惩治毒品犯罪的刑罚适用

我国是一个深受毒品侵害的国家，从鸦片战争的历史教训来看，毒品给我国带来的屈辱已有百余年的历史，其对国家和国民造成的沉重灾难仍然历历在目。由于客观历史的既往教训，以及现实禁毒的重大压力，毒品犯罪的刑事政策都是以重刑惩治为指导方向。

从刑事立法的变革到刑事法网的严密性或严厉性上，从重惩治的刑事政策都可见一斑。在1979年刑法中，只有171条规定了制造、贩卖、运输毒品罪，而且其法定刑规定，"处5年以下有期徒刑或者拘役，可以并处罚金。一贯或者大量制造、贩卖、运输前款毒品的，处5年以上有期徒刑，可以并处没收财产"。1990年12月28日第七届全国人民代表大会常务委员会第十七次会议通过的《禁毒的决定》，增加了走私毒品罪，非法持有毒品罪，包庇毒品犯罪分子罪，窝藏、转移、隐瞒毒品、毒赃罪，走私制毒物品罪，非法种植毒品原植物罪，引诱、

---

[1] 李世清：《毒品犯罪的刑罚问题研究》，吉林大学博士学位论文，2007年，第86页。

教唆、欺骗他人吸毒罪，强迫他人吸毒罪，容留他人吸毒罪，非法提供麻醉药品、精神药品罪。1997年的新刑法又增加了非法买卖制毒物品罪和非法买卖、运输、携带、持有毒品原植物种子、幼苗罪。从刑事法网的严密性来看，毒品犯罪的刑事处罚范围逐渐扩大，刑罚适用面不断拓宽。

在刑事司法中，受刑事政策的指导，对毒品犯罪的侦查、审查起诉以及审判过程都日益体现出重刑惩治的趋势。有学者直接指出："近年来打击毒品犯罪中存在的忽视人权保护的现象。这些现象包括：侦破毒品犯罪中存在的'特情引诱'问题、认定毒品犯罪中以'推定明知'代替'明知'的认定问题、将毒品犯罪的未完成形态认定为完成形态、随意估计毒品数量、死刑过多，出现认定范围'宽'而处刑'严'的问题。"[1] 在毒品犯罪查处中会存在上述种种情形，究其根本原因，与从严的刑事政策关系重大。

（三）毒品犯罪处罚方式决定了其趋重性

毒品数量是刑罚适用的基本标准。在毒品犯罪中，行为人涉毒的数量是影响刑罚适用的绝对指标，其数量的大小直接决定刑罚裁量的轻重。比如，走私、贩卖、运输、制造毒品罪规定，行为人走私、贩卖、运输、制造鸦片1000克以上、海洛因或甲基苯丙胺50克以上或其他毒品数量大的，就可以判处15年有期徒刑、无期徒刑或者死刑。然而，在毒品犯罪高涨的社会背景下，当前规定的毒品数量在司法实践中极易达到，重刑标准极易触及，重刑适用因而并非难事。

毒品数量累计计算方法容易导致重刑的适用。刑法第347条规定："对多次走私、贩卖、运输、制造毒品，未经处理的，毒品数量累计计

---

[1] 李邦友：《惩处毒品犯罪的"宽"与"严"》，《华中科技大学学报（社会科学版）》2006年第6期，第36页。

算。"由此可见，由于毒品犯罪在立法设置时数额标准本来就不高，加之毒品犯罪的量刑仍然主要取决于毒品数量的多寡，因而在毒品入罪相对容易的情形下，累计计算的方式使毒品数量较易叠加。因而，往往使行为人轻易触碰到最重档次的法定刑，从重惩处就从法律文本变为现实。

毒品数量不以纯度计算。《刑法》第 357 条第 2 款规定："毒品的数量以查证属实的走私、贩卖、运输、制造、非法持有毒品的数量计算，不以纯度折算"。从司法实践来看，涉毒犯罪中加入的中间线条越长，为了获得更多的非法利益，毒品的纯度越难得以保证。显而易见，由于实践中毒品类型不同，加之相同毒品的纯度也是五花八门，在此情形下，我国现有刑法规定毒品不以纯度计算的方法，必将增加犯罪行为人触及重刑的几率。

从重处罚的特别规定。《刑法》第 356 条规定了毒品犯罪从重处罚制度，即对"因走私、贩卖、运输、制造、非法持有毒品罪被判过刑，又犯本节规定之罪的，从重处罚"。虽然学界对该条款究竟是毒品累犯还是毒品再犯仍存争议，但毫无争议的是，现有刑法规定使毒品犯罪从重处罚无疑又是一个明显的体现。就实践情形来看，毒品犯罪的重新犯罪率明显高于其他普通刑事案件，因而在毒品再犯率较高的情形下，此种立法模式必然会带来刑罚趋重的后果。

（四）刑事司法的趋重惯性

从刑事立法来看，毒品犯罪刑罚的趋重性已经有目共睹，这主要体现在最高法定刑的配置上。除此之外，从刑事立法上还可以发现另一鲜明的特点，即刑罚的最高法定刑与最低法定刑之间的幅度较大。例如，走私、贩卖、运输、制造毒品罪包括了刑罚体系中所有的主刑刑种，从最低的管制到最高的生命刑，全部囊括于该罪的刑罚之中：有的是从管制到 10 年有期徒刑，有的是从拘役到 7 年有期徒刑，有的是从管制到 15 年有期徒刑，有的是从管制到无期徒刑。从中不难看出，法定刑间距跨越的幅度比较大，而法定刑间距过大的现实为法官的自由裁量权预留了较大空间，也为较重法定刑的适用留下了较大余地。

　　受刑事立法模式的影响，以及从严惩治毒品犯罪刑事政策的导向，加之司法实践中相关犯罪重刑率整体较高，因而法官在选择毒品犯罪的宣告刑时，往往会在惯性引导下倾向适用较重的刑罚。因而，毒品犯罪的死刑适用一直都呈较高比例，正如学者所言，"近年来，全国法院判处毒品犯罪死刑的人数一直居于各种犯罪之榜首，有的毒品犯罪案件一个案件判处死刑的人数多达数人甚至十人以上"。[①] 受"重刑治毒"思想的影响，长期的实践操作为法官的"审判经验"积累了现实前提，也创设了前行轨道，相当程度上导致法官对毒品犯罪的判处往往选用较重法定刑。

四、毒品犯罪刑罚预期与现实的悖反

　　据统计，2015年全国抓获毒品犯罪嫌疑人员19.4万名，其中，18岁以下未成年人3588名，18岁至35岁以下人员11.5万名，35岁以下人员数量占被抓获毒品犯罪嫌疑人员总数的61.3%。农民和无固定职业人员15.3万名，占被抓获毒品犯罪嫌疑人员总数的78.9%。贩毒人员涉及国家公务员、工人、学生、个体工商业者、公司职员等。2015年，全国打掉制贩毒团伙5834个，同比上升18.1%；破获公安部毒品目标案件1139起，抓获犯罪嫌疑人员1.6万名，同比分别上升54.6%和51.8%。全国破获单案缴毒量公斤级以上毒品案件5588起，其中，海洛因案件1292起，冰毒晶体案件1582起，冰毒片剂案件1350起，氯胺酮案件407起。[②] 据联合国统计，毒品贩运已涉及170

[①] 李邦友：《惩处毒品犯罪的"宽"与"严"》，《华中科技大学学报（社会科学版）》2006年第6期，第37页。

[②] 2015年中国毒品形势报告，参见http://www.yjbys.com/gongwuyuan/show-497827.html。

多个国家和地区，130多个国家和地区存在毒品消费问题；全球每年毒品交易额达8000亿美元以上，相当于世界贸易额的1/3；全球吸毒人数近2.2亿人，每年有10万人因吸毒死亡，1000万人因吸毒丧失劳动能力。①

由此可见，当下的毒品犯罪形势仍然相当严峻，通过重刑来达到毒品治理的期望并没有转化为客观现实。毒品犯罪重刑化的司法适用，带有明显的以刑抗罪的内在追求。无论是刑事立法者还是刑事司法人员，通过刑罚的内在报应性惩戒规制毒品犯罪的迅猛势头是其共同预期。这样的思维模式实质上也是我们惯常的思维模式，即寄托刑罚的高威态势实现对犯罪的扼制，这从毒品犯罪的现实运转中更是清晰可见。然而，以刑制罪的结果并没有在毒品犯罪中起到预期效果，也无法达致"以刑去刑"的理想图景。

"驱动毒品犯罪的原动力，是毒品贩卖所带来的巨额利润"。②高额利润对于毒品犯罪分子具有极大的诱惑力，许多毒品犯罪分子抱着侥幸心理，愿意为此铤而走险。在重刑观念下，死刑的威慑并没有成为消除毒品犯罪的利器。相反，在暴利的刺激下，毒品犯罪人无视刑罚痛苦的现象随处可见，毒品犯罪亦愈演愈烈。正如菲利所言："为了获取暴利，犯罪人不畏惧砍首，甚至死刑等酷刑。"③费尔巴哈曾经说过："即使违法行为中蕴含着某种痛苦，已具有违法精神动向的人就不得不在违法行为可能带来的乐与苦之间进行细致的权衡，当违法行为所蕴含的苦大于其中的乐时，主体便会基于舍小求大的本能，回避大于不违法之苦的苦，而追求大于违法之乐的乐，自我抑制违法的精神动向，使之不发展成为犯罪行为。"④

---

① 陈丽平：《中国禁毒立法近六十年风雨历程》，《法制日报》2008年6月26日。
② 崔敏：《毒品犯罪发展趋势与遏制对策》，警官教育出版社1999年版，第239页。
③ 菲利：《实证派犯罪学》，郭建安译，中国人民公安大学出版社2004年版，第73页。
④ 陈兴良：《刑法的启蒙》，法律出版社2003年版，第111页。

由于近数十年来国家持续不懈地进行毒品危害的宣传，加之打击毒品现实案例的推动，以及毒品重刑化在社会产生的扩散性效应，毒品犯罪人在实施毒品犯罪前，往往都知道自己的行为性质及其可能带来的责任后果。但是，即使毒品犯罪的刑罚成本很高，受高利引诱的驱使，加之犯罪黑数的存在，毒品犯罪者仍然前赴后继，甚至出现了"民不畏死，奈何以死惧之"[①] 的诘问。

因此，现实情形已经告诉我们，毒品犯罪的重刑化路径并非一条防控毒品犯罪的通途，更不是行之有效的灵丹妙药。对毒品犯罪的重刑立法及其司法适用，意图以此威慑公众远离毒品，惩罚、教育和改造毒品犯罪人，遏制毒品犯罪的理想与现实产生了较大差距。就现实来看，吸毒人数和毒品犯罪人数都呈现出逐年增加的趋势，这种客观形势与刑罚预期存在着严重的悖反关系。这一事实提醒我们，应当反思毒品犯罪的刑罚体系，合理安排其刑罚结构，从而更好地实现防控毒品犯罪的预期。

五、毒品犯罪刑罚变革的理论再主张

（一）通过刑事立法改变现有的重刑趋势

贝卡利亚指出："刑罚的规模应该同本国的状况相适应。在刚刚摆脱野蛮状态的国家里，刑罚给予那些僵硬心灵的印象应该比较强烈和易感。为了打倒一头狂暴的扑向枪弹的狮子，必须使用闪击。但是，随着人的心灵在社会状态中柔化和感觉能力的增长，如果想保持客观与感受之间的稳定关系，就应该降低刑罚的强度。"[②] 我国对毒品犯罪的规定即体现了从严从重的立法精神。从上述分析可知，我国刑事立法

[①] 《老子今注今译》，陈鼓应注译，商务印书馆 2003 年版，第 254 页。
[②] 贝卡利亚：《论犯罪与刑罚》，黄风译，中国大百科全书出版社 1993 年版，第 44 页。

的重刑化对遏制毒品犯罪收效甚微，达不到刑罚预期效果。随着法治进程的不断推进，我国在顺应世界法治发展潮流的趋向的前提下，可以尝试通过刑事立法改变现有的重刑趋势，降低刑罚强度，探索通过毒品犯罪的刑罚适用改变现状的途径。

1. 废除毒品犯罪的死刑适用

我国死刑的适用仅限于"罪行极其严重的犯罪分子"，"罪行极其严重"意味着判处死刑的犯罪，必须是侵害了刑法所保护的最重要利益的犯罪。相比刑法所保护的其他价值而言，人的生命无疑具有不可比拟的重要性，因此，只有严重危及公民的生命安全的犯罪才可能是"罪行极其严重"的犯罪。[1] 而毒品犯罪作为一种贪利型犯罪，其犯罪目的不是为了夺取他人的生命或健康，而是为了暴利。[2] 也有学者直接指出，毒品犯罪并不属于刑法中最严重的犯罪，这已经为国际公约所明确确认。[3] 因而，毒品犯罪与死刑所要求的"罪行极其严重"并不严格对应，以剥夺生命的刑罚方式惩罚毒品犯罪，明显违背了罪刑相适应原则。事实上，绝大多数国家都没有将死刑作为打击毒品犯罪的刑罚手段，即使在毒品最大的消费国美国，对毒品犯罪最严厉的刑罚也仅仅是30年监禁；在德国，对毒品犯罪最重的处罚也只是15年自由刑；而在日本，毒品犯罪中处罚最重的只有10年惩役。[4] 从理论上分析，毒品犯罪具有不应适用死刑的坚实理论基础。同时，毒品犯罪适用死刑也悖反了当下废除或者限制死刑适用的历史趋势，况且死刑的适用并未达到预防毒品犯罪的刑罚预期。基于此，我国应顺应世界法

---

[1] 陈忠林：《刑法总论》，高等教育出版社2007年版，第257页。
[2] 梅传强、徐艳：《毒品犯罪的刑罚适用问题思考——兼论毒品犯罪限制适用死刑》，《甘肃政法学院学报》2006年第3期，第96页。
[3] 何荣功：《当前我国毒品犯罪死刑限制与废除的主要障碍与对策》，《法治研究》2013年第6期，第26页。
[4] 梅传强、张异：《论毒品犯罪刑罚适用中的宽严相济》，《重庆工学院院报（社会科学版）》2008年第2期，第12页。

治发展潮流,废除毒品犯罪的死刑适用。正如刑法学家贝卡利亚所言:"一种正确的刑罚,它的强度致使足以阻止人们犯罪就够了。"[1] 这正是希望通过适当的刑罚措施树立大多数普通人的规范认识,而非寄希望于通过死刑来肃清当下的全部毒品犯罪。

从国际禁毒公约来看,对毒品犯罪并没有规定死刑,相反在死刑废除的世界潮流之下,毒品犯罪不适用死刑的呼声一直较高。如2002年第56次联合国人权大会上,人权委员会就明确呼吁废止毒品犯罪的死刑。近些年来,联合国人权委员会更为明确地表明了禁止对毒品犯罪适用死刑的立场,例如,在2005年7月根据《公民权利和政治权利国际公约》发布的针对泰国定期报告作出的结论性观察报告中,人权委员会较为正式地指出,缔约国应修正对贩毒者执行死刑的规定,通过此方式来减少可以执行死刑的犯罪类型。

2. 对毒品犯罪数量以纯度计算

毒品的数量对毒品犯罪刑罚适用具有至关重要的作用,它不仅是区分罪与非罪的界限(如非法持有毒品罪),而且在司法实践中还起着调节刑罚幅度的裁判作用。[2] 我国刑法明确规定毒品犯罪中毒品的数量不以纯度计算,其合理性确实值得反思。在毒品犯罪过程中,为了获取高额利润,很多毒品犯罪分子往往在毒品中掺假以增加其数量,甚至以非毒品冒充毒品的情形也不乏其例。在此情形下,如果不对毒品进行事前的纯度检测,又如何进行合理化的定罪与量刑?又以保证量刑的公正性?

不同种类毒品的真毒品含量不同,可能造成的社会危害性大小也不同。如果把不同含量的犯罪毒品总量都作为量刑依据,那就等同于

---

[1] 贝卡利亚:《论犯罪与刑罚》,黄风译,中国大百科全书出版社1993年版,第47页。
[2] 梅传强、徐艳:《毒品犯罪的刑罚适用问题思考——兼论毒品犯罪限制适用死刑》,《甘肃政法学院学报》2006年第3期,第97页。

将非毒品视为毒品处理，就会造成罚不当罪。[①] 需要注意的是，在两个毒品犯罪分子所贩毒品的种类相同、数量相同的情形下，如果不考虑纯度而单就数量判处不同的刑罚，罪责刑相适应原则又何以能够实现？如果简单或者粗糙地据此予以重刑惩治，不仅不能达到通过刑罚让犯罪分子认罪伏法的效果，反而会使毒品犯罪分子对于自己的行为产生误解，形成错误的法律规范意识。因此，据以定罪量刑的毒品数量，不应单纯地以毒品数量计算，而应以毒品纯度计算。对此，毒品纯度鉴定不仅要适用于可能判处死刑的案件，而且要整体性地适用于所有的毒品犯罪案件。

3. 注重财产刑作为附加刑的适用

众所周知，犯罪分子从事毒品犯罪的根本动力在于牟取暴利，那么财产刑就成为打击和遏制毒品犯罪不可或缺的手段。曾有西方学者经过实证研究后认为，对毒品犯罪处以财产刑可谓釜底抽薪。有关禁毒国际公约也强调："决心剥夺从事非法贩运者从其犯罪活动中得到的收入，从而消除其从事此类贩运活动的主要刺激因素。"[②] 对毒品犯罪注重适用附加财产刑的规定，不仅符合国际公约的精神，更有利于严惩毒品犯罪，彻底消除毒品犯罪的内在动力。[③]

然而，从我国现行《刑法》来看，没收财产刑只适用于走私、贩卖、运输、制造毒品罪判处 15 年有期徒刑、无期徒刑或者死刑的，以及第 351 条第 2 款规定的非法种植罂粟 3000 株以上或其他毒品原植物数量大的情形；除此之外，对其他毒品犯罪则只处罚金刑，并且没有如一些国家的刑法那样规定具体的刑罚幅度。我国对毒品犯罪财产刑的规

[①] 张华封：《如何确定毒品犯罪中量刑的毒品数量标准》，《人民司法》1991 年第 12 期，第 26 页。
[②] 赵秉志、于志刚：《毒品犯罪》，中国人民公安大学出版社 2003 年版，第 122 页。
[③] 梅传强、徐艳：《毒品犯罪的刑罚适用问题思考——兼论毒品犯罪限制适用死刑》，《甘肃政法学院学报》2006 年第 3 期，第 97 页。

定还不够细致，致使司法实践中对财产刑的适用难以尽如人意，不能很好地发挥没收财产刑的价值。因此，在立法中应注重没收财产刑的附加适用，尤其注重罚金刑与没收财产刑对毒品犯罪的惩治与预防功用。

（二）通过刑事司法抑制重刑适用

毒品数量是法院对犯罪分子定罪量刑的重要依据。法院在审理毒品犯罪案件时，应综合考虑被告人的主观恶性、人身危险性、犯罪动机、手段、目的、生活状况、家庭情况以及毒品纯度、社会后果和悔罪态度、当地毒品犯罪客观形势等。然而，由于刑事立法的规定，加之毒品数量在惯常量刑中的主导性影响，反馈到司法实践中，毒品数量往往成为法院定罪量刑的唯一依据，无形中就出现了对毒品犯罪分子处以重刑的现象，偏离了刑罚理性化、公正化的目标。因此，在现有毒品犯罪刑事立法整体趋重的前提下，更应通过刑事司法抑制重刑适用，通过刑事司法的理性发挥第二道防线功能，抑制重刑的泛化适用。

宽严相济刑事政策是刑事司法实践中抑制重刑适用的指导性原则。它作为引导立法与司法的方向性政策，就是要在严格惩治的同时兼顾宽大的一面，这样才能取得与犯罪做斗争的积极效果。[1] 这一政策的提出，体现了刑罚理性主义的观念，顺应了世界刑事政策的潮流。刑罚不是万能的，更不是消灭犯罪的工具。犯罪是社会运行中多元矛盾的结合体，多元因素的存在注定了犯罪的必然存在，而刑罚作为一种来自外部的心理威慑力量，不可能与促成犯罪的社会基本矛盾等深层次原因相抗衡。[2] 为此，司法工作人员在办理案件的过程中，必须理解把握宽严相济的刑事政策，做到当宽则宽、当严则严，理性把握毒品犯

---

[1] 梅传强、张异：《论毒品犯罪刑罚适用中的宽严相济》，《重庆工学院院报（社会科学版）》2008年第2期，第11页。

[2] 马骊华：《宽严相济刑事政策在毒品犯罪案件中的应用》，《云南大学学报（法学版）》2008年第4期，第82页。

罪定罪量刑过程中的轻重两极政策的合理协调，避免出现重刑化的思维定式，抑制重刑适用。

（三）注重毒品案件保安处分的适用

保安处分是近代学派以预防刑理念为根基，提出的一种预防犯罪的方法。李斯特说过："现代刑事政策研究的一个重大成就是，最终达成了这样一个共识：在与犯罪作斗争中，刑罚既非唯一的，也非最安全的措施，对刑罚的效能必须批判性地进行评估。由于这一原因，除刑罚制度外还需要建立一套保安处分制度。"① 保安处分制度是对实施了危害社会的不法行为的无责任能力人、限制责任能力人以及法律上特定的有相当大社会危害性的有责任能力人等所实施的刑罚以外的医疗施治、保护观察等特定措施，以预防和控制犯罪，确保社会平安和矫治行为者本人的不良人格或病理身心的各类刑事制裁制度的总和。② 因此，如何在现有刑罚适用的框架与视域下，在现有刑罚的局限性之外合理发挥保安处分功能，同样是打击毒品犯罪需要考虑的重要事项。

在毒品犯罪案件中，相当大部分的毒品再犯罪人员仍然主要是受利益诱惑，单纯运用刑罚并不足以打消犯罪分子再犯的念头。正如吸毒人员"毒瘾易戒，心瘾难除"一样，很多毒品犯罪分子在刑罚执行完毕之后，受暴利的诱惑与利益促发，很容易重操旧业。因而对毒品犯罪分子适用保安处分，可以更好地进行教育和改造，一方面从思想上确立毒品犯罪的危害意识，使其建立良好的规范意识；另一方面通过保安措施的有效运转，使其拥有良好的劳动意识和谋生方式，以减少和预防犯罪，维护社会安全。

---

① F. V. 李斯特：《德国刑法教科书》，徐久生译，法律出版社 2000 年版，第 2 页。
② 屈学武：《保安处分与中国刑法改革》，《法学研究》1996 年第 5 期，第 56 页。

（四）推进毒品犯罪社区矫正的开展

在我国，毒品犯罪分子通常是在监狱里执行刑罚，而"把一个人从正常社会中抓走，放入一个不正常的社会中去，而在他获释后，又希望他适应正常社会的生活，这是完全不可能的，是不符合逻辑的"[①]。我国《禁毒法》第 33 条规定："对吸毒成瘾人员，公安机关可以责令其接受社区戒毒，同时通知吸毒人员户籍所在地或者现居住地的城市街道办事处、乡镇人民政府。社区戒毒的期限为三年。戒毒人员应当在户籍所在地接受社区戒毒；在户籍所在地以外的现居住地有固定住所的，可以在现居住地接受社区戒毒。"除了吸毒人员，我们更要落实毒品犯罪分子的社会化，为毒品犯罪分子顺利回归社会，寻求一种可行的方式。2019 年 12 月 28 日，《中华人民共和国社区矫正法》经十三届全国人大常委会第十五次会议表决通过，并于 2020 年 7 月 1 日实施，随着法律规范的不断完善，社区矫正的深入推进已经成为必然。第八个《刑法修正案》通过法律的形式将社区矫正予以正式确立，在第九个《刑法修正案》中，为了彰显社区矫正的价值，在异种刑数罪并罚中把管制刑与他种自由刑予以并科处罚。随着非监禁刑价值的确立，社区矫正制度必将得到进一步的实践推行。

社区矫正基于教育刑的目的，为了更好地让罪犯回归社会，将罪犯放回原居住地社区予以行刑监督、教育改造和帮助服务，具有非监禁性、社会参与性、人文关怀性及经济谦抑性，较监狱矫正而言，更能体现行刑目的与行刑手段的统一，更有利于犯罪分子的再社会化，更加人道、经济，更加有利于提高改造质量，把罪犯改造成为适应社会的主体，它是短期自由刑的有效替代措施，也是长期自由刑的合理补救性措施。[②] 而且从社区矫正的现实效果来看，重新犯罪率得到有效

[①] 克莱门斯·巴特勒斯：《罪犯矫正概述》，龙学群译，群众出版社 1987 年版，第 56 页。
[②] 王顺安：《社区矫正研究》，山东人民出版社 2008 年版，第 283 页。

降低，社会效果较为明显。因此，对毒品犯罪分子大胆地开展社区矫正不失为一种可选路径，当然如何有选择性地筛选、结合个体特征予以人身危险性的评估，从而为社区矫正的顺利开展提供保障，将是下一步关注的焦点。根据社区矫正的安排来看，其任务包括"帮助社区服刑人员解决就业、生活、法律、心理等方面遇到的困难和问题，以利于他们顺利适应社会生活"。对毒品犯罪分子适用社区矫正，最主要是要斩断其涉毒网络，创设切合实际的矫正项目，利用社会多方资源，加大监督查处机制，通过各种技能培训，加强配套机制的完善，锻炼其社会适应性，引导其规范意识，培育劳动积极性，使他们自觉地重新融入社会正常的生活圈，从而实现非监禁刑罚的价值追求。

毒品犯罪刑罚适用的重刑化趋势，与毒品犯罪高涨不下的现状形成了鲜明对比。单纯通过重刑并没有收到良好的刑罚预期，这一现实仍然值得我们认真反思，并对刑罚的理性价值重新予以考量。从中可见，单纯希望通过"以刑抗罪"的传统模式来防范毒品犯罪的实践路径，并未收到预期效果，反而导致了重刑适用的诸多弊端，也与刑罚的整体发展趋势不相合拍。最好的社会政策才是最好的刑事政策，毒品犯罪的治理也是如此，要想对毒品犯罪的治理收到良好的效果，仍然不是单纯依靠刑罚惩治就能轻易实现的目标，而是需要多元化的社会治理及综合措施的配套适用。基于此，应当改变当前过于倚重刑罚防控毒品犯罪的窘境，重新构筑毒品犯罪的刑罚结构及其内容，从禁毒策略体系入手进行一体化的建构，这理当成为法治化语境下理论界与实务界共同为之不懈努力的前行路标。

第五节　聚众实施性行为的非犯罪化考量

聚众实施性行为是否需要动用刑法予以调整，牵涉刑事处罚权的有效分配与刑事归责的正当判定。自从"南京换偶案"[①]被媒体揭露以来，聚众淫乱罪在刑法中的去留就成为值得探讨的现实问题。究竟应该如何看待聚众淫乱罪？聚众淫乱罪在现有刑法中有无保留的现实空间？在理性指引下的聚众淫乱罪应该何去何从？针对上述问题，学界理当对此进行深入反思并给出清晰的回答。基于此考虑，笔者通过多维度的考察，期许可以对上述疑问有一合理性见解。

一、有无必要：动用刑法调整聚众换偶行为

在现实社会生活中，用以解决社会矛盾的手段有多种，毋庸置疑的是，法律是调处各种社会纠纷的有效工具，也是其他矛盾化解手段的最后补救措施。然而，在法律体系之下，刑事法律又是所有法律适用的最后防线，这一补救性效果决定了刑事法律只能在不得已的情况下才始适用。"无论使用市民刑法，还是使用民权刑法，抑或人本刑法，乃至我使用的公民刑法，大体都表达了同一个意思，即要对国家刑罚权作出必要的限制，刑法应当在约束公权力、保障私权利中发挥应有的作用。"[②]即使刑事惩罚具有其他法律不可比拟的惩罚效果和广泛的社会影响，但是刑事惩罚权的正当性决定了刑法适用只能尽可能地进行收缩，而不是适得其反的大力扩张。尽管立法者或民众对刑法寄予了无限期望，它也只能在有限的范围内理性地进行有限功能的发挥，如果能够通过其他途

---

① 2009年8月17日下午一点左右，南京秦淮公安分局白鹭洲派出所在一家连锁酒店120房间抓获了5名网民，通过对这5名网民的分头审讯，他们正在从事不足为外人知晓的"换偶"活动，即他们自己称的"夫妻旅游交友"。随着警方审讯的深入，焦点指向同一个人——网名"阳火旺"的南京某大学的马尧海副教授。在警方的控制下，马承认，2007年他建了一个名为"夫妻旅游交友"的QQ群。通过这个QQ群，网友平时聚在一起，相互自愿进行性行为。2010年4月7日，秦淮区检察院以聚众淫乱罪指控马尧海等22名被告人，秦淮区法院以不公开方式审理了此案。2010年5月20日，南京秦淮区法院公开宣判，马尧海等人以聚众淫乱罪被追究刑事责任，马尧海获刑3年6个月，其他人被判处缓刑至3年6个月不等的刑罚。

② 刘仁文：《刑法的结构与视野》，北京大学出版社2010年版，第23页。

径解决社会问题，刑事法律只能作为一个旁观者静观其变，而非成为处处插手其中的好事者。原因在于，社会控制的目的预期不是仅靠法律的良愿就可以一蹴而就的事情，更不是通过公权力的强制推行就可以顺理成章的易事。刑事惩罚作为最为严厉的制裁措施，我们必须考虑其适用的时机与正当性，否则，在民主法治时代背景下的刑法就背离了原有初衷，在渐行渐远之中必然会走向自己的反面。

刑事法律需要尽力维持社会秩序的平稳有序进行，倾注自己的精力与资源配置解决重大法益侵害行为，调处社会关系面临的紧张态势并化解可能引起的更大危害。犯罪行为是严重脱逸社会相当性的行为，因此也只有严重脱逸社会相当性的行为，刑事法律的归责惩罚才是必要的。"所谓严重脱逸社会相当性，就是严重超出历史所形成的社会伦理生活秩序范围，而为社会通念所不许可的法益侵害行为。"[1] 由于刑罚权自身具有扩张的天然本性，加之刑罚以抗制犯罪作为自己实践适用的现实理由，因而在现有犯罪态势较为迅猛的时下，刑罚的惩罚性往往得以更大幅度的张扬。但是，刑事法律的调整对象是它与其他部门法进行界分的标尺，也是刑事法律进行适用的基础性前提。"以保护全体公民人权为限度而被迫剥夺犯罪人的人权，是现代国家行使刑罚权的唯一根据，此亦即现代国家刑罚的本质。""国家只能基于保护包括犯罪人在内的全体公民的人权而适用刑罚，这意味着尽可能减少刑事法的适用，才是国家适用刑事法的真正目的。"[2] 刑事法律一定要受到节制，这一前提决定了刑法调整对象务必尽可能地自我收敛。罪刑法定原则指导下的刑法在适用过程中务必学会谦让，其谦抑性呈现的不是刑法的无能，而是对其自身独特品格明察秋毫的体认，是对法律体系内在阶层划分的认同。宽严相济刑事政策作为刑事司法的指导性方针，

---

[1] 于改之：《刑民分界论》，中国人民公安大学出版社2007年版，第205页。
[2] 周国文：《刑罚的界限——Joel Feinberg 的"道德界限"与超越》，中国检察出版社2008年版，第7—8页。

并不单纯是对量刑结果差异性的要求，而是必然包括了罪与非罪认定上的区别对待，把未达法益侵害的行为大胆排除在犯罪圈之外是其应有之义。必须承认，刑事法律作为一把双刃剑，不是漫无目的任意飞舞的利剑，否则伤人伤己的后果最终也是事与愿违。

然而，对聚众换偶行为侵害法益的潜在担心仍然存在，这是牵涉该行为是否作为犯罪处理需要考虑的重要问题。在此，主要有两方面的担心：一方面，聚众换偶行为与一夫一妻制的婚姻关系最为直接，聚众换偶行为的实施可能影响正常婚姻关系的存续状态。另一方面，聚众换偶行为会影响未成年人的身心健康，致使生理与心理尚未发育完全的未成年人步入歧途。针对第一个质疑，把保护夫妻关系的正常存续作为聚众淫乱罪定性成立的实质理由，仍然不无疑问。原因在于，虽然聚众淫乱行为会影响夫妻关系的正常进行，但是结论的得出并不是必然的，因为聚众淫乱行为参与者可能是基于夫妻之间自行同意的结果，即使其中有部分行为人违背夫妻忠实义务与他人进行换偶，由此引发的婚姻破坏也并非必然结局。从现实生活来看，婚外性行为究竟是对婚姻生活的一种严重干涉，还是对夫妻关系之间关系的一种有效调节，结论的得出不能过于武断。无论是从国内的现实情形还是国外的调查情况来看，换偶行为必然影响夫妻正常生活的守旧观点都需要适时修正。何况，参与聚众换偶的行为人并非都是合法夫妻关系的主体，因此，如果合法夫妻关系并不存在，保护婚姻关系正常存续的理由也就不能成立。再则，聚众淫乱罪不是守护婚姻关系正常进行的法律屏障，婚姻法调整夫妻关系既是社会常识，也是司法适用的现实需要，在现有的法律框架内适用婚姻法而不是刑法来调处婚姻关系，这不仅是由部门法的调整对象所决定的，而且从客观情形来说，采用非刑罚手段无疑更有助于问题的解决。

针对第二个质疑，同样不用刻意回避。未成年人的最大特点在于其不定型性，在于其认识能力与辨认能力较之于成年人的差异性，这决定了我们需要把他们作为法律特殊保护的主体类群予以对待。聚众换偶是在特定空间发生的多人行为，在实施行为的过程中确实可能存在未成年人混杂其中的现象。如果上述情形客观存在，则又可以细分为两种：其一，并不明知参加者是未成年人而进行聚众换偶；其二，明知参加者是未成年人而进行聚众换偶。如果是前者，由于行为人欠缺主观罪过，按照主客观相一致的原则，并不能依此追究行为人的刑事责任；如果是后者，从保护未成年人的角度出发，也不应该适用"聚众淫乱罪"，而应该直接适用"引诱未成年人聚众淫乱罪"，从而契合法益保护的价值取向。因此，无论在何种情形下，上述的担心也仅仅是一种担心而已，据此强调聚众淫乱罪的合理性并予以刑事归责的理由并不充分。

聚众换偶行为作为社会中的新生事物，遭遇传统观念抵触情绪的结果通常就是应用刑罚予以紧急应对，而对聚众换偶行为自身的危害程度及其刑罚必要性的反思往往阙如。聚众换偶作为行为人聚集多人交换性伴侣的行为，究竟有无侵犯外在法益，究竟有无破坏社会关系，究竟有无运用刑罚的必要，必须深入到案情背后另行反思。通过上述的分析，笔者有理由相信，这一表面异常的行为，并没有改变社会关系的既有状态，也没有产生危害社会的现实结果，更没有侵犯外在法益的客观现实。聚众换偶作为社会主体在私密空间追求性爱方式多样性的行为，我们可以把它看成行为人进行的不为人道的一场游戏，尽管这个游戏难以为传统社会所认同，也难以获得社会公众的正面首肯，但是它充其量只是个游戏而已，轻易运用刑法对此予以规制并不是一条合适的路径。

二、是否合适：运用刑法手段强占道德领域

刑事法律背后的伦理基础已经成为不可否认的事实，对严重侵犯

公众伦理情感的行为上升到刑事层面予以归责不乏其例。需要指出的是，刑事法律需要伦理道德支撑并不是道法二者争抢地盘的表现，因为缺少了伦理道德的刑事法律根本不可能在现实生活中有效运转，也不可能在司法实践中获得长效生命。从法律内涵的变化方向来看，法律需要强调道德的实体价值，并以此作为自己的生存根基和立命之本。从社会生活中发生的大量典型性案件来说，之所以会在非法律人士中间也能产生如此广泛的影响，其与基层民众脆弱的道德神经无疑是有着密切关联的。可以说，正是这些案件违背了人们内在的基本道德价值观念，才给了非法律界人士言语表达的机会，并在此类案件的探讨过程中展现出了法律道德普世性的一面。

正如学者所言，"就更为长远的历史趋势而言，由法律到道德的流向将日益显著，并逐渐占据主导地位，从而使得未来的法律发展在总体上呈现出趋向于道德的态势，其首要标志便是法律强制力的日渐减弱"[1]。刑事法律作为法律的一支，也必然蕴藏着道德情感的有力支撑，在刑罚惩罚的价值涌动中也必然脱离不了道德因素的聚合作用。但是，我们应该明白的一点是，法律的道德化并不是通过道德来侵蚀法律原本的调整对象，更不是通过法律来取代道德。法律要撇开道德绝尘而去的愿望既不合理又不现实，法律与道德必然要在彼此的相互牵扯与距离保持中寻求各自的生存空间；法律与道德的亲和关系并不是不分彼此的黏合剂，无论法律与道德走得多么近，各自不同的内核仍是稳定自身性质差异及独立品格的基底。

私人空间的隐秘行为理当留置个人进行自由把握，聚众换偶行为以不侵犯他人利益的客观事实，决定了该行为应当归属于道德的评价与约束范围。"即使是基于维护性风俗、性秩序等社会法益，刑事立法

---

[1] 胡旭晟：《法的道德历程》，法律出版社2006年版，第180页。

干预的重点也应该是公共道德领域而非私人道德领域。"[1] 我们应该抛却现有的担忧，认为使用道德手段调整聚众换偶行为难以达到如愿的客观效果，甚或出现变相纵容社会主体纷纷效仿的事与愿违之结局。原因在于，无论是法律（包括刑事法律）还是道德的社会调控，其目的性实现都不是一蹴而就之事，正所谓"徒法不足以自行"，与之相对应，"徒德不足以为善"。刑法也好，道德也罢，都只能在自身能够实现的功能范围内做好分内之事，过高的期望必然使其不堪重负而有辱使命。从现实情况观之，刑法对卖淫或淫秽物品的打击不可谓不严，然而司法实践中频频触犯此类法网者并未明显减少；聚众淫乱罪在我国司法实践中束之高阁二十余年，社会生活中也未见此类行为俯拾皆是。何况，在经济高速发展的过程中，人们的思想也在逐渐开放，道德的包容度也在随之相应拓宽，在此情形下，我们应该承认道德与时俱进的内在特性，只要其不偏离社会有序进行的基本轨道，道德调整的有效性仍然不能因为部分反常事例的出现而招致全盘否定之命运。

我们惯常性地使用"刑法是道德的最低界限"这一说法，并以此作为外部危害行为突破道德底线之后动用刑事惩罚的实质根据。然而，由于刑事法律与道德之间的关系朦朦胧胧，彼此之间的界限很难十分明确地予以界定，因而评判何种程度是道德的最低界限变得更加虚幻莫测。如果以刑法与道德之间关系的亲和性来否定二者调整对象的独立性，则明显带有以刑事惩罚的强制性侵占道德调整对象的意味。不可否认，刑法的实践运转具有道德引导功能，刑罚的强制性也在自觉或不自觉地校正落入歧途的道德取向。但是，全然不顾道德本应归属的调整内容而以刑罚取而代之，不仅混淆了二者各自调整对象的独立性，也与刑法需要收缩或限制的主流趋势严重相悖，与宽严相济刑事

---

[1] 滕燕萍：《性自主权、道德与法律干预——以"南京换偶案"为例》，《杭州师范大学学报》2011年第5期，第100页。

政策有意控制犯罪圈的精神格格不入。

作为道德最低界限的刑法介入,必然是道德无法调整和其他法律归责难以担当之时的明智选择,绝对不能依靠刑事惩罚具有的强制性力量来消除彼此调整范畴之间的原本归属。在现有道德调整仍然能够发挥积极效用,在社会主流价值并没有沦丧到需要刑事惩罚予以救济之时,刑法逾越自己的界限跨入道德领域,这种冲动惩罚的背后显示出了自己的不理智,也说明了对自己那份冷静与自信予以坚守的不足。"法律与道德作为两种社会调控方式,聚众换偶以无涉社会危害性的现实告诉我们,它需要留待道德进行调整,这既是对公民个人自由权利的承认,也是对法律治理社会模式的一种自信与信任。"[1]

三、能否自由:公民实施聚众换偶的权利界限

聚众换偶行为是否属于公民自由行使的范围,这一牵涉到"性"的话题不仅敏感,而且往往众说纷纭、莫衷一是,自由与否的答案得出似乎都不能完全令人信服。法律作为调处社会纠纷并维持社会秩序有序进行的一种方式,公民作为社会成员的一分子,法律的有效运转理所当然是为公民自由的合法保障而存在着的。"在人之存在意义上,自由是人的本质,法治作为人的一种生存方式,只有将保障和实现人的自由置于核心地位,才不会丧失其终极的目的与意义。"[2] 就此而论,自由作为民主法治时代的必备内涵,哪里没有法律哪里就没有自由。在能够合理赋予公民个人自由行使的范围内,法律要么通过明确的授权给予公民相应的权利,要么在禁止性规定事项方面对某些行为不予

---

[1] 陈伟:《"虚幻的道德"抑或"真实的法律"——以"南京换偶案"为视角》,《法制与社会发展》2010年第6期,第139页。

[2] 杨昌宇:《自由:法治的核心价值》,法律出版社2006年版,第164页。

约束。前者是显性的自由范围,其与主流的社会价值能够完全合拍,因而无须对此予以限制;后者是隐性的自由范围,法律不作调整的结果实际上为公民个人的自由行使留置了空间。

聚众换偶行为打破了传统性爱的循规蹈矩模式,这一行为的发生究竟是行为人勇于突破性行为之禁忌的大胆尝试,还是行为人逾越自由底线操守的现实折射?毋庸置疑的是,自由是有边界的,没有法律保障的自由既不稳定也不可靠,根本无法输送自由顺利达致目的地。无论民主化程度有多高,自由的正当行使都要受缚于条件的限制,原因很简单,无边无际的自由其实就是不自由,导致的灾害性后果就是迷失自我预定的初方向。因此,为了保障自由的正常行使,对超出自由界限的行为必须予以否定性的归责。针对聚众换偶行为而言,其中实质性的限制就在于,实施聚众换偶行为不能危害他人的合法权益,不能干涉他人自由意愿与自由行为的正确行使。

撇开道德优劣的评价不谈,如果参与换偶的双方同意,各自基于真实的意愿表达支配自己的身体,在此情形下,仍然属于公民个人自由权利行使的范围。原因在于,性的自由属于身体自由的内涵之一,行为人支配自己的身体且不危害他人外在权利行使的条件下,理当属于可以允许之事。否则,我们很难想象,如果现代社会的自由人连最起码的身体自由都没有的话,还枉谈什么其他更高层次的自由与需要呢?性的自由不应该受缚于繁衍后代的目的性限度,"基督教精神的一个基本原则,就是对肉体享乐的绝对禁止,因为这种肉体享乐束缚了人们的灵魂,阻碍了灵魂对上帝的追求"。"性行为的目的在于繁衍后代,如果为了别的目的,如享乐,那就是在滥用性行为。"[1] 但是,超脱宗教教义对禁欲主义的倡导,从世俗生活对性开放日益扩大的趋势来

---

[1] 让-路易斯·弗朗丹:《中世纪早期婚姻生活中的性——教会的教义和实际生活》,载菲利浦·阿里耶斯、安德烈·贝金主编:《西方人的性》,李龙海、黄涛译,上海人民出版社2003年版,第127页。

看，追求性爱方式的多样性仍然是公民自由行使的方向。"一种性关系所产生的也许根本就不是繁衍的可能性，倒是一种爱与友谊的共同体，而没有哪个宗教传统会否认爱与友谊是重要的人类善。"①

需要明确的是，是否属于公民自由行使的范围，与是否符合道德价值的正面评价不是同等话语。我们不能把允许公民自由行使的事项，都当成是合乎社会公德并予以褒扬的事项。可以说，自由的行使以不侵犯他人或社会利益为限，在此框架内，理当属于公民可以自行把握之事，但是合乎道德是对积极的善的肯定，是对主流价值的一种确认与引导。尽管聚众淫乱行为是不道德的，但是在不侵犯外部利益的前提下，仍然是公民可以自由行使的。

聚众换偶行为作为特殊的行为类型，是行为人彼此承诺自愿行使性交换的行为。那么，这里就必然要直面这样一个问题，即参与其中的行为人作出的承诺有无法律效力呢？遵照上述的分析思路，答案也是不证自明的。"如果被害人同意行为人侵害自己所享的利益，表明被害人选择不用刑法来保护自己，那么刑法就应该尊重被害人个人自由。"②"公民依法自由处分自己的合法权利应该受到法律的保护，法律不能禁止，更不能制裁。行为人在征得被害人同意的条件下实行的损害被害人利益的行为，在客观上不具有社会危害性，在主观上也不具有反社会的恶性，所以，被害人承诺的行为排除社会危害性，不负刑事责任。"③从"南京换偶案"来看，参与其中的行为人都是成年人，实施该行为的场所是在非公开空间进行的，在换偶行为并未危及他人利益的情形下，行为人双方作出的性交换的承诺，显然是行为人的性自主权的体现。

---

① 詹姆斯·P. 斯特巴：《实践中的道德》，程炼等译，北京大学出版社2006年版，第447页。
② 丘丽丹：《被害人承诺理论比较研究》，《中山大学学报论丛》2006年第8期，第133页。
③ 高铭暄：《刑法学原理》，中国人民大学出版社1993年版，第255页。

四、有无逻辑："换偶行为是否"聚众"的对照

聚众换偶包括了两个方面的行为，一个是聚众，另一个是换偶，聚众淫乱罪需要两个行为同时符合才能成立。虽然在犯罪构成要件的视域下，"聚众"与"换偶"是一体化的存在的，但是我们在考察聚众换偶行为时把二者分开进行评判，无疑会研判得更加清晰。首先是"换偶"行为，行为人随意性地换偶，这一问题涉及"淫乱""乱交""纵欲""放荡"等评价问题。即使刑法把"聚众换偶"认定为聚众淫乱罪，但是无论对公开还是非公开场合进行的"非聚众换偶"行为，刑事立法明确把后者排除在犯罪圈之外的做法实际上也表明了自己的立场，即此种情形不以刑事法律的强制介入为必要，刑事惩罚仍然对此保持着原则上的克制。

因此，在现有的刑事立法框架内，既然有配偶的一方与第三方发生的通奸行为不构成犯罪，自由恋爱的行为人频繁更换性伴侣也不构成犯罪，卖淫嫖娼行为同样不构成犯罪，那么就此看来，问题的关键不在于"换偶"有何种程度的不合适，而在于"聚众"叠加于"换偶"之上致使该行为性质发生了变化，使得公民个人原本可以自由享有的权利变得荡然无存。然而，如果聚集多人的换偶行为要超脱于非聚众的换偶行为而上升至犯罪行为，必须拥有实质性理由和正当性根据，即聚众行为必然促使一般性换偶行为的社会危害性得以相当程度的跨越，进而产生质的飞跃而被刑事立法所接纳。换言之，依照上述思路，立法者把聚众换偶作为犯罪处理的内在理由在于，这一聚集多人的换偶行为致使原本不被传统社会所接受的行为，更大程度地逾越了道德底线，对社会主流价值取向与公共秩序的维系产生了更大危害，因而需要刑罚予以规制。

针对上述逻辑推定，我们可以通过"聚众淫乱罪"罪名设置的地

位归属加以认识。很清楚的是，聚众淫乱罪位于刑法分则第六章第一节的"扰乱公共秩序罪"之中，通过该罪名所在章节的同类客体无疑可以说明，立法者在设置该罪名时理所当然地认为该行为是严重扰乱公共秩序这一法益的，换言之，只有对公共法益造成了客观危害的行为才有作为本罪处理的必要。由于刑事立法的结构层次是立法者在制定法律时逻辑排列的结果，因此通过罪名规范形式层面的意义表达同样可以显示出，为何一般性的换偶行为不属于犯罪，而聚众换偶行为却归宿于犯罪体系的根本原因。

然而，即使存在聚众换偶行为，其外在的表现方式仍然可能呈现出多种样态，除了典型的公开场合的聚众换偶行为之外，其他非公开场合的聚众换偶行为仍然不乏其例。笔者认为，就并不扰乱公共秩序的聚众换偶行为来看，可能会在如下场合出现，比如，实施聚众换偶行为的参与方是自愿决定的（不是受强迫或威胁的），实施地点是在私密空间进行的（不是在公开场所或以公开传播的方式实施的），介入其中的行为人不包括未成年人（不会伤害未成年人的身心健康），等等。与之相对的是，扰乱公共场所秩序的行为要么会对外界的公共环境产生直接危害，要么会对外在的他人或社会利益造成现实侵害，把聚集多人的换偶行为不加考量地评价为扰乱公共秩序，未予细加甄别的结果显然就有欠妥当。众所周知，聚众行为只是就参与行为人的多寡而言的，聚众行为人数多并不代表该行为就一定会扰乱公共场所秩序，很显然，无论是就语词含义还是就危害性的大小来说，二者都不能同日而语。

聚众换偶的行为人并不是要挑战既有的社会秩序，行为人超脱世俗的束缚多是为了追求性爱方式的新颖或刺激。受其主观目的的支配，行为人对聚众换偶的场所不仅具有选择性，而且都是在较为隐蔽的环境下进行的。另外，虽然参与其中的行为人以反传统的方式选择了聚众换偶行为，但是处于社会关系之中的行为人必然摆脱不了社会正常生活圈的影响，因而体现在聚众换偶行为过程中，行为人也并非就会毫无顾忌地放纵实施，以致肆无忌惮到不择场合之程度。职是之故，行为人通过不侵害他人相关权利的聚众换偶行为与一般情形下的非聚众换偶行为并无社会危害性的差异，因此立法者提前预设聚众换偶行为具有更大程度的社会危害性的论点难以成立，据此把聚众换偶行为纳入到刑法框架之内的做法明显具有冲动性惩罚的痕迹。

五、何以可能：定性合乎实践操作具有可行性

把聚众换偶行为纳入刑事法律的框架内，刑事立法的客观效果与刑事司法的"成本—效益"核算具有紧密关系。换言之，尽管司法机关可以毫无阻碍地把"南京换偶"案定性为"聚众淫乱罪"，但是这一司法定性究竟能否达到刑事立法的预期目标，是刑事归责进行可操作性考虑时务必注意的重要问题。毕竟，无论刑事立法的最初预期多么美好，欠缺了刑事司法的良好运行与有效实现，所有的终将是一句空话。冯军教授认为，"有相当一部分法律无法处理的行为，仍然需要停留在道德领域，由道德规范来约束和调整。第一，不可溯及的行为；……第二，不可证明的行为；……第三，不可一般介入的行为"[1]。刑事司法作为刑事归责的诉讼活动，需要按照现有的诉讼程序对案件事实予以证明，因而其可操作性是司法工作人员进行案件查处的应有之义。换言之，欠缺司法可操作性的法律因其难以被司法实践所操纵，因而只能从法律的框架内予以排除，弃之不用。

司法操作具有自己的运行规则，以解决社会纠纷为宗旨的司法实践需要可操作性予以具体的步骤推进，这不仅是节约司法成本的务实

---

[1] 冯军：《法律与道德的分离与融合》，载于改之、周长军主编：《刑法与道德的视界交融》，中国人民公安大学出版社 2009 年版，第 373 页。

之举，更是通过司法流程运送正义价值的必经过程。刑事司法的运用作为一套技艺展现，欠缺了可供驾驭的操作可行性，一切的理论初衷与目的预期都将变得虚无缥缈。司法人员作为司法过程的参与者，万不可凭空捏造而随意释法，案件的查办过程都是回溯性的"叙事过程"，叙述性的事实要素无论如何都需要证据的支撑。尽管司法人员的解释权可以灵活性地扩张或内缩，司法权的外延也有相当程度的自由度，但是面临案件欠缺现行可操作性的难题，前者仍然无法跨越这一障碍而畅通无阻地进行，突兀的倒是司法的无奈和尴尬。

我国刑事法律在整体上趋于严厉，依赖重刑进行社会控制体现的较为明显。储槐植教授认为，应当改变我国当前"厉而不严"的立法现状，把我国刑法导入"严而不厉"的道路上来。[1] 近些年，加强刑事法网的建设在我国刑事立法中体现得较为明显，连续性地颁布并实施《刑法修正案》是其最直接体现。[2] 尽管增加的刑事立法并不以其频繁性的司法适用为其必要，但是，如果该罪名的适用欠缺司法操作可能性，那么撇开刑事法网严密性的理论价值有无合理性不论，这样的立法仍然因为操之过急而显得不合时宜。

具体说来，聚众换偶行为内在的非操作性要素主要体现在如下方面：其一，由于聚众换偶行为选择的空间场合具有相当程度的隐蔽性，较之一般刑事案件，对之进行法律规制需要司法机关付出更多成本，而在当前办案压力较大的情形下，在此类非恶性案件上投入更多资源显得不现实。其二，聚众换偶案件侦查困难，由于是无被害人案件，举报线索往往较少，可靠性证据更是不可轻易获得。另外，由于聚众换偶行为的当事人都是自愿参与其中，此类案件中目击证人往往欠缺，且很难有

---

[1] 储槐植：《刑事一体化论要》，北京大学出版社2007年版，第7页。
[2] 新《刑法》于1997年10月1日实施，随后1999年12月25日《刑法修正案（一）》出台，截至本书出版时，全国人大常委会一共通过了10部《刑法修正案》，无论是就修改的速度还是修改的广度来说，都是超乎寻常的。

主动报案者，对司法机关依照线索查办带来困难。其三，聚众行为与换偶行为具有时空分割性，伴随通信条件的日益完善，聚众行为的司法介入显得不现实，另外，如果换偶行为是在聚众后分开独立实施的，该行为形式合法化的特征将更加突出，司法查处的难度更大。

"科学想要成为一种能够支配生活的力量，它就必须要与生活的诸多条件接轨，它必须要将法律带进一个更能与生活的要求相对应的形态之中。"[1] 因此，笔者认为，基于以上考虑，把聚众换偶行为纳入刑事司法的体系之下进行归责，必将把绝大部分案件遗漏在刑事法网之外，使得立法追求刑罚的内在旨趣不可避免性地遭遇实践操作的碰壁，从而难以实现预防或减少此类犯罪发生的目的。尽管有学者提出，"在聚众淫乱行为的去罪化上，应走一条'先淡出，再退出'的路线。而'淡出'表明，为了避免无根据的道德审判，应该理性定位刑法的范围：处罚组织者而不处罚参加者；处罚公开者而不处罚秘密者；处罚再犯者而不处罚实犯者"[2]。另有学者认为，换偶是否犯罪与聚众淫乱罪存废无关，"'换偶'是否犯罪，司法机关并没有一概而论，也就是说，并没有把多人交换但分别实施性行为的情形纳入聚众淫乱范围而予以公诉，只是将多人共同实施的性行为定性为聚众淫乱"[3]。前面的观点可谓"渐进废除论"，后面的观点可谓"区别论"，无论是哪一种，都是建立在实践可操作性基点上的。然而，如果只能对极少数的聚众换偶行为绳之以法，而对更多同类案件疏于查处与防范，这不仅无法体现刑事司法有罪必纠的基本要求，致使刑事法治的权威性大受质疑，也使刑罚适用的平等性原则面临彻底被否定之命运。

受传统报复刑理念的影响，聚众淫乱罪遭受的否定与质疑之声显得格外稀疏。然而，"作为人类的一种动机，报复必须由我们每个人亲

---

[1] 鲁道夫·冯·耶林：《法学是一门科学吗？》，李君韬译，法律出版社 2010 年版，第 55 页。
[2] 姜涛：《刑法中的聚众淫乱罪该何处去》，《法学》2010 年第 6 期，第 3 页。
[3] 李克杰：《换偶是否犯罪与聚众淫乱罪存废无关》，《检察日报》2010 年 4 月 7 日，第 6 版。

自来抛弃,不管它得到多少赞扬,也不管它被掩饰得多么道貌岸然"[1]。在"南京换偶案"进入司法视野之后,如何具体认识聚众淫乱罪在刑事立法中的归宿,需要学界对此予以重新反思。在刑事立法圈日益收缩、刑罚适用日趋谨慎的今天,我们理性审视聚众淫乱罪的去留问题,从理论层面揭示这一罪名设置的正当性与否,仍是理论学者义不容辞的责任。无论如何,"在此类案件的判决中,我们应当检讨有关法律的立法思想的对错,使法律成为保护公民权利的工具,而不是伤害公民权利的工具"[2]。聚众淫乱罪自被纳入《刑法》以来的长期闲置与偶尔点缀性适用,实际上说明了本罪名在必要性与可行性方面捉襟见肘的窘态。尽管聚众换偶行为仍然很可能会在社会生活中不断上演,但是刑事归责的积极介入并不是杜绝该事态进一步发展的苦口良药,在相当程度上,一味强求刑事惩罚的积极应对在根本上也是于事无补。因此,在刑事资源的配置既缺乏底气又无法收到实践效果的前提下,我们把聚众淫乱罪排除在刑事立法与司法适用之外,原本也并不存在任何心存不舍的留恋之情。

---

[1] 詹姆斯·P. 斯特巴:《实践中的道德》,程炼等译,北京大学出版社2006年版,第508页。
[2] 李银河:《关于取消聚众淫乱罪的提案》,《法制资讯》2010年第4期,第67页。

第四章　刑事罪责层面的考察：教育刑规范化运行之二[①]

第一节　原罪观中的意志自由与规范效力

原罪作为基督教全部教义的原点，奠定了人类为何需要被救赎、需要救世主、需要基督教的意义指向。自原罪观问世以来，已经拥有种种不同的解说与理解，但是这些解释多是基于宗教教义而进行的差异性阐释，并没有基于法学和规范效力作更多的深入探究。笔者认为，以原罪作为基点，我们可以透过这一宗教教义理找寻到更多符合当下的规范性意义，并发掘出契合世俗时代性的新内涵。毫无疑问，尽管原罪思想来源于基督教，但是宗教作为一种社会规范，也必然以服务世俗生活为其延续至今的精髓所在。因此，"需要对'原罪'的教义有个更有说服力的解释，否则就干脆把它归入神学的玄虚之中"[②]。也正是基于此，本节尝试从规范论的角度，对基督教的原罪观进行学术层面的另行思考，期许能够获得更多的理论阐释与启发意义。

[①] 需要说明的是，本章内容所称的"罪责"，既包括了犯罪有无的判决，比如性侵未满12周岁的责任类型；同时又有罪责有无和大小的判断，比如刑事和解制度；还有非罪化的处遇，比如《刑法》第17条第4款的规定。由于无法用统一性的"定罪"予以说明，因而笔者用"罪责"一词统辖相关内容。

[②] 陈泽民：《基督与文化在中国》，载陈泽民主编：《金陵神学文选》，金陵协和神学院1992年版，第135页。

一、基督教义中的原罪观及其内涵重释

基督教对原罪的诞生过程构造了一幅唯美生动的叙事图景,事情的起因源于人类始祖亚当与夏娃未奉行上帝的意旨,在外界的诱惑下偷偷食用了分别善恶树上的果实,为此上帝要惩罚人类始祖及其后代。在《旧约圣经·创世纪》3:16—19 中,上帝对夏娃说,"我必多多加增你怀胎的苦楚、你生产儿女必多受苦楚,你必恋慕你丈夫、你丈夫必管辖你。又对亚当说,你既听从妻子的话,吃了我所吩咐你不可吃的那树上的果子,地必为你的缘故受诅咒。你必终身劳苦,才能从地里得吃的。地必给你长出荆棘和蒺藜来,你也要吃田间的菜蔬。你必汗流满面才得糊口,直到你归了土,因为你是从土而出的,你本是尘土,仍要归于尘土"。奥古斯丁认为,人类来到这个世界以后,"人的本性被原罪败坏了。人类本性中善良的因素虽然没有泯灭,但却变得比较脆弱,容易被邪恶的倾向所挫败。以前那种爱的秩序让位于这样一种生活状况,即色欲、贪婪、激情和权欲起着明显的作用,于是死亡之灾便降临于人类,作为对其腐败的惩罚"[①]。

原罪观下的罪恶起因仍然是以人之本性为诱因的,是基于人类始祖这一特定对象而展开的事实叙述。"想到自己是罪人,是基督徒的一项革新。"[②] 西方基督教中的原罪观是一种精神层面的揭示,它以人人生而有罪的观念陈述了我们必须从精神层面重新认识并接受这个客观世界。应该承认的是,基督教创设的原罪观虽然是以上帝造人说作为自己的先验性存在,但是这一先验性的内容仍然有其物质层面的缘由,而且它的这种观念层面的揭示仍然必须回归社会现实,并在世

[①] E. 博登海默:《法理学——法哲学及其方法》,邓正来、姬敬武译,华夏出版社 1987 年版,第 23 页。

[②] 罗素:《西方哲学史》(上卷),何兆武、李约瑟译,商务印书馆 1976 年版,第 396 页。

俗社会中指导芸芸众生心平气和地去经历种种人生历练。"任何一种理论化的宗教都试图在一种形而上的层面来阐释人、世界的存在原理及人与世界的关系，希求在最高的层面上来把握人、世界及人与世界的关系。"[①] 因为很显然，作为世俗世界的人，在直面现实的同时需要回答的往往不是物质上的困惑，而恰恰正是精神上的窘迫与无奈。因此，原罪观表面上是一种脱离世俗世界的超然状态，但是，由于其创设的内容及其最终指向的目标都决定了它不可能真正远离我们的现实生活。

在笔者看来，原罪观的叙事场景仍然是以人性本源作为事实起始的，作为性爱的追求是人之存在并且绵延下去的基本前提，因为性的原因而偷吃禁果并犯下错误，这原本就是人作为动物与生俱来的天性。"如果真实的人性（humanity）是真正的宗教的预设，那么真正的宗教就是对真实人性的实践。"[②] 宗教树立信仰的过程，要么是对人性的揭示，要么是对人性的引导。在指向的针对性层面，原罪观作为一个精神层面的纠缠，表面上似乎就是人性恶的提前预设，但是它与我们惯常所理解的人性善恶论其实是有相当大的悬殊的。原因在于，基督教中的原罪观是未遵从上帝安排而出现的结果，按照因果律的自然演绎，这种先因之恶就需要现世去报偿，而人性的善恶是对现世化和普世性的一种价值陈述，这种陈述无论真伪都可以通过客观事例予以检验。但是，又必须看到，原罪观又自然或者不自然地会把人性定位引向恶的坐标上来，因为难以否认，作为行动先导的思想观念是产生原罪的前因，没有恶的观念诱导如何会做出恶的行为总是一个挥之不去的存在性疑问，这也就恰好辅佐了原罪观与人性之间的内在关联。

按照圣经所指，人有两种罪，除了始祖植根于人类并生生不息的

[①] 高长江：《宗教的阐释》，中国社会科学出版社2002年版，第33页。
[②] 竹林：《信仰间对话》，宗教文化出版社2009年版，第134页。

原罪之外，还有个人今生所犯的罪。前者指向的是潜伏内心的未然之罪，后者是通过外在行为客观化的已然之罪。"所有罪都是因人远离真正永存的神圣之物而朝向可变的不定的事物。"①原罪并不决定人一定会在今世继续行恶或者犯罪，与之相反，沿着原罪观的思路，通向的彼岸却是天国的未来福祉。正因为人拥有原罪，所以才需要在今生更好地进行救赎，从而获得上帝的感恩与赦免，最终摆脱原罪的束缚。"宗教的生命在于它的社会现实性。"②这样一来，原罪观就从人性出发，通过虚幻性场景描述下的内容又自然地回归到了现实社会的路径上来，而且，在原来的事实描述下也蕴藏了基本的价值性追求。尽管原罪观描述的是原罪缘由及其过程，但是原罪观之下的目标却是指向人性之善，是对日常生活的一种道德指向与行为指引。"通过上帝，事实与价值完全的联系起来了，而上帝就成为制造价值的最高存在。"③由此，我们不难发现，原罪观并不是一个简单的事实陈述，更不是对人性之恶的简单假定与随意创设，事实上，原罪观是基于原罪的人性事实发生场景而引导的另一种价值向往，在表面上事实铺陈的背后同样寄予了超越于原罪内容之外的主观期待。

"信仰远不只是在理智上赞同教义，而是人在整体上赞同上帝之信息。"④原罪观作为一种先验性的存在，毫无疑问已经无法通过个体的体验来证明其客观实在性，而且原罪场景的叙述在科学已经占据主导地位的今日，也决定了我们无须刻意去掩盖其虚构性的一面。事实上，正如学者所指出的，"教会和神学家们意识到，把《圣经》变成一部所谓的包含着自然界及其运行的秘密的典籍，是一种不太明智的

---

① 奥古斯丁：《论自由意志》，成官泯译，上海人民出版社2010年版，第97页。
② W. E. 佩顿：《阐释神圣——多视角的宗教研究》，许泽民译，贵州人民出版社2006年版，第43页。
③ 蔡仲：《宗教与科学》，译林出版社2009年版，第223页。
④ A. Robert Caponigri ed., *Modern Catholic Thinkers: An Anthology*, Burns & Oates, 1960, p.138.

做法"①。因为我们确定无疑地就是生活在一个世俗社会,这是一个经验性的并且客观存在的社会,任何脱离个体经验与主体感受的存在都必然有其自身的不切实际性。但是,令人惊异的是,由于原罪观对人性的初步揭示及其道德价值的追求,其在现实生活中仍然顽固并且倔强地延续至今,这种在科学夹缝中的生存能力确实不能不令人叹为观止。就现实情形观之,原罪观通过宗教的力量把其触角渗透到了社会生活之中,并且在诸多层面已经直接指导并决定着人们的生活方式。"宗教不仅一直同教义和教会联系在一起,而且还同那些感觉到它的重要性的人们的私人生活联系在一起。"②确实,宗教指向人的精神层面,但是面对的却是世俗的现实生活,正是这样一种彼此勾连为原罪观找寻到了科学层面的踪影,也为其立足于现世铺垫了不同寻常的积极意义。

罗素指出,"宗教基本上主要是以恐惧为基础的。它部分是对未知事物的害怕,部分是像我已经说过的那样,对于当你遇到各种困难和纷争时会有一个老大哥来帮助你这种感觉的希冀"③。这一分析仅仅只是对宗教来源的一种阐释而已,我们尚且不论其论述结论的客观与否,但是,恐惧背后的更多因素及其如何延续的问题仍然值得探寻。当我们今天重新来细细审视基督教中的原罪时,我们需要以理智的情怀平心静气的对待这个非理智之物,在超越排斥与鄙夷的前提下,我们也会发现其隐藏其后的诸多深意。基于此,我们就会发现,基督教中的原罪观与法律规范的社会调控具有千丝万缕的关联,而且在社会现代化变革激进向前与思想观念摇摆不定的今天,我们换另外一种眼光来打量基督教中的原罪观,必然就会给我们带来一些启发性的新认识。

---

① 爱德华·格兰特:《科学与宗教》,常春兰、安乐译,山东人民出版社2009年版,第189页。
② 罗素:《宗教与科学》,徐奕春、林国夫译,商务印书馆1982年版,第7页。
③ 罗素:《为什么我不是基督教徒》,沈海康译,商务印书馆2010年版,第37页。

二、原罪观中的自由意志与规范体构造

原罪的整个图谱是对现实生活的折射与社会活动的再现，它以主体与客体的相互关系描绘了原罪诞生的整个过程。跳出这一叙事场景，其组成要素表面上实际都是松散零乱的，但是，聚焦于原罪的定格画面上，实质上却是一个形象生动的情景故事，在人物描述中能够细细觉察到各自的个性张力与人格特点。孤立静态的端详必然只是浅尝辄止，根本无法看到其叙事场景背后的内涵，因此，只有透过原罪场景中组合元素及其背后的关系查探，才能真正有助于我们获得更为清晰的认识。

原罪之所以会出现，起因于人的始祖亚当受外在诱惑而偷食了禁果，因而，神人交界被打断，神灵相通被阻隔。"虽然在应然的层面上人应当受神的绝对支配，但事实上人却因为偷吃禁果、有了独立的意志而产生实然和应然的冲突。"[1] 就原罪观的产生来看，虽然禁果引发了罪恶起因，但是禁果启动了人性的闸门，因而无疑又是智慧之源，更直接一点说，正是因为有了禁果才有了意志自由的诞生。上帝禁止食用禁果，是因为"'疑心'睡在'智慧'的门口，把责任推托给'单纯'，理性可能会受到敌人的教唆，遭遇到一些奇怪的事，陷入不可预料的骗术"[2]。在此情形下，我们可以更好地理解，"恶之被容许只是作为善的一个 sine qua non（不可缺少的）条件"[3]。因此，违反上帝事先颁发的禁令，世代相传的人类就必须承受这一不利后果，任何人无法

---

[1] 高明明：《从〈圣经·创世纪〉看契约的产生》，《咸阳师范学院学报》2005年第1期，第36页。

[2] 郭丹曦：《〈失乐园〉：〈圣经〉与英国清教》，《山西广播电视大学学报》2011年第3期，第90页。

[3] 莱布尼茨：《神义论》，朱雁冰译，生活·读书·新知三联书店2007年版，第30页。

越沆这一宿命而换得新生，除非能够消除原罪并最终走出原罪的阴影。原罪观深深地被植入进每一个人的心灵之中，我们虔诚地信奉它的理所当然，并以个人世俗性的所有外在行为对祖先所犯罪孽进行身体赎罪与心灵忏悔。

"不再是意识反对存在，而是意识与存在同在；不再是理智反对情感，或者理性反对激情，而是整体的人在思考和感受。"[1] 原罪观的场景描述具有诗一般的美好画面，不仅不会让人有任何的邪恶淫秽之念想，反而令人有诸多真善美的感叹与崇尚。这是一场人性的真实写照，是神人界分的神圣时刻，在原罪诞生之时也就是人类创设之始，在亦正亦邪和亦善亦恶中恰好昭示了矛盾的统一性。"对法律的每一次违犯，只能并且必须解释为这是产生于犯法者的行为准则，即他把这种错误的做法作为他自己行为的准则。因为，如果不是把他看作是一个自由的生灵的话，就不能把违法行为加在他身上。"[2] 在原罪观中，最直接展现的就是人的意志自由，即作为人类的始祖之所以会背叛上帝的诫命，最为核心的原因就在于他们以自己的意志自由对抗了上帝事先对他们发出的诫命，去除了外在束缚而按照自我意愿获得了主观性，摆脱了盲目遵从而有了自我的自由主张，从而在上帝无处不在的空间中为个人的意志自由开创了道路。

需要指出的是，原罪观下的人的自由意志是上帝赋予的，但是却是上帝不可控的，否则，如果人的所有行为都在上帝的掌控之中，人类始祖就不会经受不住外在的诱惑而自食禁果。奥斯丁直接指出，"上帝预知的一切都是必然要发生的，而且承认，他预知我们的罪时，让我们的意志仍是自由并在我们的权能之内"[3]。克拉克也认为，"如果一

---

[1] 伯尔曼：《法律与宗教》，梁治平译，中国政法大学出版社 2003 年版，第 105 页。
[2] 康德：《法的形而上学原理——权利的科学》，沈叔平译，商务印书馆 1991 年版，第 149 页。
[3] 奥古斯丁：《论自由意志》，成官泯译，上海人民出版社 2010 年版，第 146 页。

个人的实行某个行动时是受到基因构造，环境熏陶，甚至是上帝干预的决定和促成，那么就某个行动而言，那个人是不自由的"[1]。就原罪观下的意志自由来看，那么毫无疑问上帝仍然是其顺利诞生的必不可少的促成因素，因为没有上帝的介入，意志自由从何而来就会成为一个难解之谜。对此，奥古斯丁指出，"虽然坏的意志是坏的行动的原因，但坏的意志并没有什么事物是它的动因"[2]。由于坏的意志不可能自己说明自己，因而唯有找一个与现实相脱离的万物之神。超越于万物之上的上帝，以神灵的神通广大而对世俗化的人类的意志束手无策，这正好说明了自我意志的桀骜不驯与自由无度，说明人的意志自由的诞生及其掌控有不依赖任何外在主体的特性。与之相反，如果在意志自由的基础上，再行认可意志自由仍然是被上帝所摆布或者驾驭的，那么，我们就必然会把原罪产生的过程当成上帝刻意安排的一个陷阱，会溯源性地认为是上帝戏剧化地设置了这个场景而故意播下了这颗邪恶的种子。但是，这种解释必然是对上帝至高形象的一种亵渎，是对世俗人类的一种过高估计，也是对原罪观的一种彻底否定。

"只有哲学告诉我们，除了其他智慧外，所有事物中最困难的是——了解我们自己。"[3] "认识自己"作为一个难题，这实际上也是众多宗教都极力想回答的问题。犯下原罪的过程也是人自我意识的过程，从认识自我开始，才能逐渐的晓智慧、知善恶、明羞耻、辨是非。"人成为人的标志，是他从与世界的混沌一体状态中分离出来，形成物我之别，发生'第一断裂'，成为自我意识支持下的存在。"[4] 人从生物界中独立出来并与其他生物存在实质性差异，根源就在于人拥有独立于其他生物之外的自主意识。理当承认，人之所以为人就在于人

---

[1] 凯利·詹姆斯·克拉克：《重返理性》，唐安译，北京大学出版社2004年版，第52页。
[2] 周辅成：《西方伦理学明珠选辑》（上卷），商务印书馆1996年版，第351页。
[3] 西塞罗：《国家篇法律篇》，沈叔平等译，商务印书馆1999年版，第179页。
[4] 姜生：《论宗教源于人类自我意识》，《世界宗教研究》2011年第3期，第174页。

具有独立思考的能力，拥有了在分辨事物的前提下控制行为方式的能力，能够按照自主意识来认识世界并改造世界，而这种能力来源于人的自由意志，来源于人的自我意识的养成及其在此基础上的辨认能力与控制能力。

自从人拥有了自由意志，才真正确立了人的基本属性，从而最终把人从混沌的宇宙中分离出来，赋予了其能够接受世界并在现实世界独立生存的能力。如果整个世界仍然是由自然界雄踞其中并由其他生物统辖的生机盎然的景象，此时的人类群体即使已经出现也只能是一个普通生物而已，没有自由意志的人根本就不具有任何社会性意义，也无法产生社会性的劳动与创造性成果。宗教下的原罪观通过事实叙述赋予了意志自由的诞生，在宗教的教义语境下，该意志自由明显是能够与其相一致的。"要使我们与那个意志世界和谐一致，这正是宗教的目的。"① 把人投入社会性活动，必不可少的就是意志自由，上帝映照下的人类社会，仍然是上帝宇宙观下的一部分，人类拥有意志自由，实际上是为了更好生活。"我们之属于上帝，只是使我们更好地把握自己。"② 把握自己的方式，必须从上帝的创世过程中与万物剥离出来，通过自由意志的活动显现自己的存在。"神圣创世主的观念意味着受造之物对他的绝对依赖，同时也意味着受造之物对他的绝对差异。"③ 也正是从此层面上，我们可以说，"没有任何东西比自我更高，也没有任何东西比自我更深"④。在原罪观中，意志自由在人类之外而获得，但是，其又最终要回归人类自身，这样一来，它就能较好解释意志自由的神圣源发性，同时又把意志自由加之于人类个体而对其作用进行了现实化的体现。

---

① George Tyrrell, *Lex orandi*, Longmans, Green & Co., 1904, p.57.
② W. E. Hocking, *The Meaning of God in Human Experience*, Yale University Press, 1912, p.181.
③ R. 霍伊卡：《宗教与现代科学的兴起》，四川人民出版社1999年版，第20页。
④ W. E. Hocking, *Type of Philosophy*, Scribner, 1929, p.441.

从总体上来看，原罪观之下的意志自由是一种相对的意志自由，是可以选择实施也可以不实施某种行为的自由，是在外界具体条件满足条件下的最终走向"恶途"的自由。从根本上来说，它并不是绝对的意志自由，否则，如果人类的自由可以达到无羁无绊的高度自由的程度，外在的诱惑这一条件就根本不需要存在——没有诱惑也可以自由的选择该行为，伊甸园这个场域设置就会显得纯属多余——没有它也可以自由的选择其他时空，所谓的"偷食"也可以不存在——如果不受外界的束缚当然不需要如此而为。而且，如果不是相对化的意志自由，上帝完全可以把人的意志自由全部调整成"行善排恶"型，后人的赎罪以及救世主等也将因此而烟消云散。

尽管人的意志自由具有外在条件的局限性，但是一切问题发生的最终渊源都必须从人自身上予以寻找。意志自由是人的辨认与控制能力的综合体，外在因素能够影响但是不能决定人的行为选择，只有如此，人作为主体并区别客体的特性才能就此得以展开。正如学者所言，"认为罪的根源在于人自身，这可以捍卫人的责任感与自由，这就是'原罪'教义的意义"[1]。这样一来，宗教教义就既解释了意志自由的源发问题，同时又把罪的根源及其需要担负的义务加诸人类自己。因而，从本体意义上来说，意志自由是人自始至终的背后动力指向。因为意志自由的存在，人类整体性的原罪就不是万劫不复的恐怖深渊，依赖自由意志的努力，当把问题的原因起始回溯到个体身上时，我们就可以看到另一种转机并能够顺利摆脱堕落的力量。

"升起的现象，从隐蔽中现出来，因此隐蔽状态，从隐蔽中出身，都是本质上属于在的事。"[2] 原罪观的诞生过程指明了人的意志自由的启蒙过程，从追根溯源上来看，人的意识的开端必然有一个最初的发起

---

[1] 何光沪：《多元化的上帝观——20世纪西方宗教哲学概览》，中国人民大学出版社2010年版，第196页。

[2] 海德格尔：《形而上学导论》，熊伟、王庆节译，商务印书馆1996年版，第115页。

者，原罪通过宗教场景的描述为其确定了这个契机，值此也在思想观念上填补了这一空白。宗教的共性在于确立内心信仰，法律规范的目的也在于遵从与认同，因而不管宗教与法律规范在表现形式上存在何种差异，二者在精神层面仍然共同护守彼此目标指向上的相互共通性。"正如没有宗教的法律会丧失它的神圣性和原动力一样，没有法律的宗教将失去其社会性和历史性，变成为纯粹个人的神秘体验。"① 因此，在此层面上，我们通过宗教原罪观的梳理，实际上可以从另一侧面为我们当下的法律规范提供思想源泉，为法律规范的更好践行提供可供遵守的忠诚使命感。

三、原罪观中的规范违反与规范目的

尽管基督教中的"原罪"与刑事法律规范中的"罪"不是一回事，但是，这一原罪仍然是在规范语境中存在的，并且通过与规范之间的关系确立了原罪的话语体系。"如果一条规范的有效性的根据在于它属于特定规范体系的话，那么它就具有体系上的有效性。"② 可以说，正是在规范性建立与维系的过程中，原罪并没有丧失自己的社会性意义，反而在毫无检验性的自我标识中确立起了基督教的强势影响力。这表面看起来明显是一个悖论，但是，悖论背后仍然有其不容置疑的理论圆通性蕴涵其中。

基督教原罪观明确地指出"人皆有罪"，这实际上是警醒我们人人都有犯罪的倾向与可能，都有与规范相违反的思想动机，因而都有受规范束缚与限制的必要。这样说来，原罪的产生根本不是因为人类受其感官诱惑之后才出现的，原因在于，如果欠缺了犯罪原因的自然

---

① 伯尔曼：《法律与宗教》，梁治平译，中国政法大学出版社 2003 年版，第 68 页。
② 约瑟夫·拉兹：《实践理性与规范》，朱学平译，中国法制出版社 2011 年版，第 141 页。

附属，人根本就不会受到外界的随意诱惑，也根本不会在明知规范存在的前提下还要执意违反规范。但是，前面已然指出，受其诱惑而践踏上帝的禁止性告诫，并不是罪之思想的体现，而是人的意志自由的体现。其间的道理已经很清楚，在规范效力还尚且未被确立起来之前，在什么是规范还处于迷茫和模糊的状态下，此时以罪之动机进行标签化呈示就又明显操之过急。

原罪观作为简单形式的描写，其内在的意蕴说明了宗教的社会性功用，也呈示了宗教不脱离社会生活的另外一面。"如果宗教有助于达到提供安慰和安全感、信心、宽慰和保证的目的，也就是说，如果宗教的结果对从中流溢出来的生活有用，那么在实用主义真理的意义上，宗教就是有价值的，甚至是正确的。"[①] 实际上，宗教不仅仅是对精神层面的一种聊以自慰，更不仅仅是对独立个体的一种心理调节，由于宗教还要面对现实，要在社会生活中解决复杂的社会关系，因而，它必须具有稳定和化解社会矛盾的功能。长期以来，我们把宗教与科学之间的对立进行人为地扩大化和紧张化，导致在矛盾体的视域下只看到了其抵触或消解科学的一面，而大大忽视了宗教在社会生活中的现实功能。

原罪的确立过程实际上就是规范违反的过程，通过对规范完整性的背离陈述了原罪诞生的全过程。正是因为对上帝旨意的不遵从，所以最终致使人类背负了原罪。在此过程中，我们可以看到，上帝是作为规范的创设者而存在的，或者说上帝本身就代表了规范，作为神灵相通的万物之主，所有有灵之物都必须毫无例外地对其唯命是从。因而，上帝俨然就是权力在握的主导者，代表了现实社会立法者与司法者的权力身份，在规范性的关系群体中，任何人都不能肆意违抗而唯有顺从，否则，违反上帝发出的命令就是与权力相对抗，就是要通过

---

① E. E. 埃文斯·普理查德：《原始宗教理论》，孙尚扬译，商务印书馆2001年版，第57页。

否定规范而打破原本平静的等级层次。

上帝制造了人，作为人之父母，它理当是知道人性的弱处的，因为"耶稣的最初形象就变成人的神，他将天地合一，将人性与神性联系起来"[①]。但是，很显然的是，针对这一人性弱点，规范的创设者并没有采取足够多的防范措施。而且，通过颁布的禁止性命令，规范创设者已经把规范性命令的全部内容囊括于中，并且对违反规范的所有后果都事先予以了告知，因此《旧约圣经·创世纪》3:3 告诫人类说，"你们不可吃、也不可摸、免得你们死"。但是，规范的确立及其附着在规范体之上的权力存在，并没有阻拦违反规范的现实步伐，也没有成功地达致规范所寄予的目的性预期。

从动态的层面来说，规范的存在注定了规范最终必然要被违反的命运，这与谁是规范的创设者实际上毫无关系，即使是脱离了凡俗肉身的上帝也莫不如此。规范（尤其是禁止性规范）作为一种指令性要求，它只能在与规范之外的违抗性碰撞之中才能发现自己的价值，进而证明自己存在的现实意义。换言之，规范之所以如此制定，正是因为有违反前在规范的客观事例，或者有打破权力束缚的种种迹象，毕竟，规范必须是带有目的性的规范，是为了确立内在效力而有此必要性的规范。而且，通过规范的违反，不仅证明了规范自身的效力——通过担责方式予以展现，与之同时也证明了上帝的先见之明——证明了神明高于世俗的优势所在。在相当程度上，这不仅不会贬损上帝创设规范的价值，反而彰显了上帝的权势与地位，也只有通过此，才能最终确立需要规范客观存在的现实价值。

但是，如果要对追责原因进行系统地总结，那么在规范的违反过程中，作为规范创造者的上帝仍然有难脱干系的监督性过失。因为

[①] 洛蕾利斯·辛格霍夫：《我们为什么需要仪式》，刘永强译，中国人民大学出版社 2009 年版，第 15 页。

"人们有充足的理由认为，没有他（上帝）的允许什么事物都不会发生，从而使他成为责任者，成为道德上的原因"。[①] 而且，上帝仅仅只是确立并宣告了规范的内容，而对规范的遵守与执行疏于体察。既然上帝已经预知意志自由的客观存在，察觉人类违反规范的主观倾向，作为常理性的应对之法就应该加强规范遵守的监督措施，或者通过确立其他规范来保障先前规范体系的维护。因此这样说来，上帝造人除了明显的疏忽之外，甚或还有放纵违反规范之嫌。照此思路进行演绎，必然有人会认为，所谓的"原罪"明显是上帝设置的一个圈套，是上帝巧妙布下的一个局，只不过人类自愿顺从地钻了进去而已。

但是，针对上述质疑，需要从规范论的层面另行澄清。原罪作为规范违反的结果，上帝并不是参与其中的直接当事者，在原罪产生的场景之中，上帝已经置身事外，并且对具有意志自由的生物已经毫无操控性可言。在此过程中，规范一经确立就已经脱离了上帝而成为自在之物；加之任何独立性规范都不可能是完美无缺的，而且通过规范之外的另行规范和权力护佑来保证前期规范的运行，也恰恰是承认规范能够被违反作为自己的理论前提的。既然如此，在原罪产生的过程中，无论上帝创设的诫命存有多大程度的漏洞，无论上帝是否能够力挽狂澜地予以补救却又毫无作为，都不能因此而把罪责推脱到属于规范体之上的上帝身上，更不能以权力构造之下的虚假骗局来主观化解释这一过程。

四、原罪观中的赎罪与规范效力

实际上，原罪观陈述了这样一个事实，即上帝为人类的行为设置了禁止性规范，而人类又毫无偏差地违反了此规范，在规范设置与违

[①] 莱布尼茨：《神义论》，朱雁冰译，生活·读书·新知三联书店2007年版，第104页。

反的对立统一关系中致使原罪思想及其规范效力被确立下来。原罪的建立过程不仅展现了规范创制者的超强权威，也体现了规范超越于主体之外且不可逾越的地位；与之同时，原罪通过规范违反又蕴藏了人类意志自由的诞生过程，经过外界条件的刺激从而激活了人类主体独立自主的意志选择。从此层面来说，意志自由的开始过程，也实质上就是规范确立的过程，正是因为有了意志自由并可能随意侵害外在利益，因此，需要建立相应的规范予以适当限制。因此，在规范建立之初，我们最先拥有的是规则意识，正如学者所言，"与直接的规范投影相区别，规则使人们可以把很不相同的质归结为一种形式"[1]。尽管原罪观之前尚未有真正意义上的规范，但是包含其中的规则已经具有了规范效力之形式与实质的全部内容。

由于原罪观中的上帝是人类的创造者，是人之所有权利义务的统领主体，在创世之初，上帝颁布的规范并不具有抽象性意义，因为它单独就是针对亚当与夏娃二人的。然而，尽管这一规范指向的对象格外具体，但是仍然无法束缚意志自由行使的疆域，最终以规范违反和原罪建立作为美好伊甸园凄凉落幕的注脚。"一切正义都来自于上帝，唯有上帝才是正义的根源；但是如果我们当真能在这种高度上接受正义的话，我们就既不需要政府，也不需要法律了。"[2] 规范是以权利义务为内容的载体性表述，上帝的旨意以规范的形式得到了升华。但是，如果仅仅如此仍然显得苍白无力，因为没有违反规范之后的对应性后果，这样的规范既无法彰显上帝作为创设规范者的存在，也无法依靠此规范束缚更多的社会主体。"罪恶是令人憎恶的，但是世界上再没有比悔罪更美的了。"[3] 因为最初有罪恶，所以才有超越罪恶之上的赎罪行为。对此，克拉克指出，"上帝的救赎使人脱离这一切的恶，给人带来

---

[1] 卢曼：《社会的法律》，郑伊倩译，人民出版社 2009 年版，第 186 页。
[2] 卢梭：《社会契约论》，何兆武译，商务印书馆 2003 年版，第 45 页。
[3] 西田几多郎：《善的研究》，何倩译，商务印书馆 1965 年版，第 147 页。

最大的良善，虽然我们总是不理解"①。原罪建立的过程就是规范违反的过程，为了强化规范存在的现实效力，违反规范无疑就是走向了规范的反面，因而必须具有与之相对应的归责后果和承担方式。"如果所有的活动能够被理解为规范的遵守或者否则就产生一个制裁，那么，就存在现实的社会，也就是规范的有效性。"②"法共同体就是这种法秩序的保证人"。③ 因此，与原罪相对应，为了补偿自己犯下的罪行，赎罪就应运而生了，已经违反规范者如何救赎自我成为原罪前提下的必然延伸，是"罪—责"体系中不可偏废的重要一环。"至此，基督教既回答了人为什么会犯罪，又回答了人犯罪后应受地狱之灾的理由。"④

上帝不能支配人的意志自由，这种自由已经不是权力所能控制的东西，但是作为权力在握的强力拥有者，仍然可以对违反规范的行为人分配罪过及其行为之下的责任。毫无疑问，这种责任承担方式是对意志自由的一种钳制，是在直接干预不可能情形下的一种间接调整方式，是相对意志自由的集中体现。在原罪与赎罪之间，存在着必然的因果关联，二者密切相关且相辅相成，这是一种逃脱不了的现实宿命，也是有罪之人必须背负的十字枷锁，是"给予的死亡、获得的生命"。这种因果关联体现的是罪与赎的相互关系，赎是罪的必然结果，罪是赎的潜伏性原因。涂尔干说，"原因是其内部能量尚未显露的力；结果也是同样的力量，只不过这种力量被实现了"⑤。就赎罪的承受者来说，任何人都毫无遗漏地难脱规范体系的笼罩，所有人都是公平的分担了

---

① 京特·雅科布斯：《规范·人格体·社会》，冯军译，法律出版社 2001 年版，第 44 页。
② 米夏埃尔·帕夫利克：《人格体 主体 公民——刑罚的合法性研究》，谭淦译，中国人民大学出版社 2011 年版，第 71 页。
③ 衣家奇：《基督教与刑法——对近现代刑法宗教渊源的解读》，《甘肃政法学院学报》2005 年第 1 期，第 22 页。
④ 阿尔弗雷德·格罗塞：《身份认同的困境》，王鲲译，社会科学文献出版社 2010 年版，第 76 页。
⑤ 爱弥尔·涂尔干：《宗教生活的基本形式》，渠东、汲喆译，上海人民出版社 2006 年版，第 346 页。

责任后果，并毫无差别地需要以自己的行为履行赎罪义务。

毋庸置疑的是，原罪观下的赎罪超越了单一的报应类型，它具有在报应与预防的综合模式下寻求更大的规范性效力的特点。就世俗性犯罪的归责方式来看，赎罪方式的第一要义就是报应，报应后果则以针对有罪之人并施加可感的刑罚为其内涵要求，因而"罪责自负"和"刑及己身"是刑事法律普世化的基本准则。然而，基督教中的赎罪观却并不与此完全一致，它既有报应性观念，同时又有预防性思想。详言之，其报应性观念体现在，原罪与赎罪的因果关联，罪行与责任后果的丝丝入扣；其预防性思想体现在，带有原罪体的人类，在意志自由的促动下都有犯罪的倾向，必须预防他们在前车之鉴的引导下走向后车之覆。"从客观上而言，正义的指导原则与作为普遍原理一部分的功利原理其实是一致的"[1]。预防论以功利价值为追求，与报应论相对应的则是正义，赎罪行为是对正义与功利价值予以一体化结合的典型体现。

"真宗教即是人心尽全力行善的常驻的性情，这样我们才能实现上帝创世的目标，从而使自身为上帝所接纳。"[2] 救赎原罪的归途是求得上帝的宽恕，"宽恕首先是上帝的行为，上帝通过宽恕仁慈地消除人与上帝之间的障碍、隔阂，这样就会打通通向友谊与和解的道路"[3]。从宽恕与被宽恕的关系来看，"宽恕是强者的特权，宽恕是强者对弱者做出的一种姿态"[4]。从规范效力的涉及范围而言，赎罪方式扩大到了规范体之外的第三方，他们作为无罪过内容与罪行实体的行为人本不应该履行赎罪之责。但是，透过原罪的话语体系，我们却看到了另一番情景，人类因为始祖犯下的原罪而需要世世代代去经历一种赎罪的过程，以

---

[1] 约翰·斯图亚特·穆勒：《功利主义》，叶建新译，九州出版社2007年版，第99页。
[2] 马修·廷得尔：《基督教与创世同龄》，李斯译，武汉大学出版社2006年版，第17页。
[3] Corlett, *Responsibility and Punishment*, Kluwer Academic Publishers, 2001, p.77.
[4] 王立峰：《惩罚的哲理》，清华大学出版社2006年版，第278页。

救赎自己并超脱宿命。"人是自由的,他自己是罪恶的承担者"①。因此,赎罪与意志自由仍然是密切相关的,正是意志自由决定了人能够犯罪,也决定了他能够作为赎罪的主体。"救赎是靠认知,而不是靠献身。"②献身只是外表的一个形式,内在的仍然是要通过心灵的洗礼而产生规范认同,从而重新投入宗教映照下的世俗生活。

从规范层面来看,原罪论效力的扩大化当然具有预防理念的极大彰显,从比较层次的主导地位而言,其预防论也已经在价值位阶上超越报应而占据上风。而且,这一明显过于苛严的归责方式也让我们看到了规范性效力是一张无边无际的网,在世俗社会根本不能寄予纯粹的善良动机与中性道德,而是必须依赖规范的检视与审查,并且按照规范的指引来牵引自己的行为。因为人类具有意志自由,加之事前原罪对规范违反的客观存在,创造规范者在创制规范之初就已经假定了规范可能被违反的事实,而且任何人都是规范违反的潜在主体。因此,赎罪表面上是以连带追责进行处罚后果的扩大化,实际上是对人的自由意志可能突破规范的事前预防,是对规范效力与目的强化的一种外显。

原罪作为基督教整体教义的基石,其叙事场景浓缩了超越宗教所指的世俗性秩序构建及其目的性预期,穿插其中的组成元素蕴藏了规范性的实体存在与价值支撑。原罪作为人的自由意志的原初体现,是规范设置必要性和规范效力得以确立的关键所在,也是作为规范诫命者的权力集中彰显。仰赖于规范性视角,赎罪行为对应了原罪之下的责任承担类型,它以预防性功能突出了规范事前寄托的效力指向,指明了规范在神人交界的空间填补彼此决裂的特性,显现了宗教与世俗共通互融的现实魅力。

---

① 梯利:《西方哲学史》,葛力译,商务印书馆2004年版,第160—161页。
② 维克多·特纳:《仪式过程——结构与反结构》,黄剑波译,中国人民大学出版社2006年版,第160页。

基督教的原罪观作为全部教义内容展开的基石，我们可以在超越宗教层面获得另一种不同寻常的认识。原罪观实质上囊括了规范场域的内在要素，也建立了规范体的实体性要求，拥有规范性目的和规范性效力的基本特征。按照现有法律规范的现代性要求来衡量原罪观，可以发现彼此在诸多层面存在的暗合情形，同时也在彼此并不同流的路径上给我们带来可资借鉴的深层启发意义。原罪观的问世是宗教虚拟画面中的一个单一场景，但是蕴藏背后的内容必然由此发散开来，并且在未来的历史长河中还将继续延续下去，我们揭示其中隐藏的价值，正是期望能够在时代演进的碰撞中发掘更多富有现代性的内容，从中窥探出能为现时的规范运用提供具有借鉴意义的东西。我们相信，当撕开偏见与歧视，通过世俗的眼光，我们也能体察原罪教义中超越教义表面的深层内涵，进而，在当前以规范统辖的社会生活中，我们就能够从心灵上寻求一种更为真实的慰藉，在现实行动中积聚更多的理智和勇气去直面未来。

第二节　刑事和解罪责从宽的一体化考量

刑罚权是不是国家的独占性权力，这一问题随着法治建设的不断演进而愈发值得深入地拷问，并以此为思维起点引发了对传统犯罪与刑罚价值理念的深入反思。在刑罚目的视角下，我们从来都没有放弃教育改造功能在刑事法律活动中的适用，如果在犯罪之后，行为人积极悔改，并回归到正常的规范轨道上来，那么，此时能否消除犯罪的成立，或者减少犯罪之后的刑罚量？为了对此问题有更好的回答，笔者拟从教育刑这一视点出发，对刑事和解从实体与程序层面进行重新审视，并期望能够获得更多的新认识。

一、刑事和解背后的教育刑理念及其背景支撑

根据目前通行的表达方式，刑事和解（Victim-Offender Mediation），也称被害人与加害人的和解、被害人与加害人会议、当事人调停或者恢复性司法会商。一般是指在犯罪发生后，经由调停人的中间主持，使被害人与加害人直接商谈来解决刑事纠纷，其目的是为了恢复被加害人所破坏的社会关系、弥补被害人所受到的伤害，以及恢复加害人与被害人之间的和睦关系，并使加害人自主性地改过自新、复归社会。[1]

在我国刑事司法理念从国家单一本位观到"国家——个人"二元本位观的改变、犯罪定义从"孤立的个人反对统治关系的斗争"到"被害人——犯罪人"关系的厘定、当前刑事司法政策从"报复性司法"到"恢复性司法"的流动等大背景之下，刑事法学界也正致力于改变传统的、教条的刑事法理论，在对新时期刑事法治理论进行重新审视的同时完成刑事司法实践上的创新。此时，刑事和解当然应运而生。此外，在教育刑罚观念之下，刑法重视其道德重建功能的发挥，理应使刑罚的使命从惩罚、强制逐渐趋向于教育、诱导。刑事和解制度正是重要的诱导性措施。[2] 笔者认为要在教育刑视域下对刑事和解制度进行审视，理应查探刑事和解的理论基础。

（一）教育刑理念为刑事和解的贯彻注入了实体性刑罚依据

"刑罚带来的补偿没有来自于一个适当恢复性司法过程中的补偿好。例如，前者不能灵活应对当事人各方的特别需要和敏感情事，而

---

[1] 刘凌梅：《西方国家刑事和解理论与实践介评》，《现代法学》2001年第1期，第152页。
[2] 周光权：《刑事和解的实体法价值》，载黄京平、甄贞主编：《和谐社会语境下的刑事和解》，清华大学出版社2007年版，第95页。

且当被害人和犯罪人有机会积极参与犯罪解决进程时，其又缺乏有效的激励手段。"① 美国犯罪学家约翰·R. 戈姆（John R. Gehm）在其《刑事和解方案：一个实践理论架构的考察》一文中对刑事和解的理论基础进行了迄今为止最为全面和细致的阐述，他提出了三个理论基础：恢复正义理论（Restorative Justice Theory），平衡理论（Equity Theory），叙说理论（Narrative Theory）。② 这三个理论分别从社会本位、被害人本位与犯罪人本位等角度对刑事和解的论证。尽管这些理论为刑事和解提供了相关根据，能够进行部分的说明，但是，都不是从刑罚本身出发来进行的，因而有其局限性。

笔者认为，刑事和解的刑罚根据在于教育刑，即正是因为加害人与被害人之间的关系修复，已经部分或全部实现了教育改造的功能，所以刑事和解的存在具有了内在根据。不可否认，刑事和解最重要的理论价值在于正义的恢复，正义的恢复包括"被害恢复"与"加害恢复"两个途径。而恢复正义理论强调恢复犯罪所造成的损失，必须充分关心被害人和社会的实际需要，重在对和谐社会的重塑。正如霍华德·泽赫所言，"恢复正义理论把犯罪看成是对个人和人际关系的侵犯。犯罪行为生成了其使一切复原的社会义务，司法介入被害人、犯罪行为人和社会寻求更好地弥补、协调和安定社会关系的过程当中去"③。修复正义表面上是对外在关系的修复，实质上是行为人自动地知罪悔过，进行了有效的自我悔改，从而达到了教育改造的效果，与教育刑可以较好地相互契合。

此外，教育刑理论的运用兼顾了被害人利益保护和犯罪人的社会

---

① 吉姆·迪格南：《法与恢复性司法：一种整合的、系统的进路》，载洛德·沃尔格雷夫编：《法与恢复性司法》，王洁译，中国人民公安大学出版社2011年版，第291页。
② 马静华：《刑事和解制度论纲》，《政治与法律》2003年第4期，第133—138页。
③ 霍华德·泽赫：《恢复性司法》，章琪等译，载狄小华、李志刚主编：《刑事司法前言问题——恢复性司法研究》，群众出版社2005年版，第28页。

复归，这同样是刑罚的教育功能在刑事司法中的体现，能够为刑事和解找到较好的注脚。正是基于此，我们要打破长期以来的报应刑思想，注重教育刑的现实化与实际效果，通过刑事和解的运用来贯彻和实施教育刑理念。有学者言，"如果恢复性正义理论的合理性能够得到社会的普遍承认，那么刑事和解制度在我国的确立应当顺理成章"[①]。国家惩罚的无效果和社会关系的恢复是恢复性司法确立的两个主要根据，也是教育刑得以现实张扬的关键，基于这一视角，我们认为刑事和解制度恰当地体现了恢复性司法的核心价值，较好地践行了教育刑理念。可以说，刑法理论界的强烈呼吁与司法实务界的实践需要，都促进了刑事和解在当今时代的兴起与发展，也正是由于此，刑事和解制度得以问世。

（二）传统和合文化为刑事和解的中国化提供了文化基础

由西方法学界提倡的以刑事和解方案为主要操作模式的恢复性司法在中国刑事法学界研究热潮的兴起，使我们必须正视，论证刑事和解制度对我国刑事司法发展的意义和可行性，必须考虑该制度在我国文化传统中的正当性。自古以来，中国社会都奉行"以和为贵""冤家宜解不宜结"的思想观念。钱穆曾指出："中国人乃在异中求同，其文化特征为——和合性。"[②] 由于长期受儒家思想的影响，民间多是以"劝诉""息诉"来寻求纠纷的解决，且"明德慎刑"的仁政思想占统治地位，"无讼"的状态更被认为是最为理想的社会状态。因此，刑事和解作为一种古老的犯罪处置模式，在中国近代以前的历史中曾长期、合理地伴随着刑事司法制度而存在。[③]

---

① 马静华：《刑事和解的理论基础及其我国的制度构想》，《法律科学》2003年第4期，第85页。
② 钱穆：《晚学盲言》，台湾东大图书公司1987年版，第289页。
③ 王一俊：《刑事和解》，中国政法大学出版社2010年版，第62—63页。

费孝通先生说,"调解是个新名词,旧名词是评理,差不多每次都由一位很会开口说话的乡绅开口。他的公式总是把那被调解的双方都骂一顿。……有时竟拍起桌子来发一阵脾气。他依着他认为'应当'的告诉他们。这一阵却极有效,双方时常就'和解'了"①。自古以来,我们的儒家思想中就提倡"仁政"的治国方略,以及对"和合文化"的民风倡导,和谐社会理念的提出以及和谐司法理念的建立在我国具有本土文化特点,有其深层次的社会和文化背景,具有强大的生命力。② 儒家思想与当今的和谐社会理念可谓是一脉相承,都是对我国传统和谐文化的倡导和发展。通过对我国文化传统的研究可知晓我国刑事和解制度的提倡并非是照搬西方,刑事和解在我国有历史与文化的支撑,是对传统文化与制度创新的合理对接。基于此,在贯彻教育刑观念的基础上,刑事和解制度是在现时代社会背景下对传统文化的另一种遵循,是在刑罚理念改弦更张基础上的实践运用。

(三)和谐社会的时代背景是刑事和解践行的生存土壤

"社会秩序在本土资源基础上的演化,本土资源是建构秩序存在之基,是域外文明的主体。任何忽视本土资源的法律移植,都是不可接受的理性的怪异设计。"③ 社会主义和谐社会构建的这一现实环境为刑事和解顺利融入提供了机会与可能。在和谐社会的大背景下,刑事司法作为以维护社会和谐发展为宗旨的法律,其使命不应当仅仅局限于查明犯罪事实、准确适用刑罚以及维护司法公正,更重要的是控制和预防犯罪的发生,以恢复被犯罪破坏的和谐社会关系。然而,如何减少犯罪的发生,减少这一使社会不安定因素;如何使被害人权益的维

---

① 费孝通:《乡土中国 生育制度》,北京大学出版社1998年版,第56页。
② 黄京平等:《和谐社会构建中的刑事和解探讨——"和谐社会语境下的刑事和解"研讨会学术观点综述》,《中国刑事法杂志》2006年第5期,第112页。
③ 汪海燕:《我国刑事诉讼模式的选择》,北京大学出版社2008年版,第251—252页。

护和犯罪人人权的保障双向实现；如何消除再次犯罪的发生，使犯罪人重新投入社会等一系列问题，都是当前构建社会主义和谐社会中要解决的重中之重的问题。

教育刑理念把刑罚的本质与目的定位于教育，摒弃刑罚一味地报应和惩罚，从尊重犯罪人、被告人和社会人三位一体的角度对刑罚制度进行阐释正是对和谐社会的理论呼应。而立足于教育刑理论之下的刑事和解制度注重减少犯罪人与国家、社会和被害人的对立，形成社会协作型的司法体系，正是对和谐社会构建的实践回应。因此，和谐社会理念、教育刑理论、刑事和解制度三者正是宏观政策与刑法理论、具体制度的有机结合。可以说，构建和谐社会这一宏伟蓝图的及时提出，必不可少地依赖于寻求新的方式途径，这无疑为刑事和解顺利介入我国刑事法律活动提供了良好的社会基础和时代背景。

（四）宽严相济刑事政策为刑事和解的运用提供了政策指导

刑事政策与刑事法律的关系密切。在法治国家内，刑事政策是刑事法律的先导和补充，刑事法律是刑事政策的升华和边界。[①] 刑事政策的导向功能、中介功能、规制功能在整个刑事法律过程中体现得淋漓尽致。[②] 2006年10月11日中共十六届六中全会通过了《关于构建社会主义和谐社会若干重大问题的决定》（以下简称《决定》），在《决定》的"加强社会治安综合治理，增强人民群众安全感"一节中明确指出"实施宽严相济的刑事司法政策"，围绕该刑事政策进行具体的建构就是重点工作之一。宽严相济的刑事司法政策正是在总结长期以来打击犯罪、预防犯罪的经验下得出的重要结论，其实质就是要对犯罪区别对待，做到宽严适度，对轻微犯罪案件依法予以从宽处理。而教

[①] 侯宏林：《刑事政策的价值分析》，中国政法大学出版社2005年版，第98页。
[②] 何秉松：《刑事政策学》，群众出版社2002年版，第56—57页。

育刑罚观通过对刑罚本质和目的认识的不断深化，倡导刑罚的教育与改造功能，提倡具有宽容性和开放式的刑罚制度，也是在理论层面对宽严相济的刑事司法政策的回应。同样，刑事和解制度也顺应了刑罚社会化、轻缓化的刑事司法潮流。

不可否认的是，宽严相济刑事政策作为我国现阶段的基本刑事政策是保障现今刑事法律活动顺利、有效进行的当然之举。但是，从我国目前的刑法结构看来，重刑主义思想仍然占据主导地位，这就使得宽严相济的刑事政策在当前的刑事框架之内难以兼顾各个方面发挥其应有之效。因此，笔者认为，当前宽严相济的刑事政策仅仅是刑事司法（审判）政策。因为，刑事审判环节是整个刑事法律活动的中心环节，刑事政策所带来的法律效果与社会效果也在此更为集中。然而，要想落实宽严相济的刑事政策，当务之急就是以先进的司法理念代替重刑主义传统，使其不至于受缚于陈旧的立法规定而难伸手脚，以充分发挥诉讼的审判功能、司法的社会防卫功能。

因此，笔者认为，刑事政策的导向性功能应该得到全面体现，即贯穿于立法、司法、刑罚执行的所有过程，充分发挥宽严相济作为基本刑事政策本身的多向性功能。唯有如此，才能最大程度地发挥宽严相济刑事政策的力量，把我们当前"厉而不严"的刑法结构调整为"严而不厉"①的刑法结构，更好地诠释该刑事政策的内涵。陈兴良教授说，"如何正确地把握宽和严的度以及如何使宽严形成互补，从而发挥刑罚最佳的预防犯罪的效果，确实是一门刑罚的艺术"②。从现实观之，刑事和解是宽严相济刑事政策的一种自觉运用，刑事和解要在实践中实际开展就必须秉承宽严相济刑事政策的这一理念，在各个层面对该刑事政策进行自觉遵守与现实运转，使刑事实体法与程序法紧密配合、双管齐下，将

---

① 储槐植：《刑事一体化与关系刑法论》，北京大学出版社 1997 年版，第 431 页。
② 陈兴良：《宽严相济刑事政策研究》，《法学杂志》2006 年第 1 期，第 22 页。

刑事和解机制真正贯彻落实，实现保护诉讼参与人的合法权益，化解社会矛盾，促进社会和谐，这也是教育刑理念所积极倡导的。

二、教育刑引导刑事和解实体法上的理念对接

刑事和解在实体刑法中的现实依据是其能够在我国真正有效运行的前提条件。有学者认为，即使不设立刑事和解制度，按照目前法律上的规定和实践中的做法，实际上也体现了刑事和解的内容及要达到的目的和效果。[①] 笔者认为，刑事和解在我国现行实体法中有其自身的价值根基和存在的必要性，并且刑事和解是对教育刑的现实运用与遵守，但是，据此认为刑事和解的制度化与规范化没有必要，则难以使人认同。

（一）刑事和解在实体刑法中拥有可以契合的价值根基

有学者认为刑事和解制度存在价值瑕疵，冲击了我国现行刑法的基本原则。[②] 也有学者认为，刑事和解进行最终实体处分时作出减轻处罚或者免予刑罚，这明显违反了罪刑法定原则，贬损了司法的尊严。[③] 笔者认为，刑事和解与我国刑法的基本原则并不违背，刑事和解的现实运用可以找到坚实的价值基础。

首先，刑事和解是注重教育刑与行为人表现的现实反映。根据19世纪末刑事人类学派和刑事社会学派的行为人中心论和人身危险性理论思想解读，罪责刑原则运用与司法活动中既注重刑罚与犯罪行为相适应，又注重刑罚与犯罪行为个人情况（主观恶性与人身危险性）相

---

① 李洪江：《刑事和解应缓行》，《中国检察官》2006年第5期，第13页。
② 卞建林、王立：《刑事和解与程序分流》，中国人民公安大学出版社2010年版，第157页。
③ 马静华、陈斌：《刑事契约一体化：辩诉交易与刑事和解的发展趋势》，《四川警官高等专科学校学报》2003年第8期，第14页。

适应。① 这与教育刑论者主张刑罚的轻重应以犯罪人的性格、主观恶性或人身危险性的强弱为依据相吻合。同样，现行刑法中的罪刑相适应原则也肯定了人身危险性在刑事责任中充当的重要角色和功能性意义：刑罚的裁量必须考虑到已然之罪与未然之罪，并综合犯罪行为和犯罪行为人的人身危险性，以及案前情节、案中情节、案后情节。

教育刑立足于行为人实施的客观危害行为之上，同时又要求对构成要件的事实要素一个综合的、动态的判断，只有这样才能实现个别公正与刑罚的个别化。"只要我们不把罪刑相当与刑罚个别化推到其各自的逻辑极端，罪刑相当能够容忍刑罚个别化的合理存在，刑罚个别化也不否定罪刑相当的合理根据，两大刑法原则之间并非你死我活的水火不容。"② 由此可知，通过对教育刑理论与罪责刑相适应原则本体内容的解读与考察，刑事和解并不是完全陌生的理论，其原本就能够被刑罚所接纳。

其次，刑事和解并不违反罪刑法定的基本原则。与之相反，刑事和解是对罪刑法定原则的遵循，是其价值内容的现实体现。罪刑法定原则发展到今天，其内涵包括"消极的罪刑法定"和"相对的罪刑法定"。罪刑法定原则的最大意义就是消解犯罪的成立，把罪刑法定原则作为"积极的罪刑法定原则"，据此积极的予以入罪，这既违背了罪刑法定原则的本义，也不符合罪刑法定原则的原本价值。随着现实社会的发展和犯罪样态的多样化产生，更需要兼顾和吸收多元价值观念，对罪刑法定原则的原有内容加以修正，使罪刑法定原则的价值取向始终保持开放性。并且，"刑法奉罪刑法定原则为圭臬，正是为了限制国家刑罚机器对刑罚权的过度施行，从而保证刑罚保障技能的实现，绝不是因为国家刑罚机器怠于刑罚权的施行，为促进刑法保护技能的实

---

① 李建玲：《被害人视野中的刑事和解》，山东大学出版社 2007 年版，第 63 页。
② 曲新久：《刑法的精神与范畴》，中国政法大学出版社 2000 年版，第 481 页。

现而设立的。从这个意义上讲，刑事和解恰好是罪刑法定原则的一个有力注解，而不是罪刑法定原则实施的障碍"[1]。因此，在此意义上，罪刑法定原则为刑事和解的现实存在提供了有力辅证，二者在保障犯罪人权益这一点上相得益彰。因为，罪刑法定原则所追求的保障人权、限制刑罚权滥用的价值目标也正是刑事和解制度所追求的，所以说，刑事和解制度与罪刑法定原则在实质上并不冲突。

最后，笔者认为，"应受刑罚惩罚性"作为犯罪的基本要素，较好囊括了犯罪的本质特点和对犯罪量度大小的考量。[2] 可以说，应受刑罚惩罚性是我们评判犯罪成立与否的实质要素，也是刑罚发动与否的关键，它是界分刑事责任与民事责任、行政责任三者最直观的外在体现。从犯罪构成三阶层的角度来说，在衡量一行为符合构成要件该当性、刑事违法性之后，还要正确界定犯罪行为人是否符合"应受刑罚惩罚性"这一要件，如此才能对犯罪行为进行正确的质的评价。"应受刑罚惩罚性"既有质又有量上的要求，在确定行为人的行为属于犯罪且应当受到刑事处罚之后，根据教育刑的要求进而考量犯罪与刑罚有无必要，都是"应受刑罚惩罚性"这一要素的重要内涵。

刑事和解的达成实际上就是在考虑犯罪行为、犯罪情节、犯罪过程、犯罪主观恶性、犯罪动机、犯罪后果等因素的基础上，确立不同的纠纷解决机制，对不同的犯罪行为与行为人分配不同的责任承担方式。因此，刑事和解的制定正是"应受刑罚惩罚性"这一抽象内容的现实化。肯定刑事和解制度在刑事司法活动中的地位也是实现刑罚个别化和保障个别公正的重要措施。与此同时，刑事和解制度更是体现

---

[1] 石磊：《论刑事和解的实体法基础》，载中国人民大学刑事法律科学研究中心、北京市检察官协会编印：《和谐社会语境下的刑事和解学术研讨会文集》，2006年7月版，第229—237页。

[2] 在罪与非罪或者承担刑事责任有无的判断上，是否应受刑罚惩罚不仅是从行为后果做出的第一反应，符合普通人的基本思维规律，而且，这一判断方法的运用可以保证刑法介入的保障性地位，让刑法在"不得已"时再发动，从而更好实现其谦抑性的一面。

了我国刑事司法对诉讼双方当事人正当权益的关注,以及对报应刑罚观念的反思,为处理轻微刑事案件的有效解决提供了另外一条合理路径。基于此,可以肯定刑事和解正是顺应着刑罚观念的进步,遵循着教育刑理念的要求,注重恢复被破坏的社会关系、弥补被害人的物质损失与慰藉其精神创伤、教育改造犯罪人使之回归正常的生活轨道的现实体现。

(二)把刑事和解等同于"花钱买刑"是混淆视听的最大误区

由于刑事和解的达成往往需要加害人及其家属的积极赔偿作为必要条件,因而,刑事和解的现实运用常常被人误读为是"花钱买刑""以钱赎刑"。对此,已有学者提出,"'以钱买刑'严重违反了刑法的公平正义原则,成为富人逃避刑事处罚的通道。这是刑事和解的弊端之一"[①]。如果刑事和解是以花钱为前提的,那么,该项制度必然与适用刑法人人平等的基本原则背道而驰,与刑事和解最终所要达致的化解纠纷与解决矛盾产生冲突。这样一来,刑事和解无疑就是告诉其他人,有钱就可以买刑并减免刑事责任,致使富人阶层获得了超越于普通人的优先选择权和有利判决。

因此,刑事和解要获得自己的立足点,必须正确看待这个问题。"刑事和解的目标是通过和解过程实现被害人物质与精神伤害的全面恢复,不附加任何条件地一味追求以金钱赔偿实现对被害人物质损失的弥补,可能会走到丧失制度正当性的极端。"[②]无论从应然还是实然层面分析,刑事和解都不是"花钱买平安",不是通过金钱赔偿而让司法人员作出对自己有利的判决结果。"和解机制并不属于传统的'私了'范畴,在和解程序中,司法机关仍占据主导地位,对公权力如何行使,

---

[①] 何晓鹏:《论中国司法体制下刑事和解的弊端》,《重庆科技学院学报》2012年第10期,第56页。

[②] 徐阳:《权力规范与权力技术》,法律出版社2010年版,第302页。

当事人之间可以表达自己的诉求，但最终的决定权在司法机关。"[1]另外，刑事和解之所以允许和解，其主要理由在于犯罪行为人的主观恶性与人身危险性并不恶劣，或者通过犯罪后情节展现出其主观恶性与教育改造的现实一面。因为"多余的刑罚是不公正的刑罚"，既然行为人不需要司法惯常判断所得出的那么长刑期，那么，遵照教育刑的要求，从司法公正与资源配置合理性的层面考虑，减免行为人的刑事责任就是自然之理。

在刑事和解过程中，行为人积极对被害人及其家属的金钱赔偿，只是问题的一个表象，而不是刑事和解的实质。赔偿与否并不是刑事和解的全部内容，更不是刑事和解的必要选项，和解能否达成，关键在于犯罪行为人的真诚悔罪态度，以及被害人家属看到犯罪人此种态度上的真诚努力及其表示。正如有人指出的，"当事人双方达成赔偿协议，仅是刑事和解的前置条件，犯罪嫌疑人的认罪态度才是如何刑罚的关键"[2]。然而，从现有情形来看，"过分纠缠于经济赔偿数额的确定，而忽略了被害人的心理需要乃至社会关系的修复，这是目前刑事和解推行中存在的最大问题"[3]。但是，刑事和解作为拥有多元理论基础的制度创新，仍然瑕不掩瑜，我们不能因噎废食地因制度适用偏差而全然否定刑事和解的积极效益。

必须明确的是，我们倡导刑事和解的同时，也明确反对纯粹的"以钱赎刑"，而应当遵循教育刑的基本要求，仔细评判行为人是否已经知罪悔过。尽管我们可以说，让犯罪人对被害人赔偿一定数额的金钱，也是一种惩罚性的运用与现实措施，但是，行为人拥有财富的多寡必将在此惩罚的运用上展现出差别，刑罚内涵也必将因赤裸裸的金钱赔偿而完全变色。原因在于，财富的多寡与刑事责任的大小并不是

---

[1] 宋英辉：《刑事和解实证研究》，北京大学出版社2010年版，第187页。
[2] 王志凯：《只赔偿不认罪不属刑事和解》，《检察日报》2011年9月2日，第3版。
[3] 陈瑞华：《刑事诉讼的中国模式》，法律出版社2008年版，第30页。

天然的呈比例，以金钱来换算责任后果，既无法解决财富不均的现状，也必将纵容与放纵财富特权阶层。不难判定，此种财物支付的惩罚与刑事责任的实体剥夺仍然不能相提并论，以金钱支付来消解刑事责任或者减少刑事责任大小的做法，已经严重侵蚀了司法正义的主题，根本不是刑事法治所能允许的事情。

（三）刑事和解在实体法层面的规则阙如是客观现实

《刑法》第37条和第61条分别规定："对于犯罪分子决定刑罚的时候，应当根据犯罪的事实、犯罪的性质、情节和对社会的危害程度，依照本法的有关规定判处"；"对于犯罪情节轻微不需判处刑罚的，可以免除刑事处罚，但是可以根据案件的不同情况，予以训诫或责令具结悔过、赔礼道歉、赔偿损失，或者由主管部门予以行政处罚或者行政处分"。如果仅凭这两条规定就断定我国刑事实体法已经完全包括刑事和解的内容，尚不能令人信服。不可否认的是，现如今刑事司法实践确实把被害人与加害人之间进行的协商、沟通、谅解作为广义的犯罪情节（案外情节）予以对待，从而对被告人适用非刑罚处罚措施或轻刑化处置。但是，就上述两个刑法条文而言，并不能证明我国现行刑事实体法明确了刑事和解制度。笔者认为我国现行刑事法律并未完全包括刑事和解的理由主要有以下几点：

其一，刑事和解制度作为西方舶来品，是对先进司法理念的引进，必然是存在于保守的立法之后的，变动不居的司法实践总是要服从于立法的已有规定。难道刑事和解没有在刑事实体法中予以规定，我们就可以随意曲解已有的文字而认为其已经存在实体法之中？如果实体法已有规定，为何现有《刑事诉讼法》还要另行规定？针对上述问题，实际上很难回答，这一现实也就告诉我们，刑事和解在我国实体法上并没有法律的明文规定，要从抽象的立法文字中予以挖掘，实际上也毫无根据可言。

其二，刑事和解实质是一种"三赢"机制，其中体现了被害人、犯罪人和社会（国家）的利益互享。作为一种新型的、更加人性化的刑事案件处理方式，刑事和解制度体现的是对被害人和犯罪人进行平等保护的刑事司法理念，它以恢复被破坏的社会关系、教育矫正犯罪人为目的，吸收了现代法治的精髓，契合了法治现代化的发展进程。因此，在传统刑事司法理念下，刑事和解根本没有任何存在空间。正如有的学者所认为的，"刑事和解实际上只是在现行刑事司法体系中打开了一扇和解之门，对被告人或犯罪人的认罪服法做出了更加积极的回应，对利害关系人和社区给予更加具体的关注和切实有效的救济，减少或克服犯罪人一方与国家、社会和被害人对立"[①]。

其三，即使对现有刑法规定进行扩大解释，充其量也只能将加害人与受害人积极协商所完成的刑事和解过程这一情节，作为酌定量刑情节。然而，作为与法律明文规定的法定情节相比，这一酌定情节的性质与学者所呼吁的提升刑事和解地位的要求仍远远不能相称。如果长期处于这种隐而不发的状态，刑事和解自身寄予展望的公正与效率价值，将难以得到充分肯定和重视，教育刑的规范化运行更是一句空话。自觉运用刑事和解的理念很难深入，也很难深入到实践操作中去。

其四，传统刑法以"犯罪行为"为中心，在相当程度上注重结果无价值，可以显见的是，这与教育刑自身有冲突，且与刑事和解的基本理念也相悖。[②] 正如有的学者所言，"刑事和解要在司法实践中达到最佳的社会效果需要司法机关转变法治观念，弱化刑罚的报应惩戒功能，注重对犯罪人的矫正和改造"[③]。然而，刑事和解的价值恰恰体现

[①] 谢鹏程：《刑事和解的理念与程序设计》，《人民检察》2006 年第 7 期，第 13 页。

[②] 为了防止法官自由裁量权的随意擅断，"行为刑法"得以公开化的大范围推行，与之同时，人们也惯常地认为只有"行为刑法"才是达致公正目的的有效保障。因此，德国学者罗克辛教授并不讳言地指出："人们公认，现行刑法绝大多数是一种行为刑法。"克劳斯·罗克辛：《德国刑法学 总论》（第 1 卷），王世洲译，法律出版社 2005 年版，第 110 页。

[③] 王一俊：《刑事和解》，中国政法大学出版社 2010 年版，第 230 页。

在其必须考虑犯罪行为之外的被害人、犯罪人、社会利益三者,改变我们过去只重视犯罪人的客观犯罪行为及其造成的危害结果,单纯强调对行为评价而忽视被害人的切身感受,不关心犯罪人自我改造、社会关系修复与否的传统思维之上。对犯罪人适用刑事和解制度以从轻、减轻其刑罚处置,与当前在报应主义刑罚观主导下制定的实体法仍然存在理念上的差距,进而实体法规则就不可能有此先见之明。

(四)刑事和解在实体法规则上仍须积极跟进并予以现实突破

"公正惩罚犯罪、有效预防犯罪虽然是刑罚的目的,但其又只是刑罚的中介性目的,而不是最终目的,刑罚的最终目的,在于最大限度地保护法益。"[1] 与此相对,刑事和解仍然是基于功利价值而创设的制度,是为了实现法益效果的最大化。对此,有学者已经指出,"刑事和解的公正价值以其对被害人、加害人及公共利益的全面保护为基本蕴含"[2]。以上都说明刑事和解制度与刑罚基本价值理念存在契合,这些基本的价值根基也注定了刑事和解可以与刑事法的若干理论进行契合。但是,如果要把宏观笼统的理论思想落到实处,真正体现在司法实践之中。就不能单单以实体法的简单条文来论证刑事和解的全部内涵,还需要克服目前刑事和解在我国存在的诸多困难,对现阶段我国立法规定进行相应突破,即在刑事实体法层面予以更为明确地规定。

刑事和解要想在实体法上确立自己的价值,基本前提仍然是要维护刑事司法公正解决纠纷和维护公共利益的本色。因此,刑事和解这一创新性实践必须有自己的基本底线,不能突破刑事法治的包容度而偏离主题。有学者指出,"刑事诉讼契约的缔结与实现,应该强调刑事诉讼作为社会纠纷解决方式的特殊性和刑事诉讼程序设计所应追求的

---

[1] 韩轶:《刑罚目的的建构与实现》,中国人民公安大学出版社 2005 年版,第 144 页。
[2] 李建玲:《被害人视野中的刑事和解》,山东大学出版社 2007 年版,第 76—77 页。

公法秩序，为此，契约中的合意只能在法律原则或明定规则允许的情况才可为之，这是刑事诉讼行为有效的底线，也是刑事诉讼契约自由的限度所在"[①]。通过刑事和解的现实运用，我们赋予犯罪人与被害人缔结契约的原则适用，但是，"刑事和解"的本义说明了其仍然是在刑事法律的框架内进行运用，不能把它等同于民法视野中的"和解"[②]，更不能无视其适用的具体语境和刑事法律的框架而将它作为削减刑事责任的绝对条件。

为此，可以在现行实体法律的基础之上对以下两个方面作出明确规定：一方面，把刑事和解中犯罪人对被害人的赔偿、对犯罪行为的悔过以及被害人的谅解等情节作为法定减轻量刑情节，通过实体法的规定予以规范化。尽管现有刑事和解已经规定到《刑事诉讼法》的第288条[③]，但是，这一通过《刑事诉讼法》的程序性设置，有混淆实体与程序的最大不当。笔者认为，基于教育改造的现实可能，适用刑事和解必须满足以下条件：（1）适用刑事和解的案件适用于犯罪情节轻微，依照刑法可能判处3年以下有期徒刑、拘役、管制的故意犯罪行为，以及渎职犯罪之外的7年以下的过失犯罪案件。其中，危害国家安全的犯罪、危害公共安全犯罪、妨害社会管理秩序的犯罪、无被害人的犯罪案件，都不能适用刑事和解；（2）双方当事人需有自愿和解的意思表示；（3）案件事实清楚，证据确实充分，双方当事人对刑事责任部分无争议。

[①] 詹建红：《刑事诉讼契约研究》，中国社会科学出版社2010年版，第46页。
[②] 实际上，即使在民法层面的合同缔结与调解使用上，仍然是要受诸多法律规则的限制的，否则，这样的合同仍然可能面临失效之命运。由此可见，不受法律条件限制的"和解"是不可能产生任何效力的，也是不能立足于法律体系之中的。
[③] 《刑事诉讼法》第288条规定：下列公诉案件，犯罪嫌疑人、被告人真诚悔罪，通过向被害人赔偿损失、赔礼道歉等方式获得被害人谅解，被害人自愿和解的，双方当事人可以和解：（一）因民间纠纷引起，涉嫌刑法分则第四章、第五章规定的犯罪案件，可能判处三年有期徒刑以下刑罚的；（二）除渎职犯罪以外的可能判处七年有期徒刑以下刑罚的过失犯罪案件。犯罪嫌疑人、被告人在五年以内曾经故意犯罪的，不适用本章规定的程序。笔者认为，这一限制仍有过严之嫌，值得进一步探讨。

三、教育刑引导刑事和解程序层面的细节构想

据某省人民检察院的调查，在其全省适用刑事案件和解处理的刑事案件中没有发现犯罪嫌疑人回归社会后重新犯罪的情况。[1] 近年来，随着调解案件数量的增长，在为被害人挽回经济损失、得到实际补偿的同时，还使被害人与被告人双方达成了谅解，有效地缓和了人民内部矛盾，修补了人际关系，成为创建和谐社会、实现和谐司法的重要途径之一。[2] 刑事和解制度在我国刑事司法活动和和谐社会建构中的积极作用是毋庸置疑的，但是要想刑事和解制度真正地发挥其最大功效，对当前我国刑事和解的细节完善就是当务之急。

（一）刑事和解的适用原则上以审查起诉和审判阶段为限

刑事和解究竟在刑事诉讼中的哪一阶段予以适用，存在较多的争议。有人指出，侦查阶段进行刑事和解没有问题，只要是符合刑事和解的相关案件，尤其轻伤害案件、交通肇事案件，都能进行刑事和解。[3] 另有学者认为，"为了保证司法的统一性，刑事和解的适用阶段应扩大。刑事和解可适用于每一诉讼阶段"[4]。从现有《刑事诉讼法》第289条[5]、第290条[6]的规定来看，显然已经把刑事和解扩大到侦查阶段。但是，笔者认为，从教育刑的现实运用来说，这一规定并不恰当，刑

---

[1] 龚佳禾：《给刑事和解一个法律"名分"》，参见 http://news.sina.com.cn/o/2009-03-08/121315275635s.shtml，2019年4月15日访问。

[2] 樊崇义、艾静：《刑事和解管见和实证考量》，《中国司法》2010年第2期，第28页。

[3] 陈光中、葛琳：《刑事和解初探》，《中国法学》2006年第5期，第12页。

[4] 王一俊：《刑事和解》，中国政法大学出版社2010年版，第255页。

[5] 《刑事诉讼法》第289条全文为："双方当事人和解的，公安机关、人民检察院、人民法院应当听取当事人和其他有关人员的意见，对和解的自愿性、合法性进行审查，并主持制作和解协议书。"

[6] 《刑事诉讼法》第290条的部分内容为："对于达成和解协议的案件，公安机关可以向人民检察院提出从宽处理的建议。"

事和解的适用原则上应以审查起诉阶段和审判阶段为限。

首先,刑事和解不应适用于侦查阶段。一是因为刑事和解立案标准与刑事和解的基本条件不能够相互对接。刑事和解的启动则需要案件事实清楚、被害人与犯罪行为人真诚交换彼此的意见为前提;而侦查阶段的立案标准是有证据证明犯罪事实发生。"即使和解的刑事案件,也必须遵循刑事证据规则,在查明犯罪事实、证据确实充分且对案件性质正确认定的基础上进行和解,无视证据规则和犯罪事实,在未查明案情时进行刑事和解,无异于法律的背叛。"[1] 因此,现在把刑事和解置于侦查阶段的做法,并不恰当。二是因为刑事和解是在侦查机关查明案件事实的前提下基于双方协商的一种纠纷解决机制,如果侦查阶段就适用于刑事和解,就会使得侦查机关怠于行使职责,不利于查明犯罪事实,这与刑事和解的基本意志是相违背的。"即使不够刑事处罚情形的和解,由于此时公安机关的自由裁量只是对嫌疑人已经实施的行为的判断,不涉及对犯罪嫌疑人再犯罪可能性的评价,因此,和解不具有制约权力的作用,其结果也不影响撤销案件的决定"[2]。所以,基于规范化运行的考虑,在侦查阶段过多运用刑事和解,就有可能偏离刑事和解的基本要求,丧失其所要求的公正性。

其次,刑事和解在现有条件下不适合在刑罚执行阶段运用。主要理由如下:第一,犯罪行为人的刑罚处置是严格的刑事诉讼程序决定的,如果允许刑事和解则必然会推翻之前的刑事判决,这势必会影响刑事既判力的效果和法律的权威性。第二,现有的减刑、假释等制度可以基本满足犯罪嫌疑人悔过自新的需求,在刑罚执行阶段之外引进刑事和解,也并无多大的现实意义。第三,刑罚执行阶段的刑事和解在体现其恢复社会关系、改造犯罪嫌疑的功能上也明显不足,并且此

---

[1] 高铭暄、张天虹:《刑事和解与刑法价值实现——一种相对合理主义的解析》,《公安学刊》2007年第1期,第15页。

[2] 狄小华:《多元恢复性刑事解纷机制研究》,法律出版社2011年版,第142页。

阶段再对被害人进行补偿也为时过晚。

（二）刑事和解在审查起诉阶段的程序设计及其构想

明确刑事和解的适用阶段之后，则应进一步探究刑事和解在审查起诉阶段的具体运行。刑事和解作为新时期改造犯罪人、促进社会更加和谐的纠纷解决途径之一，其立足于刑事诉讼程序之中就应当有国家权力的参与，才能使被害人、犯罪人和社会的利益共通。因此，笔者认为在审查起诉阶段的刑事和解中，检察机关的参与是必要的。但应当注意的是，检察机关在刑事和解程序中只能作为刑事和解协议的审查者，而主持者则应由基层组织或中介人员担任。如此设计是为符合检察官在我国刑事诉讼程序中法律监督者的角色定位，更为主要的是基于刑事和解公正性的考量。如前所述，刑事和解对修复社会关系、促进社会和谐关系以及节约诉讼成本、提高诉讼效果的作用是十分显著的，但司法效率的提高和社会关系的修复必须以保证刑事法律的公正性为先决条件。检察机关作为国家权力的代表如果在刑事和解中处于主导地位难以确保刑事和解双方当事人对刑事程序公正性的认知。与之相反，由基层组织或者中介人员担任刑事和解的主持者则避免了这一问题，他们能够真正独立于被害人与犯罪人之外，在不涉及自身利益的前提下使双方进行平等沟通和协商，实现和解的公正性。

在审查起诉阶段的刑事和解，可以通过完善附条件不起诉制度与酌定不起诉制度予以确立。附条件的不起诉又称暂缓起诉，是指检察机关对应当起诉的犯罪嫌疑人根据其行为性质、危害程度等综合考虑之后暂时不予起诉，给予其一定的考验期间进行改造，之后再根据其悔罪表现决定是否起诉。[1] 目前我国对附条件不起诉的规定主要体现在

---

[1] 王一俊：《刑事和解》，中国政法大学出版社2010年版，第74页。

未成年人案件的刑事诉讼程序中，即《刑事诉讼法》第282条："对于未成年人涉嫌刑法分则第四章、第五章、第六章规定的犯罪，可能判处一年有期徒刑以下刑罚，符合起诉条件，但有悔罪表现的，人民检察院可以做出附条件不起诉的决定。"对此，笔者认为应当扩大附条件不起诉的主体范围和适用条件，将附条件不起诉作为刑事和解所达到的具体处理结果。如将其主体扩大到轻微刑事案件当中的成年犯罪嫌疑人，将其适用条件扩大到有悔罪表现、与被害人达成和解协议并对被害人积极赔偿的案件。

酌定不起诉是检察机关运用自由裁量权处理案件的方式，即对一些轻微刑事案件，依照刑法规定不需要判处刑罚或者免除刑罚的，人民检察院可以做出不起诉的决定。相应的条款内容，主要体现在《刑事诉讼法》第177条的规定之中。笔者认为，可以对现行规定做些许完善，以实现刑事和解和酌定不起诉的双重效果——对于犯罪情节轻微，依照刑法规定不需要判处刑罚或者免除刑罚；或者对于犯罪情节轻微、人身危险性不大的犯罪嫌疑人与被害人达成和解协议并完全履行和解协议的，检察机关可以做出不起诉的决定。通过此方式，来保证该酌定不起诉的正当行使，让加害人更好地认识自己的错误，积极规范自己的行为，为被害与加害关系的积极康复提供外在保障。

基于以上考虑，笔者建议，将审查起诉阶段的刑事和解的程序具体规定为："对于符合刑事和解条件的案件，通过社区基层组织或中介人员的居中主持，让犯罪嫌疑人与被害人自愿达成和解协议。经过检察机关审查确认，认定该和解协议具有合法性和可行性的，检察院可以作出附条件不起诉或不起诉的决定。在作出附条件不起诉或不起诉决定后，被害人认为和解协议未能得到有效执行、事后继续遭受加害人打击报复等行为的，或者有证据证明犯罪嫌疑人欠缺有效的悔改表现的，检察院应当撤销附条件不起诉或不起诉决定，依照法定起诉程序向人民法院另行起诉。"这样一来,既明确确立了刑事和解在审查起诉阶段的地位,也为刑事和解在审查起诉阶段的效力展开提供了更为明确的内容。

(三)刑事和解在审判阶段予以规范适用的建议

刑事和解在审判阶段的贯彻,体现在通过刑事和解的案件免除或者减轻刑事处罚。刑事审判程序作为一个阶段性程序,刑事和解应当处于审判阶段的哪个具体阶段是值得探讨的,这关系到刑事和解在审判程序中的作用是否能充分体现。对此问题,笔者认为在被告人陈述后的诉讼阶段进行刑事和解较为适宜,因为在被告人陈述之后,案件的主要事实和证据都经过了充分认证、质证,双方当事人的态度和意见也都相当明确。因此,在此基础上进行刑事和解,既可以让双方充分表达观点,也不致让某方因认识不清而产生误解。双方当事人可以在对案件基本事实正确认定的基础上,自愿表达自己的见解和要求,为最终刑事和解的达成与否提供条件与可能。

此外,应当注意的一点是,审判阶段中的刑事和解同样应当吸收社会基层组织的参与。与审查起诉阶段不同的是,审判阶段刑事和解的主持者由法官担任,社会基层组织仅作为对和解协议给予意见的参与者。这是考虑到刑事案件的发生不同于民事案件,除了被害人与加害人之间的关系之外,还存在犯罪行为对社会利益的侵犯,因此,不能因为两方直接的当事人之间达成了和解协议而对犯罪嫌疑人免除或者减轻刑事处罚。从教育刑视角看待刑事和解是一种被害人、犯罪人和社会的三元机制,因此,对犯罪人主观恶性、人身危险性和悔改表现进行评价之后,再决定对其的刑罚措施是必需的。

因而,在审判阶段的刑事和解中一并参考社会基层组织的意见,可以综合性地反映行为人知罪悔改表现的客观性,能够较好对加害人的危险性削减程度、对社会有无威胁、是否得到社区的接纳、被害利益是否可以恢复、群众的正义良知感是否未受损等进行更为客观真实地判断。同时，也避免了被害人与加害人之间以获取自身利益而损害整个社会利益的弊端，从而防止因私人合意而对抗社会群体利益的不当情形存在。刑事和解作为社会关系群之中的一个缩影，不能全盘依靠"加害人——被害人"的意思自治而肆意侵蚀该项制度设立的初衷，这是现代刑事和解在现代发展过程中的实质要求，也是程序公正与实体民主在实践操作层面必须同时兼顾的必然抉择。

综上，笔者认为，刑事和解的运用仍然要在事实清楚的基础上进行，不能因为存在刑事和解而无视相关事实的查明。基于此，笔者建议，在被告人最后陈述之后，审判长应当询问被告人、被害人的有无刑事和解的想法，并参考社区、村民委员会等基层组织相关代表的意见，对存在和解条件并有和解愿望的，应当由社区等基层组织来主持调解，由检察机关进行法律监督，自愿、公平地达成和解协议。审判长综合案件的事实、证据、和解协议的情况以及公诉人的意见，根据刑事和解的具体情形，对被告人作出从轻、减轻或者免除处罚的判决。无法达成和解协议的，由审判长宣布休庭，合议庭进行评议，根据法律规定作出判决。

刑事和解作为一种全新的刑事法治实践，同样是对教育刑理论的一种自觉运用。刑事和解蕴含了公正价值与效率价值的协调性平衡，其对我国当前的刑事司法有了重新认识，并对实现诉讼目的具有较强的现实意义。刑事和解在我国现时代的社会背景下，具有多元的理论基础，拥有价值上的生存土壤和现实空间。在刑事实体法上，刑事和解能够与刑法的基本原则相契合，但是在立法技术上应当克服既有偏见与认识误区；在刑事程序法上，刑事和解的适用应当集中体现在审查起诉与审判阶段，使参与刑事和解的当事人在刑事三元结构的框架中进行良性互动，通过刑事程序的细节完善践行实体法寄予刑事和解的内在旨趣。

刑事和解作为刑事司法不断变革中的一个衍生物与舶来品，在突破传统刑罚权而获得新生的同时必须保持一份理智之心。换言之，我们既要看到刑事和解融入现有刑法理念的价值支撑，从而保持一份乐观和向上的态度，与之同时，又要看到刑事和解在具体司法运用过程中可能出现的偏差，因而必须通过程序环节的精细雕琢予以统筹构造。既然任何事物的成长都是充满艰辛的过程，那么，刑事和解当前面临的困难并不代表对其自身价值的质疑与否定。走到今天的刑事和解，同样需要我们以一份善待之心予以看待，在不偏不倚的价值确立中找准其位置，通过实践适用发现其不足之处并不断进行调试。

刑事和解作为教育刑理念之下的一种制度性产物，虽然最终的指向是刑事责任的有无和大小问题，但是，刑事和解要真正发挥出效力，必须以和解过程的展开为其重心所在，基于此，打通刑事和解实体内涵与程序细节的一体化考量是自然之理，这也是教育刑进行规范化运行的关键所在。在此过程中，刑事和解如何在追寻自己价值的同时，通过实践层面的运用而展现其现实魅力，这将是刑事和解脱离虚幻并走向真实的关键所在，也是刑事和解能够在多元化纠纷化解机制中真正立足的核心基点。刑事和解作为教育刑理念的现实运用，必须对隐藏其下的诸多问题给出更为合理的解决之策。因而，在刑事法治任重道远的路途之中，如何令刑事和解契合教育刑理念而更加规范化地加予以重新改造，如何令其更为脚踏实地的有所作为，这是当下远未完成的重要工作，也是我们在刑事和解的具体构建中，继续为此努力奋斗的方向所在。

第三节 "当场醉酒"刑事归责的路径探讨

当场醉酒作为司法实践中的非典型情形，对刑事司法的归责带来了现实挑战。通过梳理醉酒驾驶的基础理论，尽管针对当场醉酒行为的刑法适用的路径具有多种方式，但是基于刑法罪名的系统分析并结合经验判断，在追责的前提下以危险驾驶罪予以论处具有正当性。当场醉酒纳入刑事责任的难点在于，事后的酒精含量检测结果与"醉驾"时的非直接对应性，在基础事实清楚的基础上应当合理运用刑事推定并进行证据补强，从而合理化解当前司法实践处理过程中遇到的难题，防范行为人逃避刑事打击的主观动机与客观行为的发生。

一、当场醉酒作为现实问题的存在

"醉驾"入刑后曾发生过这样一起真实的案件，2016年7月12日33岁的黄某某酒后开着灰色雪佛兰轿车行驶至汉阳大道赫山路口时，遇到民警检查。在民警示意停车检查后，黄某某加油门闯红灯逃跑，最终被民警逼停。因黄某某有醉酒驾车的嫌疑，民警要求他当场进行酒精呼气式检测。但是黄某某却做出了惊人之举：他升起车窗、锁上车门，拿出酒瓶，当着民警的面猛喝了几口。随后，他才下车配合民警进行酒精呼气式检测，测出的结果竟然是3220mg/100mL。后抽血检测结果显示酒精含量为97.1mg/100mL。黄某某的此种做法一经曝出，网上广泛流行一种说法：开车随身携带一瓶酒，遇到交警当面把酒喝，声称自己不是酒后驾车，通过这种做法来逃避侦查，正如俗话说："上有政策，下有对策"。对于这种故意利用当场醉酒来规避法律惩罚的行为有必要进行规制，不然《刑法修正案（八）》新增的危险驾驶罪也就形同虚设。

危险驾驶罪是《刑法修正案（八）》增设的新罪名，此罪的相关规定一出台就引发了学术界激烈的学术争论。学者们主要的争论点集中在此罪是否有存在的必要性，仅将醉酒驾驶和道路上追逐竞驶情节恶劣两种行为纳入刑法并设定相应的刑罚，而将毒驾等危害相当的行为排除在刑法范围之外是否合理。然而，自新增危险驾驶罪后至2013年，根据全国公安机关的相关统计资料，"醉驾入刑"后，酒后驾驶车辆案件的数量大幅下降，其中侦查机关侦查终结，并移送检察机关审查起诉的案件9.3万起，审判机关作出刑事判决的案件有7万余起。[①] 可见，"醉酒驾驶入刑"的威慑作用效果非常显著。之所以将"酒驾"纳入刑法中规制，是因为醉酒驾驶是极具危险性的危害行为，对于实践中多发的交通肇事罪和醉驾性以危险方法危害公共安全罪中，引发两罪的主要诱因多是行为人在醉酒状态下，意识控制能力下降后容易发生交通事故。刑法将交通事故的多发源头"醉酒驾驶"单独定罪，有利于减少交通事故的发案率，保护人民的生命、身体健康和财产利益。笔者在此不探讨增设危险驾驶罪的合理性，而是针对醉酒驾驶案件中的关键问题，往往也是是否构成犯罪的决定性因素，即行为人在驾驶过程中是否"醉酒"问题进行论述。实践中，侦查机关、检察机关、审判机关都主要依据行为人的血液酒精含量作为认定醉驾标准移送审查起诉，作出最终判决。然而，行为人是否达到"醉驾状态"是个复杂难以证明的问题，一旦行为人实施驾车逃跑、查获后检测前当场再次饮酒等妨碍侦查的行为，意图逃避法律追究，这都会造成检测工作难以继续进行。过分依赖行为人的血液酒精含量值还存在一个难以避免的问题：当难以获得血液酒精含量值时，如何认定危险驾驶罪的成立，醉驾中间接证据的运用等都是实践中遇到的非常棘手的难题。[②] 例如，上述这类案件，即犯罪嫌疑人通过当场醉酒，拒绝配合酒精含量的检测工作，导致无法进行酒精含量鉴定，此时如何认定醉酒驾驶成为刑法上的适用难题。本文着重就当场醉酒行为的刑法规制进行探讨，意图对实践中正确处理此类案件提出有益意见。

---

① 李恩树：《"入刑"两年醉驾行为降逾四成》，《法制日报》2013年5月2日。
② 李云、张会杰：《醉酒驾驶犯罪之证明》，《国家检察官学院学报》2011年第5期，第127页。

二、当场醉酒的基础性困惑及厘清

(一)何谓"醉驾"与"当场醉酒"

目前,我国关于"醉酒驾驶"的入罪标准是依据血液中酒精含量的具体数值而定,而非具体结合行为人的意识状态来认定。一般情况下,只要行为人血液中的酒精含量检测数值达到入刑标准,即构成危险驾驶罪,至于其实际的意识状态如何在所不问。根据国家质量监督检验检疫局发布的《车辆驾驶人员血液、呼气酒精含量阈值与检验》规定:醉酒驾车是指车辆驾驶人员血液中的酒精含量大于或者等于 80 mg/100 ml 的驾驶行为。这是醉酒驾驶的认定标准主要是依据血液中的酒精含量数值的法律依据。就当场醉酒的概念内涵,学界少有人进行过深入的研究,当场醉酒行为是在酒醉驾驶入刑后,人们为规避法律所"创造"出来的产物。即在公安机关依法检查时,临时有饮酒,以此为借口说之前并未醉酒。最高人民法院、最高人民检察院、公安部制定的《关于办理醉酒驾驶机动车刑事案件适用法律若干问题的意见》明确规定:行为人在呼气酒精含量检验或者抽取血样前又饮酒的,经检验其血液酒精含量达到醉酒标准的,应当认定为醉酒的行为。

通过不同酒精度含量的酒种间的换算得知,法律上的醉酒标准基本上相当于单次饮用 70 度白酒二两八钱、60 度白酒三两、50 度白酒四两、40 度白酒五两、10 至 20 度黄酒 1 斤、12 至 16 度的葡萄酒 1 斤 2 两或 3 至 5 度的啤酒 3 瓶(6 听易拉罐)。在醉酒驾车检查时,一般情况下大概饮用两瓶或者六听易拉罐量的啤酒就达到"醉酒状态",白酒大概是一口杯的量。从以个人为本位的社会学角度出发,每个人在生理上对于酒精的敏感度都是不同的,有些人千杯不醉,有些人一杯即倒。但是从法律角度讲"醉酒驾驶"的醉酒标准,则是一种客观标准,是事先规定好的,针对社会普通大众普遍适用的客观标准,与具体个体的实际意识控制能力不存在必然联系。[①] 而对于"醉酒"的司法认定标准,理论界仍存在不同的观点,主要有客观标准说、主观标准说、综合标准说。不同的观点各有优缺点,下文详细论证。

(二)"醉酒"的司法认定标准

理论界关于"醉酒"的司法认定标准存在三种学说:其一,客观标准说。该学说认为醉酒标准是指在法律中明确规定一个人体内血液酒精含量的临界值作为考量标准,具体的测量结果超过这一临界值即认为达到了"醉酒状态",而这个临界值的设定往往是以医学学理上一般社会的普通大众的身体条件和耐酒性为根据。[②] 其二,主观标准说。该学说认为醉酒标准要考虑到不同的行为人对酒精的耐受力不同,进而确立相应的一系列具体的因人而异的判断标准,最后以综合指标来确定行为人是否达到"醉酒状态"。[③] 其三,综合标准说。该学说认为醉酒标准的认定要在具体限定条件下进行主客观相结合的方法,先采用客观标准进行测试,若测试结果远高于医学学理认定的"醉酒状态"临界值,确定无疑地反映出行为人已达到"醉酒状态",即可直接认定。若测试值仅在一定范围幅度内略高出客观标准的临界值,再通过反应力和身体协调性等方面的测试,进行主观判断后综合主客观两方面评判行为人是否达到了"醉酒状态"。[④]

笔者赞同综合标准。首先,虽然客观标准最大的优点是容易操作且可操作性强,司法人员只需要先行对行为人进行呼气式酒精检测,初步判断后再对行为人进行抽血检测,根据血液中的酒精含量值决定

[①] 封志晔:《醉酒驾驶行为的刑法学理论分析》,《河南警察学院学报》2012年第4期,第47页。
[②] 刘临通:《解读危险驾驶罪》,《公民与法》2013年第10期,第49页。
[③] 赵秉志、赵远:《危险驾驶罪研析与思考》,《政治与法律》2011年第8期,第18页。
[④] 刘临通:《解读危险驾驶罪》,《公民与法》2013年第10期,第49页。

是否达到"醉酒状态"。其适用统一、节约司法资源、降低司法成本、提高司法效率；能够更好地防止酒驾，保护他人利益。但客观标准没有考虑个体差异，对所有人适用统一确定的标准，虽然易于操作，但忽略个体正义。这对酒量好的人过于严苛，对酒量差的人则显得过于宽松。刑法对人的身体自由与财产法益的剥夺具有不可挽回性、严厉性，适用刑法必须严谨，而且从尊重和保障人权的角度出发也应在司法实务中实现个案正义。其次，主观标准说虽保证了个案正义，但具体操作程序和界定规则显得烦琐复杂。主观标准的认定方法不易操作，各种方法反映出酒驾者饮酒程度的实际效果不同，到底哪种方法更能准确界定行为人的"醉酒状态"，原地转圈，单脚站立，走直线，抑或其他？醉酒认定标准不统一，每个人生活经历和阅历不同，形成的价值趋向各异，自由裁量的主观标准就不同，即使是同一个执法工作人员在面对不同行为人时，都不可能做出相同的处理。加之有的执法工作人员认为行为人已经达到"醉酒状态"，但另一些执法工作人员很有可能认为行为人并没有达到"醉酒状态"。同样的或类似的情形，不同人、不同地区处理结果却不尽相同，必然会导致不公平。最后，司法资源是有限的，针对不同案件司法资源的占用量也是不得不考虑的问题。对于危险驾驶罪这类比较简单的案件不应占有过多的司法资源。因此，兼顾两者的利弊，采综合标准更为科学合理，既兼顾了效率，又考虑了公平、正义。

三、当场醉酒刑法适用的可能路径

在侦查机关依法进行检查时，针对行为人为逃避法律追究，在呼气式酒精含量检验或者抽取血样前又饮酒这一妨害侦查的当场醉酒行为，司法实务中通常的处理方法是只要经检验其血液酒精含量达到最高人民法院、最高人民检察院、公安部制定的《关于办理醉酒驾驶机动车刑事案件适用法律若干问题的意见》第一条规定的醉酒标准的（车辆驾驶人员血液中的酒精含量大于或者等于 80 毫克/100 毫升），即可认定为醉酒，构成危险驾驶罪。但对于当场醉酒行为以检测前再次喝酒后的人体中的酒精含量作为定罪依据是否科学合理，以及这种行为是否应纳入刑法范围，定危险驾驶罪是否准确，有无可替代罪名等存在争议。

（一）当场醉酒的域外适用

一些观点认为将当场醉酒行为生硬地塞进现行刑法的现有罪名中显得非常不协调。因此建议新增设"拒绝酒精检测罪"来打击当场醉酒型的醉酒驾驶，让那些企图通过当场醉酒逃避法律追究的驾驶者无任何狡辩理由。从世界上各国的现行法律规定可知，为了不让醉酒者有任何逃避责任的理由，许多国家将当场醉酒等规避侦查机关侦查的行为单列出来单独成立罪名，处以刑罚。例如，在日本拒绝配合酒精检测将会被判处 3 年以下监禁和 44 万日元的罚款；而韩国为了加大醉酒驾驶的打击力度，在新实行的"禁止醉酒驾车"的相关法律中，增设了拒绝酒精检测罪[①]；在澳大利亚，拒绝配合酒精检查将面临被吊销机动车行驶证的处罚；在加拿大，拒绝配合酒精检测也是独立构成犯罪的；在美国加州地区，拒绝配合酒精检测将面临被判处 1 年监禁和 1000 美元罚款的风险[②]。在我国，立法者可以参考有关国家的立法规定，新增设拒绝酒精检测罪，以便更好解决在醉酒驾驶型危险驾驶罪中的当场醉酒等积极妨碍司法侦查的行为。

[①] 莽九晨：《韩国拒绝酒精检测也犯罪》，《环球时报》2011 年 5 月 31 日。
[②] 苏铃：《国外夜查酒驾：注重执法程序 重罚拒检者》，http://www.cnr.cn/china/qqhygbw/201105/t20110506_507968494.html。

(二) 当场醉酒在国内可能的路径选择

1. 罪与非罪的相关争议

对于当场醉酒行为，有学者主张不应该将其纳入刑法处罚范围。因为在刑事侦查过程中，仅仅因为车辆驾驶人拒绝配合侦查工作，拒绝并采取使侦查工作难以顺利进行的妨碍行为，不分具体情况，直接以当场饮酒后的血液酒精含量值作为定罪处罚的证据，其证据的正当合理性受人质疑。首先，明显损害事实真相的认定。《刑事诉讼法》明确规定定罪量刑的证据是能够证明案件真实情况的一切事实和材料，其具有客观真实性、关联性、合法性。刑法中的醉酒驾驶行为需要侦查机关、检察机关查明的犯罪事实是"行为人在驾驶车辆过程中处于醉酒状态"，而不是"血液检测时处于醉酒状态"。针对当场醉酒的行为，若直接以饮酒后的血液酒精含量值作为认定酒驾成立的决定性证据，显然违反了证据的客观真实性要求。而且停车后饮酒的血液酒精含量不能证明行为人驾驶过程中的醉酒状态如何，二者不必然存在联系，如果将饮酒后的血液酒精含量值作为认定酒驾成立的证据，违反了证据的关联性要求。刑法是保护法益的最后一道防线，基于其涉及人身自由和财产限制、剥夺的严重性，对于证据的真实性要求较之于民法更高，要求证据具有更高的证明力，在没有证据能够充分证明犯罪事实成立的情况下，不能认定犯罪。而成立醉驾型危险驾驶罪直接关键的证据就是"行为人的血液酒精含量"，欠缺这一决定性证据，又没有其他证据相互印证，不能认定危险驾驶罪的成立。其次，由于我国《刑事诉讼法》奉行无罪推定的精神，犯罪事实的存在主要由控方承担举证责任，行为人没有义务证明自己无罪。以酒精含量检测前再次喝酒后的人体中的酒精含量作为定罪依据违反了控方举证责任、无罪推定、有利于被告人的精神。为了保证程序的公平正义，保障人权，建议将当场醉酒行为排除在刑法的适用范围外，将其纳入行政处罚的范围。[①]

　　但是,有学者指出将当场醉酒行为排除刑法适用的弊端。如果真将此类行为排除在外,每个醉酒车辆驾驶人都可以以此为辩解理由,主张自己的危险驾驶罪不成立,那么醉驾驾驶型危险驾驶罪就形同虚设。这违背了设立危险驾驶罪的最初立法目的,不利于打击醉酒驾驶行为,与《刑事诉讼法》中认定犯罪成立的证据需要达到确实充分程度的要求相背离。因此,这些学者认为当场醉酒行为应构成犯罪,但应该设置严格的程序规范,对于执法侦查部门、检测时段、检测程序等方面都应当有相应法律、法规、规章、司法解释予以明确。考虑到个案正义,可以用刑法第十三条规定的"情节显著轻微危害不大的,不认为是犯罪"的"但书"规定来出罪。

　　2. 以妨害公务罪进行论处

　　有学者主张将当场醉酒行为纳入妨害公务罪中。原因在于,根据刑法第277条的规定,妨碍公务罪的行为方式是以暴力、威胁方法阻碍国家工作人员依法执行职务。而当场醉酒者明知有义务积极配合公安机关工作人员的执法行为,仍然在检测前再次饮酒,逃避侦查,属于间接威胁。但是,刑法明文规定构成该罪的行为方式需要采用暴力、威胁方法。将行为人检测前再次饮酒勉强归属于阻碍了侦查机关的执法行为的间接威胁的依据不足,因此有论者建议在暴力、威胁后加上其他方法作为兜底规定,将此类行为囊括进去。

　　3. 以毁灭证据罪进行论处

　　有论者主张将当场醉酒行为按毁灭证据罪定罪处罚。由于刑法第306条明确规定此罪的犯罪主体为特殊主体,即刑事诉讼中的辩护人、诉讼代理人。犯罪嫌疑人、被告人因缺乏期待可能性对于其毁灭、伪

[①] 谢小剑:《刑事诉讼证明妨碍行为的法律规制问题研究——以关于公安机关办理醉酒驾驶机动车犯罪案件的指导意见为切入点》,《政治与法律》2012年第7期,第147页。

造证据等妨碍诉讼的行为，一般不构成犯罪。然而，行为人当场醉酒行为已然对醉酒驾驶案件的侦查、审判起诉等造成严重影响，处理不当，或放纵犯罪，或无限扩大犯罪圈。行为人血液的酒精含量是判断危险驾驶罪成立的主要证据，不同于其他证据，其具有唯一决定性。而一旦在检测前又饮酒，将使酒精检测难于进行，甚至无法进行。因此，可以通过设定条文明确，在特殊情况下被追诉人也可以构成毁灭证据罪，来打击积极妨碍司法侦查的行为。

4. 以危险驾驶罪进行论处

考虑现行刑法的稳定性、统一性、体系化。也有主张在现行刑法中的危险驾驶罪里解决当场醉酒问题，并认为不适宜将当场醉酒纳入其他罪名。其论据主要是将行为人醉酒驾驶机动车行为的结束时间的临界点，推后至交警对醉酒驾驶者酒精含量检测工作结束前，以该时间点为标准来衡量。之所以会出现这样的解释，是因为从停车到交警开始酒精含量检测存在一定的时间差，为了避免在此段时间间隔中行为人做出规避侦查的行为，理应将这段时间也涵盖在驾驶行为里面。这主要是具体考虑到在司法实践中，有醉酒驾驶人员故意利用这一短暂的时间间隔再次进行饮酒，企图混淆视线，意图使执法工作人员陷入区分是驾驶前醉酒还是停车后醉酒的泥潭中，进而逃避法律追究。为了避免驾驶者利用当场醉酒逃避罪责，这一时间间隔理应包含在整个驾驶行为之中。[①] 此种解释在刑法理论上可借鉴劫持航空器罪的相关规定，按照刑法学界的理论通说，作为该罪的犯罪对象航空器必须是处于飞行中的状态。具体是指航空器装载结束，机舱外各门均已关闭时起，到打开任一机舱门以便卸载时止的任何时间，在航空器是迫降的情形下，则在主管当局履行接管该航空器及其所载人员和财产的责

---

① 封志晔：《醉酒驾驶行为的刑法学理论分析》，《河南警察学院学报》2012年第4期，第48页。

任以前,均视为在飞行中。① 以此类比,行为人醉酒驾驶机动车的驾驶行为的持续时间为行为人启动机动车到交警开始进行检测前,在此时间段中都应视为"驾驶中"。因此当场醉酒这种在检测前再次饮酒行为理应按醉酒驾驶型危险驾驶罪定罪处罚。

笔者也认为在当前应当在危险驾驶罪里解决当场醉酒问题,不适宜将当场醉酒纳入其他罪名。就上述有关学者的论述,笔者认为都欠妥当。就妨害公务罪,将当场醉酒行为解释为该罪的行为方式中的威胁(间接威胁)似乎超出了扩大解释。在行为方式中加入"其他方法",而其他方法具体指哪些方法,需不需要达到暴力、威胁的程度等会引出一系列问题,不利于刑法的明确性。再如毁灭证据罪,首先该罪的主体不包括犯罪嫌疑人、被告人,即使是特殊情况下也不应当包括,这不符合期待可能性理论的核心理念,况且"趋利避害"是人的天性。在国外例如德日等大陆法系国家对毁灭证据、伪造证据、妨害作证的行为其犯罪主体不但不包括犯罪嫌疑人、被告人,而且对于近亲属实施毁灭证据、伪造证据、妨害作证的行为的处罚也有别于一般主体。因为我们不能期待犯罪嫌疑人、被告人及其近亲属不为此类行为,法不强人所难,也体现了刑法的人性。对于行为人、被告人实施的毁灭、伪造证据、逃跑、销赃等妨碍侦查的行为,因缺乏期待可能性不纳入刑法的犯罪圈中,不对其进行刑事处罚。最后就论学者主张将醉酒驾驶行为的结束时间推后至侦查人员对醉酒者的检查工作开始时的时间点,以此种时间标准来衡量醉酒驾驶行为,虽然很好地解决了危险驾驶罪中的当场醉酒等妨碍诉讼行为,但有扩大犯罪和处罚范围之嫌。当然在未来我国刑法进一步修正时也可以参考有关国家的做法,通过增设新罪名,强调打击积极妨碍血液酒精检测行为的重要性,例如"拒绝酒精检测罪"。

---

① 王作富:《刑法》,中国人民大学出版社1999年版,第265页。

以危险驾驶罪处罚当场醉酒行为的现行法律依据有：最高人民法院、最高人民检察院、公安部联合制定的《关于办理醉酒驾驶机动车刑事案件适用法律若干问题的意见》中第 6 条第 2 款和第 1 条的规定；国家公安部制定的《关于公安机关办理醉酒驾驶机动车犯罪案件的指导意见》中有关危险驾驶罪立案侦查标准的规定。[①] 既然对于当场醉酒行为的处罚有明确的法条规定，笔者认为就不宜随意推翻法条的规定，一条法律规定的内涵只要通过合理解释可以正确适用，那它就是正确的，随意否定它则有损法律的权威性和国民的信赖利益。因此，笔者建议以危险驾驶罪规范当场醉酒等妨碍酒精检测的行为，且主要从当场醉酒有关证据收集的规制上解决当场醉酒的问题。

四、当场醉酒应按危险驾驶罪追责

（一）当场醉酒构成危险驾驶罪实体认定的法理依据

行为人在呼气式酒精含量检验或者抽取血样前又饮酒后，在行为人驾驶过程中血液内的酒精含量值已无法准确获得，又不能将当场醉酒后检测出的血液酒精含量值直接作为认定犯罪事实存在的证据时，要不要将当场醉酒行为认定为危险驾驶罪？笔者认为对于当场醉酒行为不能一概入罪，这样有扩大犯罪圈的嫌疑，与刑法的谦抑性相悖。当然，也不能一概不入罪，让犯罪嫌疑人钻法律漏洞，不利于打击犯

---

① 最高人民法院、最高人民检察院、公安部联合制定的《关于办理醉酒驾驶机动车刑事案件适用法律若干问题的意见》中第 6 条第 2 款规定："犯罪嫌疑人在公安机关依法检查时，为逃避法律追究，在呼气酒精含量检验或者抽取血样前又饮酒，经检验其血液酒精含量达到本意见第一条规定的醉酒标准的，应当认定为醉酒"；第 1 条规定为 "在道路上驾驶机动车，血液酒精含量达到 80 毫克 /100 毫升以上的，属于醉酒驾驶机动车，依照刑法第一百三十三条之一第一款的规定，以危险驾驶罪定罪处罚"；国家公安部制定的《关于公安机关办理醉酒驾驶机动车犯罪案件的指导意见》中规定："当事人被查获后，为逃避法律追究，在呼气酒精测试或者提取血样前又饮酒，经检验其血液酒精含量达到醉酒驾驶机动车标准的，应当立案侦查。"

罪，也让醉酒驾驶构成危险驾驶罪形同虚设。在具体个案中，应该根据收集的证据认定是否构成犯罪，具体问题，具体分析。在酒精含量检测结果作为证明醉驾之最有力证据的证明力减弱、无法成为构成危险驾驶罪的直接证据时，可以通过侦查机关收集的证明行为人醉驾的间接证据来认定行为人行为构成危险驾驶罪。当场醉酒构成危险驾驶罪实体认定的法理依据，笔者认为可以通过刑法中的推定来解释。

有学者反对在刑法的适用中进行推定，认为这违反了无罪推定、罪刑法定原则。然而，纵观世界各国的立法规定，无论是大陆法系国家还是英美法系国家，也无论是在制定法还是判例法中都存有关于推定方面的规定。例如，德国在1874年的《帝国出版法》第20条第2款规定的出版法罪；日本理论界普遍认为日本刑法中业主责任的认定依据是推定业主负有责任，即只要业主对从业工作者的选聘、监督上存有过失，即推定成立业主责任；英国的《盗窃法》第22条规定的被盗物品罪中相关认定问题也运用到了推定。在我国，刑法法文中没有推定的相关明确的规定，但理论界和实务界普遍认为刑法中存在推定的适用。例如，刑法第348条规定的非法持有毒品罪。在世界经济高速发展，犯罪出现高发态势，严重地危害着社会安定的现实情况下，合理运用刑法推定不仅有利于有效地打击犯罪，而且符合我国的宽严相济、严密法网的刑事政策。

推定，是指根据一定的规制对A事实进行逻辑演绎推导出B事实的存在。推定在理论上分为法律推定和事实推定，所谓的法律推定是指根据明确的法律规定进行逻辑演绎，从已知事实推出未知事实。在有法律规定的场合，一旦符合法定前提条件的因素发生，直接依据法律规定的具体内容，认定推定事实的成立。即若B事实的存在需要以A事实的发生为前提，一旦在A事实客观真实发生后，直接推定B事实存在；事实推定是指无法律规定的场合，有权者依据经验法则，从已知事实中推出另一未知事实为真的过程。而经验法则，是指法官依照日常生活中所形成的反映事物之间内在必然联系的事理作为认定待证事实的根据的有关规则。刑事推定依据的经验法则不同于社会普通大众的日常生活经验，其更加理论化、专业化、形式化，是法官等法律工作人员长期理论与实践的经验总结。推定的运用与证据证明联系密切，并左右着证据制度中的分配原则。一般情况下，在民法领域，举证责任的分配原则是"谁主张，谁举证"，而刑法领域的举证责任主要是控方承担。根据基础事实推定另一事实存在时，主张推定事实的一方可以某种程度上减轻甚至免除相应的举证责任，并把推动事实不存在的证明责任转移给对方，即对方可以通过举证证明对推定事实是否客观真实存在存有疑问，相对方提出的反证不要求确实充分地证明推定事实不存在，只要提出的反证能够对推定事实产生合理怀疑，法律即不承认推定事实的证明效力。若没有相反的证据质疑推定事实时，法律即可承认推定事实的成立。推定事实是允许被反驳的，这也是尊重保障人权的要求，在强大的国家机器面前，被告人是脆弱的，处于劣势地位，为了保障被告人的权利，不宜扩大刑事推定的适用范围。且在适用刑事推定时必须遵循一定的原则，须非常之慎重，不能随意适用。

（二）刑事推定在当场醉酒实体认定中的具体适用

无论在任何学科领域中运用推定，都不是凭空地、随意性地进行演绎推导，然后得出让人接受的结论。而刑法由于具有处罚的严厉性，其更是不轻易介入某一行为领域，只有在其他部门法穷尽自身的救济手段仍然无法全面救济损害时，刑法作为保障法才介入，其具有保障其他部门法实施和救济权利的功能，"无救济就无权利"。刑罚具有不可挽回性、严厉剥夺性，因此在决定对行为人处以某种刑罚时必须慎重，既然在事实清楚、证据确实充分的情况下动用刑罚都要严谨，何况是运用刑事推定来认定犯罪的成立。推定之所以在刑法上存在，是为了不放纵犯罪，不让犯罪分子借助法律漏洞逃脱法网的制裁。但是刑事推定又面临着人权保障尤其是犯罪嫌疑人、被告人的人权保障问题。所以进行刑事推定时，首先，侦查机关、公诉机关必须有确凿的证据证明推定的前提性基础事实客观真实存在。具体到危险驾驶罪中，必须有证据证明行为人客观上实施了某种危害行为或者导致某种危险状态的存在。推定的前提依据必须是以客观真实存在的行为人实施的活动为基础，基础事实的客观真实性是刑事推定成立并为刑法所采用的关键，而且证明基础事实的证据必须达到确实充分的程度。其次，当场醉酒构成危险驾驶罪的认定原则上要用直接证据来证明事实，只有在直接证据不能证明的情况下才能够适用刑事推定从已知的间接证据中整体认定事实，且作为推定依据的基础事实，也必须要有证据证明。最后，在对当场醉酒构成危险驾驶罪进行刑事推定时要充分保障行为人运用反证否认推定的权利。积极有效打击犯罪不能以牺牲当事人的人权为前提，要平衡两者的需要，不能仅侧重一面。

（三）当场醉酒构成危险驾驶罪的证据完善

根据《刑事诉讼法》的规定，在刑事诉讼中，犯罪嫌疑人、被告人有罪的举证责任由人民检察院或者自诉人承担，被告没有证明自己无罪的义务。疑罪从无是刑事诉讼中的一项重要原则，该原则的存在意味着在公诉机关无法证明犯罪事实确实存在，收集的证据达不到确实充分的程度，综合全案证据无法排除合理性怀疑时，就不能认定犯罪事实的成立。而公诉机关负有证明犯罪成立的举证责任，做到证明犯罪事实存在的证据须达到确实充分的程度的重任也就落在公诉机关的肩上。这就意味着控方必须采用一切合乎程序正义的方法、技术手段，尽一切努力去收集现有证据，不能以"不处罚会放纵犯罪"为由减轻甚至免除公诉机关的举证责任。当场醉酒，即在呼气酒精含量检验或者抽取血样前又饮酒。针对此类行为，在已无法准确获得行为人体内的血液酒精含量时，侦查机关可以寻求酒精血液含量检测结论以外的有力证据，酒精含量检测结果作为鉴定结论系证明醉驾之最有力证据，但酒精含量检测并非指控成立必需且唯一之证据。而且《刑法》和《刑事诉讼法》并未规定成立某种犯罪必须存在某种证据，此种证据无法收集到就无法认定犯罪事实的成立，在刑事诉讼中，在无法以直接证据证明犯罪事实的成立时，若间接证据可以形成证据链，足以排除合理怀疑，也可以作为认定犯罪成立的定案依据。所以，即使缺乏血液酒精含量鉴定结论，也可以运用间接证据认定当场醉酒成立醉酒型危险驾驶罪。

当场醉酒后酒精含量检测结果作为证明醉驾之最有力证据的证明力减弱。此时的酒精含量检测结果仍可以作为认定证明醉驾的证据，但该证据是具有瑕疵的，要作为认定犯罪成立的依据，需要其他证据来补强。证据的补强规则，是指在某一证据存在瑕疵时（证据资格或证据形式存在缺陷），不能单独作为认定犯罪事实的根据，需要借助其他证据证明其真实性，补强证据价值。若无法补强特定证据，就不能直接将该证据作为定案的依据。作为待补强的证据具有证明力，但由于存在瑕疵不能单独认定犯罪事实的存在。而补强证据则不能直接单独证明某种犯罪事实存在，但其可以增强待补强证据的证明力，担保真实性。补强证据作为证据的一种，也必须符合证据的合法性、客观真实性、关联性的三大特性。即补强证据是与犯罪事实相关的，采用法定程序收集的，客观真实存在的一切事实和材料。瑕疵证据在其他证据佐证时，才能被法院采信为定案证据。

在侦查中，侦查机关证明当场醉酒型醉酒驾驶的补强证据：（1）现场勘验。交警在查处醉酒驾驶时，应进行现场勘验，制作勘验笔录。笔录的内容应包括检查时间、地点、车辆信息、驾驶员的精神状态、车内其他人员信息等，勘验笔录有勘验人员和见证人签名。有条件的，应当拍照、全程录音或者录像，以此佐证交警人员执法程序的正当性，驾驶者的精神状态如何，有无逃避侦查等拒绝配合检测的行为，等等；（2）

言词证据。在存在被害人和目击证人的场合,应尽可能地重点收集被害人、证人等关于行为人驾驶时精神状态的陈述,犯罪嫌疑人对于自己驾驶时精神状态的辩解,综合分析不同利益主体陈述内容的真实性。尽可能找出行为人的喝酒同伴,询问有关行为人喝酒的数量、时间、地点、所喝酒的品种,通过模拟实验计算出一般人正常下此时的血液酒精含量;(3)专家计算法。现在是高科技迅速发展的时代,通过收集行为人事后饮酒的数量、品质(即酒精含量)、当场醉酒后的血液酒精含量,由专家根据专业理论公式推算出行为人驾驶时的血液酒精含量。实践中已经出现利用此种技术的先例,在被告人辩称检测出的酒精含量系停车后饮酒所致,侦查机关按照专业理论公式对比分析后得出结论,以此否定了被告人的辩解[①];(4)妨碍检测行为。当侦查机关掌握初步证据证明行为人可能构成犯罪,行为人负有配合侦查取证的义务,若行为人以故意实施使自己陷入不利状态的行为阻碍取证,污染证据,该不利后果应归于行为人承担。呼气酒精含量检验或者抽取血样前又饮酒行为本身系案件发生后的一个证据,此妨碍酒精检测的行为也可以成为指控危险驾驶罪的证据之一。人都有"趋利避害"的心理,如果行为人驾驶时并未醉酒,则其在侦查机关对其进行呼气酒精含量检验或者抽取血样前又饮酒,基于生活经验常识,是非一般人的正常行为表现。行为人妨害侦查的行为作为间接证据反映了行为人有逃避侦查的心理,当场醉酒行为本身可作为间接证据证明行为人醉酒驾驶。

第四节 性侵未满 12 周岁幼女的罪责辨识

针对近年来性侵害未成年人犯罪案件高发和广受社会关注的社会

[①] 梅冰松:《酒精检测手段需进一步研究》,《道路交通管理》2007 年第 5 期,第 21 页。

形势，为了依法惩治此类犯罪行为，更加突出保护未成年人的合法权益，最高人民法院、最高人民检察院、公安部、司法部于 2013 年 10 月 23 日联合下发了《关于依法惩治性侵害未成年人犯罪的意见》（以下简称《意见》）。该《意见》的第 19 条中，明确规定了"对于不满十二周岁的被害人实施奸淫等性侵害行为的，应当认定行为人'明知'对方是幼女"。基于这一司法意见，对性侵未满 12 周岁的幼女的保护是教育刑保护未成年人的体现吗？这一司法意见的罪责内容是否是严格责任？本节将对此作出相应的回答。

一、《意见》第 19 条：问题的引出与严格责任之理性考察

目前，司法机关就未成年人的性侵害行为，已经出台了多个解释性文件。基于对未成年人合法权益的保护性原则，以及在解释性文件中对性侵害幼女所作的显著不同于成年人的差异性内容，会让我们明显看到对性侵幼女所采取的更为严格的法律立场。尤其是上述《意见》第 19 条的出台，其对不满十二周岁被害人实施的性侵害行为，直接认定行为人主观上具有"明知"；加之性侵害幼女时，由于幼女对性自主权这一重大法益欠缺处分意思，被害人的自愿与否并不实质性地影响行为违法性的判断。如此一来，结合该《意见》第 19 条的文字表述来看，对性侵未满 12 周岁幼女的犯罪行为人，就既不需要行为人主观上具有"明知"，也不需要被害人自愿与否的条件限制。照此理解的结果是，只要行为人与未满 12 周岁的幼女发生性关系，就要被认定为犯罪，较之以往的处理，体现出了对犯罪行为人更为严格的刑罚处罚，因而似乎可谓之为"严格责任"。

从大陆法系国家的刑法理论来看，基本上都反对刑罚上的结果责任和客观责任，其认为主观罪过是刑事责任的基础内容，在此前提下，

所谓的严格责任并不受推崇。[1] 撇开刑事责任的哲学根据不谈，刑事责任来源于犯罪事实是任何人不能否定的客观存在，这也是刑事责任之所以存在的客观基础。正如有的学者所言，"刑事责任的事实根据，是指反映犯罪的社会危害性质及其程度的主客观事实总和"[2]。由于结果责任与客观责任单纯只强调行为之下的外在表现，而对行为人的主观要素完全忽视，有为了严惩犯罪而不择手段的最大弊端，违背刑罚具有报应性惩罚与功利性预防的双重目的性要求，有强化秩序而不顾权益保障的片面性倾向。由此可见，在强调主客观相统一的大陆法系语境下，严格责任自然难以生存。

由于严格责任主要来自英美法系，所以，究竟该严格责任在英美国家是如何被界定的，也是我们应当厘清的前提性问题。就现代意义上的严格责任来说，往往可以分为实体法层面的严格责任和程序法层面的严格责任。实体法层面的严格责任是指，无论行为人实施的行为是否具有故意、放任或者过失都在所不论，在强调严格责任的前提下都要承担相应的刑事责任。[3] 程序法层面的严格责任是指，在刑事证明方面不需要控方举证来证明行为人是否存在罪过，是否具有犯罪意图的举证责任由被告予以承担。[4] 实体与程序层面严格责任的划分，为严格责任在一贯注重程序正义的英美法系找到了生存可能。"绝对的严格责任实际上也就是实体上的严格责任，程序上推定的严格责任也可以说是相对的严格责任。"[5] 相对严格责任的出现，实际上是通过程序救济来维系司法公正的一种路径。"由于相对严格责任在降低绝对严格责任

---

[1] 王晨：《刑事责任的一般理论》，武汉大学出版社1998年版，第218页。
[2] 徐立：《刑事责任根据论》，中国法制出版社2006年版，第173页。
[3] 鲁珀特·克罗斯、菲利普·A.琼斯：《英国刑法导论》，赵秉志等译，中国人民大学出版社1991年版，第67页。
[4] 道格拉斯·胡萨克：《刑法哲学》，谢望原等译，中国人民公安大学出版社2004年版，第214页。
[5] 武小凤：《对我国刑法中严格责任立法现状及未来的比较分析》，《法学家》2005年第3期，第113页。

的'不公正'程度方面具有积极作用,因此它在司法实践中正受到越来越多国家的青睐。"①

实际上,为了弥补严格责任可能存在的不公正情形,适用严格责任的国家也在不断寻求相关的救济途径。"如果被告人能够证明自己不存在与犯罪行为相关的犯意,仍然不需要承担刑事责任。因此只是惩罚有过错的行为和允许被告人辩护(抗辩事由的存在)成为体现严格责任公正性的一部分。"②由此可见,基于严格责任过于强调功利主义的立场,即使对严格责任并未彻底放弃的英美法系国家,往往也不得不从程序层面通过被告人自己的"善意辩护"来消解绝对严格责任带来的弊端。实际上,从绝对严格责任向相对严格责任的渐进转移,实质上折射出严格责任在现代刑事法治之下的妥协态度。

严格责任自从英美法系提出和运用以来,同样面临着来自理论界与实务界的责难与讨伐。英国法的严格责任大多来自于制定法,在欠缺主观要件的明确规定时,往往就有严格责任适用的可能。但是,雷德(Read)勋爵认为,"已经确凿的证明:某法规某一条款明确要求犯意,比如它包含了'明知'一词,并不说明另一个未使用要求犯意词语的条款就创造了绝对禁止之罪"③。而且,在某一条款存在多种解释且产生冲突时,需要按照有利于被告的原则进行最终裁决,所以英国严格责任的适用仍然受到多重限制。在美国"史密斯诉加利福尼亚州案"(Smith vs. California)中,州法院以被告人史密斯出售的书刊中有色情图书为由,对其按照严格责任予以判处。但是,经上诉之后一审判决被推翻。"最高法院认为,虽然应该承认'州当局有权创制严格刑事责任',但从该案所涉及的第一修正案来看,其适用严格责任是违宪

---

① 刘仁文:《奸淫幼女与严格责任——就"两高"司法解释与苏力先生商榷》,《法学》2003年第10期,第36页。
② 赵秉志:《英美刑法学》,科学出版社2010年版,第70—71页。
③ J. C. 史密斯、B. 霍根:《英国刑法》,李贵方等译,法律出版社2000年版,第122页。

的。"① 对此，美国学者胡萨克也指出，"尽管少数学者把严格责任当作文明的、科学的法律制度来赞扬，但几乎所有的权威学者都对此持保留意见"②。对此，德国的托马斯·李希特更是直接指出，"严格责任是不符合中国刑法的，也不符合德国刑法。此外我的印象是，即使在英美法系，这个制度也远不像其他法系的人们想象的那样重要"③。就当前的发展趋势来看，"英美国家的法院已不太愿意把某一种犯罪解释为适用严格责任的犯罪"④。

因此，并不像我们表面上看到的，严格责任在英美就拥有良好的生存土壤和顽强的生命力。暂且不论严格责任这一域外制度能否经过移植而适应我国的水土，对其争议不断且谨慎适用的现实从侧面已经告诉我们，严格责任在英美法系同样也是根基不稳的。回到我国的刑法理论中，自从严格责任被介入以来，其一直受到刑法学人的普遍性质疑。由于我国传统刑法反对主观归罪与客观归罪，在实体法层面的严格责任与"无罪过则无犯罪"的原则相冲突，因此，也就从来没有真正确立过严格责任。然而，虽然罪过原则具有不可动摇性，但能不能在该原则之外容留一定的例外空间呢？比如，性侵害的对象是未满14周岁的幼女，甚或是该年龄段内的未满12周岁幼女的情形下，对这些具有特殊性的对象，是否存在严格责任的适用空间呢？

二、原则还是例外：对性侵幼女是否需要严格责任之思考

实际上，关于对性侵害幼女进行更为严格保护的呼声一直不绝于

---

① 童德华：《外国刑法原论》，北京大学出版社2005年版，第202页。
② 道格拉斯·N.胡萨克：《刑法哲学》，谢望原等译，中国人民公安大学出版社2004年版，第212页。
③ 陈兴良：《中国刑事司法解释检讨——以奸淫幼女司法解释为视角》，中国检察出版社2003年版，第42页。
④ 鲁珀特·克罗斯、菲利普·A.琼斯：《英国刑法导论》，赵秉志等译，中国人民大学出版社1991年版，第70页。

耳。关于性侵幼女行为，朱苏力教授较早就撰文指出，作为法定强奸的特定情形，应当确立严格责任，以此作为对未成年幼女自身权益的更好保护。[1] 另有学者认为，"在奸淫幼女问题（法定强奸罪）的处理上，虽然严格责任的适用出现波折，但严格责任的理念一直并仍有存在的必要"[2]。"以零容忍的姿态打击性侵未成年人犯罪，是民意的诉求，同样也是法治的要求。"[3] 不难看出，在性侵害幼女问题上，仍然有不少学者认为是要采取严格责任的立场的。但笔者认为，性侵害幼女（包括未满12周岁的幼女）作为刑法中的一类特殊情形，仍然需要在刑事法律基本理念的基础上进行判定，而不能把它作为例外情形予以格外对待。至于其中的原因，笔者认为主要有如下方面：

（一）不能因为刑事政策的需要而无视刑事法律及其基本理念

实际上，在性侵害幼女问题上主张严格责任的关键原因，仍然在于该犯罪对象的特殊性，即该类对象由于身心发育的不健全，需要从刑事政策层面予以格外保护。另外，由于媒体报道了当前多起性侵害幼女的案件，从信息层面加大了公众对此的关注度，因而有从社会政策上加大对此行为予以处罚的较多呼声。比如，《意见》出台后官方媒体基本上都认为，"司法解释的出台，不但契合了刑事诉讼法惩罚犯罪和保护人权的目的，更重要的是主动、及时回应了社会关切，对性侵害行为提供了精准的打击武器"[4]。然而，笔者认为，在实体法上对严格责任予以批判与否定，其中首要的原因就在于，我们不能为了强调刑事政策上的被害人保护而牺牲刑事实体法的基本立场，更不能受社会

---

[1] 朱苏力：《一个不公正的司法解释》，《中国妇女报》2003年2月27日，第3版。
[2] 何洋：《论法定强奸罪中的严格责任理念》，《河北学刊》2012年第3期，第180页。
[3] 南方日报评论员：《以零容忍打击性侵未成年人犯罪》，《南方日报》2013年10月25日，第F02版。
[4] 吴献雅：《准确打击性侵未成年人犯罪》，《人民日报》2013年10月30日，第18版。

形势与犯罪率的变动而随意抛弃原本应当遵守的刑事法治规则。

刑事政策具有自身的灵活性与变动性，在内涵与外延层面天然具有不确定性，且刑事政策作为刑事法律活动的先导性力量，必须受制于已有的刑事法律理念与刑事法律规范，这是刑事政策在发挥内在功能时无法逾越的现实屏障。"既然刑事政策是对已然犯罪的处置措施，那它就必须具有权威性，而法律或者说只有法律才具有这一特征。"[①]刑事司法需要接受刑事政策的方向导引，但与此同时，刑事司法更是直接受刑事法律规范及其基本理念的制约，刑事政策与刑事司法彼此之间的关系决定了现实案件的处理不能是以刑事政策作为直接依据的，更不能超越于一般性的基本理念之上而随意进行例外的规则设置。

在性侵害幼女问题上，确立严格责任就是在既有原则上根据刑事政策需要的改弦更张。对此，有学者指出，"严格责任实质上是传统刑法理论对现实司法需求的一种无奈的妥协，也可以理解为是一种利益权衡的产物"[②]。基于刑事政策的权力特性，隐藏其下的政治性诉求往往起着驱动作用。但是，"刑罚的有无、轻重应当是由法治的性质和规律所决定的，而不应当是由某种政治需要来任意地左右"[③]。应当承认的是，以现实司法需求作为确立严格责任的理由，确实能够反映刑事政策对幼女性侵害予以严厉处罚的决心与态度，折射出了在保护被害人层面的利益优先性。但是，刑事政策并不是对犯罪行为人的权益置若罔闻，行为人实施的行为是否需要追究刑事责任，以及如何追究刑事责任，都是刑事政策需要合理考量的重要事项。刑事法律既是被害人的大宪章，同时也是犯罪人的大宪章，而且在较多场合下，犯罪行为人作为公权力对立面的弱者决定了其需要接受更多合法权益的保护与关怀。此时，我们绝对不能以刑事政策为理由而随意变更刑事司法原则，无论犯罪对象具有多

[①] 李卫红：《刑事政策学的重构及展开》，北京大学出版社2008年版，第110页。
[②] 何洋：《论法定强奸罪中的严格责任理念》，《河北学刊》2012年第3期，第181页。
[③] 张光宇：《边缘刑法学》，中国人民公安大学出版社2008年版，第92页。

大的特殊性，在适用刑法人人平等的原则坚守下，都不能在违背刑事法律现有规定与基本理念的前提下采纳严格责任。[①] 尤其是宽严相济刑事政策提出之后，在更为强调保护犯罪人应有合法权益的法治背景下，刑事政策并不天然的就为严格责任找到更好的注脚。

（二）强求被害人权益保护不能作为确立严格责任的实质根据

未成年人作为一类特殊的主体类群，当然是值得予以保护的对象，而且在性侵害犯罪方面更应如此。在 1984 年 4 月 26 日最高人民法院、最高人民检察院、公安部出台的《关于当前办理强奸案件中具体应用法律的若干问题的解答》中明确规定，"奸淫幼女罪，是指与不满十四周岁的幼女发生性的行为"。"一般地说，不论行为人采用什么手段，也不问幼女是否同意，只要与幼女发生了性的行为，就构成犯罪"。在该解释性规定中，并不强调行为人的"明知"，而只是单纯以是否在客观上与幼女发生了性关系作为判断强奸罪成立与否的依据。2003 年 1 月 8 日最高人民法院《关于行为人明知是不满十四周岁的幼女双方自愿发生性关系是否构成强奸罪问题的批复》规定："行为人明知是不满十四周岁的幼女而与其发生性关系，不论幼女是否自愿，均应依照刑法第二百三十六条第 2 款的规定，以强奸罪定罪处罚；行为人确实不知对方是不满十四周岁的幼女，双方自愿发生性关系，未造成严重后果，情节显著轻微的，不认为是犯罪。"在上述内容中，明确要求在判定奸淫幼女时需要行为人主观上具有"明知"这一要件。[②] 但是，到了

---

① 适用刑法人人平等的基本原则，并不单纯只是针对犯罪行为人而言的，而应当辐射到刑事司法中的其他主体。由于刑法基本原则既要指导刑事立法又要贯穿刑事司法的始终，这一原则当然也包括了针对不同类型的被害人，在制定和适用刑事法律时同样要按照该原则自觉行事。

② 最高人民法院于 2013 年 2 月 26 日发布了《关于废止 1997 年 7 月 1 日至 2011 年 12 月 31 日期间发布的部分司法解释和司法解释性质文件（第十批）的决定》，在该决定的第 51 项明确把法释（2003）4 号进行了废止，其废止理由为"与刑法的规定相冲突"。那么，可以确认的是，这里"与刑法的规定相冲突"所指的就是，法释（2003）4 号后半段对"确实不知"的情形同样可以入罪的情形。

2013年10月23日《意见》的出台，我们又看到了针对不满12周岁幼女与先前解释性内容完全不同的司法意见。对此，最高人民法院新闻发言人孙军工先生也明确表示，"《意见》的出台为未成年被害人提供最大限度的司法关怀与呵护，为保护未成年人权益架起了一道不容触碰、逾越的高压线"①。

如此频繁地针对幼女出台一系列更为严格的司法解释，其目的当然在于保护被害幼女的合法权益。相关司法解释也确实在某种程度上考虑到了该类被害者的特殊情形，并在解释内容上作出了相应的呈现。由于性侵犯罪行为的发生是犯罪与被害双方之间关系对立的结果，作为其中不可缺位的被害人是直接的受害者，刑法所要保护的法益最为核心的也是被害者的法益，因而以此作为利益的平衡点进行法律的理解和适用有其合理性。问题在于，被害人权益与犯罪人权益是并行存在的两种类型，而且都是需要刑法予以保护的利益，对被害人利益的保护是否是严格责任确立的理由呢？在单纯强调对被害人权益保护之时，必然会使得犯罪人权益被挤压而遭受不当待遇。在此情形下，我们究竟是以被害人权益为重还是要同时兼顾考虑犯罪人权益呢？

答案是明确的，即无论是被害者权益还是犯罪人权益，都是刑法不可偏废而需要同时兼顾保护的利益。在权益保护层面，无论怎样进行比较权衡，都欠缺牺牲危害行为人利益而张扬被害人利益的实质理由，更没有逾越现有法律规范而以被害人的利益至上而确立严格责任的正当根据。实际上，无论是对犯罪行为人的保护还是对被害人的保护都不是毫无边界的，我们从来都只是在二者之间进行协调平衡，而没有采用一方完全取代另一方或者一方完全压制另一方的做法。刑事追责作为责任承担的一种方式，必须回归到刑事法律的框架体系中来，

---

① 王逸吟：《"两高两部"出台意见严惩性侵未成年人犯罪》，《光明日报》2013年10月25日，第1版。

按照刑事法律的现有规范进行操作，这一底线是不能动摇的。如果只是依照利益权衡来进行司法运作，那么，我们既没有实质理由说明究竟哪一方的利益是超越于另一方的，也没有任何根据陈述为何会因利益保护的重要性而无视现有的规范束缚。① 而且，反过来说，如果只是因为权益保护的优先性而确立严格责任，那么，除了性侵害幼女的行为以外，其他犯罪之所以被纳入刑事法律之中，也毫无例外都是因为具有值得刑法保护的法益被侵害而有刑罚处罚的必要性，这样一来，所有的犯罪都有确立严格责任的必要。很显然，这与当今的刑事法治原则及责任主义原则是格格不入的，也是将性侵害幼女犯罪确立严格责任不能被认同的理由。

（三）严格责任具有强求预防效果而忽视报应公正的最大弊端

就现有《意见》的内容来看，其是现实社会背景的产物，带有较为明显的目的性预期，即以更为严格的追责方式来预防其他犯罪人不再重蹈覆辙，让其他社会主体不因侥幸心理作祟而有僭越法律之后逃脱处罚的动机。简言之，之所以在性侵害幼女方面存在着较之于成年人更为严格的责任追究，就是希望获得更为良好的社会效果，实现刑罚预防犯罪的目的性追求。对此，波斯纳曾明确指出，"对严格责任之犯罪，诸如法定强奸，予以惩罚会有所收益；这种惩罚之威胁会促使潜在违法者更好绕开受到保护的那一类人，因此也就更安全地保护了这类人"②。遵照上述意旨来看，对性侵害未满 12 周岁幼女适用严格责任，就是要通过此种更为严厉的处罚方式来威慑潜在的犯罪行为人，使其通过较之普通犯罪可能付出的更多刑罚成本来遏止犯罪的脚步。

但问题在于，通过刑罚威慑来强求刑罚预防效果的做法被称之为

---

① 正是基于此，如果对幼女的性侵害进行严格责任的保护，那么，我们也就不得不考虑如果是杀害幼女行为的，在生命权高于性权利的前提下，是不是就要确立更为严格的严格责任呢？
② 波斯纳：《法理学问题》，苏力译，中国政法大学出版社 2002 年版，第 222 页。

"消极的一般预防",它不是通过对刑事法律规范的自觉认同来实现的目标,也不是通过良好社会政策的改善来让行为人迁恶从善。而如帕克所言,"越轨的双方自愿同意的性关系问题的最独特的一点可能在于,对此最强有力的制裁是社会耻辱。很少或几乎没有证据表明这类刑法发挥了其威慑影响力,且即便没有这类刑事制裁,也不会存在这种威慑影响力"[1]。毫无疑问,单纯通过更多的刑罚配置与惩罚付出来实现刻意追寻的刑罚效果,这仍然是在坚持传统重刑思路基础上的守旧性延续,是在一种虚幻而毫无实证数据支撑基础上的自我安慰,体现了人为张扬刑罚机能和基于重刑实现预防效果的依赖症。有学者指出,"从刑罚的目的来看,绝对责任的设立更侧重于对犯罪的惩治而不是预防。因为在主观罪过上即使是无过失都不能成为被告人的辩护理由,因此,他在预防犯罪方面几乎是没有作用的"[2]。而且,即使能够产生某种效益或结果,在刑罚与刑事责任的追究上,也仍然不得不谨慎行事。对此,冯亚东教授指出,"刑法不应当以冤枉无辜来保障所谓社会的利益(长远看会损失更大的利益),即使概率极小,但至少在立法上必须杜绝这种可能性"[3]。

过分夸大刑罚严厉惩处的预防效果,导致的最为直接不利后果就是报应性公正随之遭受贬损。"严格责任片面地强调社会危害性,却置意志自由的有无于不顾,这样的刑事责任虽然体现了效率观念,但是却在根本上违背了公正与公平观念,既难以使所谓的犯罪人认罪服法,也不能满足社会大众报应的心理需求"[4]。刑罚的惩处具有道义基础,对行为人是否具有非难可能性与其认识和辨认能力密不可分。"如果他确实已经尽了他的能力,运用了他的注意,那么对他定罪会违反刑事

---

[1] 哈伯特·L. 帕克:《刑事制裁的界限》,梁根林译,法律出版社2008年版,第299页。
[2] 李卫红、单天水:《论严格责任的严格程度》,《法学评论》2005年第5期,第29页。
[3] 冯亚东:《评严格责任原则》,《检察理论研究》1996年第5期,第24页。
[4] 聂立泽:《走进刑法——中国刑法基本理论研究》,知识产权出版社2010年版,第134页。

责任的基本原则，而且这种定罪的不公平性会导致对法律的讽刺和践踏。"[①] 报应作为刑罚存在的本质性内核，是预防目标必须时刻固守的基本底线，如果直接逾越报应而强求预防之下的功利性诉求，必将直接打乱报应与功利之间原本井然的逻辑位阶，使得功利可以不受报应的束缚而放任无羁，致使刑罚的或轻或重将完全追寻预防效果而显得变动不居，这在法治社会与刑罚理性时代无论如何都是应该尽力避免的事情。报应性公正强调的就是"罪当其罚"或者"罚当其罪"，通过不枉不纵的定罪和量刑实现罪刑均衡。报应性公正不仅仅是入罪机能，同时也具有合理的出罪功能，它需要综合考虑行为人主客观两方面的内容并在评价犯罪是否成立时予以全面权衡，而不能全然因为功利性效果的需要而忽视报应性本质的现实存在，更不能对报应性要求视而不见地随意通过刑罚来追求其原本不能胜任的重负。

实际上，从现有法律层面来说，奸淫幼女行为在入罪和量刑方面并不宽松。比如，在构成要件上，幼女自愿与否并不影响本罪的判定；在既遂标准的认定上，对幼女的"接触说"较之于普通情形下的"插入说"更为严格。另外，在刑法第236条第2款更是明确规定了"奸淫不满十四周岁的幼女的，以强奸论，从重处罚"，这一法定从重的量刑情节无疑更是体现了对幼女的特殊保护。但是，反观现实不断发生的性侵幼女行为来说，并没有因为现有刑罚更为严厉的惩处而带来预防此类犯罪减少的明显效果。这也说明了单纯通过分配更多的刑罚来收获预防之效，并不像严格责任主张者所认为的那样就是当然之理。基于犯罪发生原因的多元化因素，如果撇开这些现实原因避而不谈，仅仅倚重更重的刑罚来实现预期，这已经是被理论与实践所否定的道路，除了减损刑罚的公正性价值之外，我们根本不可能有什么令人意

[①] 骆梅芬：《英美法系刑事法律中严格责任与绝对责任之辨析》，《中山大学学报》1999年第5期，第116页。

外的惊喜收获。

（四）严格责任的司法路径不能以量刑酌减取代罪责有无的判定

当我们不加区别地把与不满 12 周岁幼女发生性关系的行为作为"明知"予以对待，最大的现实问题在于，如何保证在特殊情形下对行为人的刑事处罚是公正的？如果行为人确实不知其是未满 12 周岁的幼女，也要按照强奸罪予以论处，这样的处罚是不是过于严苛？毕竟，在现代社会高速发展的时下，人的心理年龄已经较之以前有了大幅度的提升，而且生理发育特征也与上一辈同时段的人有着明显差异，加之对方可能掺杂一些欺骗手段，因而导致对幼女真实年龄的判断并不是较为容易的事情。对此，苏力教授提出，"当然，我也不排除在某些特殊情况下幼女也可能有欺骗的动机，但是只要行为人事先问了年龄或看了证件之后'上当受骗'，那么在有证据支持的情况下，男性行为人在法庭上可以将这一情节提出来作为一个合法的辩解，法官在量刑之际可以而且我想一般也会予以适当考虑的，甚至法官可以在司法中创立这样一个法定的从轻或减轻处罚的辩解"[①]。上述意思非常明确，即在行为人确实不明知对方是幼女的情形下，可以通过量刑情节的适用来调节宣告刑，从而纠正刑罚适用过于严苛的不公正现象。

然而，问题在于，行为人欠缺主观明知的认识要素，这原本是行为人实施行为的主观构成是否与具体罪名的故意要件相契合的问题，牵涉的是犯罪成立与否的实质决断，而不是量刑轻重的裁量问题。如果行为人的主观要件难以充足，那么行为人的非难可能性就不存在，正是基于此要求，责任主义在定罪与量刑中都起着不可或缺的重要作用。"责任不但是判处刑罚的前提，责任程度与大小更是量刑时判处刑

[①] 苏力：《司法解释、公共政策和最高法院——从最高法院有关"奸淫幼女"的司法解释切入》，《法学》2003 年第 8 期，第 11 页。

罚轻重的根据。"① 对此，马克昌教授也指出，"没有刑事责任，绝不可能适用刑罚，只有存在刑事责任，才可能适用刑罚"②。理所当然，我们不能逾越责任有无的预先判断，而在量刑过程中把无责任的行为通过减损刑罚量度的方式予以处理。

从司法裁量的惯常逻辑顺序来看，先确定行为性质是否犯罪之后，才会进一步具体考量行为人需要配置多重的刑罚。如果行为人实施的行为根本不构成犯罪，达不到犯罪所要求的程度或者不符合犯罪的具体构成要件，我们根本不可能对行为人的行为进行刑罚裁量。从根本上说，我们不能跨越罪与非罪的判断而直接到量刑阶段上去，也不能违背罪刑法定原则对犯罪成立与否的限制，更不能超越现有刑法的已有规定而以刑罚轻重来引导定罪机制。③ 很显然，这样的处理方式明显违背司法裁判的实践操作逻辑，也是先入为主以刑罚统率犯罪并随意扩大犯罪圈的不当之举。

而且，既然行为人能够提出"合法性辩解"，那么，这一辩解就不能仅仅是法官到了量刑阶段才予以考虑，而应该在犯罪构成要件的事实与法律规范的比照时就自觉予以适用。"合法性辩解"牵涉的是行为的违法性是否阻却的价值判断，关乎行为人是否应受刑罚谴责的有责性的判断，如果其辩解理由能够成立且有客观证据予以支撑，那么，在构成要件难以充足的前提下犯罪自然不能成立，此时更遑论量刑轻重的裁量。除此之外，在犯罪已经先入为主成立的前提下，刑罚的调节其实是相当有限的，因为被害人对犯罪行为人的欺骗只是一个酌定量刑情节，在缺乏法定量刑情节显性化的实质影响下，在具体

---

① 张苏：《量刑根据与责任主义》，中国政法大学出版社2012年版，第64页。
② 马克昌：《论刑事责任与刑罚》，载赵秉志主编：《刑事责任专题整理》，中国人民公安大学出版社2007年版，第137页。
③ 即使"以刑制罪"作为司法实践中较为惯常的一种司法适用，其前提仍然是该行为已经构成犯罪且是要承担刑事责任的。

的司法裁量中法官是否考虑或者如何考虑都不是十分确定之事，导致其最终对刑罚裁判结果的作用力极其有限。因而，把严格责任纳入我国刑事法律体系之中，通过量刑酌减来平衡刑罚过苛的现实之弊，实则也是主张严格责任的学者对该责任类型负面影响的一种积极反省。尽管这一变相处理方式或多或少有利于被告人，但是，把原本罪责有无的问题化解为罪责轻重，无论如何都改变不了对被告人最大不公的现实。

三、推定责任确立：对现有《意见》第19条内容之再解读

从绝对的严格责任过渡到相对的严格责任，实际上不仅表现了严格责任原有阵地的松动，同时也显示出罪过责任原则在刑事法律责任中的顽强生命力。由于刑罚是报应公正与预防功利的结合，是人权保障与社会保护的统一体，欠缺了其中任何一方都难免存在偏颇之处。基于此情形，在相互协调与平衡的过程中，如何妥善处理彼此之间的关系，或者在罪过责任与绝对严格责任之间进行某种程度的妥协，就是刑罚理念与刑事司法所要面临的现实问题。在笔者看来，现有针对性侵害未满12周岁幼女的司法意见体现的是推定责任，而不是严格责任。主要原因在如下方面：

（一）现有解释性内容制定的初衷就是推定责任

就"两高两部"制定该《意见》的初衷来看，当时之所以要对未满12周岁的幼女进行单独规定，且"对于不满十二周岁的被害人实施奸淫等性侵害行为的，应当认定行为人'明知'对方是幼女"。其实质理由在于，就常识所了解的通常情形来看，未满12周岁幼女的身体发育状况等各方面的特征都是较为明显的，作为幼女的外在特征较之于其他类型的对象有着显著的差异性。因此，就一般行为来说都是明知

或者应当明知的,可以据此推定行为人在性侵害之时主观上是"明知"的。对此,在《意见》出台之后,最高人民法院发言人孙军工先生也指出,"《意见》制定过程中,各方普遍反映,应当对不满十二周岁的幼女予以绝对保护,而且该年龄段的被害人通常外在幼女特征也较为明显"①。应当无疑问的是,孙军工先生作为最高法的发言人,上述内容无疑代表了该《意见》第 19 条出台的基本初衷。

但是,如果上述的理由是充足的,那么也只能说明现有的解释性内容只是推定实施性侵害的行为人主观上符合"明知"条件,即仍然是以性侵害对象展示于外的全部综合要素进行推定的结果,而并不是简单以行为人只要与未满 12 周岁的幼女发生性关系就要承担绝对严格责任这一思路认定的结果。而且,必须指出的,之所以仍然在《意见》第 19 条强调"明知"要件,实际上仍然是在坚持传统刑法的罪过原则,即该《意见》并没有完全放弃主客观相统一的司法惯例。否则,如果真是确立了严格责任,那么对性侵未满 12 周岁幼女的行为人的主观明知就根本没有必要予以认定,现有第 19 条的司法意见也根本不需要细化拟定。

刑事司法作为司法人员裁断案件的专业性操作,同样脱离不了秉承常识、常理、常情的辅助与依赖。一如许章润先生所言,"法律从业者需要深深铭记并时时用来警策自己的事实是,为生活本身所固有,从而能够将生活组织起来的最为深厚而宏大的力量,不是法律,不是法学,也不是'行走着的法律理性',……乃是日常生活中流转不息、显隐有度、从而谕示着人之所以为人,人之所以要做人的常识、常理和常情也!"② 无论是在规则判断、事实分析、证据采信还是刑罚裁量

---

① 《最高法:性侵不满 12 周岁幼女 应认定"明知"》,搜狐网,http://www.chinadaily.com.cn/dfpd/shizheng/2014-01/03/content_17213152.html,2019 年 4 月 15 日访问。
② 许章润:《法律的实质理性——兼论法律从业者的职业伦理》,《中国社会科学》2003 年第 1 期,第 154 页。

上，司法经验在此过程中发挥的潜在影响无处不在。这与单纯依赖主观臆想而作的罪刑擅断自然不可同日而语，它是依赖已有的案件事实和生活经验进行归纳整合的结果，并不以利益倾斜或特殊保护而先入为主地置某一方于不利的位置。

从行为特征上来看，主体年龄往往与外在行为具有较为明显的关联性，生活阅历与人际交往的深浅也往往与年龄密切相关。作为未满12周岁的幼女，通常都是小学毕业前的年龄段，处于该年龄阶段的未成年人对外在主体来说一般都能判断了然。而且，对该年龄段的幼女来说，由于其活动范围相对有限，所以接触的社会主体也并不会过于复杂，因而无论是学校老师、亲属朋友、邻里街坊等，对其年龄认识自然不会有任何偏差。如果是上述这些人直接与其发生性关系，依赖常识、常理、常情推定其主观上具有"明知"，这一司法判断往往不会存在误差。但是，"在陌生人之间发生的奸淫行为，是否确知幼女的年龄缺乏直接的证据予以证明，只能以推定方法认定"。[1] 因此，基于该年龄段幼女的综合表现与未满12周岁幼女接触主体的关系网络，方能推定实施性侵害的主体在主观要素上是否存在"明知"。正如胡萨克所说，"如果被告人没有运用他所拥有的控制能力，他就有过错，因为这样要求他是正当的"[2]。在此之下，行为人是否具有控制能力、是否运用了自己的控制能力，都是适用推定责任的司法思路，而不是所谓的严格责任。反过来说，如果行为人有意不用自己的控制能力，我们仍然可以通过推定方式确认其主观要件的存在而对其进行追责。

（二）根据现有解释内容呈现出的只能是推定责任

现有《意见》第19条对性侵未满12周岁幼女的表述是："对于不

---

[1] 张云鹏：《刑事推定论》，法律出版社2011年版，第95页。
[2] 道格拉斯·N.胡萨克：《刑法哲学》，谢望原等译，中国人民公安大学出版社2004年版，第222页。

满十二周岁的被害人实施奸淫等性侵害行为的，应当认定行为人'明知'对方是幼女。"从该解释性内容中同样可以细致解读出，该内容并不是严格责任的性质认定，而仅仅只是推定责任的现实运用。原因在于，在该《意见》规定未满12周岁幼女应当推定为"明知"之前，《意见》第19条的第1款已经前提性地规定"知道或者应当知道对方是不满十四周岁的幼女，而实施奸淫等性侵害行为的，应当认定行为人'明知'对方是幼女"。该内容实际上已经揭示出对未满14周岁幼女进行性侵害的，需要主观"明知"的司法认定，只是把"明知"进一步划分为"知道或者应当知道"。①而且，"明知"主观推定的得出，还通过"实施奸淫等性侵害行为"进行了限制。②不难看出，这一内容是总括性的规定，而且其位置位于"对于不满十二周岁的被害人实施奸淫等性侵害行为的，应当认定行为人'明知'对方是幼女"之前，因而置于其后的未满12周岁的现有规定，需要自觉接受主观要件"明知"的符合性审查。根本不能把现有规定从整体的解释内容中剥离出来，赋予其严格责任的定位而否定性侵未满12周岁幼女需要"明知"这一主观要件。

只要仔细审读"对于不满十二周岁的被害人实施奸淫等性侵害行为的，应当认定行为人'明知'对方是幼女"这一内容，就可以非常清晰地看出，该《意见》对主观"明知"使用的是"认定"，而不是逾越普通罪过认定方法的严格责任的追究方式。换言之，如果对性侵害

---

① 由于刑罚惩罚的基础脱离不了意志自由及其之下的道义谴责性，所以"明知"作为故意犯罪就具有道德责任的基础。而"在以下两种方式中，一个人可能不负有道德责任：无知和强迫"。刘凤科：《刑法在现代法律体系中的地位与特征》，人民法院出版社2007年版，第236页。

② 问题在于，如果行为人不明知幼女的年龄，但是主观上具有奸淫幼女目的，可否认定为强奸罪？对此，王晨博士指出，"要求明知是幼女，并不是要求行为人确切知道幼女的年龄，或者知道肯定是幼女，而是只要具有奸淫幼女的目的，或者明知可能是幼女"。王晨：《刑事责任的一般理论》，武汉大学出版社1998年版，第222页。但是，要推定行为人主观上存在奸淫幼女的目的，仍然不得不借助客观事实情形，在客观上存在暴力、威胁或其他方法的前提下，认定为强奸罪自然没有问题。

未满 12 周岁的幼女要确定严格责任的话，应该直接规定为"对于不满十二周岁的被害人实施奸淫等性侵害行为的，应当以强奸罪追究其刑事责任"。但是，就现有《意见》第 19 条的内容来看，却并没有作上述的相应规定，而是认为司法机关需要"认定"行为人主观上"明知"是幼女。既然是"认定"，必不可少的就是要结合案件事实与情节进行综合判断，而非简单依据是否与幼女发生了性关系就能得出结论。无论怎样，《意见》并没有一概认为只要与未满 12 周岁的幼女发生性行为就需要追究刑事责任的表述，也没有直接否定在行为人确实不明知情形下的司法处理意见。由此可见，这既与严格责任的通常表述不相一致，也与刑事责任认定的基本思路不相吻合。即使在坚持该《意见》内容具有司法效力的前提下，我们也不能简单凭借这一既有内容而把它置于严格责任的坐标之上。

　　实际上，上述意见的相关内容，只是指导司法机关在裁判具体案件时的具体推定思路，即这一推定责任需要结合未满 12 周岁幼女这一特定的行为对象进行具体地司法适用，它并不否定实施性侵害的行为人能否辩解或者如何辩解的问题，也不包含犯罪行为人提出不明知的辩解理由时如何进行最终司法裁判的问题。遗憾的是，尽管有人已经看到该内容属于推定责任，但是仍然把它等同于绝对保护或严格责任。[①] 在笔者看来，既然《意见》使用的是"认定"，那么这一司法认定就必须回归到司法的裁判活动中来，需要遵循司法适用的一般规律与基本运行模式予以认真处理。在司法程序中为被告人预留辩护空间，这是法律不强人所难的自然体现。"道德和法律的重要要求——一个人'原本应当如何行为（不是他已经实施的行为）'——仅仅意味着，

[①] 袁定波、蒋皓:《性侵不满 12 周岁幼女推定行为人明知》,《法制日报》2013 年 10 月 25 日，第 5 版。尽管该文章的标题是"推定行为人明知"，但是在文章中，又明确支持"应当对不满 12 周岁的幼女予以绝对保护"，所以严格责任的观点仍然跃然纸上。

如果一个人已经做了如此选择的话，他是能够这么做的。"[1]众所周知，刑事司法是法官中立且控辩对抗的一种纠纷处理方式，无论是公诉方还是审判方，在进行规范判断或者得出预见结论之后，还必须听取被告人及其律师的辩解意见，而不是单纯凭借任何一方的陈述与认识而径直作出司法裁判。从根本上来说，唯有如此才符合司法运行的基本初衷，其司法认定及其结论的得出也才是最为科学公正的。因此，行为人与未满12周岁的幼女发生性关系，司法机关据此"认定"其主观上具有"明知"，这只是司法程序运行中的中间过程，并不是司法裁决的最终审判结果，至于司法预判的结论能否成立，还必须在全面听取当事人的辩解意见之后进行综合裁量。基于此，笔者认为，即使遵循《意见》第19条的现有表述，但只要结合整体性的上下文进行体系解读，仍然不能据此认为其就是严格责任的体现，这一结论的得出仍然不具有充分性。

（三）就幼女的不同年龄而作责任类型的不同要求理由欠妥当

就被性侵害幼女的年龄来看，实际上分为了不同的年龄段，即14周岁及《意见》中的12周岁。一般情形下，我们对未满14周岁的女性称之为"幼女"，与该幼女发生性行为的，只要行为人明知其为幼女，则无论其自愿与否，都要被认定为强奸罪。而在现有《意见》中，又另行添加了一种未满12周岁的特殊情形，并在具体认定中作出了不同的对待，即"对于已满十二周岁不满十四周岁的被害人，从其身体发育状况、言谈举止、衣着特征、生活作息规律等观察可能是幼女，而实施奸淫等性侵害行为的，应当认定行为人'明知'对方是幼女"。然而，在对未满12周岁的幼女性侵害时，却并没有作上述的要求。也正是基于如上的差异性表述，会让人产生不当联想，认为对已满14周

---

[1] 艾伦·诺里：《刑罚、责任与正义》，杨丹译，中国人民大学出版社2009年版，第131页。

岁的幼女仍然是罪过责任，而对未满 12 周岁的幼女则是严格责任。

笔者认为，这里实际上只是对法定年龄与推定年龄的一种人为划分，即把幼女未满 14 周岁作为强奸幼女的法定年龄，同时在该年龄段内又确定未满 12 周岁这一非法定年龄。"（刑法中）被评价的对象之间存在着各种各样的差异，有的差异是平等可以容纳或者说是可以忽视的差异，而有的差异则影响被评价对象之间类的划分，以致决定着被评价对象类的归属，从而对具有此类差别的对象应当区别对待，这是实质平等的要求。"① 问题在于，无论是未满 14 周岁还是未满 12 周岁的幼女，都同属于幼女这一类属之下，其区别对待的根据何在？原因很简单，"除非存在充分的理由，可以对一些罪犯实施比别人更严厉的刑罚惩罚，否则，分配性正义要求平等地分配刑罚所代表的负担"②。基于此，如果性侵未满 14 周岁的幼女采用罪过责任，而性侵未满 12 周岁的幼女采用严格责任，其"充分的理由"在哪里？

从《意见》第 19 条的内容来看，如果说二者之间有差异，其差异可能在于，基于不同年龄段幼女的主体性特征，对 12 至 14 周岁幼女需要根据相关外在证据来推定行为人具有"明知"幼女年龄的认识，而对未满 12 周岁的幼女则仅需要结合常识判断就足以进行"认定"。因此，从责任追究的方式上来看，无论是未满 14 周岁幼女的法定年龄，还是未满 12 周岁幼女的推定年龄，实际上都是在运用推定责任而非适用严格责任。因为，无论哪一种情形，都不是单纯根据行为及其结果而据此追溯行为人的刑事责任，仍然是在行为人主观认识上具备"明知"要件之后才有刑事责任的有无。只不过在未满 14 周岁的幼女上进行了推定责任的明确表述，而在未满 12 周岁的幼女上需要司法人员结合常识进行司法推定；前者是明示推定，而后者是隐性推定。不

---

① 赖早兴：《刑法平等论》，法律出版社 2006 年版，第 119 页。
② 乔治·P. 弗莱彻：《刑法的基本概念》，王世洲等译，中国政法大学出版社 2004 年版，第 46 页。

难显见，无论是明示还是暗示的推定方式，实际上只是适用推定责任时采用的不同具体路径，而不是严格责任与罪过责任这两种完全不同的责任类型的划分。

进一步说，如果根据性侵对象的不同年龄段而作责任类型上的差异对待，同样欠缺实质理由。因为，无论是未满14周岁的幼女还是未满12周岁的幼女，都是刑事法律需要保护的对象，都需要回归到刑事法律的框架内进行刑事责任的追究。我们没有充足的理由说明未满12周岁的幼女就需要比未满14周岁的幼女进行更强保护，也没有充足的理由说明未满14周岁的幼女有比未满12周岁的幼女需要更少一些的保护，更没有充足的理由论证对未满12周岁幼女适用严格责任就能比未满14周岁幼女适用推定责任更具刑罚适用上的有效性。在欠缺实证资料与理论根据的前提下，要强行引入域外的严格责任显然是盲目的。

究竟是什么差异让幼女的不同年龄段会直接取消性侵犯罪主观认识的构成要件，在现有的罪刑法定原则之下仍然找不到合适的理由。实际上，保护幼女的路径是多方面的，采用严格责任尽管体现的是保护性原则，但是前述论证已经说明其并不是最佳方式。笔者认为，要加强对未满12周岁幼女的保护，只要在司法认定时采用更严格的推定责任已然能够全部做到，此时要突破刑事法治的罪过原则而另行确立严格责任，无论怎样都与当今刑事责任的基本走向不相一致。因此，这也决定了根据幼女年龄的不同进行责任类型划分的理由并不充分，刻意保护未满12周岁的幼女而执意强调严格责任的弊端由此可见一斑。

（四）较重的法定刑说明追责类型只能是推定责任

严格责任的诞生有其原因，在英美法系的语境下，功利主义与现实主义的哲学观为其铺垫了良好的理论底蕴，而实证主义与经验主义的法治运作又为其注入了实践根基。在英美法长期的司法实践中，注重实务效果与社会效果的法治追求一直为人所重视，强调对未成年人性权利的保护也一直占据显著位置。而且，严格责任省却了追诉部门较多的司法成本，在举证责任上有比罪过责任更为优越的诉讼便利。

但是，严格责任自其诞生以来，并不必然代表着其就是毫无异议的责任类型，与之相反，其同样面临诸多质疑的现实揭示出严格责任也存在难以遮蔽的硬伤。如何协调权益保障与社会保护之间的矛盾冲突，总是要刺激他们在严格责任的适用中寻找一种最佳的平衡点。基于刑事案件自身的复杂性与刑事归责理念的逻辑自洽性，在不放弃严格责任的前提下，严格责任的适用往往是受限制的，除了具体适用领域的有限性之外，另一具体的体现就是适用较低幅度的法定刑予以惩处。因为严格责任本身有对犯罪行为人明显的不公正性，难以避免在严格责任的适用中会以结果责任而进行机械处罚的可能性。而剥夺人身自由或者生命的刑罚都实质关联着犯罪人的实体权益，这一不同于其他责任追究的特殊性决定了严格责任的适用都是较轻缓的。反过来说，正是严格责任之下较为宽缓的法定刑，才为严格责任执意抛开罪过原则找到了救济方法，使之能够在追究犯罪人刑责之时不致反复遭受不公正的待遇。

然而，反观我国刑法中对性侵害幼女犯罪的法定刑设置，则明显欠缺适用严格责任的制度空间与现实可能。原因在于，嫖宿幼女罪的法定刑为5年以上，强奸罪的法定刑为3年以上且配置有死刑，从中不难看出，无论是嫖宿幼女罪还是强奸罪都属于重罪之列。如果舍弃行为人的"明知"要件，以严格责任予以对待，则如此重的法定刑如何与严格责任相衔接就是必须要慎重考虑的重要问题。在严格责任撇开罪过原则而欠缺道德合法性的前提下，还要在此基础上给行为人继续配置重刑，此种"硬着头皮往前冲"的"奋不顾身"的精神无疑是对刑罚自身价值的极大折损。因而，要移植国外的严格责任进入我国的刑事司法体系之中,完全不考虑法律规范现实层面的差异情形而简单照搬,其"水土不服"就注定是现实,最终只能是一个"无言的结局"。

(五)推定责任在性侵幼女上的适用具有优势便利

把性侵未满12周岁幼女的刑事归责确立为推定责任,具有较之于严格责任更为明显的理论优势。由于推定责任是通过前提性的客观事实进行的责任推定,它必不可少地需要结合行为人的自我认识与现实客观情形予以具体推定。因此,不难看出,推定责任较好避免了严格责任面临的诸多质疑与困惑。严格责任在刑事法律中遭遇的最大障碍在于,其与刑事司法强调的主客观原则并不一致,致使严格责任有抛弃主观要件而单纯依据客观行为或者危害结果进行追责的最大弊端,不仅与罪过内容的构造完全相冲突,也与现有刑事法治之下的责任主义难以相融。而推定责任的出现,恰恰在此问题上较好回避了严格责任的上述弊端,它仍然是兼顾主客观相统一原则的体现,是通过客观行为推定行为人主观要件同时存在之下的司法运用。

更为关键的是,推定责任不会出现放纵实施性侵害行为人的现实质疑。一如邱兴隆教授所言,"在我看来,就奸淫幼女确立严格责任,当然是强调对幼女的特殊保护,但不就此确立严格责任,并不意味着没有强调对幼女的特殊保护"[①]。推定责任必须依赖现有客观外显的事实予以主观层面的推定,它是在不放弃主观要件前提下的"主观见之于客观"的司法适用。如果性侵害的对象为未满12周岁的幼女,只要行为人知道或者应当知道,或者其他一般人都能够从幼女的言行举止等特征中推定其为幼女,那么,据此推定行为人主观上具有"明知"就

---

① 邱兴隆:《一个半公正的司法解释——兼与苏力教授对话》,《法学研究》2004年第6期,第73页。

是能够成立的。虽然行为人的主观心理态度较难把握与认定，但是，推定责任不仅为潜伏内心的主观判断指明了方向，也为刑事归责时主客观相统一的原则遵守找到了现实路径。而且，沿着推定责任对性侵害幼女进行司法适用，同样可以相当程度地达到保护幼女性权利的目的，能够很好实现法益保护的立法宗旨，而不会出现放纵犯罪行为人的任何担心。

而且，还必须提到的是，通过推定责任来对行为人性侵幼女的主观"明知"予以认定，这为实施性侵害的行为人进行合理辩解预留了现实可能与空间，较之于严格责任的僵硬性，推定责任的优势同样自不待言。[1] 即使是推定事实，也同样需要证明程度的限制，即"推定的事实必须基于所有的证据而达到排除合理怀疑的证明程度"。[2] 刑事案件的发生总是具有复杂性与非典型性，我们根本不能预设所有的案件都是按照既有的模式勾勒出来的，我们也根本不可能在刑事诉讼过程中不听取当事人的任何辩解理由就直接裁判。如果幼女自身的发育超前，其外形特征与言谈举止也异于同年龄段的主体，而且加之于幼女自行实施的欺骗等手段方式，与之发生性关系的行为人完全可能欠缺"明知"，在此情形下，如果行为人提出充足的辩解理由，司法机关在具体的司法认定与裁判时当然需要采纳这些意见。原因就在于，此时推定责任的基础已经丧失，在欠缺客观基础事实的前提下，推定的前提就已然不存在；何况推定责任并不是终局性的认定，推定能够反证与辩解属于基本常识，只要行为人的辩解理由具有证据支撑且真实可靠，原先推定得出的结论同样不能成立。

---

[1] 有学者认为："《意见》第19条第2款便将性侵不满十二周岁幼女的行为人的主观认识一概推定为'应当知道'这是一种不允许有例外的绝对推定，故而带有一定的严格责任色彩，但其仍然强调性侵幼女构成强奸应以'明知'为前提，而绝非排除了奸淫幼女构成强奸罪所要求的'明知'要件。"刘宪权、李振林：《"明知"仍是性侵幼女构成强奸的前提》，《上海法治报》2013年11月6日，第B06版。

[2] 《美国模范刑法典及其评注》，刘仁文、王祎等译，法律出版社2005年版，第19页。

因此，推定责任的存在较好地兼顾了权益保障与社会保护之间关系的协调，它既能够最大限度地保护未满12周岁幼女的性权利，使其他外在主体不至于随意侵犯刑法需要严格保护的幼女性权益，顺利达致社会主体和《意见》制定者所寄托的秩序防护的初衷。与之同时，在社会保护之余的权益保障也并未完全忽视，基于刑事归责的基本原理，在行为人提出可信性辩解理由并进而成功阻却行为人主观"明知"要件成立的情形下，此时就不能对行为人进行刑事责任的追究，从而又极大程度地保障了犯罪行为人的应有权益。

综上，"性侵未满12周岁的幼女，应当认定行为人'明知'对方是幼女"的司法意见，引发了严格责任是否在我国刑法中已然确立的较多关注。尽管在教育刑之下对未成年人予以保护的原则是一普遍立场，但是罪过原则的不可或缺是责任主义对现代刑事法治的基本要求，行为人主观上是否具有"明知"是故意犯罪能否成立的关键。严格责任在世界各国的刑法中呈式微状态，极端化的强化功利价值并不能证明其能在我国刑事司法中立足。基于对性侵未满12周岁幼女所作的"明知"认定，实质上告诉我们性侵幼女犯罪的成立并不能省略这一主观要素。我们应当体系性地理解司法意见的上下文内容，不能单独抽取上述表述进行孤立看待，性侵未满12周岁幼女主观明知的司法意见是坚守实体法中的罪过原则与程序法中的合理推定相结合的产物。因而，该意见属于推定责任而非严格责任，这一合理定位既能使其与传统的罪过责任相合拍而不致产生排异现象，同时又能在秩序维护与权益保障之间实现良好均衡。

对现有刑事法律的司法解释及其适用，必须在遵守既有法律规定的前提下展开，这是刑事法治与罪刑法定原则的应有之义。但是，在现有的解释性文件为了应对司法需要而突破立法的情形已然蔚为壮观的情形下，似乎一切都在习以为常地继续上演而显得波澜不惊，甚或在先前静悄悄的平静演化中正逆向推进更多的突破与变革。受着公共政策变动不居的影响与调整，这些解释性内容也随之摇摆不定，以至于是否丧失了自己的根基与底线也浑然不觉。尽管严格责任对未满12周岁的幼女能够给予前所未有的最强保护，对犯罪行为人能够给予最严惩处，但是，"最强保护与最严惩处"是否就是最合适的路径选择和最公正的司法模式，仍然不无疑义。在刑事政策必须受制于刑事法律规范的整体框架下，严格责任撇开主观认知的做法难以为我国刑事归责理论所接纳，此种为了惩罚而惩罚的苛严惩处也不是理性刑罚在现代社会的行进方向。

在性侵害幼女问题上确立推定责任，就是为了回避严格责任自身面临的诸多弊端，同时又从中协调对幼女权益保障与社会保护的矛盾关系而进行的重新界定。这一推定责任的重新认识和性质确立，不仅对现有的刑事法律理论和归责原则进行了彻底贯彻，也很好地考虑到了非典型案件出现之下的定罪个别化的需要，为刑事被告人合法辩护权的行使提供了现实可能。推定责任省却了严格责任过于极端和偏执的认定方式，为现代刑事诉讼合理构造进行了正面肯定，兼具刑事实体与程序的双重意义，能够较好实现公正与功利的价值整合。上述关于性侵害幼女的司法意见只是刑事司法的一个简短缩影，但是，在整体性的刑事法律理念之下，任何现实的司法运作都不能轻易逾越底线而随意地另谋他图。尽管《意见》的出台可能会导致原本不会出现的一些误解与误读，但是，透过上述的阐释与剖析，笔者希望在拨开云雾之后能够纠正一些不当认识，使刑事司法能够回归正常的理性轨道。

第五节 "疑罪从无"与"疑罪从轻"的抉择

无论在理论界还是实务界，对"疑罪从无"与"疑罪从轻"的认识均具有模糊性，即哪些情形应当坚持"疑罪从无"，哪些情形该当坚持"疑罪从轻",迄今为止并没有形成统一性认识,导致实践操作中存在相应的随意性。尽管彼此均属于"疑罪"的范畴,但是,由于"疑罪从无"关乎刑事责任的有无,而"疑罪从轻"关乎刑事责成立前提下的轻重,因而"从无"抑或"从轻"决定了二者之间具有根本性的差异。基于此,明晰"疑罪从无"与"疑罪从轻"之间的界分,不仅涉及犯罪圈的划定,也直接影响着刑罚处罚的轻重分配。基于此,笔者在此通过一则现实个案对"疑罪从无"与"疑罪从轻"进行辨析,从而尝试性地对实践适用的抉择进行路径探寻。

一、司法适用中的困惑:一则现实案例引发的争议

在交通肇事案件中,往往由于特定情形的出现致使危害结果的鉴定并不确定,此时,如何进行有效归责就成为异常棘手的问题。比如,2009年10月25日,张某酒后驾驶自己的别克轿车参加朋友的聚会回家,路经某市阳光大道与幸福路交会十字路口处,因酒后神志不清,且车速过快,不慎将对面散步的黄某撞倒,张某一时受到惊吓,因为害怕即匆匆逃离现场。事有凑巧,几分钟后,孙某驾驶东风货车路经此处,孙某也因喝酒,且因当时路面光线较暗,车速较快,未发现躺在地上的被害人黄某,致使车辆从黄某身上辗过。孙某发现情况不对劲,于是马上下车察看,发现地上的黄某已经死亡。孙某经过一番思想斗争,最终投案自首。经交警部门鉴定,在孙某辗压黄某的行为之前,黄某已被撞过,但由于间隔时间短、无监控装置等原因,不能辨认究竟是张某还是孙某将黄某撞死。由此,对涉及本案的张某和孙某究竟如何定性和处罚的问题,需要我们从学理上进行一番梳理,从而获得清醒的认识。

在案件分析过程中,针对本案提出了不同的看法,总结起来,主要的观点有如下几种:

第一种意见认为，二者构成以危险方法危及公共安全罪。张某与孙某都是酒后驾驶，在当前三令五申严禁酒后驾驶的社会背景下，行为人仍然对现有规定置若罔闻、无动于衷，说明行为人蔑视现有法规的现实态度。另外，行为人酒后肆意进入公共要道进行驾驶，使不特定多数人的生命、健康等权利面临现实的危险，并且致使被害人黄某死亡的惨剧发生。因而，综合上述事实，张某与孙某的行为背后具有放任的主观心态，符合间接故意的意志要素，理当以危险方法危害公共安全罪论处。

第二种意见认为，二者都不构成犯罪。其主要理由在于，无论是张某的行为还是孙某的行为，二者在主观罪过上都是过失，而非故意。根据过失犯的成立必须要有危险结果才能构成的条件限制，张某的行为与孙某的行为要构成过失性犯罪则都必须要有危害性结果与之相对应。然而，结合本案予以查看，由于被害人黄某的死因难以查实，因而该危害结果的发生并不能与张某与孙某的外在行为发生实质关联。从规范性视角观之，由于无法肯定孙某与张某的行为与现有危害结果能够予以对接，因而对孙某与张某的过失行为而言，自然就不能进入刑法的调整范畴之中，所以该行为理当不构成犯罪。

第三种意见认为，张某与孙某应当按照交通肇事罪的共犯论处。其理由在于，黄某之所以最终死亡，并不是其中单纯某一人的行为所为，正是张孙二人的共同不注意才最终导致了其死亡的结果出现。如果撇开二者的行为分而论之，当然会因为结果的无法查清而致使归责困难，但是如果把二者的行为看成整体性的共同犯罪，张某与孙某共同不注意的主观心态将是解决问题的关键，因而仍有共同犯罪存在的空间。在此前提下，按照共同犯罪"部分实行全部责任"的适用原则，即使无法真正查清是谁导致黄某死亡的，也并不影响二人行为的定性。基于这一认识，张孙二人都构成交通肇事罪。

二、基本认识与误区澄清：司法定性中的症结梳理

就本案来说，为了正确解决责任的承担问题，我们必须厘清前提性的争议。笔者认为，其中涉及的问题主要有三个，即张某与孙某的主观罪过究竟如何界定？被害人黄某死亡结果的不确定性可否根据推定原则加以解决？张某与孙某究竟能否构成共同犯罪？回答了这三个问题，我们不仅能够判定前面观点的成立与否，而且能够对本案件获得一个大致清晰的认识。

（一）行为人的主观罪过是过失而非故意

无论是孙某还是张某，二人主观罪过内容的不同界定，决定了其行为究竟是构成交通肇事罪还是以危险方法危及公共安全罪。结合实际情形来看，二人酒后驾驶，无论是对自己饮酒的事实、驾驶车辆的行为、撞人的危害结果，还是醉驾与撞人的因果关系、撞人后的逃窜或自首行为来看，行为人都是有认识的。但是，主观上的有认识并不能一概区分交通肇事罪与以危险方法危及公共安全罪，因为过于自信的过失与间接故意在此层面并不能很好地进行区分。因而，问题的关键在于行为人的意志因素是否存在放任的主观心态：如果答案是否定的，则属于交通肇事罪，如果答案是肯定的，则属于以危险方法危及公共安全罪。

具体到意志因素上，过于自信的过失不仅不希望危害结果的发生，而且希望避免该结果的发生，行为人对已经发生的危害结果持完全的否定态度；而间接故意虽然不是积极希望危害结果的发生，但也不是希望它不发生，从而采取既不积极追求又不设法避免的放任态度，危害结果发生与否都不违背其意愿，或者说容忍、纵容该结果的

发生。① 简言之，过于自信的过失与间接故意的根本区别在于，行为人对危害结果的发生究竟是否定、排斥，还是容忍、放任的差异上。通过本案的实际情形判断，张某和孙某对撞上黄某都不是听之任之、放任不管的主观意志：对张某来说，虽然撞上黄某后有逃跑的客观行为，但是其纯粹属于心里害怕而采取的外在行为，该逃跑行为并不能直接验证孙某在撞上黄某时主观心态就是间接故意；孙某在辗压黄某之后，更是主动停车并进行了自首，从整个行为过程来看，其主观意志上对黄某的死亡同样是持否定态度的。

针对上述观点中有人认为应该根据社会形势（严禁酒后驾驶）认定其属于以危险方法危害公共安全罪的理由，笔者并不赞同。原因在于，我们不能因为当前正在从严整治酒后驾驶，而把当下所有的酒后醉驾行为全部划归到以危险方法危害公共安全罪的范畴之中。实际上，就罪名的选择来说，无论是交通肇事罪还是以危险方法危害公共安全罪，都是侵犯公共安全的犯罪，都属于刑法分则第二章"危害公共安全罪"中的罪名，即使按照交通肇事行为进行定性，同样肯定了其侵犯公共安全的外在法益。要把上述二人的行为转化为以危险方法危害公共安全罪论处，实际上就是要把行为人的主观罪过转化为间接故意，问题是社会刑事政策是行为人罪过转化的正当理由吗？答案显然是否定的。原因在于，对行为人主观罪过的辨别与认定，必须结合规范刑法学的规范性条件进行仔细审查，而不是根据社会形势的宽严松紧进行形势判定。

在现有刑法第14条和第15条的范畴之内，故意或过失的概念界定都是明确的，其规范性条件的设置也是清楚的，在对具体案件的辨别或分析时，我们不能超越该总则性规定而另立一套标准，否则就违背了罪刑法定原则的精神实质。再则，即使行为人对酒后驾驶的

---

① 杨春洗、杨敦先：《中国刑法论》，北京大学出版社1998年版，第106页。

禁令早就心知肚明，对从严治理醉驾的做法也了然于胸，我们仍然不具有把行为人的主观意志认定为是间接故意所要求的"放任"的实质理由——这充其量只能说明行为人主观上存在着"明知"，有轻信危害结果能够避免的主观心理。在规范刑法学上，间接故意的"放任"并不要求行为人对"外在禁令"的"放任不管"，也不是对"酒后驾驶"的"听之任之"，而实实在在就是对"危害结果"发生与否的"容忍"。因此，在此意义层面上，我们不难看出，二人的主观罪过内容不属于间接故意，把该行为认定为以危险方法危害公共安全罪有欠妥当。

（二）死亡结果的不确定不能简单进行刑事推定

从现有刑事法的实体性和程序性操作来说，推定的适用已经是大家有目共睹的客观事实。司法工作人员对行为人刑事责任能力的判断、主观罪过内容的确定、证据材料的关联性使用等方面，都脱离不了刑事推定的积极效用。推定与司法官员的个人裁量权关系重大，从权力配置层面来说，推定是国家刑事政策为强化打击犯罪而扩张司法权的正面呈现，是简化烦琐或无休止的诉讼程序过程而采取的必要举措。正当性的司法推定，需要依靠司法工作人员的个人经验与综合素质，通过大量外在的间接性材料获得自己的内心确信，从而推定得出法律事实成立的最终结论。

按照是否具有强制性约束力的角度进行区分，我们一般把推定分为强制性推定与允许性推定。"允许性推定是指如果基础事实成立，则可以但并不是必须认定待证事实成立，它是可推翻的。强制性推定又可分为可反驳的强制性推定与不可反驳的强制性推定。可反驳的强制性推定意味着，只要基础事实得到证明，就必须认定待证事实成立，除非相对方能提出反驳证据。不可反驳的强制性推定则是指只要基础事实得到证明,则无论如何必须认定待证事实成立。"① 另外,根据推定是否有明确的法律规定为标准,可以分为法律推定和事实推定。"所谓法律推定,是指依照法律,当确认某一事实存在时,就应当据以认定另一事实的存在。所谓事实推定(presumption of fact),是指基于经验法则和逻辑规则,由某一事实的存在而推定其他不明事实,即当事实 A 在诉讼中已经确立时,则事实 B 的存在可以用一般的经验法则和逻辑法则推出。"②

但是,无论是何种推定方式,推定方法都是由此事实到彼事实的一种证明手段,或者说,适用推定的目的就是为了把两个无关联的事物或材料建立起实在关联。尽管推定具有刑事法上的多元价值,推定在现代刑事法治仍然普遍存在并发挥着实际功效,但是为了防止有罪推定从而膨胀刑罚权,推定的适用就必然受到限制。从司法实践适用推定的限制性条件来看,必须满足一个最为关键的前提,即基础性事实必须是客观真实的。"任何推定的事实,必须有充分的基础事实,……基础事实必须要扎实。"③ "基础事实真实可靠是推定的前提,推定不能建立在盖然性的基础事实之上。"④ 基础事实的客观性决定着推定事实或结论的科学性,只有可靠的基础事实才能获得推定结论的合理性。

回归到本案来看,要依据刑事推定推定出黄某死亡的直接责任人,由于缺乏前提性的基础事实,个人的司法经验就无法发挥现实作用,刑事推定更是无从谈起。更何况,由于推定是对犯罪嫌疑人的一种不利后果,因而作为公权力优先适用的刑事推定一般情形下都允许反驳(不可反驳的推定适用极少),让相对方对此提出自己的辩护或申诉权。

---

① 劳东燕:《认真对待刑事推定》,《法学研究》2007 年第 2 期,第 22 页。
② 李玉华:《刑事诉讼证明中事实推定之运用》,《现代法学》2005 年第 3 期,第 74 页。
③ 陈瑞华:《事实推定的原则与方法》,《人民检察》2007 年第 21 期,第 31 页。
④ 李富成:《刑事推定研究》,中国人民公安大学出版社 2008 年版,第 43 页。

"如果我们假定刑事诉讼证明标准一直恒定,那就是说被告对刑事推定的反驳只要有合理的可能即可。"①就此说来,相对方对刑事推定的反驳并不要求相当高的程度,只要具有合理性的反驳理由,该推定结论就将被瓦解。然而,就本案而言,无论是对张某还是孙某来说,他们对被害人死亡结果的因果关联缺乏认识,那么在举证责任归属于司法机关的情形下,对司法机关推定任何一方或双方导致黄某死亡的结论得出,张某或孙某提出合理性理由予以抗辩也并非一件难事。因此,综合上述这些理由来看,依靠刑事推定来解决最终的刑事归责,并不是一条合适的路径。

(三)二人的行为不属于共同犯罪的范畴

很显然,如果把张某与孙某的行为认定为共同犯罪,则张孙二人在共同犯罪的框架下,将严格按照共同犯罪的"部分实行全部责任"原则予以处罚。那么,结合本案来看,即使黄某的死亡结果最终无法查清是二人中的谁直接导致,也丝毫不影响案件的行为定性,因为在共同犯罪的语境下,即使是共犯人的部分行为所致,最终结果仍要由整体的行为主体予以承担。然而,问题在于,二人的行为属于共同犯罪吗?

共同犯罪与单一犯罪的区别就在于它的共同性,这一"共同"是法律规定构成要件之共同而非事实行为之共同。过失犯罪究竟能否拥有共同犯罪之"共同性",学界的认识仍未统一。现有理论界与实务界的通说认为,"共同犯罪是二人以上以共同的故意和共同的犯罪行为联系起来的犯罪整体"②。但是,有学者仍然认为并不能一概排斥过失行为成立共同犯罪的现实可能。比如,甲乙共同使用一支手枪比枪法,轮

---

① 朱春华:《论推定的效力——一个法经济学的初步分析》,《法商研究》2007年第5期,第94页。

② 马克昌:《犯罪通论》,武汉大学出版社2006年版,第503页。

流射击均未击中目标,但其中有一发子弹将附近的行人打死;甲乙一起驾驶游览船出行,甲负责掌舵乙负责机器操作,因二人共同的过失行为导致该船触礁。在上述案件中,尽管无法查清是谁直接导致危害结果的产生,但是只要承认过失共同正犯,仍能追究甲乙的刑事责任。可以说,透过司法实践中的实证案例,我们看到了过失行为仍有成立共同犯罪的余地。

在我国的司法实务中,过失共同犯罪的认定和适用由来已久。2000年11月10日颁布实施了《最高人民法院关于审理交通肇事刑事案件具体应用法律若干问题的解释》,在该解释的第5条第2款规定了,"交通肇事后,单位主管人员、机动车辆所有人、承包人或者乘车人指使肇事人逃逸,致使被害人因得不到救助而死亡的,以交通肇事罪的共犯论处"。除此之外,2007年2月28日最高人民法院、最高人民检察院联合发布了《关于办理危害矿山生产安全刑事案件具体应用法律若干问题的解释》,在该解释的第7条明确规定了,"在矿山生产安全事故发生后,实施本解释第六条规定的相关行为,帮助负有报告职责的人员不报或者谎报事故情况,贻误事故抢救的,对组织者或者积极参加者,依照刑法第一百三十九条之一的规定,以共犯论处"。从上述司法解释的具体规定来看,它们都把过失犯罪划归到了共同犯罪之中,过失犯罪"以共犯论处"的司法解释及其大力施行,无疑是对过失共同犯罪的积极肯定,也是司法适用突破现有刑事立法的无奈之举。

关于过失共同犯罪的理论认识,也不乏学者对其持支持立场。冯军教授认为,过失共同正犯应当属于过失共犯,这种过失共同正犯是指二人以上过失行为共同造成一个结果,过失行为人之间存在着违反共同注意义务的共同心情的情形。[①] 但是,过失共犯的"肯定说不单要

---

① 冯军:《论过失共同犯罪》,载《西原春夫先生古稀祝贺论文集》,法律出版社、日本成文堂1997年版,第165页。

求具有共同的过失行为的因果性,而且还附加了'共同义务'的共同违反这一限制"[1]。张明楷教授也是过失共犯的支持者,他指出,"意思的联络不应当限定为犯罪故意的联络,只要就共同实施构成要件的行为具有一般意义的意思联络即可。因为一般意义的意思联络也完全能够起到相互促进、强化对方不履行注意义务的作用,从而使任何一方的行为与他方行为造成的结果具有因果性"[2]。但是,纵观上述学者的观点,很清楚地可以看到他们存在着几乎一致的理论支撑点,即都是在"共同体"内来解决共同犯罪问题,无论是"共同心情""共同义务"还是"一般的意思联络"的语义表达,其透露出的都是要求过失行为人拥有内在的心理联系。质言之,过失行为人之间有无共同意思仍然是过失共犯的核心与关键。偏离了主观内容的实质联系,共同体所要求的整体性就难以构建,过失共同犯罪自然也不能成立。

孙某与张某的行为不属于过失共同犯罪,其原因就在于二人没有主观上的意思联络,二人共同防护危害结果发生的义务性要求并不存在。已如前述,"共同的注意义务"是行为人建立内在心理联系与共犯共同体的基础性前提,正是行为人负有共同的注意义务,这一共同性要素才能把他们本来分而置之的行为勾连到一起。至于如何理解共同注意义务,笔者认为,根据行为实施的时空场景,行为人之间应该拥有相互提醒、相互监督、相互防范的现实可能。正如西田典之认为,"为了防止同一结果,共同者重叠地负有共同的注意义务,只要各自完成自己的注意义务,就可自动地防止由其他行为人的过失引起结果发生"[3]。据此我们就不难理解,在本案中,由于张某与孙某的行为是先

---

[1] 西田典之:《日本刑法总论》,刘明祥、王昭武译,中国人民大学出版社2007年版,第317页。

[2] 张明楷:《刑法学》,法律出版社2007年版,第324页。

[3] 西田典之:《日本刑法总论》,刘明祥、王昭武译,中国人民大学出版社2007年版,第317页。

后两个独立行为，时间上的非一致性决定了二者不可能存在客观上的相互监督或防范义务（在此点上也可看出，本案例与学者所举的诸多肯定性案例并不一样）；即使二者各自尽到自己的注意义务，仍然无法防止其他行为人的过失行为引起结果的发生，因为行为人的前后行为是分开的，前行为与后行为之间不具有共同一体行使的特征。因此，如果仅为了避免客观出现的危害结果无法找寻相应的责任主体予以担责，从而借助过失共同犯罪解决现实问题，那么，这样轻易扩张过失共同犯罪的理论路径并不为现今的刑事法治理念所赞成，其结论的得出自然也不可取。

三、"疑罪从无"或"疑罪从轻"的逻辑推导路径

（一）"疑罪从无"与"疑罪从轻"的司法界分

在前面理论阐释的基础上，我们就可以对本案的定性作进一步的延伸。在孙某与张某的主观罪过不是故意、二者不构成共同犯罪、推定不能随意滥用的前提下，结合本案的实际情形，最终仍然回避不了对冀某的死亡结果究竟是适用"疑罪从无"还是"疑罪从轻"的疑问：如果是疑罪从无，则上述行为理应不作为犯罪论处；如果是疑罪从轻，则该行为构成犯罪，只不过应当按照较轻的罪名或刑罚予以处罚。

疑罪在司法实践中是广泛存在的，这一现实为理论界与实务界所认同；与之不同，得不到一致意见的则是，疑罪究竟是从轻还是从无呢？疑罪的司法适用，必然牵涉该概念的理解与界定，可以说，疑罪引发的诸多问题之所以争论不休，其根本原因就在于对"疑罪"本身的界定较为模糊。有的学者认为，疑罪是指"定罪的证据不够充分，但又有相当的证据说明被告人有重大犯罪嫌疑的案件"[①]。也有学者认

[①] 邹瑜、顾明：《法学大辞典》，中国政法大学出版社1991年版，第1624页。

为，疑罪是指"事实不能查清或不能完全查清的犯罪"[①]。有人认为，疑罪是指"在刑事诉讼中，司法机关对受理的刑事案件经审查在定罪与否的问题上存在疑问且未得到合理排除的一种状态。一般地讲，就是对刑事案件犯罪事实不能完全确证但又无法完全排除合理怀疑，存在一种认定上的不确定性"[②]。疑罪是指"有罪证据和无罪证据相当而又不能相互否定的刑事案件"[③]。也有学者从广义上对疑罪进行了界定，认为疑罪是指因犯罪事实和证据原因，对犯罪嫌疑人、被告人是否犯罪及罪行轻重难以确定的案件，即它不仅包括罪疑，不包括刑疑，以及适用法律存疑的案件。[④] 还有学者认为疑罪有其产生的现实语境，当犯罪事实认定和适用刑事法律的正确性因为主观因素的影响而受到质疑时，疑罪就会产生，它包括了事实疑罪和法律疑罪。[⑤] 不同学者基于不同视角，对疑罪进行了不同的司法界定，对此我们无法评判其优劣好坏。但是，就疑罪"从轻"或"从无"的功能性意义层面来看，笔者认为，"疑罪"是指由于现有证据无法查清案件全部事实或部分事实，合理性的怀疑无法被排除，致使案件结论出现非唯一性的案件情形。

问题在于，疑罪究竟是适用"从无"还是"从轻"原则呢？笔者认为，虽然"疑罪"涉及的是刑事诉讼程序的证明问题——根据案件现有证据材料无法达到内心确信的程度，但是"从无"或"从轻"的最终结果却与犯罪嫌疑人的实体性权利密切相关。因此，基于程序法与实体法之间的内在关系，以及犯罪构成是认定犯罪成立与否的法定标准这一适用性原则，"疑罪"的认定必然要与犯罪构成建立起实质关联。在此前提下，究竟是"从无"还是"从轻"，就要根据已有案件事

---

① 宁汉林、魏克家：《中国刑法简史》，中国检察出版社1997年版，第270页。
② 谢进杰：《疑罪从无原则的证据学之维》，《成都理工大学学报》2003年第2期，第54页。
③ 王勇：《定罪导论》，中国人民大学出版社1998年版，第50页。
④ 胡云腾、段启俊：《疑罪问题研究》，《中国法学》2006年第3期，第153页。
⑤ 董玉庭：《论疑罪的语境》，《中国法学》2009年第2期，第108页。

实究竟能否充足犯罪构成的要件内容进行具体评判：如果基本犯罪构成要件的内容无法满足，则理当疑罪从无；如果基本犯罪构成要件的内容可以达到，只是在重罪或轻罪、一罪或数罪、重刑或轻刑之间有回旋余地的，则理当疑罪从轻。

（二）"疑罪从无"与"疑罪从轻"的司法适用

结合上述案情来看，无论是张某的行为还是孙某的行为，都毫无疑义地属于"疑罪"范畴。至于该案的具体适用，则需要结合行为人各自的特定情形予以个别化审查。

如前已述，孙某的主观罪过是过失，在主观过失的认定前提下，根据现有刑法第 15 条的规定，无论是疏忽大意的过失还是过于自信的过失，都必须要有危害结果的发生才能成立过失犯罪，否则即使存在客观上的过失行为也不能以犯罪论处。然而，本案的症结就在于黄某死亡的危害结果无法得到确证，这一证明材料上的不足致使孙某过失犯罪构成要件的成立遭到阻却，因而孙某的行为最终只能依照疑罪从无的原则予以司法认定。

与之不同，张某的行为定性却要略显复杂。从案件事实发生的因果链条来看，张某的主观罪过也是过失，并且该过失行为发生在孙某辗压被害人黄某之前。不难发现，尽管被害人黄某的死亡结果无法确证是由张某还是由孙某直接导致，但是黄某的死亡与张某先期性醉驾行为的肇事行为具有更为直接的关联，质言之，没有张某把黄某撞倒在地的先前行为，孙某继发性的辗压行为就很难出现。因此，在厘清这一思路的前提下，我们可以作进一步的选择性推断：第一，张某先期性的醉驾行为已经导致黄某死亡，孙某后期性的辗压对象只是黄某的尸体；第二，张某先期性的醉驾行为导致黄某重伤，孙某后期性的辗压致其死亡；第三，张某先期性的醉驾行为导致黄某轻伤，孙某后期性的辗压致其死亡。综合整个案发现场与视频录像的调取来看，由于没有其他车辆的介入，整个案件只可能存在这样三种情况。那么，根据这三种情形，我们可以结合现有法律规定与司法解释进行一一考察。

就第一种情形而言，按照《最高人民法院关于审理交通肇事刑事案件具体应用法律若干问题的解释》（以下简称《解释》）第2条第1款之规定，"死亡1人或重伤3人以上，负事故全部或者主要责任"的，按照交通肇事罪论处，因而张某的行为已经构成本罪。就第二种情形而言，根据《解释》第2条第2款之规定，酒后驾驶机动车辆致1人以上重伤，负事故全部或主要责任的，以交通肇事罪定罪处罚的规定，很显然，张某仍然构成本罪。

就第三种情形而言，根据现有刑法第133条的规定，问题的关键在于张某的行为究竟能否属于"因逃逸致人死亡"的法定情形，这是性质认定的关键。有人认为，"'因逃逸致人死亡'以逃逸前的行为已经构成交通肇事罪为前提"[①]。也有学者认为，逃逸前的行为不以构成交通肇事罪为前提。[②] 能否构成交通肇事罪为前提，牵涉到行为人对被害人所实际造成危害结果的轻重，换言之，如果要求以构成犯罪为前提，则只有醉驾造成了重伤1人且负事故全部或主要责任的才能符合"因逃逸致人死亡"。笔者支持后者的观点，主要原因在于，《解释》第5条明确规定，"'因逃逸致人死亡'，是指行为人在交通肇事后为逃避法律追究而逃跑，致使被害人因得不到救助而死亡的情形"。根据该解释，笔者的上述观点至少有如下理由予以支持：其一，该解释性条文明确规定了，只要求行为人侵害法益达到"交通肇事"的违法程度，而非达到"交通肇事罪"的犯罪程度，因而以构成交通肇事罪为限制性前提并不符合解释的最初旨趣。其二，以先前的肇事行为必须是犯罪为限，不符合主观罪过的内容要求。交通肇事罪是过失性犯罪，按

---

① 张明楷：《刑法学》，法律出版社2007年版，第543页。
② 王作富主编：《刑法分则实务研究》（上），中国方正出版社2007年版，第196页。

照通说"一罪一责"的观点，逃逸致人死亡也只能是过失。如果我们把前面发生的交通肇事限定为犯罪，则要求行为人已经明知该危害结果的发生，那么在主观明知的情形下仍然逃逸，无论是致原先的被害人死亡还是其他被害人死亡（二次交通肇事），行为人主观意志上的放任情形都客观存在，这样一来行为人的罪过内容就明显属于间接故意，而不是交通肇事罪应有的加重情节了。其三，以前行为构成犯罪为限，与该解释的前后语境不一致。因为在一般性的交通肇事罪中，必须达到死亡1人且负事故全部或主要责任的，才构成本罪。然而，如果前行为已经构成犯罪，被害人既然已经死亡，则明显不会再出现"致使被害人因得不到救助而死亡"的情形。另外，由于该解释并不排斥醉驾行为所引起的交通肇事，因此该解释方式同样适用于行为人醉驾后的逃逸行为。综上所述，在第三种情形下，张某的行为符合"因逃逸致人死亡"的法定情形。

根据以上剖析，我们可以对上述三种不同情形的定罪和刑罚幅度予以总结：在第一、二种情形下，张某构成交通肇事罪，并且都属于"交通运输肇事后逃逸"的法定情节，应该适用3年以上7年以下有期徒刑的法定刑档次；在第三种情形下，张某同样构成交通肇事罪，并且属于"因逃逸致人死亡"的法定情形，应当适用7年以上有期徒刑的法定刑幅度。在此情形下，按照笔者前述所言的"疑罪从轻"的司法适用原则，应当对张某的行为认定为交通肇事罪，并且在3年以上7年以下有期徒刑的幅度内适用刑罚。

因此，综合本案的分析来看，孙某的行为应当适用"疑罪从无"的原则，最终认定其行为不构成犯罪；张某的行为应当适用"疑罪从轻"的原则，认定其行为构成交通肇事罪，并在3年以上7年以下有期徒刑的幅度内进行具体的刑罚裁量。

司法实践中因事实认定上的困难所导致的"疑罪"难以避免，究竟是采用"疑罪从无"还是"疑罪从轻"不能一概而论。"疑罪"的认定必须与犯罪构成结合起来予以判定，在此前提下的"从无"还是"从轻"需要根据已有案件事实究竟能否充足犯罪构成要件内容进行具体评判：如果基本犯罪构成要件的内容无法满足，则理当疑罪从无；如果基本犯罪构成要件已经充足，只是就重罪或轻罪、一罪或数罪、重刑或轻刑存有争议的，则理当疑罪从轻。结合刑法基础理论知识对案件事实进行仔细甄别，是正确进行性质认定和刑罚裁量的关键与前提。

第五章 刑事量刑层面的考察：教育刑规范化运行之三

第一节 量刑中的目的性限缩及其理性适用

一、刑法解释对"扩张"或"限缩"的选择

法律适用是事实与法规进行相互对照的过程，投射到具体的刑事案件之上，在具体裁量时则由司法人员从案情中抽取案件的事实要件，并把该要件与主观加工后的法律进行比照，在事实与法律之间进行相匹配的操作过程。但是，就一般性的适用过程可见，用抽象文字表述的法律与用事实堆砌起来的案件并不直接对号入座，因而要把案件事实与立法规范进行较好对接也并非一件易事。基于此，为了把固化的法律适用于多样化的案件，无论是定罪还是量刑，运用合理解释并进行一定程度的自由裁量是司法的应有之义。

正如杨仁寿先生所言，"于意思表示不明确或不完整时，自须透过解释方法予以阐明或补充，始能获窥当事人已为表示之正确含义，或当事人所为表示之合理的意思"[①]。从某种意义上来说，任何法律的适用过程其实都是法律的解释过程，离开了司法人员的主观解释，法律

---

① 杨仁寿：《法学方法论》，中国政法大学出版社2004年版，第15页。

将变得寸步难行。从目前学术界与实务界的种种冲突和争论来看，大多是因为学者与实务人员基于各自的立场所采取的不同解释所造成的。就此牵涉的问题实质上就是解释方法的选择问题。因此，在文义不清晰的情形下，究竟采取何种解释方式便成为我们正确适用刑法条文的前提。

"法律解释的问题不在于寻求对法律文本的正确理解，而在于为某种具体的司法裁决提出有根据的且有说服力的法律理由。"[①] 我们惯常采用的重刑威慑必须抛弃，无论是刑事立法还是司法，我们都必须考虑重刑背后的合理性与正当性。"从刑事立法和司法上的总体特征来看，我们的刑事政策显然高估了刑法影响人的行为的可能性，刑法保持着在功能化方向上的惯性，我国的犯罪控制存在着突出的惩罚主义结构特征。"[②] 从控制刑罚趋重的路径来看，更多的重任仍然有待刑事司法予以完成，即需要刑事审判人员运用有效的解释实现这一目标。

就一般性的法律适用过程来看，法条规范用语自身的核心意义基本上都是确定的，因而就日常生活中的大量案件进行司法裁量，可谓都是一种重复性的劳动。而且，"法院将规则的核心意义视为某种他们在运用权威做出在体系内不容挑战之司法裁决时，所不能任意加以忽视的东西"[③]。然而，由于法律规则的核心意义相对确定，而边界领域却相对模糊，这样就必然给我们留下一些疑问，即在碰到无法科学界定的不确定案件时，我们是依据现有的规则进行扩张解释还是限缩解释呢？哪一种解释方式是我们理当做出的正确选择？

自从罪刑法定原则在我国刑法中确定下来，类推适用便被正式逐出刑事法学领域，但是正当性的刑法解释方式仍然广泛存在。比如，文义解释、扩张解释、限缩解释、法意解释、比较解释、目的解释等，

---

① 刘远：《刑法本体论及其展开》，中国人民公安大学出版社2007年版，第80页。
② 樊文：《犯罪控制的惩罚主义及其效果》，《法学研究》2011年第3期，第136页。
③ H. L. A. 哈特：《法律的概念》，许家馨、李冠宜译，法律出版社2006年版，第140页。

这些解释方式都被允许存在，因而都在司法实践中有现实的存在空间。当然，每种解释方法都不是自由自在地存在，作为单一性解释方式也仅具有相对意义，每种解释方法与自身在解释适用中的主导性地位密切相关。

针对具体的刑事法律规范，文义解释、扩张解释、限缩解释或目的解释方法的适用存在着较大差异：文义解释需要从文字本身的含义出发，从语词本身的"射程"范围内作出解释；扩张解释是从文字的核心内涵进行扩散，把词语外延的边缘性意义指向囊括进去的解释方式；限缩解释是围绕语词的核心意思，限制其外延并排除非直接相关性意义的解释方式；目的解释是从法律规范性目的出发，探寻其真实意图的解释方法。毫无疑问，每一种解释方式都有其自身的存在价值，在实践操作过程中，我们必须根据立法语境和现实情形进行最为恰当地选择。

刑法的扩张解释与限缩解释都是允许的解释方法，但是，方法的合理性并不能直接说明适用场合的正确性，也并不代表据此方法得出的结论就是科学合理的。无论是扩张或者限缩，都必须要求有正当性理由，不符合逻辑根据的扩大或者缩小刑法本来用语的内涵与外延，都是违背刑法罪刑法定原则的。因而，在具体的司法适用时，必须强调司法说理，这是司法公正和司法公开的自然之义，也是解释性是否具有说服力的自然要求。另外，无论是扩张还是限缩解释，都需要在报应与功利之间注意平衡协调。不能为了惩罚而肆意进行扩张解释，也不能为了放纵犯罪人而刻意进行限缩解释。

具体到量刑来说，量刑是刑罚分配的过程，我们不应过度扩张刑罚权而导致刑罚无度或者偏重。基于对刑罚的理性认识，我们在刑罚裁量过程中也需要保持一种理性态度，合理看待刑罚的功能。尽管扩张解释与限缩解释都是在罪刑法定原则之下能够适用的解释方法，但是，在量刑时我们应该更多地考虑其是否适于判处该刑罚，或者判处法律规定的较重刑罚是否应当。从某种程度上来说，扩张刑罚的解释较为容易，而深入到法条背后的限缩往往不易。因而，在刑罚裁量过程中，对刑罚适用进行合理的限缩性考虑，不仅是对量刑公正性的要求，也是刑罚趋于理性化发展的体现，更是司法人员自身素质和技术操作高低的现实反映。

二、教育刑理念应当在量刑中获得一席之地

从现有规范层面来看，教育刑目的性思想在刑法或刑罚规范中没有明文表述。但是，我们不能由此否认其存在的合理性。从某种意义上讲，法律的适用过程就是法律的解释过程。我们采取什么样的解释方法以及持有何种解释理念将直接关乎终局意义上正义目标的实现可能性。就具体的法条之理解与适用而言，单纯的文义解释很显然不符合实际情形，因为按照此种解释方法，司法实务人员既无法准确把握某一条文的确切含义，也难以回答立法者作出如此规定的旨趣所在。

可以说，从现代刑事司法的具体适用来看，单纯的文义解释已经很难应付日益复杂的司法案件，据此来准确理解立法语言，往往会变相地蜕变为机械性奉法，出现不当曲解现有法律规定，甚至导致司法个案处理不公的情形。另外，无论是从条文的司法解释及其适用状况，还是从学者对该立法现状的剖析来看，对此进行扩张性解释显然已经得不到一致认同，此种现象在以经验思维主导下的量刑领域尤为突出。

刑罚裁量总是要兑现到现实的犯罪人，量刑是对具体犯罪人的量刑，是根据具体行为人及其危害行为进行刑罚裁量，刑罚的适用也寄望对行为人能够真正起到教育改造的效果。但是，前提事实是，如果行为人本身就不需要配置如此程度的刑罚，我们就不能不考虑行为人自身事实而机械性地进行刑罚适用。因而，在对行为人进行较重的刑罚适用时，我们理当对刑罚背后配置更重刑罚的事由予以查探，对刑

罚轻重幅度的大小进行仔细分辨，并在此之后结合具体的危害行为与行为人进行公正地量刑。

举例言之，"入户抢劫"作为法定加重情形，只具有较之于一般情形的加重事由和更重的惩罚理由，才有提高法定刑的正当根据，否则重刑适用就与刑事立法的情节区分相差甚远。换言之，如果在情节加重的法定刑提高上得不到正当性理由的支持，不仅使得刑罚适用的公正性价值受到贬损，刑罚分配的正义无从体现，而且还将导致我们的刑罚适用偏离刑罚轻缓化的时代主题，背离宽严相济的刑事政策。因而，从"入户抢劫"的刑罚配置层面视之，需要对行为人的主观内容（要求行为人入户前具有违法意图）进行额外限定，这就是从刑罚从重处罚的目的层面进行现实地考虑，因而对此进行限缩解释就成了必然选择。笔者认为，在此过程中，刑罚的限缩适用体现的便是教育刑的目的性思想，体现了公正化量刑与更好教育改造犯罪人的刑罚观念。

在以教育刑目的性思想理念为支撑的经验量刑解释论的指导下，究竟是采纳文义性限缩还是目的性限缩，这确实是一个现实问题。但是，文义限缩有其边界性存在，很难突破既有的文字范围，基于此考虑，从刑罚适用的目的性角度，为公正量刑与教育改造的顺利进行，从刑罚目的层面进行目的性限缩就是必然选择。有学者指出，"限缩解释，虽亦有目的上之考虑，但与目的性限缩不同，不能混为一谈。所谓目的性限缩，系指对法律文义所涵盖之某一类型，由于立法者之疏忽，未将之排除在外，为贯彻规范意旨，乃将该一类型排除在该法律适用范围外之漏洞补充方法而言。因目的性限缩，系将原为法律文义所涵盖之类型，剔除其不合规范意旨部分，使之不在该法律适用范围之列，故亦属漏洞补充之一种"[1]。就此来看，目的性限缩的力度更大，可以在法条规范之外进行限制性适用，以达到公正量刑之目标。

---

[1] 杨仁寿：《法学方法论》，中国政法大学出版社 2004 年版，第 149—150 页。

反之，如果采纳文义性限缩，则只能在既有的文字范围内对此予以限制性适用，具体到"入户抢劫"，则只要行为客观上存在"入户"和"抢劫"的行为，则必然将其归之于"入户抢劫"范围，并配之 10 年以上的有期徒刑；与之相反，如果采纳目的性限缩，则完全可以超越现有的立法表述，把一般情形下的欠缺违法犯罪意图的"入户"行为排除在"入户抢劫"之外，这样一来，就能更好符合罪刑法定与罪刑均衡原则，使量刑的公正性与科学性得以体现。

在笔者看来，无论是采纳文义性限缩还是目的性限缩，都是罪刑法定原则允许的解释方式，都是在法律明确规定前提下所作的解释性适用。有学者指出，"刑法解释的限度是'文义射程'"[①]。"文义射程"的限定仍然与立法原意的主观解释方式是一致的，尽管追寻立法原意的法意解释最为贴近罪刑法定原则，但是此种解释方法仍然有可能偏离罪刑法定原则的实质。其原因在于，法意解释是立法之后的回溯性过程，它的着眼点是立法者的立法意图，它强调当时法律制定时的具体情形。[②] 然而，在刑事量刑过程中所要评判的却是活生生的事实，是刑事立法之后出现的东西，其与立法时的法律具有较为悬殊的时空间隔，此时以立法者立法时的想法且已时过境迁的意图予以探寻，无论从哪一层面来说都是无法自圆其说的。[③]

"以刑事法律规范为载体的刑法解释，自然应在法规范的价值目标内进行正确的法律阐释，以保证法律的正确适用。"[④] 在选择解释方法

---

① 蒋熙辉：《刑法解释限度论》，《法学研究》2005 年第 4 期，第 117 页。
② 波斯纳：《法理学问题》，苏力译，中国政法大学出版社 1994 年版，第 341 页。
③ 既然解释的目的是为了合理的适用法律，并使得解释后的法律与案件能够实现法律内在的价值，那么，解释过程中亦步亦趋的文本依赖就不是必须攀附的东西。对此，苏力教授一针见血地指出，"法律解释的问题不在于发现对文本的正确理解，而在于为某种具体的司法做法提出有根据的且有说服力的法律理由。苏力：《解释的难题：对几种法律文本解释方法的追问》，《中国社会科学》1997 年第 4 期，第 30 页。
④ 徐岱：《刑法解释学基础理论建构》，法律出版社 2010 年版，第 114 页。

时，如果文义性限缩已经能够和案件事实相符，那么采纳文义性限缩就是最佳选择；反之，如果根据文义性限缩仍然有其他情形逸出该法律文义之外，则理当作进一步的限制以契合该立法意图，在此情形下，目的性限缩就成为最终选择。对此过程的反复流转，必须以价值合理性作为法律论证的着眼点。[①] 在此过程中，评判文义性限缩合适与否的关键就是，解释之后的刑罚结果是否具有合理性，加诸行为人的量刑结果是否与该危害行为的罪责评判相一致。如果该量刑裁量的最终结果存在公正正义层面的较大疑问，则考虑目的性限缩就是必然选择。

"解释的重点是问寻法律的特别保护功能和法律的客观意思与目的。"[②] 从对刑罚裁量进行解释的结果来看，单纯的文义性限缩显然不够，因为我们不能简单地根据规范的描述来决定刑罚适用的加重与否。"法律规范中规范性法律概念与开放性的事实构成的存在，决定了法官判案不是简单地将法律规范运用于生活事实的形式逻辑过程，而是需要法官首先运用价值判断与目的考量妥当地理解法律规范本身。"[③] 换言之，不能仅以规范描述本身决定社会危害性的层级，而应当在兼顾报应与预防的基础上，运用教育刑目的性思想充分证实经验存在。此时，就需要我们就把文义射程范围内的情形排斥在外，转而求助的就是目的性限缩的解释方法。

教育刑要求罪责刑相适应，如果没有考虑行为人的具体情形，没有公正化地分配法律规定之下的刑罚，这样的刑罚自然难以得到行为人的认同，这样的刑罚也不符合目的刑的基本要求。就此而论，根据目的性限缩来筛选或排除文义性范围内的特定情形，就是在刑罚裁量

[①] "法律论证能够缓解刑事法领域合法与合理、形式合理与实质合理性之间的对立，对形成一种新的刑事裁判理念具有重要的实用价值。"王瑞君：《罪刑法定的实现：法律方法论角度的研究》，北京大学出版社2010年版，第208页。

[②] 约翰内斯·韦塞尔斯：《德国刑法总论》，李昌珂译，法律出版社2008年版，第24页。

[③] 苏彩霞：《实质的刑法解释论之确立与展开》，《法学研究》2007年第2期，第42页。

过程中寻求契合教育刑目的性的最佳途径。尽管规范思维具有强大的解释魅力，但是在量刑视阈下，我们必须以经验思维为主导，立足于每一个具体的案件，于存在论意义上对刑罚裁量反复进行经验判断与价值分析。从此意义上讲，教育刑目的性思想应当在量刑中占有一席之地，并且必将成为未来量刑活动的基本经验价值追求。

三、教育刑指导刑罚裁量规范化的路径考察

前已述及，教育刑目的性思想应当在量刑中获得一席之地。然而，结论远非到此为止。具体言之，教育刑目的性思想不应当仅以谋求量刑思维中的考量因素，而且应该在进一步地具体适用与规范化运行中，大胆冲破既有理论范式之束缚，在具体的量刑实践中发挥限制重刑的功能，从而以理性指导者的良好姿态裨益于量刑实践。

（一）基于教育刑进行的刑罚裁量不能毫无限度地扩张刑罚

如果把教育刑分配刑罚与教育改造犯罪人的基本理念贯彻到底，则教育刑指导下的刑罚裁量就有彻底唤醒绝对不定期刑的现实可能。曾几何时，人们在对个别预防论的狂热追逐中迷失了方向，一度出现了为达到矫治之效而出现恢复不定期刑的过往做法。例如，英国曾经出现了"刑罚后拘禁"，亦即在犯罪人刑期届满后，仍然要对犯罪人适用使之与社会继续隔离的保安处分。其在1908年《犯罪预防法》第10条规定："犯重罪者，经陪审团认定为常习犯人时，为了矫治犯人的癖性，改善犯人的适应社会生活的能力，为了保护社会的一般利益，在强制执行完毕后，可以宣告继续执行5年以上10年以下的'预防拘禁'"。这一走向极端个别化的教育刑理念，虽有矫治犯罪人的良好心愿，但是，在罪刑法定作为三大基本原则之首已经明确法定化的当下，就应该排斥绝对不定期刑的适用。

基于教育刑教育改造犯罪人的理念，不能仅仅是行刑阶段的事情，而是需要在量刑中占有应有的位置，并通过现实的量刑活动而彰显其存在价值。但是，教育刑并不是不受限制的刑罚理念，过于极端化地主张教育改造的现实需要与必要性，从而把刑罚的视线过于延伸而强调重刑惩治的路径，本身就与教育刑的内在本质是相冲突的。换言之，教育刑是出于教育改造犯罪人不假，但是，这一立场是基于保障犯罪人这一视点而出发的。如果据此来无限扩张刑罚权并加重刑罚处罚的力度，则明显只是打着教育刑旗号在表面行事，实则体现的是不当行使刑罚权和加重对犯罪人的处罚而已，这不仅与"刑之法定"的罪刑法定原则相违反，也与教育刑需要限制刑罚权并合理保障权利的初衷是不一致的。

（二）在刑罚裁量中需要考虑行为人的刑罚改造必要性

教育刑理论以教育作为刑罚的目的，以行为人罪责为核心要素，期望刑罚与教育可以实现彼此之间的功能相通性，凭借刑罚的教育改造功能来重塑行为人，转变行为人的不良人格并实现社会化。当然，运用教育刑是建立在人是可以教化理论前提之上的。从刑事法理论的发展动向上看，19世纪以前的刑罚以客观外显的危害行为作为处罚的基点，而19世纪后，随着以龙勃罗梭为代表的人类学派和以李斯特为代表的刑事政策学的兴起，刑罚的目光逐渐由行为转向行为人。从存在论的角度上讲，刑事法规范解决的是归属的问题，包括两个方面，其一为结果的归属，其二为行为的归属。就归属过程的因果链条来说，我们必须厘清其中的内在关联：即结果归属于行为，而行为则归属于行为人。从中可见，刑罚规范的作用点最终是行为人，而不是单纯的外在行为。

人所共知，主导刑法理论发展的主线是客观之罪与主观之罪，前者注重报应公正，而后者强调主观恶性并由此强调教育之刑。顺应时代之客观需要的刑事社会学派力主教育刑理论，把刑罚当作教育犯人的一种方法，认为人都是具有较强的可塑性的，在一定的条件下既可以为善，也可以作恶。由此，必须增强刑罚中的教育力量、巩固人性中为善的一面，限缩其作恶的一面。职是之故，对于犯罪者，就必须以矫正为导向，尽最大努力使其弃恶从善，重新做人，杜绝再犯现象的发生。因而，为达到教育、改造、矫治犯罪人之目的，不仅要求我们在行刑方面需要据此作出相应的调整，而且在作为源头的量刑领域亦应当将此教育刑理念贯彻到底。

如果行为人本身并无实质性的再犯倾向，加之客观造成的危害性本身也不大，那么此时行为人接受刑罚惩处的内在要求就比较低，刑罚适用的动力就不足，用刑罚来教育改造犯罪人就没有太多必要。因而，此时基于教育刑的要求，就完全可以根据刑法第37条的规定，依照"对于犯罪情节轻微不需要判处刑罚的，可以免予刑事处罚"的规定，对行为人免予刑事处罚。在此过程中，如果行为人表现相当突出，使得应受刑罚惩罚性的要件不充足的，还完全可以依照刑法第13条的"但书"规定，进行非罪化处理。

（三）刑罚裁量应考虑教育改造所需来分配刑罚分量

犯罪是由自然因素、人类学因素、社会因素共同作用的结果。反之，矫治犯罪也必须是上述因素协调作用的结果。教育的过程是培养造就犯罪人重新融入社会的过程，否则，多一分则显多，少一分则显少。可以肯定地说，人适应环境生存的同时也被生存环境所塑造。"天生犯罪人"在当今语境下是没有立足之地的，原因就是它把人当成完全不可教育改造的产物，有宿命论与刑罚无用论的穷途末路之感。

正如前述，人们往往是由于不良因素的影响才走上犯罪道路的，但是犯罪人仍然与社会中的普通行为人并无实质性区别，其人格仍然蕴藏着巨大的可塑性，此即决定了绝大多数犯罪人可以通过教育感化并被矫治成受社会接纳的良好公民。因此，在刑罚执行过程中贯彻教育刑理论，对犯错者重新树立正确的人生观、价值观，帮助其找到良好的社会生活方式具有重大的现实意义。如果视犯罪行为为"恶"的表现，则教育刑就是要针对该"恶"对症下药。正是基于此，在刑罚裁量时，除了看到行为人已经实施的危害行为之外，还要考虑行为人的现实改造的难度，评判其究竟需要多大的刑罚才是最为合适的。从此层面来说，刑罚的多少就是教育改造犯罪人所需要的成本付出，是为了矫治犯罪人而必须使用的"药"，此时只有合适的刑罚量才能把刑罚自身的副作用降低到最低程度，让行为人在刑罚的教育改造过程中收到惩罚与矫治的双重功效。

具体而言，教育刑所关注的人身危险性已经作为量刑的重要介入因素，其改造的难度自然与行为人的危险性相关。在刑罚根据论由报应之极过渡到预防之极，继而又折中为一体论的演变过程中，我们可以清晰地看到，以纯粹的人身危险性为代表的个别预防论退出历史舞台的同时，人身危险性作为量刑根据的理念已然难以遮蔽。当前，我们的量刑根据不再局限于"社会危害性"这一独立性的一元视角，而是必须兼顾"人身危险性"，而且在司法实践中，量刑时也时不时地会闪现其身影。

在教育刑指导下的量刑问题上，较多学者已经注意到量刑活动与人身危险性的内在关联。作为刑事法律活动中的重要环节，量刑必须统筹性地考虑定罪、量刑与行刑问题。无论是行为的社会危害性，还是行为人的人身危险性都是量刑的根据，否定其中任何一个都必将有失偏颇，难以实现真正意义上的司法公正。在笔者看来，人身危险性具有刑罚加减的双项功能，人身危险性并不完全依附于社会危害性而仅限于量刑的调节性根据。在"社会危害性"与"人身危险性"的二元论中，如果将基于行为对社会的危害对行为人量刑，作为满足刑罚正义性的要求。那么，其无疑为刑罚功利性划定了价值边界。在量刑合理的原则下,我们基于对行为人教育改造的需要来合理分配刑罚,就是考虑教育刑对行为人所产生的功利之效,是报应正义与预防功利对刑罚调节的现实结果。

(四)刑罚加重处罚应通过教育刑严格检视其合理性

在我国现有的刑事实体法律体系之中,存在着明确规定的一些加重处罚情形,其中包括了情节加重犯与结果加重犯。就情节加重犯而言,在评判"情节严重"与"情节恶劣"能否成立时,必不可少地需要对行为人是否适合较重的刑罚处罚予以考量,如果行为人本身的主观恶性并不大,并且犯罪后知罪悔改的表现较为明显,此时要求刑罚从重处罚或者需要较重刑罚来教育改造犯罪人的动因就不足,据此通过升格法定刑来对行为人加重处罚就必须慎重。与之相类似,对结果加重犯而言,在其适用过程中,我们需要强调责任主义的要求,即考察行为人对结果的发生是否具有故意或者过失,并且行为人的行为与加重结果的发生之间是否具有刑法意义上的因果关系,这是结果加重犯能否适用的关键,也是行为人是否需要较重刑罚的核心所在。

除此之外,刑事立法中还有转化犯的情形,表面上看转化犯是犯罪罪名之间的转化,实际上是轻刑向重刑的转化。因而,转化犯的司法适用也是现实的量刑活动。在转化犯的量刑适用过程中,同样要严格按照转化的实质条件并对此予以认真考察,评判其是否具有从重转化的可能。比如,刑法第292条第2款的聚众斗殴罪规定了:"聚众斗殴,致人重伤、死亡的,依照本法第234条、232条的规定定罪处罚。"遵照教育刑的基本理念,我们就不能单纯根据外在的客观结果进行重刑转化,而是必须评判行为人主观上是否存在故意伤害或者故意杀人的故意,如果欠缺这一主观要件,即使客观上有重伤、死亡的结果发生,同样不能据此就机械性地转化为重罪名与重刑罚。

刑罚加重处罚应当遵照教育刑的理念来衡量刑罚适用的合理性,

就是要求我们从刑罚适用的背后价值予以科学考察，通过较重刑罚配置的刑罚目的进行审慎适用。由上可见，刑罚的从重处罚脱离不了行为人的主观内容与主观恶性的考察，这既是量刑时要求我们兼顾主客观相统一的适用原则，实际上也是刑罚在教育改造层面究竟需要多重刑罚的一种严谨态度。毕竟，客观外显的危害行为往往较为直观，但是，其只能说明危害行为与结果等的现实存在，而无法为重刑适用的正当性提供实质根据，只有深入到行为人的主观层面，才能对刑罚升格条件找到合理依据。与之相对应，教育刑就是要教育改造行为人的思想，通过规范意识的树立来重新调整行为人的行为，因而二者在此层面也是高度一致的。

教育刑的适用在量刑活动中应当得以进一步地体现，作为一体化的定罪、量刑与行刑，教育刑的适用并不仅限于某一阶段。就刑罚裁量来说，依据刑法规范进行的刑罚适用过程也要进行解释方法的合适选择，其中同样存在扩张解释与限缩解释的问题。刑罚的适用必须趋于理性，刑罚权的发动也必须进行有意地克制，以防止"冲动的惩罚"所带来诸多的负面影响与弊端。教育刑在量刑活动中应当占有一席之地，这是刑罚目的性思想对刑罚裁量的要求，也是关注刑罚教育改造功能而对行为人公正分配刑罚的需要。把教育刑纳入刑罚裁量活动当中，需要合理考虑行为人刑罚改造的必要性，从而对刑罚发动与否和是否需要免除刑罚予以科学评判。在针对具体个案的刑罚裁量中，现实宣告刑的分量应当体现对行为人教育改造的所需；在法定刑升格下的加重处罚适用时，必须透过法律文本背后的逻辑原因进行查探，通过教育刑对重刑适用的合理性予以严格检视。总之，教育刑在量刑活动中的适用，需要通过目的刑思想来合理限缩刑罚的适用，因而不能以教育改造所需来无限扩大刑罚权，更不能据此突破罪刑法定原则来对行为人进行不当的从重处罚。

第二节　教育刑理念指导下自首与立功的竞合适用

从教育刑视角来看，自首与立功都是其刑罚适用的明显体现，都显现出行为人规范层面的配合与积极认同。从现有的刑罚适用来看，自首与立功制度的规定都相对比较简单明了，因而一般情形下并不存在适用上的冲突与争议。但是，由于自首与立功存在法律层面的竞合关系，具体到司法审判的个案情形，就必然导致审判人员在具体的刑罚裁量过程中，在选择立功还是自首时仍然时时感到异常棘手。[①] 基于此问题的重要性，笔者通过教育刑理念的指引，拟对自首与立功的竞合问题予以探讨，期许可以对审判实务中量刑规范化的现实运行有所裨益。

一、自首与立功之间竞合的相关情形

在一般情形下，由于自首与立功成立条件的独立性，致使二者在认定时并不会发生竞合，因而其界限相对来说都是清楚的。但是，由于特别自首的存在，加之刑法分则罪名的复杂性，导致自首与立功仍然难以避免地存在某种程度的交叉关系。总体说来，一旦这样的情形存在，对具体操作量刑的刑事审判人员来说就会带来疑虑，就会为量刑的合理裁量带来现实障碍。要合理解决这一困难，必须从理论上予

[①] 从现有探讨量刑情节竞合的文章来看，论述的都是已经对量刑情节性质认定之后的综合适用问题。参见胡学相、黄祥青：《论多种量刑情节的适用》，《法制与社会发展》1996年第1期，第45—50页；姜富权：《量刑情节竞合的适用问题》，《人民司法》1995年第7期，第30—31页；张忠斌、赵慧：《论量刑情节竞合的解决》，《长江大学学报》2004年第3期，第73—77页。但是，自首与立功的竞合，探讨的是如何对自首与立功的抉择问题，换言之，是量刑情节竞合时的前置性问题。

以澄清。为了对此有一比较清晰的认识,我们先对自首与立功可能发生的竞合情形予以宏观性地梳理。

(一)对向行为存在时的竞合情形

对向行为是指犯罪行为的成立除了犯罪行为人自身的行为之外,还必须以相对方的行为为存在前提的情形。[①] 在我国的罪名体系中,最为典型的对向行为就是受贿与行贿、重婚与相婚,缺失了其中任何一方的积极参与,另外一方的行为就根本没有办法展开,也最终不可能构成犯罪。由于对向行为在构造上具有的特殊性,行为人在陈述自己的犯罪行为时,必然会对他人的犯罪行为附带性地进行供述。比如,行为人在受贿罪的自首过程中,在如实供述自己的受贿行为时,必然要对行贿人的行贿行为进行"检举揭发"。此时,基于受贿人的立场来看,其行为属于自首;基于被揭发者的情形来看,其行为又属于立功。因此,在这一特定场合,对行为人的行为究竟认定为自首还是立功,甚至自首与立功的同时认定,需要审判人员在理性思考之后对此有一明确态度。

(二)连累行为存在时的竞合情形

连累行为主要存在于连累犯之中。所谓连累犯,是指事前与他人没有通谋,在他人犯罪以后,明知他人的犯罪情况,而仍然以各种形式予以帮助的、依法应受处罚的行为。[②] 我国《刑法》总则未对连累犯加以规定,但是分则中第 310 条(窝藏、包庇罪)、312 条(掩饰、隐藏犯罪所得、犯罪所得收益罪)、349 条(包庇毒品犯罪分子罪;窝藏、转移、隐瞒毒品、毒赃罪)、379 条(战时窝藏逃离部队军人罪)、第 417 条(帮助犯罪分子逃避处罚罪)所规定的犯罪均具有明显的连

---

① 大谷实:《刑法总论讲义》,黎宏译,中国人民大学出版社 2008 年版,第 359 页。
② 陈兴良:《共同犯罪论》,中国社会科学出版社 1992 年版,第 464 页。

累犯的特征。司法实践中，连累犯自首、立功的竞合情形主要有两类：一是连累犯对其所帮助的先前犯罪人的犯罪行为的交代；二是接受帮助的先前犯罪人检举、揭发连累犯的行为。比如，犯罪人李某因故意伤害罪主动到公安机关自首，在被羁押期间主动交代其还存在窝藏他人抢劫犯罪的事实，后经司法机关查证属实。再如，犯罪人张某因盗窃罪到司法机关自首，在侦查过程中，还主动交代朋友黄某有积极为其实施掩饰、隐瞒盗窃所得赃物的行为。在上述案件中，由于连累犯自身的特殊性，带来的问题就是，李某是否就窝藏罪构成特别自首，同时，李某检举揭发他人抢劫罪的行为，是否又属于刑罚中的立功？张某的行为是否能够同时构成自首和立功？

（三）实行行为过限时的竞合情形

所谓实行行为过限，是指在共同犯罪的过程中，部分犯罪行为人超出共同犯罪故意的范围，在共同犯罪的基础上实施了额外行为的情形。由于实行过限行为的存在，共同犯罪人最终定罪量刑的罪名可能并不一样，因而从刑法分则的罪名体系上来看，共同犯罪人实施的犯罪行为就有差异性。比如，行为人甲和乙共谋后实施盗窃，乙除了盗窃，还对被害人实施了奸淫行为。再如，行为人甲教唆乙实施伤害行为，乙在实行犯罪的过程中，却实施了杀人行为。还如，行为人甲和乙商量一起实施盗窃，甲在外望风，乙到被害人家进行盗窃，乙在盗窃过程中，碰巧主人在家，为排除他人的反抗而当场使用暴力的情形。

关于实行过限的行为，有一部分是完全超出共同犯罪的行为，属于质的过限，有一部分是在共同犯罪基础上的延伸，属于量的过限。[①] 对"质的过限"，由于不在共同犯罪的范围内，因此，对此行为的检举揭发，理当认定为立功。但是，对量的过限行为，行为人对此积极揭

---

① 周光权：《刑法总论》，中国人民大学出版社2007年版，第342页。

发的，究竟是属于自首行为，还是属于立功，仍然不无疑义。

（四）揭发同案犯行为的竞合情形

对揭发同案犯的行为性质认定，《最高人民法院关于办理自首和立功具体应用法律若干问题的解释》有明确规定，即共同犯罪案件中的犯罪嫌疑人，除如实供述自己的罪行，还应当供述所知的同案犯，主犯则应当供述所知其他同案犯的共同犯罪事实，才能认定为自首。但是该解释却无法为司法实践中行为人先检举揭发他人犯罪事实，后又主动供述自己参与这一犯罪的情形究竟认定为自首还是立功提供准确清晰的规范指引。比如，黄某因盗窃罪被刑事拘留，在侦查过程中，主动检举揭发本村的李某与孙某实施的抢劫行为，根据黄某提供的线索顺利抓获李某与孙某。在未审讯前，黄某又承认自己也参与了该抢劫，事后被查证属实。在本案中，黄某通过检举揭发同案犯，从而使得案件得以顺利侦破，其立功性表现较为突出。同时，黄某又有如实供述司法机关还未掌握的本人其他罪行的事实，也符合特别自首的认定标准。[①] 在这一竞合情形之下，自首与立功如何进行选择就必须作出明确的决断。

（五）规劝同案犯积极归案的竞合情形

规劝同案犯积极归案的行为表现为，行为人在案发后，既没有检举揭发同案犯，又没有提供线索并帮助司法机关积极抓获其他犯罪嫌疑人，而是积极规劝同案犯到司法机关投案自首。例如，洪某因聚众斗殴主动到司法机关自首，后被取保候审，在取保候审期间，应司法机关的要求，积极规劝其他同案犯到司法机关投案，其他犯罪嫌疑人

---

① 与之相关联的是，如果犯罪行为人归案后检举揭发同案犯的，按照现有司法解释，不能成立自首。但是，如果犯罪行为人协助司法机关抓捕其他犯罪嫌疑人（包括同案犯），应当认定为立功表现。

在他的规劝下陆续到司法机关自首。此时，洪某因其具有自动投案、如实供述的行为，理应构成自首；与之同时，洪某又因为具有规劝同案犯积极到案的行为，而让司法机关在没有付出任何成本的情形下，顺利使其他犯罪嫌疑人认罪伏法，因而又具有立功行为。

（六）自首行为发生后又出现立功的情形

此种情形表现为，行为人犯罪之后，其主动到司法机关投案并如实供述自己的罪行，但是，在司法程序过程中，行为人又具有立功情形。比如，行为人鲁某因故意伤害而主动到司法机关自首，并在审讯过程中，检举揭发他人故意杀人行为，提供线索使得公安机关得以顺利侦破其他案件。此时，行为人鲁某既有自首的行为，又有立功的客观行为。但是，事后查明鲁某检举揭发他人的故意杀人行为，虽然存在客观事实，然而，因为当事人属于正当防卫而免于刑事责任追究。对此，究竟如何处理，同样存在争议。

二、自首与立功竞合的解决思路质疑

关于量刑原则，有学者认为包括三个，即依法量刑原则、责任原则和遵循刑事政策的原则。[①] 有的认为是罪刑相适应、刑罚个别化、刑罚法定原则。[②] 有的认为是公正原则、刑罚法定原则、责刑相适应原则、刑罚个别化原则及谦抑原则。[③] 针对上述说法，没有对错之分，笔者认为，从总体上来说，量刑原则就是在遵循刑事政策的同时，做到合法与合理的兼顾。具体到自首与立功竞合的问题，司法人员在量刑时也应当如此。然而，由于前述复杂情形的存在，我们单纯依据抽象性原

---

① 顾肖荣、吕继贵：《量刑的原理与操作》，上海社会科学出版社1991年版，第11页。
② 周振想：《试论刑罚个别化原则》，《法学研究》1987年第5期，第67页。
③ 胡学相：《量刑的基本理论研究》，武汉大学出版社1998年版，第24页。

则来处断肯定是无法得出确定结论的。因此，在遵循量刑的基本原则时，仍然亟待我们对此提出合理性思路，从而有效解决相关困惑，促使刑罚裁量更加规范与合理。

(一) 自首与立功竞合下的"并合性"处理方式反思

关于自首与立功的竞合问题，有学者直接指出，"在刑事诉讼过程中，行为人自动交代了向有关公务人员行贿并检举该公务员收受自己的贿赂的犯罪事实，且检察机关根据行为人的检举揭发，查获了该公务员的受贿犯罪，这一行为应当认定为'自首并有立功'"。[①] 其主要理由在于，行贿人的行为既符合自首的法律规定，也符合立功的法律规定，并且这一"自首并立功"的认定有利于案件查处。

对此结论，笔者不敢苟同。尽管"自首并立功"的认定对犯罪人最为有利，但是，这一结论的得出并不符合量刑事实评价的基本适用原则。量刑事实的评价必须遵循"一行为一情节"，即对此认识的逻辑前提是，行为人只实施了一个量刑上的法定从轻或者减轻行为，理当只具备一个法定上的刑罚从轻或者减轻事由，因此，在单纯的自首与立功发生竞合时，只能选其一，而不能选其二。所以，不可能对上述情形既认定为自首，同时又认定为立功。必须注意的是，量刑情节的评价具有一个前提性限制，即不能以最优（最利于犯罪人）评价遮掩事实评价的性质选择，无论一个事实评价会牵扯出多少个量刑法定事由，我们都不能因其竞合性而选择并罚。

事实上，类似的情形并不仅限于此，我们在处理此类量刑情节时实际上都是如此。比如，行为人符合累犯的规范性条件，同时又是具有前科的再犯，我们并不据此而认为行为人同时具有法定从重情节和

[①] 高一飞、李一凡：《行贿人揭发对合的受贿犯罪应认定为"自首并立功"》，《检察日报》2007年4月9日，第3版。

酌定从重情节。再如，行为人具有自首的法定情节，与之相伴随，行为人必然从实质上就有了坦白情节，但是，我们并不据此同时对行为人进行双重评价。从总体上来说，"一事不重复评价"不仅是针对犯罪成立而言，同时也是针对刑罚处罚而言的。在刑事司法活动中，我们绝对不能超越这一基本底线而肆意对犯罪行为人从严，更不能无视量刑规则的适用而一味地从轻。

按照"一行为一评价"的适用规则，在进行择一性选择时，我们究竟是认定为自首还是立功，仍然需要作一个审慎性的分析判断。"根据一般量刑规则，量刑要素发生竞合并具有从属关系时，应当根据量刑要素对量刑影响作用力的大小，选择使用，禁止对竞合要素的重复使用。"① 尽管此时多个独立的量刑情节在同一案件中存在竞合关系，但是，此种竞合并不绝对排斥其他量刑情节的适用。原因在于，独立的多个量刑要素并不符合"一事不重复评价"的基本要求，换言之，"一事不重复评价"包含的自然之理就是"多个行为多重评价"。因此，如果行为人实施了多个对己有利的量刑行为，而且满足具体刑罚裁量制度的基本条件，那么，无论是从遵守法律规定的层面，还是从刑罚裁量公正合理的角度而言，都必须全盘兼顾，即采纳"并合性"的处理方式，这在自首与立功并存的情形下也是如此。

（二）自首与立功竞合下的"选择性"处理方式反思

如果行为人的一个量刑情节存在自首与立功的竞合情形，通行的观点仍然是采纳自首，并且否定立功的成立。② 从现有学者的观点来看，较为普遍的理由是，由于自首的成立需要"如实供述"这一实质性条

---

① 沈大祥：《自首和认罪量刑要素的竞合及适用》，《人民法院报》2004年3月8日，第4版。
② 正如实务人员所言，"关于对象犯的自首和立功问题，一般认为，当行为人如实交代自己的犯罪行为时，必然牵涉到对象犯的犯罪行为，这种交代行为仍然属于如实交代自己罪行的范畴，不能认定为有立功表现"。项谷等：《自首立功认定中八大疑难问题解析》，《检察日报》2008年1月10日，第3版。

件，因而行为人在供述自己的犯罪行为时，对与个人相关行为的交代就是自首成立的必要条件，否则，在"如实供述"难以成立的前提下，自首根本不能成立。就此来看，行为人虽然也附带性地具有"揭发他人犯罪行为"的事实，但是，由于其属于自首成立中的"如实供述"，因而不能再单独对此予以认定为立功。

但是，笔者认为，上述以自首否定立功的见解值得质疑。究其原因，主要有如下四个方面：

第一，上述结论的得出存在逻辑认识上的基本错误。在自首与立功发生竞合的时候，非常清楚的是，我们要评价的就是行为人的行为究竟是自首还是立功，在性质尚未明了的前提下，我们根本不能确定其性质的归属。简言之，此时行为人的行为究竟是立功还是自首，都是待定事项。但是，遗憾的是，遵照现有的认识思路，以自首排斥立功的学者明显已经先入为主地对自首与立功的竞合情形作出了自首认定。[①] 而且，是在自首已然成立的基础上，用自首中"如实供述"的条件来排斥"揭发他人犯罪行为"的条件成立。很明显，既然强调就是自首与立功的竞合，如果单纯只看到自首而无视立功，这样的竞合又有何意义呢？因此，秉承这样的逻辑思路，其得出的结论让人难以接受。

第二，自首并不具有超越立功之上的优先适用性。在行为人的行为已经构成自首的前提下，是否就必然排斥立功的成立，仍然需要予以辨明。尽管"一事不二罚""一行为一评价"是刑事司法普遍遵循的原则，但是，在自首与立功的认定上，究竟何者优先适用，并不能因为法律的排列关系（刑法第 67 条规定自首，第 68 条规定立功，自首

[①] 很显然，这一认定既是司法惯性使然，另外，潜在的，也是因为受到法定竞合影响的结果。通说也认为，在法定竞合的情形下，"从一重处罚"是刑法罪刑相适应原则的自然要求。参见王作富：《中国刑法适用》，中国人民公安大学出版社 1987 年版，第 297 页。

明显在立功之前）而置自首处于优先地位。① 毕竟，法条的坐标位置只是立法者基于法律体系而予以排列的结果，并不能说明其适用的优先与否。因此，在自首与立功发生竞合时，我们以自首的优先性来排斥立功的成立，这样的思路也明显不合理。

第三，自首与立功并不存在相互排斥的绝对关系。在自首与立功的关系上，在现行刑事法律中并没有规定自首排斥立功的适用。与之相反，无论是立法规定还是司法实践，自首与立功同时存在的情形仍然不在少数。② 基于此认识，自首与立功作为量刑时的法定情节，并不能以绝对的排斥关系来对此予以评价。自首与立功成立的重点仍然在于其规范性条件的符合与否，只要在现有的刑事法律规范体系中，自首与立功符合其现有条件，那么自首与立功的成立都有其可能性。因此，以自首排斥立功的现有通说，实际上是在对二者彼此关系认识不清的基础上得出的片面结论。

第四，立功应当根据其制度创设的实质予以认定。立功制度是犯罪行为人通过自己的行为来为司法机关侦破其他案件提供有利条件，立功的主体是犯罪行为人，但是立功的受益者却是国家与社会。就此而论，立功的实质条件就是要看犯罪行为人的行为是否为国家与社会带来了实质性的好处，如果答案是肯定的，那么立功成立就具有了充足理由。根据1998年第8号《最高人民法院关于处理自首和立功具体应用法律若干问题的解释》的第5条规定，"具有其他有利于国家和社

---

① 有学者指出，"共同犯罪中同案犯的姓名、住址、体貌特征、联络方式等基本信息是犯罪分子供述自己犯罪行为的延续，属于犯罪分子'义务'供述的范围，而当场指认同案犯实质上是供述同案犯基本信息的具体化，不符合立功前提中的非义务特征"。黄曙、陈艳：《立法司法认定的若干疑难问题》，《人民检察》2009年第20期，第18页。

② 在《刑法修正案（八）》修改之前，《刑法》第68条的第2款明确规定，"犯罪后自首又有重大立功表现的，应当减轻或者免除处罚"。从中不难看出，自首与立功共同性的存在并不是问题。尽管第八修正案对此予以了删除，其删除的原因也仅仅是为了实现罪刑均衡，而不是否定自首与立功同时存在的客观事实。

会的突出表现的，应当认定为有立功表现"。不难看出，这一兜底性质的解释内容明显道出了立功的本质，即只要行为人具有有利于国家和社会的突出表现，就应当认定为立功。基于此认识，单纯因为自首而否定立功的结论从根本上就是站不住脚的。

三、自首与立功竞合时的规范性立场

自首与立功发生竞合，这种竞合一方面来源于案件本身的复杂性，另一方面来源于法律规范的非明确性。单纯从案件本身来看，作为客观事实化了的东西，我们已然无从更改，也不可能据此着手采用更为合适的办法。为了对此予以妥当性解决，我们必须从现有法律规范层面进行审视，结合教育刑内在理念，对其评价确立一个应有立场，即对自首与立功的法律规定的立法意图有一正确认识，并在此认识的基础上进行价值引导从而得出合法合理的结论。

（一）立功的价值问题不是竞合时排除适用的理由

不可否认，立功制度的设计具有功利性的价值追求。[1] 基于功利性目标，国家为了更好地打击犯罪、惩罚犯罪人而让犯罪分子积极揭发他人犯罪行为、提供线索侦破其他案件。[2] 设置立功制度与预防犯罪和减少国家司法资源的投入是密切相关的，正是基于此，需要犯罪分子积极通过自己的行为步入司法控制的轨道，按照司法预先设计好的规范性要求做出相应的积极行为。但是，相对于自首而言，立功并不能

---

[1] 蔡永彤：《功利与公正之间：立功制度的价值取向及其改造》，《政治与法律》2008年第8期，第116页。

[2] 有学者认为，我国刑法设立立功制度的理论基础不是功利主义，而是国家实用主义，是从国家与政府的立场出发，只注重立功的客观有用性，而不考虑立功制度的正义性与否。徐科雷：《刑法立功制度若干问题刍议》，《中国刑事法杂志》2012年第3期，第41页。

反映出行为人自身的悔罪态度,也难以证明行为人的人身危险性有所降低。原因在于,自首是对犯罪行为人自身罪行的积极否定,是对法律规范性效力的主动认可,并且通过主动归案、如实供述自身罪行来证明自己犯罪后的心理态度,从而具有了降低刑罚惩罚力度的实质理由。但是,与之不同的是,立功是通过犯罪行为人对他人犯罪行为或者犯罪人的检举揭发而实现的,行为人以外在的尚未归案的犯罪人为自己成立立功的核心要件。从某种意义上来说,立功的成立是以他人犯罪为条件的,其"幸福"完全是建立在他人"痛苦"的基础之上的,而且,由于重大立功较之一般立功的处罚更轻,因而他人越"痛苦",立功的犯罪人就越"幸福"。

如果就此而论,自首优先于立功的认定,理由似乎是充分的。毕竟,自首体现的行为人罪责内涵更为明显,与行为人应否受刑罚惩罚、受多大刑罚惩罚的关系更为紧密。但是,从规范性适用的层面来看,由于自首与立功都是规范化的产物,我们并不能将应然与否的抽象评价与实然性的现实问题混为一谈。由于司法裁量是基于现有刑事法律规范进行的正式行为,为了保证裁量的中立性与公正性,我们必须从规范层面进行实然性的规范评价。故而,在自首与立功同为刑罚的具体适用制度的前提下,我们就必须从规范性适用的角度予以选择性适用,而不能从价值层面作出超然性评价。

(二)被告人权益保障原则是化解自首与立功竞合的基准

在自首与立功发生竞合的情形下,行为人的行为已经符合了自首与立功的构成要件,此时我们无论认定行为人的行为成立自首还是立功,原则上都并不违背罪刑法定原则。笔者认为,究竟选择自首还是立功,应当按照"有利被告"的原则进行评判,即应该理性地选择对被告人的量刑更为有利的量刑情节。如果我们强硬地以自首排斥立功而进行惯常性的司法认定,那么必然无法说明以下事实:即为何立功不能排斥自首的成立呢？既然同为具体的刑罚适用制度，择其一而认定为立功又有何不可呢？

自首与立功竞合时的有利被告论，是在刑罚裁量时按照"从轻处罚"原则予以适用的结果，这与定罪活动中罪名之间发生竞合时采用"从一重处罚"明显不同。定罪时的从一重论处，是因为行为人的行为已经达到重罪的处罚标准，只有从重处罚，才能真正实现重罪重罚、轻罪轻罚的罪刑均衡效果。相形之下，如果同时触犯轻罪与重罪时还按照轻罪论处，那么，明显就是鼓励行为人在构成轻罪时还可以尽可能地实施重罪，因为反正最终的结果是以轻罪论处，由此导致获利更多，刑罚反而更轻。然而，很显然的是，如此做法既不合常理，也不符合刑法罪责刑相适应的基本原则，因此，此时的从一重处断原则毫无疑问是科学合理的。

但是，自首与立功的竞合情形具有与此完全不同的路径，我们不能因为在定罪时有"从一重处罚"原则而类推在量刑时也可以如此。原因在于，二者都属于有利于被告人的量刑情节，在行为人的行为已然达到二者规范性标准的前提下，我们没有任何理由选择"较轻的"量刑情节，而不选择对行为人论处的刑罚幅度"更轻"的量刑情节。同样的思路在于，既然行为人的行为已经达到了"更轻"的量刑情节，那么，无论是从规范性适用，还是刑事司法的人权保障精神来看，都应该是选择"更轻"而不是"较轻"。实际上，这一抉择是对教育刑理念的现实贯彻，是对罪责刑相适应原则自觉遵循的结果，唯有如此，才能真正引导行为人积极靠近规范性价值，对刑事法律规范作出积极的呼应。

（三）自首与立功竞合时遵循有利被告原则需要区别对待

从现有规定来看，由于立功的刑罚适用与自首并不完全相同，如果行为人存在重大立功表现，可以对其减轻或者免除处罚，这比一般自首具有的可以从轻或者减轻处罚的后果更为有利。基于上述的分析，按照有利于被告的刑事司法原则，我们此时把行为人的行为认定为立功更为合理。当然，成立自首也并不绝对意味着对被告人更不有利，因为如果行为人犯罪行为本身较轻，那么根据《刑法》第67条的规定，"犯罪较轻的，可以免除处罚"。此时，在犯罪较轻的情形下，由于立功的法定情节较之于自首情节，并不具有从轻处罚程度上的优越性，因而，我们需要优先适用自首而非立功。

另外，如果自首与立功都只是一般情形，由于在此情形下，自首与立功都是"可以从轻或者减轻处罚"，二者并不具有从轻幅度上的孰先孰后的衡量标准，因此，从有利被告人的视角来看，任何一个选择对犯罪人都是合适的。但是，基于刑罚裁量的科学性来看，我们的随意选择又显得过于轻率。此时，基于教育刑的理念，由于自首较之于立功更能彰显行为人知罪悔过、教育改造的事实，因此，笔者认为，从自首与立功的价值根基上考虑，优先认定成立自首不仅合乎立法本意，而且在选择过程中浓缩了教育刑的自觉运用，更好体现了对犯罪人权益的保障，使得刑罚裁量的结果更为科学合理。

从规范视角来看，自首与立功都是教育刑对行为人犯罪后情节的积极肯定，是教育刑在量刑适用中的现实运行。由于自首与立功规范性条件的交叉性、刑事案件与具体罪名的复杂性，导致自首与立功在司法个案的刑罚裁量活动中存在着竞合情形。在现有的刑法体系之下，自首与立功作为对被告人有利的法定量刑情节，不能通过自首的优先适用而绝对排斥立功情节的认定。作为有利于被告人的量刑事实，自首与立功仍然存在"择一性"或者"并合性"使用的理论基础，应当根据行为人的量刑行为个数和有利被告权益的刑事司法原则予以审慎处理。遵照教育刑适用上述量刑规则，既是呼应刑事法治人权保障精神的体现，也是对教育刑之下刑罚轻缓化的现实遵守与自觉运用。

教育刑的目的在于预防犯罪和树立规范意识，该目的性价值在立功身上体现得格外明显，为了更好地发挥立功法律规范的预期价值，我们就不能单纯强调自首而执意压低立功的规范效力。无论立功自身由于功利性的背景而留下多少诟病，在现有的刑事法律规范体系之下，司法人员仍然需要沿着刑事司法的理性道路而进行正确抉择。在立功的规范性效力仍然得以维系的前提下，如何更加有效地确立立功的科学适用，这一重担必须由刑事司法的工作人员予以担当。

秉承教育刑的正当价值与内在精神，按照刑罚裁量的科学原则正确适用的基本思路，在坚持量刑情节性质认定合理性的基础上，我们对自首与立功竞合情形的司法认定就必须从保障犯罪人权益最大化的角度出发，在综合分析的基础上对其进行审慎抉择。实际上，我们已经看到，刑罚裁量体现的是对犯罪人应受刑罚大小的合理配置问题，公正性的刑罚必须通过这一过程予以展现，当刑事司法真正沿着宽严相济刑事政策的道路一路驰骋，当我们的刑事司法理念更加鲜明地强调人权保障意识，那么，我们的刑事司法实践就能在贯彻教育刑理念和遵守现有法律的前提下，更加理性地按照刑事司法的原则行事，得出的量刑结论就能更好地符合刑事法治的精髓。

第三节　教育刑视角下死刑适用的司法控制及其重构

死刑的存废之争由来已久，基于不同的视角和理论体系，主张保留死刑的论者和赞成废除死刑的论者都提出了自己的观点并予以论证。然而，撇开死刑存废学术争议上的口诛笔伐不谈，一个挥之不去的现实问题在我们的司法运作中驻留徘徊，即在刑事立法整体上仍然保留死刑的前提下，我们如何贴近现今实体法的规范性要求，结合教育刑的基础理念，从而行之有效地把死刑适用尽可能地限定在恰当的程度范围之内？带着这一问题，笔者拟从教育刑的理论视角出发，对死刑适用的实体条件进行理性检讨,并对死刑在司法实践中的限制性适用认真地进行反思与叩问。

一、从教育刑的实体路径限制死刑更为务实

"在讨论死刑的存废问题时,一定要避免情绪化的思维,不应囿于抽象的讨论,而应该理性地进行思考。"[1] 虽然现有理论学者并非一致地认同死刑应当废除或限制,但是随着人道、人权价值的提倡,以及对刑法功能自身有限性的认识,刑法理性逐渐把个人的感性因素排除在规范学科之外,无所顾忌的刑罚冲动日益得到遏制。就现状来看,在总体程度上,死刑的废止论或限制论者的观点已经占据了绝对性优势,在如何对我国的死刑予以有效地减少或控制这一问题上,废止论或限制论者从不同的层面进行了理论构想,代表性的观点有如下几种:

"立即废除论"认为,"死刑必须立即予以废除,而且越快越好,哪怕提早一天都是好的。"[2] "只要我们的国家一天不停止杀人,我因国家强迫我参与杀人所遭受的良心的折磨便一天也无法消停。"[3] 与之存在区别的是,部分学者提出了"渐进废除论"的看法。如陈兴良教授所言:"从应然性上来说,我是一个死刑废止论者;从实然性上来说,我是一个死刑存置论者——确切地说,我是一个死刑限制论者。"[4] 陈兴良教授进一步指出,当前存在的主要问题在于,"死刑过重,生刑过轻",应当废除死刑,提高有期徒刑的期限,从而在刑罚结构上达致一个理想的状态,"具体设想是:死缓期满之后改为无期徒刑的,

---

[1] 康均心:《人类生死与刑事法律改革》,中国人民公安大学出版社2005年版,第273页。
[2] 曲新久:《推动废除死刑:刑法学者的责任》,《法学》2003年第4期,第44页。
[3] 赵秉志、邱兴隆:《死刑正当程序之探讨》,中国人民公安大学出版社2004年版,第688页。
[4] 陈兴良:《死刑备忘录》,武汉大学出版社2006年版,第25页。

原则上终身监禁。无期徒刑的，应当在关押 10 年以上才考虑减刑，实际执行期不得少于 20 年（现行刑法规定不得少于 10 年）。同时，提高有期徒刑上限，从 15 年提高到 20 年，数罪并罚最高从现在的不超过 20 年提高到 25 年甚至 30 年。在提高生刑的同时，才有可能减少死刑，并为最终废除死刑创造条件"[1]。胡云腾教授提出了在 2100 年废除死刑的百年梦想，在此基础上，赵秉志教授提出了"废除死刑的 50 年规划"，即分三个阶段废止死刑："一是及至 2020 年建党 100 周年亦即我国全面建成小康社会之时，基本废止非暴力犯罪的死刑；二是再经过一二十年的发展，在条件成熟时进一步废止非致命性暴力犯罪（非侵犯生命的暴力犯罪）的死刑；三是在社会文明和法治发展到相当发达程度时，至迟到 2050 年新中国成立 100 周年亦即我国建成富强民主文明的社会主义国家之际，全面废止死刑。"[2] 陈忠林教授更是认为，"通过将死刑核准权依法收归最高人民法院，依法扩张死缓的实际适用范围，科学地界定罪行极其严重的内涵，我们完全可以实现在 5—10 年将目前死刑实际适用减少 90% 的目标。与此同时，我们还可以逐步地通过推动制定减少或限制死刑适用的立法来逐渐实现死刑的实际不适用，在各方面社会条件具备的情况下，最终实现全面废止死刑"[3]。

无论是现有的"立即废除论"，还是"渐进废除论"，都预示了死刑在司法环境中最终必然走向消亡的命运。学者的呼吁是根据现存的死刑问题提出的对症之药，代表的是一种个人死刑观，是对当前死刑走向的主观预测或学术设计，是理论学者基于理性探索所作的一种个

---

[1] 陈兴良：《死刑备忘录》，武汉大学出版社 2006 年版，第 25 页。
[2] 赵秉志：《中国逐步废止死刑之建言——以废止非暴力犯罪死刑为中心》，载赵秉志主编：《死刑制度之现实考察与完善建言》，中国人民公安大学出版社 2006 年版，第 210 页。
[3] 陈忠林：《死刑与人权》，载赵秉志主编：《死刑制度之现实考察与完善建言》，中国人民公安大学出版社 2006 年版，第 65 页。

人预期。

笔者认为，这些极富感染力或创新性的学术观点，在引导中国废除死刑的道路上必将发挥重要作用，并对未来的立法修改或结构重塑提供重要参考。但是，要指出的是，就现有的刑事法治而言，寄希望于通过立法限制或者立法修改来限制、废除死刑的适用，仍然需要假以时日，需要倾注更多的精力。时下对死刑的适用起到明显的限制性作用，务实和脚踏实地的做法是，从既有的实体法和正当程序上对死刑适用予以合理性规制。正如赵秉志教授所认为的，"在立法对死刑的基本态度没有显著改变以前，死刑的立法控制存在较大困难的现实情况下，在刑事司法过程中对死刑适用进行严格的控制，就成为一种具有紧迫性的务实选择。与死刑的立法控制相比，通过司法手段控制死刑的适用，不仅更加便利，而且也更容易为社会公众所接受"①。对此，陈兴良教授也认为，"在目前中国的具体国情下，对于限制死刑来说，主要还是应当采取司法控制的途径"②。

因此，从根本上来说，要真正走司法限制死刑的道路，仍然需要在现有实体法的基础上，通过具体罪名的要件阐释与观念更新来重新剖析死刑的适用条件，对死刑适用予以正当性地限缩适用。③ 就我国现有的刑事实体法而言，死刑罪名的过多存在是限制死刑适用的客观障碍，但是，这仅仅是立法层面的问题，单就此来看，也并非完全束缚了司法工作人员的手脚，使其在死刑限制的问题上一事无成。与之相

---

① 马松建：《死刑司法控制研究》，法律出版社2006年版，第2页。
② 陈兴良：《死刑适用的司法控制——以首批刑事指导案例为视角》，《法学》2013年第2期，第55页。
③ 但是，要指出的是，死刑的司法控制实质是实体与程序的二维视角，即死刑既可以通过实体法层面予以实现，也可以通过程序法层面予以实现。比如，通过非法证据排除、传闻证据规则、强化死刑案件证明标准等，无疑也是通过司法控制来限制死刑的路径。参见韩大元：《死刑冤错案的宪法控制——以十个死刑冤错案的分析为视角》，《中国人民大学学报》2013年第6期，第17页。

反，只要我们秉持全新的刑罚理念，从教育刑教育改造的必要性出发，更多关注重刑惩治背后的基本价值理念，并以此武装我们的头脑，那么，在具体的刑事司法活动中，合乎理性地限制死刑适用的刑事审判结果就"既可期，也可得"。

二、我国现有实体法对死刑的限制及其评析

在规范刑法学中，要注重教育刑的运用，必不可少的就是要关注行为人的教育改造可能、关注行为人再次犯罪的可能。此时，对重刑犯尤其是死刑犯的人身危险性进行考评就是相当重要的问题。实际上，关于人身危险性的学术话语已经并不陌生，但是，在教育刑与人身危险性并未成为一个共识性概念被大众学者接受之前，它在我们现有的实体法中又如何与死刑控制相契合？因而基本的解决路径还有赖于我们对教育刑及其之下的人身危险性进行较为充足的理论探讨，在基本达成共识的前提下，进而对死刑的实践适用有一良好限制。

在现有的刑法规范中，《刑法》第48条对死刑规定了积极的成立条件，这属于"积极的死刑构成"，但是其后的刑法规范又相应地对不能判处死刑的情形单独作出了规定，这属于"消极的死刑构成"。立法者对死刑控制做出的积极姿态，主要体现在以下方面："犯罪的时候不满18周岁的人和审判的时候怀孕的妇女，不适用死刑"（第49条）；"审判的时候已满七十五周岁的人，不适用死刑，但以特别残忍手段致人死亡的除外"（《刑法修正案（八）》规定的第49条第2款）。此外，死刑"不是必须立即执行的，可以判处死刑同时宣告缓期2年执行"（第48条），此为死缓的具体规定；"犯罪分子虽然不具有本法规定的减轻处罚情节，但是根据案件的特殊情况，经最高人民法院批准，也可以在法定刑以下判处刑罚"（第63条），此为死刑复核的实体法规定。

上述的刑法规范都是针对死刑司法适用的救济措施，这些限制性规定虽然可以从某些程度上对死刑控制起到一定的作用，但是难以有预期性的大作为，这是因为：

（一）单纯通过立法上的主体限制死刑明显乏力

单从犯罪主体上把犯罪时的未成年人和审判时怀孕的妇女排除在死刑适用之外，主要是基于刑罚人道性的考虑。但是，在司法实践中一个很明显的事实是，重大的犯罪案件中犯罪时为未成年人、审判时为怀孕的妇女毕竟是少数，寄希望于通过筛选犯罪主体限制死刑，其收效和期望值原本就不大。尽管《刑法修正案（八）》增加了审判时已达75周岁的人不适用死刑的规定，但是，在司法实践中，这部分犯罪行为人犯重罪的概率本身并不高，加之《刑法修正案》通过"特别残忍手段致人死亡的除外"进行了严格限定，因此，针对审判时已达75周岁的人不适用死刑的主体空间相对较小，并不具有限制死刑适用的普遍效力。

（二）通过死缓救济同样缺乏内在说服力

死缓（死刑缓期二年执行）作为死刑（死刑立即执行）的一种替代方式，可以在司法实践中很好地予以功能发挥，但是一个不可忽视的事实是，死缓和死刑在很大程度上具有质的同一性。如果单纯寄望于通过死缓的大量运用来控制死刑，可以说就是通过死刑本身执行方式的变通来控制死刑，虽然该种替代方式操作起来比较方便，即该判处死刑的案件通过死缓予以变通处理，但是，这只是使得生命刑的执行数量得以减少，而被判处死刑的数量在根本上仍然会维持现状。换言之，死缓只是死刑的一种执行方式，用死缓来替换死刑立即执行，并没有真正达到控制死刑的目标，反而在相当程度上使得司法机关因为疑罪的存在而变相地采用死缓，这与设置死缓的立法初衷是相背离的。

再则，认为适用死缓即可为减少死刑提供出路的观点，只是一种欠缺实质理由的辩护，表面上看起来似乎可行，实际上并不符合死刑适用的法定条件。原因在于，死缓的限制性条件是"不是必须立即执行"，与之相对，剥夺生命的死刑的内在条件就是"应该立即执行"，如果为了减少死刑而把全部的死刑案件以死缓判处，死刑剥夺犯罪人生命的众多弊端确实在相当程度上可以迎刃而解，但是对重大刑事案件不问"是否立即执行与否"而一概以死缓判处的做法，却存在着以下逻辑问题：

其一，死缓之"缓"的基础何在？如果根本欠缺"缓"的现实理由，何以又出现死缓的现实执行方式？在现有的司法实践中，死缓适用的法定条件中"不是必须立即执行"仍然存在众多的不确定因素，司法解释也没有给出具体的情形，导致审判人员在适用死缓时仍然存在较大的自由裁量权。如此看来，适用标准的不确定性致使死缓自身缺陷突出，在此情形下，一味地适用不完善的死缓制度来替代死刑立即执行制度，尽管能够挽救犯罪人的生命并且在一定程度上削减死刑的数量，但终究仍然不应为我们所积极倡导。

其二，如果用死缓全盘替代现有的死刑，那么，它既事实上消灭了死刑立即执行制度，同时也否定了自身的适用。死刑立即执行与死缓的实质条件是一样的，但在执行方式上有别，如果承认所有的死刑立即执行都转化为死缓解决，那显然就要承认现实案件犯罪人的罪行并未达到极其严重的程度，可是这样一来，我们就必然面临着这样一个逻辑问题需要解答：既然判处死缓的案件罪行并非极其严重，那又为何要以死缓之名变通死刑的执行呢？如果说我们所有的死缓案件仅仅是为了防止死刑立即执行的弊端，那么，尽量地不适用死刑将是最为彻底的出路，而不是选择一个似是而非的死缓予以替代。从某种程度上来说，死缓的存在确实有其积极效用，但是，就当下来说，用死缓来作为死刑限制适用的辩护理由仍然并不充分，用死缓来永久性地作为死刑存在的辩护理由更是难以成立。因此，笔者认为，死刑的控制问题应当从源头上予以彻底解决，依赖死缓的适用来减少死刑数量并非上策。

（三）通过《刑法》第63条第2款控制死刑存在众多弊病

现行《刑法》第63条第2款规定，对不具有刑法规定的减轻处罚情节但情况特殊的案件，经最高人民法院核准，判处的刑罚可以低于法定刑。"许霆案"中，许霆因盗窃金融机构一审被判处无期徒刑，最后却被改判为5年有期徒刑，这一较大幅度的更改，正是得益于现行《刑法》第63条第2款的救济。在此案件判决的前后，笔者思绪翻翻，拟想是否可以通过这一条款达到死刑控制之目的呢？但是，思维冷却之后，笔者认为，这一条文难以对控制死刑起到实质性的作用，主要原因如下：

其一，实质条件上难以符合。适用《刑法》第63条第2款，必须存在一个实质条件，即案件无减轻处罚情节，但是案件自身存在特殊情况。对适用死刑的案件来说，"无减轻处罚情节"比较容易满足，问题在于该案件是否存在"特殊情况"呢？需要指出的是，此条款指涉的"特殊情况"并非是指不适用死刑的特殊性，而是指适用刑法条文法定刑的特殊、危害行为的特殊、行为人的特殊等情形。就可能被判处死刑的案件来说，其都是符合"罪行极其严重"的实质条件的，换言之，如果本身并不符合这一条件，根本就不可能进入死刑的视野，更遑论适用《刑法》第63条第2款。可是，既然已经属于"罪行极其严重"，其后又要因为"特殊情况"而寻求适用此项条款，这前后之间本身就是矛盾的，二者之间的对抗很难调和。因此，在欠缺实质条件的情形下，贸然或者强行来适用《刑法》第63条第2款的规定，显然不太合适。

需要强调的是，《刑法》第63条第2款的规定，本身并不是为了更改刑法的已有规定，也不是出于扩张司法机关的裁量权的目的而设置，更不是假借特殊事由而给予犯罪行为人更轻的处罚。该特殊条款之所以被设立，是以刑罚公正性为视角所进行的立法考虑，可以说完全是为了实现罪刑均衡的目的。因而，我们不能理所当然地认为，死刑案件相较于其他一般案件存在"特殊情况"，所以应该适用《刑法》第 63 条第 2 款的规定，进而最终判处其他刑种。如果以此来界定"特殊情况"，那么可以断定所有的重刑刑事案件，都可能被囊括进去，重刑适用自然将无太大的可能性。另外，如此做法，将会使得司法机关的裁量权变得毫无边界，罪刑法定原则也必将面临被侵犯的可能。

其二，与本法条的旨趣相背离。该条文的存在，并不是要对死刑的当然适用进行有意收缩，也并不是刻意要对所有的重刑判决通过救济手段予以回避。前面已经提到，本法条的意图非常明显，就是为了保证罪刑之间的均衡，但是，基于立法层面的多样性原因使然，犯罪与刑罚之间的罪刑阶梯可能并不一一对应，因而在罪刑法定原则之下，司法机关必将受缚于现有的刑罚配置而无太大的自由空间。刑罚与行为人实施的行为的危害性程度应该是对应的，如果较轻的危害行为反而要承担更重的刑事责任，这本身就违背了罪刑法定的本意，与立法者设定法条的初衷也不相吻合。基于此，立法者通过《刑法》第 63 条第 2 款，预留了一定的空间，在案件存在特殊情况的前提下，可以适用该条文来进行救济。

透过刑法条文，可以发现其立法旨趣在于使得量刑活动不偏不倚，尽可能地贴近罪刑均衡的基本原则。假想通过此条款来达到死刑控制的目的，就是寄希望于司法实践适用该规定而对行为人不适用死刑，至于可能被判处死刑的案件的案情具体如何则在所不问，如此实际上远远超出了本条原本的适用范围。故而，单纯为了控制死刑而扩大理解该条款的适用内涵，仅仅是学者一厢情愿地自说自话。尽管《刑法》第 63 条第 2 款的适用在某种程度上可能达到在法定刑以下得以减刑的目的，但是，由于本条与死刑适用并不存在直接性关系，因而通过此条来限制死刑适用纯粹是不切实际的幻想，基于上述分析也可得知，上述期望只能作为黄粱一梦而面临最终破灭之命运。

其三，刑事程序上难以成立。在刑事程序上，死刑复核权收归最高人民法院以后，如果针对死刑案件适用现行《刑法》第63条第2款而经"最高人民法院核准"，同样会面临现实的困境。其中，我们必须弄清楚的一个问题是，既然死刑复核和法定刑以下判处核准的主体都是最高人民法院，那么在二者主体和核准形式同一的情形下，经由最高人民法院核准的案件究竟是死刑复核案件呢？还是需要在法定刑以下判处刑罚的案件呢？

如果是需要在法定刑以下判处刑罚的案件，值得深思的是，该立法技术的设置又如何按照最初的预想而得以实现呢？之所以有此疑问是因为，在现有的刑法分则体系之下，除了劫持航空器"致人重伤、死亡或者使航空器遭受严重破坏"和绑架罪"致使被绑架罪死亡或者危害被绑架人"是绝对确定的法定刑之外，其他罪名的法定刑都是相对确定的法定刑，这于死刑的限制适用来说，如果司法官员基于自己对案情的考量认为，该案件不能适用死刑，他可以非常方便地利用其他刑种进行替换，根本无须采用上报最高人民法院这一舍近求远的程序。

另外，由于司法活动存在审限要求，法官和法院鉴于自己案件的办案周期和外界压力，多数情况下也不会采用费尽周折的层级上报制度来达到这一目的。很多下级法院基于自己利益的考虑，也不愿意把一个媒体和公众都未关注的案件上报到最高人民法院让其核准，尽量避免"费力不讨好"：一方面，这样做的后果是把自己的司法独立权置于被动的地位，审级上升的同时也使得更多的民众和舆论有介入的机会，很可能动摇自身拥有的司法权，甚至减损司法尊严并伤及司法权威性；另一方面，通过层级制的上报核准，虽然最终的审判结果更具权威性，但是很可能会暴露自己在司法审判中的众多弊病，这些不足包括实体及程序两个方面。这样一来，下级法院担心自己的办案缺陷会暴露出来，使得最高人民法院对下级法院的办案能力有所顾虑，进而担心影响自己的仕途和某些既得利益。因此，基于众多考虑因素，即使裁量刑罚时准予在法定刑以下适当减刑，该条款适用的现实可能性仍然令人怀疑。

如果是作为死刑复核案件上报最高人民法院，其刑事诉讼程序及其功能显然不一样。《刑法》第63条第2款的适用对象是没有生效的刑事案件，其主要功能是在宣告刑不确定时上报最高人民法院予以核准。而作为死刑复核的案件，是已经生效的判决，其审级的提高是为了体现死刑判决的公正和权威性，因而通过单独设计的刑事诉讼程序由最高人民法院进行核准。问题在于，死刑案件是否可以凭借《刑法》第63条第2款，把死刑复核的内容蕴含其中，从而在法定刑以下判处刑罚以达到死刑控制的目的呢？

笔者认为，这一寄希望于整合刑事资源的想法固然可嘉，却不可取。理由在于，根据2007年1月22日最高人民法院审判委员会第1414次会议通过的《最高人民法院关于复核死刑案件若干问题的规定》第一条的内容，"最高人民法院复核死刑案件，应当作出核准的裁定、判决，或者作出不予核准的裁定"。同时，第三条和第四条分别规定，"最高人民法院复核后认为原判认定事实不清、证据不足的，裁定不予核准，并撤销原判，发回重新审判"。"最高人民法院复核后认为原判认定事实正确，但依法不应当判处死刑的，裁定不予核准，并撤销原判，发回重新审判。"不难发现，无论是原判中的事实或证据问题，抑或是法律适用问题，原则上最高人民法院都不能直接改判，而只能在死刑复核后，作出核准或者不予核准的裁判方式。因此，借用死刑复核程序，把案件的最终判决寄希望于最高人民法院通过适用《刑法》第63条第2款而在法定刑以下判处，从而以此控制死刑的理论路径，由于二者程序上的现实差异与实质分裂，最终注定其不具有切实可行性而无适用之可能。

三、教育刑理论与死刑限制适用标准之契合

上述多种路径的提出，对死刑控制虽然可以起到某些方面的促进作用，但是纵观整个刑事司法活动和内在的限制性条件来看，其现实可操作性仍然或多或少有所欠缺。由此，促使笔者从死刑适用的源头予以查探，即死刑适用实体法上的原则性标准在当前的司法人员心目中是否存在一个重大的理论缺位？我们在判断"罪行极其严重"时是否还存在一些可以弥补的空间？我们在实体法方面应该如何更好地限制重刑包括死刑的适用？笔者认为，只有真正厘清了这些问题，才能发现症结之所在，进而能够针对性地提出解决之道。

死刑是典型的报应刑思想的产物，"以血还血""杀人偿命""血债要用血偿还"等古老格言时时提醒人们死刑存在的现实必要性。在长期的生活过程中，朴素的公正观念时时左右着我们，以至法律的适用也难逃其阴影。一个重大的悖论在于，在现有的刑事法治环境下保留死刑成为一个客观存在，立法层面的废除死刑之路漫漫无期，然而，严格限制死刑的司法适用却成为当下殷切的期待。那么为何要把自己的目光紧紧盯在死刑案件的既有犯罪事实上，而不从犯罪行为人的人身危险性角度深层次地考察死刑适用的必要性和正当性根据呢？除了已然造成的客观危害结果，我们还能不能从与"罪行"相对应的"罪人"角度开辟一条新的路径呢？

毕竟，"如果笼统地认为法益仅仅是由法所保护的利益或者价值，那么，就会使法益概念抽象化，有不能确定具体的轮廓以及界限之虞。有必要以宪法的基本原理（尊重价值观的各个个人在保有自己的尊严中实现共存）为基础，考虑谦抑性、片断性，来研讨是否值得用刑法

进行保护"①。由此，刑罚的谦抑性或补充性，决定了刑罚是适用于具体的犯罪行为人的，即是以犯罪行为人作为最终的承担主体。因此，笔者认为，死刑的限制适用必须结合对受刑人有无适用死刑的必要性予以内审，需要超越现有已经造成的客观危害的视野范围而看得更远，也需要从死刑适用本身的实质性条件上另辟蹊径，如果能够严格地对其适用条件进行某种程度的合理性限制，那么，死刑的限制目标在既有司法实践中就完全有希望实现。

"比立法者更聪明的是适用制定法的人"②，但是，适用刑法的人仍然需要基于现有的刑法规定，这是罪刑法定原则不可逾越的一道屏障。因此，要从实体法层面打开通道，我们就仍然必须从现有立法的规定上寻求办法。根据现有《刑法》第48条的规定，显而易见的是死刑只适用于罪行极其严重的罪行，那么如何理解"罪行极其严重"，就是审判工作人员在司法操作中必须予以解决的首要问题。涉及"罪行极其严重"的内涵是什么的问题，不同的学者提出了自己的看法：马克昌教授认为，"罪行极其严重，指罪行对国家和人民利益的危害特别严重，情节特别恶劣，同时行为人具有极其严重的人身危险性"③。陈兴良教授认为，"罪行极其严重"就是俗语所说的罪大恶极，"罪大"是指犯罪行为及其后果极其严重，给社会造成的损失特别巨大，它体现犯罪的客观实害的一面，是社会对犯罪危害行为和危害后果的一种物质的、客观的评价，"恶极"则是指犯罪分子的主观恶性和人身危险性特别大，通常表现为蓄意实施严重罪行、极端蔑视法制秩序等，是社会对犯罪人的一种主观心理评价。④赵秉志教授则认为，"罪行极其严

---

① 金尚均：《现代社会中刑法的机能》，载赵秉志主编：《全球化时代的变革——国际社会的经验及其对中国的启示》，冯军译，中国人民公安大学出版社2007年版，第151页。

② 霍尔斯特·海因里希·雅科布斯：《十九世纪德国民法科学与方法》，王娜译，法律出版社2003年版，第48页。

③ 马克昌：《刑罚通论》，武汉大学出版社1999年版，第114页。

④ 陈兴良：《刑法疏议》，中国人民公安大学出版社1997年版，第138—139页。

重"只是强调客观上的犯罪行为对社会造成了严重危害性后果这一方面，在立法技术上存在缺憾。他同时认为，与1979年的旧刑法相比，现有立法表述的改变，表明了排除降低死刑适用条件的立法意图。因此，在量刑时，一方面应当根据犯罪分子的社会危害行为和后果去确定是否应当判处死刑，另一方面也应考察犯罪分子的主观恶性和人身危险性。具体到刑法分则中，死刑适用的对象不应仅仅被理解为犯有"极其严重"的犯罪的人，而应是凡有"极其严重"的犯罪且具有该种犯罪最严重情节的人。① 另外，陈忠林教授更是旗帜鲜明地认为，应该从犯罪对客体造成的客观危害、行为人对刑法所保护价值的对立态度及程度、行为人的社会危险性三个方面出发，认定我国《刑法》中的"罪行极其严重"必须同时符合以下3个条件："（1）故意严重侵害公民生命安全的暴力性犯罪（至少是对判处死刑立即执行的案件而言）；（2）动机、手段、结果等方面不存在社会应予正面评价的可谅解因素；（3）行为人明显具有再度实施严重危及人身安全暴力性犯罪的危险。"②

除此之外，有学者虽然没有直接对"罪行极其严重"作如上的解释，但是从其论述的字里行间可以窥见死刑适用仍然需要判定"人身危险性"这一层意思的存在。比如，高铭暄教授就认为，凡70周岁以上之老年人，不适用死刑，其理由是"耄耋之人受到生理和心理因素的影响，其辨认和控制能力都有不同程度的下降，其对社会的危险性相对较小，对其适用死刑难以达到刑罚的目的"。③ 陈华杰博士同样认为，在判断罪行是否达到极其严重时，始终要把握两点："一是看犯罪的客观危害是否特别严重，同时考虑判决时的社会治安形势是否相当

---

① 赵秉志：《刑罚总论问题探索》，法律出版社2003年版，第152—154页。
② 陈忠林：《死刑与人权》，载陈兴良主编：《死刑问题研究》（上册），中国人民公安大学出版社2004年版，第97—110页。
③ 高铭暄：《中国死刑的立法控制》，载赵秉志主编：《死刑制度之现实考察与完善建言》，中国人民公安大学出版社2006年版，第22页。

严峻，或者是否造成了恶劣的社会影响。二是看犯罪人的主观恶性是否特别恶劣，同时考虑犯罪人的人身危险性是否十分突出。"[1] 刘树德博士认为，从原来的"罪大恶极"变更为现在的"罪行极其严重"，在理解上并未发生变化，可以说两者已经等同，"都要强调从社会危害性（包括客观危害和主观恶性）和人身危险性两个方面来说明死刑适用的对象范围"。[2] 张远煌教授认为，"从中国当前的司法实践看，对死刑的适用存在把关不够严格、限制程度明显不够的问题。在司法实践中，实体法方面的突出问题主要表现在：其一，对'罪行极其严重'的理解和把握不够全面和统一，在成立犯罪的前提下，死刑的适用过分侧重于危害后果的轻重，缺乏对反映被告人主观恶性和人身危险性情节的应有综合考量"[3]。

由此可见，对死刑适用标准的"罪行极其严重"中"罪行"的理解，显然不是指危害行为所造成的客观实害结果，除此之外还必须考察行为人的人身危险性，即教育刑所要求的教育改造之后是否有再次犯罪的可能。因此，就现有的立法表述来看，单纯的形式解释根本无法触及其核心，因而只有通过实质解释才能更好把握立法旨趣。"实质的刑法解释论恰恰就是在注重动用刑罚处罚犯罪人以实现刑法的法益保护目的的同时，更注重严格控制解释的尺度，只将那些值得处罚的行为解释为犯罪，从而实现对公民权利的充分保护，实现刑法保障公民自由、人权的目的。"[4] 注重重大刑事案件背后的行为人的人身危险性，就是要在关注危害结果和主观恶性的同时，还必须密切关注行为人的人身危险性情况，即在先前死刑适用条件的基础上，把行为人的

---

[1] 陈华杰：《论死刑适用的标准》，人民法院出版社2005年版，第307—308页。
[2] 刘树德：《死刑片论——死刑复核权收归之际的思考》，人民法院出版社2007年版，第35—36页。
[3] 张远煌：《中国非暴力犯罪死刑限制与废止研究》，法律出版社2006年版，第171页。
[4] 李立众、吴学斌：《刑法新思潮——张明楷教授学术观点探索》，北京大学出版社2008年版，第96页。

人格状况纳入进去，结合客观罪行综合评判行为人适用死刑与否。可以说，上述学者的呼吁，代表了理性反思背后的智慧，因为教育刑之下人身危险性这一特有概念的提出，对我们以此来重新审查现今死刑存废的理论路径和死刑限制适用的司法实践都意义重大。毫不客气地说，把教育刑之下的人身危险性提升到实践运用平台之上，不仅为刑事法学理论注入了新的元气，也相当程度地提升了教育刑的实践运用，而且对现实司法裁量所固有的重刑化倾向同样可以起到纠偏之功。

基于教育刑的理念，死刑作为罪刑阶梯中的最高等级，自然需要对犯罪行为人的人身危险性予以细致考量。就此来说，其间的理由已经很清楚，既然死刑的"罪行极其严重"是客观危害与人身危险性的综合体，那么，我们就不仅要评判行为人已经造成的实然化的危害结果，还要慎重考虑行为人的人身危险性情况。这是评价死刑能否判处时，需要综合考虑的两个方面，属于质的双项性考察。除此之外，这些客观危害与人身危险性还必须达到"极其严重"的程度，即这些被判处死刑的行为人，应当具有不同于一般行为人的更为严重的人身危险性，这是我们评价其是否判处其死刑的实质标准之一，属于量的方面。死刑作为最严重的刑罚，人身危险性也应当对应为最严重的人身危险性，只有最重的刑对应最重的罪，这样的刑罚适用才符合罪刑阶梯的要求，二者在此层面才能相互匹配并最终实现罪刑均衡；相反，若是简单地根据客观结果就轻易判处一个人的死刑，便等于丧失了前面提到的基本标准，必然造成死刑适用的随意性，从而影响公正性、合理性。

由于教育刑的司法适用必须关注人，而不是对客观危害与主观恶性的简单性重复评价，因而需要我们对行为人的人身危险性情况予以认真对待与审慎评估。就当下的司法适用来说，尽管人身危险性的问题在司法实践中被广泛性采用，但是，就其评估仍然是由法官自由裁量决定的，其随意性不可避免地存在着。在缺乏现有规范性评估机制的前提下，笔者认为，我们在审核可能判决死刑的犯罪人的人身危险性时，并不成其为司法适用的一个现实障碍。原因就在于，能否适用死刑的犯罪行为人的人身危险性评估，完全可以从反向来进行推定，即只要行为人的人身危险性并不非常严重，就不属于"极其严重"，不适用死刑就有了现实理由。换言之，我们无须从正面来积极地认定人身危险性，而是可以通过客观行为来反向认定其人身危险性不大的事实。尽管人身危险性的"大"与"不大"都需经过严格地评估才能决定，但是，相较于"大"的肯定性评估来说，"不大"的否定性评估的得出过程更为容易，因为只要有削减行为人犯罪人格的外在事实存在，"不大"的结论就容易确定。认定行为人的人身危险性大，是把行为人拉入更重的刑罚圈，而认定行为人的人身危险性不大，是把行为人置于更轻的刑罚圈，这于行为人而言是有利的。笔者相信，在基于客观基础事实予以认定的同时能够辅之充分的理由说明，那么适用死刑与否的结论也就能够经得起历史的检验。

  操作路径上，我们可以先考察那些可能被判处死刑的犯罪人，在初步划定了适用死刑的范围之后，再分别对其客观危害与人身危险性进行一番考察，从中进行仔细地排查与审视。由于死刑的适用十分慎重，所以，在考察行为人究竟是否应当被判处死刑时，目光必须时时往返于已有事实、法律规定与人身危险性之上，不断地综合评价与试错之后，才能得出合理性结论。在传统的死刑适用中，我们过多地把眼光偏向于客观危害行为，这不仅忽视了教育刑理念的影响，亦是对行为人的人身危险性视而不见，从而使得死刑适用会不当地扩大。

  需要注意的是，在注重教育刑与人身危险性的前提下，在可能被判处死刑的案件中，行为人的人身危险性大小状况肯定存在一些差异，对此我们应格外注意。比如，在一个普通的故意杀人案件中，如果行为人是出于对国家、社会、自己或他人的生命、健康和重大公私财物的保护而实施杀人行为，虽然可能因为防卫过当而构成故意杀人罪，但此种情形下法律已经明确规定应当减轻或免除处罚；如果行为人因为自己的儿子作恶多端、为非作歹等恶行，出于"为民除害""大义灭亲"的想法而痛下杀手，同样需要考虑案件中存在的酌定情节，实际上，现实司法中对存在该种情节的案件的宣告刑一般较轻，这显然是受到行为人的人身危险性调剂的结果；再如，行为人由于对方的重大过错或重大违法、犯罪行为而实施杀人，鉴于被害方过错在案件发生中所起的现实性作用，量刑时必须考虑该实际情节而合理配刑；如果行为人实施危害行为，由于历时性的阶段性跨越，行为人的后续行为能够表明其人身危险性降低，体现出了教育改造的效果，那么就没有必要非得使用重刑或运用刑罚。反之，如果行为人作恶多端、不知悔改，客观罪行极其严重，加之其人身危险性有趋大的现实征表，教育改造已然不可能，那么此种情形下适用死刑就有了当然之理。

　　总之，在死刑的适用过程中同样需要贯彻教育刑，行为人是否存在教育改造之必要，行为人是否存在较大的人身危险性，这些作为重要的实质评判标准，已经不可或缺地存在于整体性标准之下。笔者以为，就死刑的严格适用来看，死刑应当作为教育刑的反面而存在，即只有当犯罪行为人确实存在无法被教育改造、无法融入现实社会且对现有规范持明显的对立态度的情形时，才能基于严重的社会危害性，最终对行为人适用死刑。死刑作为一种彻底从现实社会中剥离行为人的刑罚措施，有消灭主体性存在，从而一劳永逸解决再犯可能性的内在意蕴。抛开死刑的道德性与人道化的价值追求不论，我们通过死刑的适用而让犯罪人提前结束生命，其中不能不考虑行为人的社会适应性，尤其是行为人的教育改造的可能性。通俗地说，在严重犯罪之后，我们基于教育刑所要求的人身危险性评估而认为其最终无法被教育改造，除开死刑之外的其他刑罚无法达到"救治"之目的，此时才有适用死刑之可能。

　　刑罚总是具有教育性目的，这是刑罚目的性预期的自然内容，也是刑罚伴随人类前进而理当拥有的理性价值。"教育可以受教育者，不可教育者不使为害"，这是刑罚在死刑裁量时理当重视的内容，也是在刑罚适用中不可忽视的重要方面。当然，教育的可能与否，不能简单地取决于司法人员的自由裁量，也不应是毫无依凭地率性而为。教育总是与行为人的个别特性相结合，教育的效果也取决于行为人的自身素质与外在环境，当外在的环境不可能轻而易举有所改变时，行为人的内心与人格将起着决定性的作用。因此，刑罚的个别化总是与刑罚之目的的教育个别化具有紧密性关系，我们以行为人为中心、以人身危险性为视角，在不抛弃危害行为理论前提下所做的努力，笔者相信，对死刑的正当性适用大有裨益。

四、从教育刑理念出发对死刑限制的两重性

"死刑的司法控制虽已付出了很大的努力且取得了显著的效果，但仍有相当的空间，要继续挖掘死刑司法控制的潜力。"[1] 人身危险性对死刑适用的实体路径考察，并非是要否定程序正当性对死刑限制的价值意义。毫无疑问，实体与程序不可分离，两者相辅相依，在死刑的司法适用中发挥着功不可没的现实作用。然而，问题在于，如果实体法已经把原本比较宽泛的死刑口径通过严格的规范限制进行了较好收缩，这就好比在源头上通过分洪泄流，把死刑的适用范围限定于某一狭窄的渠道之内，就此被判处死刑的犯罪行为人就必然随之相应地大大减少，在此前提之下再诉之于程序上的各种限制性要求，死刑的正当性适用必将进一步得以削减。因此，笔者相信，按照前面阐释的理论路径设计，死刑适用才能步入一条正确的务实性轨道，才能符合日益限制死刑的世界潮流的节奏。

---

[1] 赵秉志：《再论我国死刑改革的争议问题》，《法学》2014 年第 5 期，第 127 页。

从具体操作技术上分析，教育刑对死刑的限制应该从两大层面进行：

其一，从外延上限制死刑的适用范围，即从罪名上把能够适用死刑的罪名限定在严重的暴力性犯罪之内。需要明确的是，能够适用死刑的行为人都是"罪行极其严重"，无法被教育改造的，故而必须建立一个基点的对比度，即以侵犯生命权为标准，只有侵犯生命权的行为人才能与死刑适用相匹配，才有可能最终适用死刑。质言之，死刑的教育刑适用需要从横向的罪质比较中发现其与死刑适用内在的相当性，由于暴力性犯罪与非暴力犯罪不可同日而语，这就决定了教育刑之下的死刑适用不能是泛泛而论的抽象性空谈。否则，把教育刑纳入死刑的司法适用之中并作为实质标准，客观上起到的将不是限制性功能，而是一种积极的催化，即很有可能不当地导致实施危害性过大的行为，使可以不判处死刑的行为人最终被判处死刑。显然，此种对教育刑功能的彻底误解将导致实践运用的异化，而这与教育刑介入刑罚的初衷是背道而驰的。

其二，在死刑判定时，从内涵上对行为人的教育刑适用予以具体地客观标定。教育刑需要强调行为人的人身危险性，人身危险性作为一种客观现实，是行为人主观见之于客观的外在表现，同时人身危险性也是一种规范判断，需要结合具体的行为人得出结论。出于司法实践操作便利性考虑，人身危险性对于死刑的削减程度需要出台较为详细的量刑指南予以指导。笔者认为，我们应该确定适用死刑的一般量刑基准，即通过规范性文件明确哪些是需要判处死刑的共性特征和最低界限。从操作技术上言之，这一死刑适用的量刑基准，可以通过司法统计得以解决，虽然这一工程规模浩大，但是在当前死刑复核权统一由最高人民法院行使的前提下，系统分析死刑量刑基准并顺利完成该项工作也并非完全不可能。在此基础上，对行为人死刑适用的客观情形通过量刑规范化的方式予以标定，这就把原本在司法审判过程中的酌定情节以法定形式外化，其现实效力将大大优于酌定情节可有可无之非特定性，同时也避免了教育刑在死刑适用中只具有间接性影响而丧失对审判的直接作用力。因此，在教育刑理念之下，如果根据死刑的量刑基准，相关案件中的犯罪行为人可能被判处死刑，但是结合犯罪行为人的具体情形，该行为人存在从轻或减轻处罚的情节因素，那么排除死刑的适用就应成为刑罚裁量的最终选择。

教育刑强调对行为人的教育改造，因而从此层面来说，只有那些无法教育改造且实施严重犯罪行为的犯罪人，才有适用死刑的可能与必要。绕开死刑既有学说的存废之争，在现有司法运作体制下，探究如何从实体法层面有效限制死刑适用无疑是务实性做法。定位于行为人的人身危险性视角，把犯罪行为人置于主体性地位审视再作死刑适用与否的判断，是教育刑对重刑适用的自然要求，这不仅与我国刑法对死刑限制性适用的初衷相契合，而且与刑罚强调人权保障和教育改造思潮的主流价值相一致。基于教育刑的基本理念，从行为人的人身危险性视角出发，可以对死刑的司法适用进行双重限制；即一方面以侵犯生命权为坐标从外延范围上限制死刑的罪名种类，另一方面则以司法裁量中的刑罚实践为线条予以死刑适用的限缩。

第六章　刑事执行层面的考察：教育刑规范化运行之四

第一节　教育刑理念指导下的假释制度及完善

作为一项体现现代法治精神的刑罚适用制度，假释体现了教育刑在刑罚实践中的现实运用，对罪犯教育改造并帮助其回归社会发挥着积极的作用。假释的适用遵循一定的实体条件与程序规则，系对确有悔改、没有再犯危险、教育改造效果突出的罪犯予以提前释放的刑罚变更执行制度。该制度是教育刑理念实践化的产物，为罪犯的再社会化提供了良好条件，符合刑罚个别化、社会化、经济化的原则，已成为世界各国普遍采取的一项刑罚执行方式。近些年，我国先后颁布了《最高人民法院关于减刑、假释案件审理程序的规定》《最高人民法院关于办理减刑、假释案件具体应用法律若干问题的规定》《最高人民法院关于办理减刑、假释案件具体应用法律的规定》以及最高人民检察院发布的《人民检察院关于办理减刑、假释案件的规定》等规范性文件，对我国的假释制度进行了一定程度的完善。但是，由于我国假释制度缺乏科学的刑罚理念指导，教育刑未能在假释制度中得到深入贯彻与运用，致使假释在理论和实践中仍然存在着诸多问题。因而，需要通过教育刑理念的指导，完善假释并使之更好地规范化运行。

一、我国假释制度面临的问题：假释条件的缺陷

（一）适用对象限制了教育刑的功能发挥

根据我国《刑法》第 81 条第 1 款的规定，假释适用于被判处有期徒刑、无期徒刑的犯罪分子，包括被判处死缓，二年后被减为有期或无期的犯罪分子。被判处管制的罪犯，因其不需要被关押而不适用假释；被判拘役的罪犯，因其丧失人身自由的期限较短因而没有必要适用假释。至于拘役是否应该纳入假释，笔者认为没有必要，因为拘役完全可以通过缓刑制度予以救济，作为救济长期自由刑的假释制度，完全不需要扩张至拘役的范围。

另外，现行《刑法》第 81 条第 2 款规定了"不得假释"的对象，即"累犯以及因杀人、爆炸、抢劫、强奸、绑架等暴力性犯罪被判处 10 年以上有期徒刑、无期徒刑的犯罪分子"。从制度安排上来说，这一规定明显是为了控制假释的适用，即不能把具有严重社会危害性的犯罪通过假释放之于社会，从而带来刑罚适用的不公正和新的犯罪问题。但是，该规定忽视了刑罚的教育改造功能，忽视了受刑人人身危险性的差异，不符合刑罚的教育性、经济性原则。就现有假释的限制适用来说，不考察上述犯罪行为人的犯罪原因和个体差别，单纯根据犯罪性质及其较长刑期而把部分犯罪行为人完全排除在适用假释的对象之外，虽然具有实践可操作性的极大便利性，但是却带来适用范围狭窄的问题。

（二）刑期适用条件难以与教育刑相对接

假释的刑期条件，是指被判处有期徒刑或无期徒刑的犯罪分子，只有在实际执行一定期限后才可能被假释。《刑法修正案（八）》规定，除特殊情况外，被判处有期徒刑的罪犯，执行原判决二分之一以

上，被判处无期徒刑的罪犯执行十三年以上的才具有被假释的资格。但是，基于犯罪人实施行为的多样性与犯罪行为人教育改造难度的差异性存在，是否应该不加区别地一律如此，都是值得反思的问题。既然刑罚要体现教育刑的功能，假释又是以行为人的教育改造表现作出的，那么如果行为人在刑罚执行中已经展现了教育改造的效果，为何假释制度就不能予以对接而实现其内在功能呢？

（三）假释的适用条件过于模糊

《刑法》规定，罪犯被假释的前提是，其认真遵守监规，接受教育改造，确有悔改表现，假释后没有再犯罪的危险。虽然在《最高人民法院关于办理减刑、假释案件具体应用法律的规定》（法释［2016］23号，以下简称《规定》）第三条中对"确有悔改表现"予以了说明（主要包括：认罪悔罪；遵守法律法规及监规，接受教育改造；积极参加思想、文化、职业技术教育；积极参加劳动，努力完成劳动任务），但是落实到司法实践操作当中，该规定仍然过于模糊，致使在许多情形下，是否符合假释的前提条件仍然并不是特别清晰。除此之外，何谓"没有再犯罪的危险"，由于其内涵与外延的界限并不明晰，致使在司法实践的操作过程中同样具有认识上的非一致性。在此情形下，假释的适用必将受到限制。

二、我国假释制度面临的问题：假释程序的粗漏

（一）提请程序不完善

执行机关的权力过大。根据《中华人民共和国监狱法》第32条规定，唯一拥有假释提请权的主体是执行机关。根据现有的法律规定，执行机关提出假释建议后，才能启动假释程序。最高人民法院《关于减刑、假释案件审理程序的规定》（法释［2014］5号，以下简称《程

序规定》）中的第一条第二项对执行机关的权力在形式上有一定的限制，该款规定"对被判处无期徒刑的罪犯的减刑、假释，由罪犯服刑地的高级人民法院在收到同级监狱管理机关审核同意的减刑、假释建议书后一个月内作出决定，案情复杂或情况特殊的，可以延长一个月"，也即假释程序中必须首先要有监狱管理机关对被判处无期徒刑罪犯的减刑、假释建议书的同意。问题是，什么时候进行假释适用的建议，对哪些服刑人员进行假释建议，决定权在执行机关的手中，如果缺乏有效的监督机制，必然导致执行机关的自由裁量权过大。由此可见，执行机关的前置性权力是假释与否的关键，如果未曾获得其同意，假释的程序根本无法启动。

利害关系人参与权缺乏程序保障。程序合理是保障结果公正的最好路径，如果欠缺有效的程序设置，要实现公正合理的结果就存在非确定性，此时要单纯依赖司法人员的素质与道德品性就难以持久，其良好效果的获得就带有诸多主观成分。假释的结果与罪犯及被害人的利益息息相关，但如果假释与否只取决于执行机关手中的权力运行，而撇开利害关系人不顾，则在程序不合理的情形下，权利保障与秩序维护之间的失衡现象必然难以避免，假释的知情权和参与权缺失问题必将是严重的。不可回避的问题是，如果假释程序的整体运行将利害关系人"置于事外"，假释的公正性同样会受到质疑。

罪犯的奖惩考核缺乏救济。虽然执行机关定期会对所有罪犯的奖惩考核分进行公布，以让罪犯及时知晓自己的表现认定，若罪犯对考核结果存在异议，可向监狱申请复议，这是犯罪人唯一的救济方式。但是，这些奖惩考核行为在司法实践中是不可诉的，即使罪犯对相关后果提出某种程度的异议，仍然不能对考核结果以行政诉讼的方式寻求救济，使得犯罪人的合法权益得不到应有的法律保障。

假释提请阶段缺乏监督。程序正义的要求之一是中立，而要实现中立，则必须有监督的存在。无论是在对罪犯的奖惩考核阶段，还是假释建议书的制定过程，抑或是对罪犯的救济程序，都离不开检察院的监督，以保障程序的公平、公正，维护当事人的合法利益。2014年《程序规定》第二条做出相关补充，即"人民检察院对报请减刑、假释案件提出检察意见的，执行机关应当一并移送受理减刑、假释案件的法院"，确定了检察院在提请假释阶段的权力。2014年的最高人民检察院《人民检察院办理减刑、假释案件规定》对检察院在提请阶段的监督行为予以明确，包括检察院对特定事实的调查核实、派员列席假释评审会议、提请假释的建议、对执行机关假释建议提出书面意见等，在一定意义上完善了监督权。但是，由于检察院的调查核实只限于特定的情形，这样的规定并不能完全保障监督权的实现。

（二）审理程序存在的问题揭示

未赋予罪犯、被害人程序主体的地位。罪犯、被害人与假释的结果之间存在密切的关系，理应参加到假释案件审理程序中来行使自己的权利，维护自身的利益。但是，在我国现行的假释案件审理过程中，罪犯作为假释的主体只能被动地接受调查，而不能主张任何实质上的权利。值得肯定的是，最高法的《程序规定》有一定的进步，在第十条中规定"被报请减刑、假释罪犯作最后的陈述"，确认了罪犯表达意志的权利。然而，仅仅此处的一项规定势单力薄，使得罪犯的权利"形同虚设"。《程序规定》并未确定罪犯获得律师帮助、进行法庭辩论等权利，仅仅规定最后陈述权并不能保证罪犯的实体利益。至于被害人的参与权，现有的法律法规同样无明确规定，因而这样的程序设置是有欠妥当的。

法院审理方式的弊端。2014年《程序规定》明确规定，对这六类减刑、假释案件应当开庭审理。根据现有规定，假释案件的审理方式包括书面审理和开庭审理，其中有六类被要求必须开庭审理，其他类型则由法院决定开庭与否。相较之前，这样的规定有一定的进步，但是仍然存在模糊地带。比如，在应当开庭审理的案件中，最后一项是"人民法院认为其他应当开庭审理的"，从而给予法院相当大的自由裁量权。另外，《程序规定》仅确定六类应当开庭审理的案件，对于其他类型的假释案件，人民法院一般会选择较为简单的书面审理方式。由此带来的结果是，不利于对假释作出正确的裁判，被提请假释的罪犯权利得不到较好保障。

假释案件的审理缺乏专业分工。根据我国的相关规定，假释案件的裁决由中级人民法院或高级人民法院作出。但是，由于我国中级以上法院数量相对较少，而且人民法院内部没有设立专门负责假释案件的部门，一般都是由刑事审判庭或者审判监督庭予以审理。刑事审判庭普遍存在案多人少、超负荷运转的情况，而审判监督庭主要是对再审案件进行核查与审理。假释案件与普通的刑事审判并不完全一样，因而在现有的条件下，如果缺乏假释适用与否的专业化审理机关及其判断，不能对犯罪人教育改造的效果作出客观中允的评判，则假释裁决的规范性和公正性必将存疑。

罪犯对于假释裁定缺乏必要的救济途径。2014年《程序规定》将假释裁定作出之后的审查权主体仅限于人民检察院及人民法院，从而将假释的直接利害关系人排除在外。假释之适用与犯罪人自身的利益息息相关，服刑行为人对假释的公正与否应当具有一定的话语权，如果不给予利害关系人相应的权利救济渠道，仅仅保证权力主导下的运行，那么这样的规定在程序上仍然有进一步完善的空间。

（三）考察程序缺乏相应的合理性

假释考察内容规定不合理。虽然我国《刑法》第84条规定，被宣告假释的犯罪分子，应当遵守下列规定：（一）遵守法律、行政法规，服从监督；（二）按照监督机关的规定报告自己的活动情况；（三）遵守监督机关关于会客的规定；（四）离开所居住的市、县或者迁居，应当报经监督机关批准。如此设计，存在一些问题：

（1）考察内容的模糊性。虽然我国《刑法》对假释的考察规定了四项内容，但是单凭四个条款无法明确假释考验的具体内容。比如，在该条款的现有规定中，诸如法律、法规、活动情况、会客等立法表述，在实践适用中与之相关的内涵与外延存在不确定性，使得假释适用的考察具有模糊性或者随意性。

（2）考察内容的不完整性。假释的适用不仅应当包括使罪犯不违反相应的规定，还应当包括对罪犯进行教育改造、社会适应性帮扶，从而使其顺利回归社会。只要假释的对象符合假释的形式与实质条件，则在裁定假释之后就应当更加关注服刑犯的社会化问题，而不能再囿于监督管理并把它作为假释的重心所在。但是，我国现有假释规定的考察都是一些义务性内容，对犯罪人的教育性内容严重缺失，把犯罪人置于客体地位的传统思想仍然占据突出位置，教育刑的现代刑罚理念未能进一步彰显。

（3）考察过多强调惩罚性。惩罚是刑罚内在的天然属性，因而在假释的考察内容中同样添加了惩罚性元素，但是如果过多强调对罪犯的惩罚性要求，又不符合教育刑的基本要求。既然假释的犯罪人都是能够得以被教育改造且回归社会的，都是没有再犯危险的行为人，那么，我们就要顺势而为地积极引导，而不是附随更多的惩罚性内容。既然添加更多的惩罚义务不仅不能更好地帮助行为人回归社会，反而可能对行为人回归社会带来诸多负面影响，那么对这些制度的设置就要考虑其必要性。

假释考察的配套措施不完善。由于罪犯在假释后可能存在一定程度的社会不适应性，因而相关机关及人员应当对被假释的罪犯予以帮助或者更生保护。就域外司法实践的处置来看，一般都有过渡性的保障机制。比如，为无家可归的假释犯寻找居所，提供相应的谋生技能培训；为无能力的假释犯提供获得工作的机会，维持其基本的生活所需；为心理不适者给予必要的心理辅导，解决他们人际交往层面的障碍与困难；为贫困的假释犯申请或提供社会福利救助，帮助他们顺利融入社会；协助假释犯恢复因长期关押而破裂的家庭关系，帮助他们获得良好的家庭关爱与正常的社会关系；等等。罪犯在假释期间的表现情况如何，前期教育改造的表现是否能够得以维持与稳固，在相当程度上取决于与之对应的配套措施是否完善。

检察机关的考察程序缺乏监督。人民检察院是法律监督部门，根据法律规定由它来对刑罚执行予以监督，对社区矫正工作的整体活动行使法律监督权，以保证社区矫正工作各个环节能够公正行使，但就实践运转的情形来看，检察机关的监督未能落到实处。究其原因，主要包括：法律对检察机关的监督内容规定不完善，造成工作比较被动；另外，检察机关对假释犯的考察监督往往不够重视，加之自身检察业务较重，人员配备不足，办案经费少，使监督工作无法正常开展；检察机关进行监督的主要手段是提出口头建议和书面纠正意见，缺乏法律责任后果，致使有些部门对纠正意见置之不理，严重影响检察监督工作。

（四）撤销程序有待进一步改进

假释犯撤销标准的认定问题。我国《刑法》第86条对假释的撤销作出了规定。撤销的情形主要有三种：其一，在假释考验期内，罪犯又犯新罪；其二，在考验期内，发现被假释罪犯的漏罪；其三，被假释的罪犯在考验期内违反法律、法规或国务院有关部门关于假释的监督管理规定的。从整体上来看，上述规定过于模糊、笼统，在司法实践中不易操作。首先对于第一、二种情形，在假释考验期内犯新罪及发现漏罪的罪犯而不能假释的规定，是否超过追诉期限、能否包括过失犯罪等都不明确，致使实践中的操作具有不少的难度。其次，对于第三种情形，在考验期限内违反法律、法规或监管规定的罪犯不得假释的规定，操作中同样易引发争议。

假释撤销提请中存在的问题。首先，假释撤销提请事由缺乏层次性和灵活性。在我国，假释撤销重"管理"轻"保护"，将违反假释条件作为假释必然撤销的要素。假释考察阶段，是罪犯回归社会的过渡期，罪犯可能会出现各种生活、人际交往、求职等方面的问题，难免心态调整失衡，甚至出现较为反常的状态，甚至可能再次实施犯罪。既然假释作为非监禁刑有其正当价值，对待假释的撤销也必须审慎和慎重。其次，假释撤销程序未能保证犯罪人的申辩权。一旦在假释过程中，相应的执行机关认为其有撤销假释的情形，就会提出撤销建议，此时假释犯很少有陈述、辩论的机会，导致其申辩权无法保证。再次，假释撤销的提请主体不完善。根据我国相关规定，假释撤销的提请主体限于执行机关，而检察机关没有相关的权力。这样的规定，与检察机关作为法律监督部门的地位不一致，因而缺乏合理性。

假释撤销审理中存在的问题。首先，假释犯的诉讼权利无保障。假释犯违反假释相关规定而被提请撤销假释时，被剥夺了所有的权利，只能被动地接受裁定。其次，假释犯缺乏必要的申诉救济的途径。在假释撤销过程中，假释犯将面临被重新剥夺自由的情况，但若对裁定不服的，却不能上诉和申诉。最后，法律对撤销假释的审理没作规定，不利于假释犯的权利维护。

三、改革路径：教育刑理念指导假释制度的完善

（一）假释条件的规范化完善

扩大假释适用对象。首先，应当将《刑法》第81条的"可以假释"改为"应当假释"，限制执行机关的自由裁量权，扩大假释的范围，保证假释的公平。其次，对于累犯及暴力性犯罪罪犯的假释予以完全禁止的做法不合理，可以有限地赋予这两类特殊罪犯假释权。原因在于，考虑到这两类罪犯的危险性较大、教育改造存在相当的难度，

因而对其适用假释时，应当限制适用的条件。比如，被判处有期徒刑的罪犯在实际执行三分之二以上，被判无期的罪犯实际执行十五年以上，并符合假释适用的其他条件的，应当适用假释。

刑期条件应体现层次性与阶梯性。教育刑要求必须关注犯罪行为人，以及关注犯罪人的教育改造表现，基于此，我们应当对不同身份罪犯的假释规定不同的刑期条件。笔者建议，应当对成年犯与未成年犯的假释予以区别对待，并对被判处十年以下有期徒刑、十年以上有期徒刑、无期徒刑的罪犯进行适用前刑期的分别设置，同时降低现有有期徒刑执行二分之一以上与无期徒刑执行十三年以上的限制，为假释的扩大适用创造条件。这样的规定，符合教育刑教育改造犯罪人的基本理念，以更好地让犯罪人回归社会为旨趣，有利于刑罚效果的最佳实现。

实质条件采取概括和列明的方式。适用假释时的最为关键和重要的条件是假释的实质条件，该条件主要是指罪犯通过在监狱内的服刑表现以及其他情况所反映出的关于其人身危险性和社会再适应能力的一种倾向。《最高人民法院关于办理减刑、假释案件具体应用法律若干问题的规定》（法释〔2012〕2号）、《最高人民法院关于办理减刑、假释案件具体应用法的规定》（法释〔2016〕23号）对"有悔改表现""没有再犯罪的危险"予以了进一步的解释，但是该解释没有体现教育刑的自觉指导，显得较为零乱，并且这些司法解释也并未上升到法律的层次，有待进一步加强完善。为了增加可操作性，笔者建议，应当在《刑法》第81条后增加一款，采用更加清晰的列明方式，明确这些较抽象的现有规定所指的具体情形，为假释在实践中的适用提供规范化标准。

（二）完善假释提请程序

进一步扩大假释提请权的主体。首先，罪犯作为假释的直接利害关系人，理应是假释提请的主体。假释作为教育改造之后的一种权利，在符合基本条件之后，犯罪人完全可以直接提请。这种权利不应限定为执行机关，没有罪犯参与的假释程序，总体上有所欠缺。其次，赋予检察机关作为假释提请的监督机关。《最高人民检察院关于减刑、假释案件规定》第九条规定："人民检察院发现罪犯符合减刑、假释条件，但是执行机关并未提请减刑、假释的，可以建议执行机关提请减刑、假释。"上述规定说明检察机关对减刑、假释仅有建议权，而无实际的提请权，这明显不利于监督权的良好行使。

完善罪犯是否适用假释的科学考评。教育刑关注行为人的危险性，在假释适用中是否具有再犯危险，这也是判断罪犯能否假释的实质条件。基于规范化运行的需要，应当对罪犯的人身危险性、罪犯人格等进行科学化评估。具体来讲，在评估时不能单纯依靠平时劳动改造过程中的"百分考核制"，除此之外，应当围绕罪犯的人生经历、犯罪动机、狱内表现、释放后的家庭环境、生活态度和未来计划等进行相对科学综合的评估。执行机关应当就此方面进行针对性地完善，尽力提升人身危险性评估的能力与水平，保证假释的实质条件在实践层面可以规范化地适用。

完善检察机关假释提请阶段的监督权。检察机关已经在监狱设立驻监检察室等部门，这对罪犯在服刑期间的表现评估考核、派员参加执行机关的集体会议，保证假释的公正化行使都有重要意义。检察机关的监督完全可以提前到假释提请阶段，从源头上保证假释的正当化行使，防止人为因素的介入而出现不当后果。

（三）完善假释审理程序

建议设立专门的假释审判庭。目前在我国，对假释案件的审理是由刑事审判庭或者审判监督庭来进行的。但是，在实践中由于刑事审判庭存在案多人少的情形，导致假释案件的审理很难保证公正，也很难高效运行。很显然,只有专业化的分工,才能保证专业化和规范化的结果。因此,在法院内部设立专门的假释审判庭就势在必行,如湖南省长沙市中级人民法院设立的刑罚变更执行庭就发挥了很大的作用。[1] 在此基础上,我们可以进一步地积极尝试设置更为专业的假释审判庭,以解决假释审理专业性不高的问题。

将假释审理适当集中于区域内法院。根据我国的现有规定,假释审理的管辖权由中级以上人民法院行使。这样规定的积极意义在于能保证假释的公正化适用,但其弊端也很明显,即零散性突出、专业性不强。有学者建议,被判处五年以下有期徒刑罪犯的假释可由基层人民法院审理,被判处五年以上有期徒刑或无期徒刑罪犯的假释由中级以上人民法院管辖。[2] 尽管基于不同的刑期予以分类处理,有利于假释审查的合理分流,但是下放给基层法院仍然具有非现实性。原因在于,基层法院处理常规案件的压力较大,更缺乏审查假释的专业人员。基于此,笔者建议,可以考虑在某一区域内设立专门的假释审查法庭,对该区域内的假释案件集中进行审理,从而较好解决假释案件适用上的规范问题,也能较好保证适用标准上的统一性。

假释审理程序应当进一步规范。对于假释案件,应当采用普通刑事案件的审理程序,以保证假释案件的公开透明。在审理假释案件时,应当按照陈述—调查—辩论—裁决的模式展开,让多方主体参与并充分发表个人意见。通过法庭审理方式,让假释的条件与理由得以充分展开,能否假释的结论一目了然。而且,通过庭审方式,各方能够表达自己的见解,持异议方可以据此举证并合理辩解。通过这样的方式,假释过程方能以"看得见的方式"运行,公正的假释裁定结果能够较好得到保证。

---

[1] 徐静村:《减刑、假释制度改革研究》,中国检察出版社2011年版,第98页。
[2] 孙琳:《减刑、假释程序研究》,中国人民公安大学出版社2011年版,第186页。

(四)完善假释考察程序

完善社区矫正配套措施。对被裁定假释的罪犯,适用社区矫正的方式改造犯罪人,帮助其适应社会生活,最后回归家庭和社会。在实践中,由于我国的社区矫正适用时间并不长,相关制度与保障机制还不尽完善,造成假释犯在矫正结束后并不能很快重返社会。因此,基于假释犯进行社区矫正的制度安排,完善社区矫正的具体措施就是实现刑罚目的、帮助罪犯社会化的最佳途径。细言之,需要通过定期免费提供技能培训、就业指导、推荐就业、提供心理咨询服务等工作,帮助社区矫正对象解决实际困难、恢复正常心理、步入正常生活,促进其融入社会。[①] 关于社区矫正的未来完善,将是今后非监禁刑规范化运行的核心所在。

扩大假释矫正的主体参与。科学合理的考察主体,对假释的成败发挥很大的作用。因此,在我国应当建立以司法行政人员为矫正官,社区帮扶机构、社区志愿者、社工为辅助的多元主体参与机制。为发挥假释的最大效益,只有充分利用社会力量,社区矫正的工作才能予以更好推动。社区力量的介入主要是对犯罪人的教育帮扶,而不是无处不在的惩罚与监督,与假释犯进行意见沟通与交谈,发现他们可能存在的问题并及时矫正。让社区力量协助矫正官进行家访、适应性帮扶、心理矫正等工作,使假释犯真正融入社会轨道。

加强和完善检察机关的法律监督。人民检察院作为法律监督部门,现在的工作就是要加强监督工作,真正落实假释适用的科学性与公正性。检察监督要保持动态过程,随时发现违法情况并及时提出检察纠正意见,保障假释顺利实施。在社区矫正法的实施过程中,我们要进一步创设更加丰富的检察监督方式,加强检察监督的效力与归责后果,提高监督效果,确保检察监督效力在实践中的贯彻落实。

---

① 李永升:《刑法总论》,法律出版社2009年版,第375页。

（五）完善假释的撤销程序

正当合理的撤销程序是体现程序法治，保证当事人合法权益的有效途径。而我国对假释撤销程序的规定仍然不完善，因此需要我们在日后的工作中不断提升规范化的标准。

假释撤销的提请。基于假释实践的适用情形判断，假释撤销的提请主体应为社区矫正的司法行政机关或者检察机关。原因在于，假释行为人都要接受社区矫正并接受检察监督，司法行政机关或者检察机关能够及时发现问题，也最为方便。在发现有撤销假释的情形之后，司法行政机关或者检察机关填写"撤销假释建议书"，报送相应的人民法院并附相关证据线索或者客观材料，由人民法院审理之后予以撤销假释。

假释撤销的审理。对假释撤销案件的审理，应当按照普通审理程序进行处理。首先，从诉讼便利性的角度考虑，撤销假释的案件管辖应由原审人民法院负责审理；其次，对符合撤销假释条件的，为了避免假释撤销过程中可能出现的不当情形，应当原则上采取开庭审理的方式；再次，应当赋予假释犯各项诉讼权利，对积极进行申辩的假释犯罪人，要认真听取其意见，并在查证属实之后予以客观公正地裁决。

假释撤销的监督。检察机关作为法律监督部门，为了保证假释撤销的正当与公正结果，同样需要对假释撤销的整个过程进行监督，包括撤销呈报前、审理中、撤销之后等整体阶段。在此过程中，同样如前所述，要赋予检察机关更高效力的监督权，保证通过监督的正常行使，使假释的撤销与否能够受制于检察监督，从而保证规范结果获得。

假释是教育刑在刑罚制度中的现实运用，是法治进步和刑罚理性化的产物，蕴藏着对被行刑者人权价值的进一步尊重和保障。假释制度作为非监禁刑的适用，是基于监禁刑的弊端产生的，这一制度的设立有助于罪犯通过教育改造而转换为非监禁刑执行，从而让行为人最终改过自新之后回归社会。由于受历史、文化、政治和刑罚观念层面等方面的影响，我国的假释制度在适用条件、程序设计上都存在一些问题，在相当程度上制约了教育刑的功能发挥，致使假释应有的内在机能未能得以真正现实化。要解决问题就必须首先正视这些问题，在积极肯定假释适用价值的前提下，通过教育刑理念的进一步指引，需要我们重新设置假释制度的适用条件，完善相应的程序保障，使假释在规范化的制度中得以更好运行。笔者基于教育刑视角对假释制度进行了相当程度的努力构造，但是提供的完善建议仍然还有进一步商榷的空间，相关措施也还需要经过实践的严格检验。然而，只要朝此方向予以努力，我们就能在教育刑的道路上收获更多，假释制度的规范化运行与扩大适用就有现实可能。

第二节　回眸与启示：我国古代死刑执行方式的省思

死刑在人类的历史上存在了相当长的历史时期，无论是已经废除了死刑的国家，还是正在探讨逐步废除死刑的国家，死刑这一话题都能够引起人们的共同兴趣。在当前死刑存废之争的理论背后，已然引发了学者、司法工作人员与社会人士的普遍关注，相关的著述可谓颇丰，但是，在教育刑理念的指引下，如何透过中国古代社会死刑的执行方式来反观死刑的刑罚适用，现有学者所做的工作明显不够；如何通过死刑执行方式这一宏观历程的变化来看待刑罚的进化过程，已有的学术文章对此仍然阙如；如何结合这一历史变迁而体察制度流变的背后蕴涵，目前的学术思索仍然有待更进一步。

深受教育刑观念与人权法治理念的影响，在当前我国司法实践正逐步推行注射刑死刑执行方式的社会背景下，回溯性地探究中国古代的死刑执行方式，其理论与现实意义显然。因此，本文撇开死刑存废理论层面的正反对立不谈，基于死刑执行方式的微观视角，对我国死刑实践予以系统性考察，并在客观分析的基础上厘清我国古代死刑适用的基本概况，期望可以收获历史视角与社会背景下的多重感悟。

一、中国古代死刑执行方式的类型梳理

就我国古代死刑执行的主要方式而言，无外乎"斩"与"绞"，所谓的"斩"，即"以刀刃杀诛其身首者"，"绞"即"身首不殊，缠缚而缢者"①。《唐律疏议·死刑》中认为"故知斩自轩辕，绞兴周代"，明确告诉我们在上古黄帝时期已经有"斩"刑，而"绞"刑则是从周代就出现了。从夏朝开始，考古资料逐渐丰富起来，"夏后氏五刑"的说法得以确立，存在"大辟"之罪，且有"戳孥"之刑。进入商朝以后，死刑的行刑方式变得繁多，而且商纣王使用的刑罚不仅残酷，而且日益多样化，包括挖心、炮烙、醢脯、剖刑、活埋、焚炙、刽、菹、刽剔、蚕盆（喂毒蛇）等。周朝建立以后，为汲取商纣王的教训，主张"仁政""慎刑"，但是死刑执行方式仍然不少。据史料记载，西周时死刑行刑方式主要有七种："一曰斩，诛之以斧钺；二曰杀，以刀刃弃市；三曰搏，去衣磔之也；四曰焚，烧杀也；五曰辜，磔之也；六曰踣，毙之于市肆也；七曰磬，缢之于隐处。"②

战国以秦国为代表，死刑执行方式继续增多，其种类主要有斩、枭首、车裂、弃市、腰斩、凿颠、抽胁、镬亨、肢解、磔、戮尸、活埋、溺水、具五刑等，周密先生对此进行了统计，认为有19种之多。③在上述种类中，具有代表性的当属腰斩、具五刑、车裂，其中，"腰斩"即把人犯从腰部一斩为二；"具五刑"，是指对犯人处死时用五种刑罚，包括黥、刖、笞、斩首、菹肉于市；"车裂"，是指以马拉车的

---

① 徐元瑞：《吏学指南》，杨讷校注，浙江古籍出版社1998年版，第73页。
② 徐元瑞：《吏学指南》，杨讷校注，浙江古籍出版社1998年版，第69页。
③ 周密：《中国刑法史》，群众出版社1985年版，第446页。

力量使犯人肢体分解，秦惠王处死商鞅就是"车裂以徇秦国"。汉朝行刑种类主要有枭首、腰斩、弃市（绞斩共有）、磔、具五刑，除此之外，不常用的执行方式还有菹醢、镬烹、焚烧。①尤值得一提的是，汉朝中期出现了通过立法减少死刑行刑种类的情形，汉景中元二年（公元前148年）就把磔刑改为弃市，规定除妖逆罪外，不再适用磔刑。②然而，从后期的执行记录情况来看，这一次的废除死刑执行方式仍然是不彻底的，但是其历史开创意义却是不能磨灭的。

进入三国时期以后，有记载的死刑执行方式有弃市（绞）、车裂、锯头、汗潴、枭菹、腰斩等。尽管当时《魏新律》上明确记载的只有枭首、腰斩、弃市三种，但是，"至于谋反大逆，临时搏之，或汗潴，或枭菹，夷其三族，不在律令"③。北魏时有记载的死刑执行方式主要有镮、腰斩、殊死、弃市，北齐主要是镮之、枭首、斩刑、绞刑，北周法定的死刑行刑方式主要有罄、绞、斩、枭、裂，南朝法律规定的死刑执行方式有枭首、弃市（绞）、斩三种，但是法外刑还有赐死、焚尸、戮要、割腹、刳心、扬灰、汗潴、脔割（割成肉片）、棒杀、斧钺、杖杀、鞭杀、焚烧。④

隋朝对死刑的种类进行了比较大幅度的减少，其法典明确规定的死刑行刑方式包括绞、斩两种，除此之外，隋朝法外实施的还有棒杀、车裂、枭首等。唐朝对死刑行刑的法定种类有绞、斩，除此之外，法外实施的还有腰斩、车裂、枭首、重杖处死、赐死等，其中腰斩和枭首是"甘露之变"时才采用，"命百官监视，腰斩于独柳之下，枭其首于兴安门外"⑤。

---

① 胡兴东：《中国古代死刑制度史》，法律出版社2008年版，第105页。
② 王钦若等：《册府元龟·刑法部·定律令》卷609，中华书局2003年版，第7318页。
③ 《晋书·刑法志》卷30。
④ 《隋书·刑法志》卷25。
⑤ 《资治通鉴·唐纪》卷245，中华书局1956年版，第7916页。

五代以后，死刑执行的种类又出现了增多趋势，并且增加的死刑行刑方式更为残酷，其中最具代表性的当属凌迟刑的出现及其运用。五代十国时代有绞、斩、凌迟等，凌迟在五代属于法外刑，其后作为宋、辽等的法定刑方式。宋朝有绞、斩、断食、水淹、剖腹、醢脯，辽朝的绞、斩、凌迟是法定行刑方式，但是木剑、大棒、铁骨朵、鞭烙、粗细杖、投高崖、五车轘、枭磔、生瘗（活埋）、射鬼箭、炮掷、肢解、炮烙、铁梳、腰斩、熟铁锥擿犯人口、沙袋等法外施刑方式仍然存在。金朝有绞、斩、凌迟、击脑，西夏有剑斩和绞两种。

元朝时的死刑执行有绞、斩、凌迟、射鬼箭、生瘗（活埋）、投高崖、剥皮、戮尸、菹醢、磔等。明朝的死刑执行方式有绞、斩、凌迟、枭首、戮尸、剥皮等。清朝有斩、绞、凌迟、枭首、戮尸、剉尸等，清朝的司法改革把死刑的法定种类确定为斩、绞、凌迟、枭首、戮尸五类。时至清末，通过修律变法将死刑执行方式予以减少，废除凌迟、枭首、戮尸三种。"所有《现行律令》内凌迟、斩枭各条，俱改为斩决；其斩决各条，俱改为绞决；绞决各条，俱改为绞监候，入于秋审情实；斩监候各条，俱改为绞监修改，与绞候人犯仍入于秋审，分别实缓。"①

二、中国古代死刑执行方式的特点呈现

尽管专制时代下的死刑执行呈现出多样化的形式，但是其中的绞刑与斩刑一直是专制时代较为一致的法定行刑方式，这是贯穿其中的共同性特点。除了绞、斩以外，不同的时期又发展出了形形色色的多样化死刑执行方式，但是，无论怎样，从死刑发展的历史过程来看，在整个专制统治时代下，死刑的执行都以酷烈为其明显性特点。无论

---

① 《清史稿·刑法二》卷143。

是枭首、炮烙、剖腹挖心、腰斩、烹煮、喂毒蛇、剁成肉酱、凌迟等都是令人触目惊心和毛骨悚然的酷刑。"残酷性是古代东方死刑中的一个重要侧面。"① 对此，陈兴良教授一针见血地指出："在专制社会里，刑法唯一的价值就在于威慑与镇压，成为制造恐怖与维护专制的重要工具。在这种情况下，刑法是驭民之法，是钳制之法，是充满血与火的法，使人们望而生畏。"② 由于专权时代的刑罚是用来维护秩序的基本手段，因此，中国古代刑罚的酷烈性与残忍性就成为常态性的情形。

由于公权力的绝对至上以及私权的压抑不彰，刑罚呈现出以肉刑为中心的实体性内容，在此影响下，作为生命刑的死刑必不可少地具有了肉刑"升级版"的外在性。具体到死刑的执行方式上，在剥夺犯罪人生命的过程中，生命刑与肉刑的混合性适用就无不体现得相当明显。而且，刑罚的残酷实际上是从内外两个层面来展现的，即一方面其最直接针对的对象是受刑人，通过直接损害犯罪人肉体上的痛苦来最终剥夺其生命，对每一个即将受刑的行为人来说，都心存恐惧与不安。另一方面针对的是外在社会民众，统治者持有的基本信念是，死刑作为最严厉的刑罚，与其说是以剥夺他人生命的内容所决定的，不如说是以充满血腥的执行方式而额外附加的内涵所映射的。死刑执行方式的残酷性，给予外在的社会民众以内心强烈的感触，产生较为长期的心理刺激，并在明哲保身的理念指导下循规蹈矩地进行生活方式的安排。

为了达到死刑执行的客观效果，其执行方式就要通过个案充分发挥其威吓与震慑效果，因而，遍观中国古代的死刑执行方式，基本上都以增加犯罪人的痛苦为其主要特征。在有等级序列的专制时代下，"命如芥蒂"是一般民众生命权不受尊重的现实写照，由此可想而知，

---

① 王立民：《法律思想与法律制度》，中国政法大学出版社2002年版，第332页。
② 陈兴良：《刑法的价值构造》，中国人民大学出版社1998年版，第45页。

身为阶下囚的重刑犯的生命就更不可能得到任何实质上的保障。如果仅仅是剥夺生命，其实并不需要花费过多的心思与烦琐的程序，任何直接性的杀害都能够达到这一目的。但是，在渲染死刑执行效果的目标追求下，诸多死刑都是以增加犯罪人的生理痛苦的方式来最终完成的。比如，"炮烙之刑"让犯罪人在烧红的铜烙上行走，最终身体不支而倒在炭火中死亡；凌迟是以零碎割肉的方式，让犯罪人在肉体痛苦下流血过多而死亡，致使犯罪人"肌肉已尽，而气息未绝，肝心联络，而视听犹存"[1]。再如，"具五刑"作为多种刑罚的叠加，"先黥、劓、斩左右止（趾），笞杀之，枭其首，菹其骨肉于市。其诽谤詈诅者，又先断舌，故谓之具五刑"[2]。由此可见，这些无不体现了死刑执行以延长犯罪人的死亡时间和增加犯罪人痛苦的显著特点。

除此之外，中国古代死刑的执行以公开性与扩散性影响为其刻意追求的特征。因而，出现了"贵贱皆刑于市"[3]"伏尸都市"[4]"杀而暴其尸，以示戮"[5]。不可否认，中国古代是把死刑执行作为一种重要的仪式予以运用的，不仅事前要发布公告、安排具体地点、布置行刑场所等，还要在行刑前进行游行、宣读罪行、警告群众、行刑演示、悬尸数日等。可想而知，按照这样一套复杂的程序予以运行，其内在的追求就是达到死刑执行效果的最大化目标，凭借残忍的行刑方式实现惩戒社会民众的最佳效果。

我国古代的死刑执行具有时间上的明确要求，主要体现在如下方面：其一，死刑执行具有季节上的限制。比如，《左传·襄公二十六年》记载了"赏以春夏，刑以秋冬"；《后汉书·章帝纪》（卷3）记载

---

[1] 《渭南文集·条对状》。
[2] 《汉书·刑法志》。
[3] 《礼记·王制》。
[4] 《后汉书·刑法志》。
[5] 《左传·桓公十五年》。

了"律十二月立春，不得报囚"；《后汉书·鲁恭传》（卷25）有"断狱皆以冬至之前"；《魏书·李彪传》（卷62）有"远稽周典，近采汉制，天下断狱，起自初秋，近于孟冬，不于三统之春，行斩绞之刑"。其二，死刑执行具有日期上的限制。汉朝时已有"利日"行刑的说法，"利日即合刑杀之日是也"；唐代也有"禁杀日"的规定，其具体是指每个月的初一、初八、十四日、十五日、十八日、二十三日、二十四日、二十八日、二十九日、三十日，这被称为"十值日"。① 宋朝《庆元条法事类·刑狱门·决谴》中规定，"遇圣节及天庆、开基、天隆节，以上各三日，节后各一日；天贶、天祺节、丁卯戊子日、元正、寒食、冬至、立春、立夏、太岁三元、大祠国忌，以上各一日；及雨雪未晴，皆不行决"②。明朝规定，"停刑之日，初一、初八、十四、十五、十八、二十三、二十四、二十八、二十九、三十，凡十日"③。清朝规定，"元旦令节七日，上元令节三日，端午、中秋、重阳各一日，万寿圣节七日，各坛庙祭享、斋戒以及忌辰素服等日，并封印日期，四月初八，每月初一、初二，皆不理刑名"④。其三，死刑执行具有时辰上的限制。南朝《陈律》有，"罪死将决……夜须明"。⑤ 唐律《狱官令》有，"雨未晴、夜未明……，并不得奏决死刑"⑥。即要求执行死刑，必须在白天进行，天黑未明之前、下雨未天晴之前不得执行。由上述可见，中国古代死刑的执行具有"应时杀人"的外在特征，这既增加了死刑执行的威慑感，又极力满足了统治者施刑正当性的主观感受。

中国古代的死刑执行方式，还体现了差序格局的基本特征。首先，受官本位思想的影响，身份上的不同会影响死刑执行方式的不同。在

---

① 胡兴东：《中国古代死刑制度史》，法律出版社2008年版，第522页。
② 《庆元条法事类·刑狱门·决谴》卷75，中国书店出版社1990年版，第394页。
③ 《明史·刑法志三》卷94。
④ 《清史稿·刑法志三》卷144。
⑤ 《隋书·刑法志》卷25。
⑥ 《旧唐书志》。

专制统治之下，等级制一直是贯穿其中的一个中心线索，在生活的方方面面都体现得极为透彻，在刑事司法体制与行刑制度上也莫不如此。在唐朝，"五品以上犯恶逆以上，听其尽于家，七品以上官吏及皇族若有刑斩不宜明处者，皆于隐蔽处所绞杀之"[1]。但是，对有官级的死刑执行，并非一概都是较轻的，有时候身份的尊贵很可能也适得其反而适用更重的执行方式。比如，谏臣龙逄的炮烙刑、商纣王的枭首刑、中庶子商鞅的车裂之刑、丞相李斯的腰斩刑、楚平王的戮尸刑、御史李如月的剥皮刑，等等。其次，行为人所犯罪行的不同，可能会影响执行方式上的不同。比如，唐律规定，凡咒骂祖父母、父母的，要被处以绞刑；殴打了祖父母、父母的，要被处以斩刑；控告祖父母、父母的，要被处以绞刑。[2] 晋时张斐《律序》言："枭首者恶之长，斩刑者罪之大，弃市者罪之下。"[3] 由此可见，在死刑执行种类多元化的社会背景下，不同的执行方式仍然具有程度上的差异，可以进行位阶上的大致排序，从而与犯罪的轻重进行程度上的对应，不难想见，这已经初步具有罪刑均衡的朦胧意识。

中国古代专制条件下，法外施用死刑执行方式可谓是常态性做法，成文的法律规定难以束缚实践操作方式的随意选择。尽管各朝各代都确立了自己的刑法典章，对死刑的执行方式予以了明确规定，但是，司法执行中却并没有严格遵循既有的法律规定，而是经常会超越这一法律规定而法外施刑。比如，《唐律疏议》第 248 条有明文规定："诸谋反及大逆者，皆斩；父子年十六以上皆绞……妇人年六十及废疾者并免。"但是，在唐太宗时承乾谋反，经过群臣共议，仅仅只是"徙于黔州"，即以流刑了事，而当时与太子一起谋反的汉王元昌则被赐死家中。据沈家本考证，战国时的凿颠、抽肋，汉时的焚烧，魏晋南北朝

---

[1] 周密：《中国刑法史》，群众出版社 1985 年版，第 265—266 页。
[2] 《唐律疏议·斗讼》。
[3] 罗翔：《中华刑罚发达史》，中国法制出版社 2006 年版，第 136 页。

的以刀环撞杀、凿顶，隋时的镮裂枭首、磔而射之，五代时的醢，辽、金时的腰斩、剖心，明朝时的瓜蔓抄、剥皮、刺心，等等，都是法外行刑方式。[①] 由此可见，在君权至上的时代，法律效力仍然难以与权力抗衡，更不具有限制法外施刑的拘束力，成文法"一准执行"的效力仍然未能形成。

三、中国古代死刑执行方式带来的反思

中国古代死刑执行方式的残酷性，反映了报复刑理念在当时的盛行，以及"杀人者死"这一朴素正义观的价值呈现。但是，通过死刑的适用就不难发现，这一报复刑的运用并非都是限于等价报复的基础之上的，因为对诸多并非是侵犯他人生命权的行为，仍然通过剥夺犯罪人的生命为代价进行了报偿。而且，除此之外，通过死刑的执行方式，可以发现，这一暴露出来的赤裸裸的血腥杀人实际上是以无限的主观目标为其预期性内容的。比如，"禁刑止过，莫若重刑"[②]，"行罚，重其轻者，轻者不至，重者不来，此谓以刑去刑"[③]，体现的都是通过重刑威慑来达到预防犯罪的预期，不难看出，其间代表的明显是预防论的刑罚思想。清世宗更是在遗诏中明确指出，"国家刑罚禁令之设，所以诘奸除暴，惩贪黜邪，以端风俗，以隶官方者也"[④]，要求通过刑罚禁令来除恶去暴、治官治民，以达到社会风俗良好与秩序井然的目的，毫无疑问，其言下之意的预防论也无不昭昭。

尽管死刑的内容是剥夺犯罪人的生命，但是，作为社会主体的司法人员也能感受到一般人对刑罚的认识，即只有刑罚的残酷性才能在

---

① 《历代刑法考·刑法分考四》。
② 《商君书·赏刑》。
③ 《商君书·靳令》。
④ 《清史稿·刑法志》。

社会生活中产生广泛的影响，只有加大刑罚的残酷性才能威慑并防范其他潜在的犯罪人走上犯罪的道路。基于此理念，死刑的执行方式作为一种调控社会生活秩序的重要工具，专制统治者就必然要充分利用这一机会与空间，对死刑执行的效果予以充分演绎，既实现恶害报应的价值观念，又达到标榜其政权威严的浓厚色彩，寄托着政权维护实现源远流长的无限预期。因此，可以这样认为，死刑与死刑执行方式的彼此结合，就把刑罚目的中的报复论与预防论思想兼收并蓄地囊括其中。

由于缺乏一种规范性制度的约束，专制时代下的死刑执行显得极为随意，统治者与司法人员基于个人的主观随意性，对死刑执行方式选择的限制性较小，在能够主观所及的范围内，可以针对具体的死刑个案进行较大空间的创造性施刑。有学者指出，"郑人铸刑书时便揭开了援法定罪与类推擅断之间的矛盾，随着成文法的公布，由早期的'先王议事以制，不为刑辟'，转向要求'群臣上下贵贱皆从法'，并开始'宣明法制'，要让'百姓晓然皆知夫为善于家而取赏于朝也，为不善于幽而蒙刑于显也'，全面提出了'罪刑法定'的原则"[①]。但是，透过死刑执行方式的擅断可见，尽管中国古代也要求依法办事，也初步孕育着罪刑法定的朴素思想，但是就其实质内涵来看，仍然与今天的罪刑法定原则相差甚远。原因在于，现今罪刑法定原则的核心是限制公权力罪刑擅断，是以保障犯罪人的基本权利为初衷的，然而，处在当时皇权至上、人权尽失的社会下，罪刑法定原则的这一价值内涵是根本不可能实现的。

因此，虽然我们也看到专制统治"明德慎法"的一面，在不同时期出现了"与其杀不辜，宁失不经""慎刑""顺天行赦""录囚"等说法，但是这些仅仅是在政治开明时期的惊鸿一瞥，受专制统治的影响，

---

① 郭婕：《罪刑法定史论》，《河南大学学报》1999年第1期，第75页。

法律价值的贬损仍然是其显性主线，罪刑法定原则根本不能一以贯之地得以执行。正如学者所言，"君主专制带有很大随意性，一切以最高统治者的爱憎好恶为转移。当君主不是'圣明'的天子时，任何好的制度、原则都会走向自己的反面"[①]。何况，死刑的执行针对的是已经被判处死刑的犯罪者，在实体刑罚已经确定的前提下，程序上的执行方式根本不会成为什么实质性的障碍。因此，即使当时不乏成文的法律规范与刑事法典，但是，这些规范对死刑执行方式的约束力仍然相当有限，无法有效地对审判人员和执刑者产生任何束缚性的法律效果。

蔡枢衡先生说："统治者需要重用死刑处罚政治犯，以便使君位可以安危传至子孙万世；也需要对常事犯慎用死刑，以免积怨树敌影响长治久安。"[②] 由此可见，通过死刑来维护统治政权是其唯一和最高的目的。比如，北朝的周、齐已有重罪十条，隋朝开创了"十恶"之目，对"谋反、谋大逆、谋叛"这些触及皇权统治的行为位列前三，不在八议、议赎之限，都要处以最高的极刑，其维护政权的良苦用心因而自不待言。而且，从"重罪十条"中的"反逆、大逆、叛"过渡到"十恶"中的"谋反、谋大逆、谋叛"，就把原有的犯罪的"着手"阶段扩大至"预备"乃至"犯意"阶段，便于统治阶级更加有力地打击国事犯罪。[③] 因此，从整体的历史视角视之，在长期的封建专制统治之下，"慎刑"仅仅是惊鸿一瞥，而无法作为一种治国理念有效且自觉地转化为实践操守。

中国古代的死刑执行仍然充满着朦胧的神秘主义色彩，通过笼罩其上的一种或有或无的幻影，既赋予死刑适用的正当性根据，又增加死刑执行的客观效果。如前已述，"春赏秋杀""顺时杀人"的做法，以季节与时日的限制作为杀人的时间设定，仍然具有"奉天而行"的

[①] 林乾：《中国古代权力与法律》，中国政法大学出版社2004年版，第273页。
[②] 蔡枢衡：《中国刑法史》，中国法制出版社2005年版，第157页。
[③] 周东平：《隋〈开皇律〉十恶渊源新探》，《法学研究》2005年第4期，第136页。

宗教化色彩。在专制思想的钳制下，一般民众根本不会有挑战权威和质疑死刑正当性的胆量，加之受这些神秘化色彩的感染，其也只有被动地遵从，甚或把外表的幻象也潜移默化地认为就是理所当然。所以，我们不难想见，为什么在死刑执行的"现场演出"仪式上，一场君权对民权的欺凌与压迫，反而深得无辜百姓的争相围观与极力"捧场"。并且，这样一来，本来紧张的彼此关系，通过"为民做主"的死刑执行与心理释放，反而得到了相当程度的缓解。

专制时代下的政权稳固，离不了死刑执行及其效力对之进行的维护，因而，死刑执行的多样化与残酷性与当时特定的社会背景具有密不可分的关系。封建时代伴随其中的是土地的分割与争抢，以战争与武力来解决问题是常态类型，无论是在战场上对待侵入者与抵抗者，还是在战争胜利后对待被自己擒获的俘虏，都脱离不了血腥与杀戮。受其影响，"胜者为王"的心态得以逐渐稳固，为了争取更多更大的政权，必须付出的代价就是杀人。并且，为了避免"败者为寇"，其必要的手段就是对自己的敌人毫不留情、以除后患。在战乱连连的时代，战争硬化了原本善良的心灵，同时也强化了报复性的心理。为了坚守自己的既得利益，行为人一旦实施在统治者看来属于恶性的犯罪，都必然要付出沉重的代价，这种代价不仅是实体层面的生命付出，而且包括了剥夺生命的残酷方式。统治者把死刑犯作为"敌人"予以处决的过程中，他可以体验到作为胜利者的姿势与优越感，而且毫无疑问，这种感觉需要一种缓慢的过程予以品味，需要一种延时性的历程去享受，而不是瞬间的释放与纵然。

另一方面，死刑执行的残酷性与当时各朝各代幅员辽阔的疆域与信息的相对闭塞存在千丝万缕的关系。受地域广袤的影响，加之当时信息传递方式的滞后性，中央集权的政治权力很难渗透到行政区划的下层，死刑执行作为政治权力现实作用力的一次浓缩，恰恰可以满足权力由上及下传递的使命。毫无疑问，权力的传递只有以更具冲击力的方式才可能具有更大的波及力,也才可能把寄托其中的政治威严辐射到控制下的四面八方。基于此,死刑执行一直都是专制统治者极力重视的事情,为了加强刑罚的有效性与外在的威慑力,死刑执行方式必不可少地需要公开,并且以示众方式展现其"威力无穷"的"独特魅力"。

死刑执行以冲击人们的道德底线为宗旨,以刑罚的适用与执行来统领整体性的社会规范,约束人们的生活方式,这是典型的"以刑统德"的运作模式。由于权利意识尚未被唤醒,在此理念的引导下,人被作为法律适用的基本手段而为统治者的治国之策而服务,人的目的性价值被严重忽视甚或抛弃了,死刑执行的形式与内涵都是把受刑人作为政权的统治之术而展开的。

虽然死刑执行被统治者当成固守政权统治的重大事项予以对待,并且在执行方面花费了大量精力,穷尽了当时人类可以想象所及的极限。但是,在历史的滚滚浪潮中,一切都又成了过眼云烟,对自己政权寄予的无限期望终究不能依赖死刑执行的花样百出与残忍酷烈而有所根本改变。"治乱世用重典",告诉我们的只是"乱世"与"重典"的对应关系,而从未有哪一朝和哪一代用事实说明了"乱世"可以用"重典"达致"治理"之道。与之相反,死刑执行的残酷性不仅没有带来政治上的稳固性,反而加速了自己走向灭亡的时间。一旦民不堪负、怨声载道的程度已至,通过刑罚的苛责来挽救政治危亡的途径只是提前为自己掘好墓道,所有朝此方向的努力最终也只能是回天乏术。

从残暴的死刑执行过渡到枪决,再演进到当前的注射刑,死刑执行方式也在不断地更迭之中。"法治的特征决定了刑事法律只是类型化的标准,最终必须通过国家刑权力的运行实现,在运作过程中,必将包含对社会背景的认知水平和政策的导向。"[①] 在刑权力逐渐靠向法治

[①] 孙万怀:《论国家刑权力》,北京大学出版社2006年版,第144页。

治理而得以逐渐自律，刑罚自身的功能有限性得以被更为清晰地认识时，原先得以权力张扬而实施的权利蔑视就必然会大大降低。在中国拥有深厚民众基础的死刑制度，尽管其最终的消亡仍然有待时日，但是，伴随社会文明化的推进和刑事法治理念的不断更新，我们透过死刑执行方式的演进历程仍然看到了刑罚回归理性的那一份从容与自信。有学者言，"从死刑执行方式的流变谈行刑的文明化总是不那么理直气壮，甚至让人觉得虚伪。从死刑的角度分析，只有废除、不再执行死刑或最大程度地限制死刑才是文明的根本体现"[1]。确实，死刑何时在中国消亡必将作为重大事件而被记入文明史册，然而，务实地看，任何事物的发展都有一个渐进的过程，尽管死刑执行方式的变革仍然是在死刑存在前提下的改良，但是，透过这一微小的实践性创新，从历史纵向的视角，我们仍然应当承认我国刑事法治不断向前迈进的决心。而且，与之同时，死刑执行方式的改革也在反向影响着人们对死刑的传统看法，在脱离了过去那种狂欢式的杀人场景以及血腥氛围之后，其变革作为一种潜在力量也将助推死刑走向消亡时刻的最终到来。

中国古代的死刑执行是其刑罚制度的缩影，是检视刑罚发展过程的客观载体。专权时代决定了刑罚的权力至上性，从形形色色的行刑种类与个案中透露出专制时代的鲜明特点。专制时代下的死刑执行具有多元化的特点，剥夺生命的残酷性、公开性、应时性、法外施刑、延时性等是其最为直接的外化呈现。死刑执行方式作为刑罚权力的体现，是报复刑与预防刑理念的结合体，在彰显皇权而蔑视人权的社会背景下，死刑执行受专制政权驾驭而呈现出蔑视个人权利的浓厚色彩。从宏观轨迹观之，死刑执行方式的流变演化是与权利张扬与法治成长趋向一致的过程。

---

[1] 孙万怀：《在制度和秩序的边际——刑事政策的一般理论》，北京大学出版社2008年版，第155—156页。

死刑执行方式折射的是一个社会发展的文明程度，它与具体社会背景下的基本理念息息相关，与刑事司法的技术操作干系重大，与刑罚自身的目的性预期紧密相连。在刑罚结构中，死刑作为针对罪行极其严重的犯罪人而适用的刑罚，与死刑相关的任何改革都将必然招致外来的诸多目光，引发是非争论的诸多争议。死刑执行方式作为一种客观的刑罚现实，伴随时间与空间的变迁而经过了历史长河的一路颠簸，并在刑事司法的变革中沉淀出多样的形态。洞悉中国古代的死刑执行方式，浓缩了刑事法治进化演变的过程，反观当下的死刑执行可以看到，死刑执行方式作为执法理念作用于刑罚实践的呈现，折射了刑罚从严厉、威慑趋于文明、理性的道路历程。死刑作为黑暗专制时代遗留下的产物，为了适应时代变化及理念变革而作的执行方式上的适应性跟进，为死刑能够长期保留并在现代法治中占有一席之地提供了可能。在死刑渐进废除与刑罚轻缓化的当下，死刑执行方式的何去何从及其行刑方式如何得以及时跟进，都将留给理论学者与司法实务工作人员无限遐想的空间。

第三节 社区矫正检察监督机制的症结及出路

社区矫正作为行刑方式的一次重要变革，是推行行刑社会化、注重刑罚实践效果、贯彻行刑人本主义、强化刑罚目的实现的体现。自《刑法修正案》与新《刑事诉讼法》把"社区矫正"正式纳入刑事法律体系之中，其地位无疑得到极大程度的提升；在党的十八届三中全会与四中全会中，分别提出了"健全社区矫正制度"和"制定社区矫正法"的要求。《中华人民共和国社区矫正法》已由中华人民共和国第十三届全国人民代表大会常务委员会第十五次会议于 2019 年 12 月 28 日通过并公布，并于 2020 年 7 月 1 日起施行。这一立法的颁布实施，将为社区矫正的全面推进与规范化实施提供前行的动力,为社区矫正工作的法治化助力添彩。毋庸置疑,社区矫正置换了国家权力如何发挥的惯常性思维方式,通过自上而下与自下而上相结合的方式,为尘封已久的行刑实践开辟了崭新的路径。在社区矫正的现实意义已经得到普遍认可的基础上,如何从实践层面守护、强化、落实社区矫正的内在价值,已然成为理论学者与实务工作者共同努力的方向。

一、现实前提:社区矫正需要检察监督的有力保障

社区矫正的有效开展就是要利用社区的开放性特点,使得矫正对象在比较宽松的环境中重新认识自己的错误、形成良好的品行、塑造符合社会需要的健康人格。作为与监禁矫正相对应的概念与行刑模式,社区矫正的内在功能能否发挥出应有的功效,不可能仅靠立法者的主观良愿与满腔热情就能完成。作为刑事司法体系下的制度构建,社区矫正不可能置被矫正对象于社会土壤之中任其"自生自灭",更不可能脱离整体的法治环境"毕其功于一役"。然而,有学者指出,"中国现实中的缓刑、管制、假释、监外执行等各种非监禁刑罚,往往等同于没有刑罚,主管机关既不给予监督管理、也不给予改造保护,形同虚设"[1]。社区矫正的有效运行是内外部因素的结合体,缺少了有效配套机制的良好运行,社区矫正必将步步受困,甚或一腔良愿最终都将化为缥缈烟云。虽然社区矫正推行的规模在逐步扩大,但从当前实施的现实情况来看,效果并不尽如人意,其实际推行过程中暴露出来的问题不能不引人深思。正如学者所指出的,发展社区矫正的选择是正确的,但并不等于在运作社区矫正中就不存在瑕疵或者现实问题。[2] 对此,笔

---

[1] 何显兵:《社区刑罚研究》,群众出版社2005年版,第142页。
[2] 刘强:《美国社区矫正演变史研究——以犯罪刑罚控制为视角》,法律出版社2009年版,第210页。

者认为,如何强化社区矫正的外部监督机制,从而助推社区矫正各环节的细化与实施,是我国当前社区矫正工作亟待解决和完善的工作重点。

自社区矫正进入司法实践以来,对其基本价值的评判已经取得方向性的一致认可,但对社区矫正之外的监督机制问题,我们仍然需要在端正立场的基础上予以清晰认识。笔者认为,在社区矫正过程中,贯彻落实社区矫正检察监督制度可谓明智之举,其现实意义主要有如下方面:

其一,保障社区矫正内在价值得以真正实现。"随着新刑罚体系的成型,被适用社区性刑罚的犯罪人数量不断增加,在社区中服刑的人员数量越来越大。社区中服刑人员数量的增加,使得公众安全问题突出。"[①] 社区矫正作为非监禁刑的创新性运作模式,无论是矫正对象还是运行主体,都处于相对松散的整体环境中,自由度与灵活性都较大。要把社区矫正内在蕴藏的价值彰显出来,除了依赖制度规范与矫正主体的自觉遵守之外,还需要外部监控力量的存在,因而,社区矫正不可能脱离外在法律监督的有力保障。原因在于,就矫正主体的人员安排、财力支持、运行环境等方面而言,只有通过有效的法律监督,才能使社区矫正在现有的框架内按部就班予以开展,在此前提下,其蕴藏的价值才有实现的机会与可能。

其二,保障社区矫正对象的合法权益不受侵犯。社区矫正的对象在社区进行刑罚执行,这在相当程度上是一项带有社区福利性质的执行措施,是基于行刑社会化目标的制度安排,这是我们在转化刑罚执行方式之前必须具有的基本观念。然而,在社会正常的生活过程中,社区矫正对象作为犯罪行为人,仍然脱逃不了既有观念的束缚,必然又要遭受一些不公正的对待甚或歧视。因此,"在社区矫正执法中必须引入合理的

[①] 翟中东:《社区性刑罚的崛起与社区矫正的新模式——国际的视角》,中国政法大学出版社 2013 年版,第 170 页。

监督制约机制，使社区矫正对象的合法权益得到有利保护"①。既然社区矫正的目的是促使矫正对象重新社会化，适应社会正常生活，良好运行的背后必然需要有力的监督以保障其正当权益不受侵犯。

其三，避免社区矫正的各项工作流于形式。社区矫正自进入我国司法实践以来，人们对它的评价褒贬不一。从质疑社区矫正的声音来看，认为其最大弊端在于形式化过于严重，没有真正贯彻社区矫正的价值理念，致使社区矫正变为"在社区矫正"，或者仅仅是"在社区"执行刑罚而已。社区矫正宣扬的价值没有较好地体现出来，现实效果也没有在根本上得到彰显，群众也很难认同。要改变这一现状，把社区矫正的形式转变为实质，必须加强法律监督职能，避免社区矫正成为放任自流的代名词。

其四，防范社区矫正成为他人有意操纵的工具。对社区矫正的对象来说，社区矫正的处遇方式无疑比监禁刑更为优越、更为宽松。受趋利避害的内心促动，往往有不良企图者逾越法律界限以谋求个人私利；与此同时，也有部分矫正对象不按照矫正要求履行自己的相应义务，致使矫正或者不矫正成了自己可以随意为之的事情。要纠正社区矫正过程中的违法违规情形，同样需要外部法律监督机制的完善，寻求权力制衡以防范社区矫正的任意滥用。

其五，促进犯罪人行刑社会化目标的实现。社区矫正把犯罪人投之于社会，让行为人在与社会不脱节的状态下正常生活，无疑有利于其社会化的目标实现。但是，"社区矫正的最大优点即非监禁刑实际上也包含着它的最大缺点，犯罪人在客观上具有实施犯罪和危害社会的能力，如果他们想要实施犯罪，就存在很多有利于他们实施犯罪的客观条件，犯罪人就很容易达到进行犯罪行为的目的，也就很容易造成

---

① 陶建平：《法律监督热点问题研究》，上海交通大学出版社2012年版，第222页。

危害社会的后果"[①]。如何发挥社区矫正的应有价值,省却可能带来的一些负面影响及危害后果,同样是我们在推行社区矫正工作中必须时时关注的重要内容。从行刑社会化的顺利实现来看,社区矫正也离不开法律监督机制的有效保障。

二、症结查探:社区矫正检察监督机制存在的问题

我国的法律监督机关是人民检察院,开展社区矫正工作需要检察机关在此活动中正确履行职能、强化法律监督。"两高两部"在《关于开展社区矫正试点工作的通知》中明确规定,"人民检察院要加强法律监督,完善刑罚执行监督程序,保证社区矫正工作依法、公正地执行"。2012年1月10日印发的《社区矫正实施办法》第二条中再次明确指出"人民检察院对社区矫正各执法环节依法实行法律监督"。2019年12月28日通过的《中华人民共和国社区矫正法》第八条第二款规定,"人民法院、人民检察院、公安机关和其他有关部门依照各自职责,依法做好社区矫正工作。人民检察院依法对社区矫正工作实行法律监督"。我们探讨社区矫正的法律监督权,实际上就是检察权,因为"检察权与法律监督权是一体的,它们仅是对检察机关所享职权的不同表述而已"[②]。基于此,社区矫正的法律监督与检察机关的监督是密不可分的。从检察机关对社区矫正行使法律监督权的现状来看,存在的现实问题主要有如下方面:

(一)监督权疲软乏力欠缺强制实施性

虽然检察机关拥有法律监督权已是不容否认的事实,但是在社区

[①] 丁寰翔等:《社区矫正理论与实践》,中国民主法制出版社2009年版,第132页。
[②] 朱孝清:《检察的内涵及其启示》,《人民检察》2010年第9期,第12页。

矫正的监督过程中如何具体履行此项监督权，现有的法律法规却显得单薄无力。《社区矫正实施办法》中，"提出口头纠正意见""制发纠正违法通知书或者检察建议书"是人民检察院对于社区矫正执法活动中违法情形的两种检察监督方式。然而此处只是简单地规定交付执行机关，执行机关应当及时纠正、整改，并将相关情况告知人民检察院。虽然在相关文件中规定执行机关应当在一定期限内纠正且赋予其异议权，但是如果社区矫正执行机关对人民检察院检察监督的口头意见或书面通知无动于衷，抑或做出相应改正，但是并未触及问题的本质或者达到应有的效果，在这种情形下如何应对，无论是《中华人民共和国社区矫正法》还是《社区矫正实施办法》均未有明确规定，使得检察机关在面对类似情形时，同样不知如何应对。"在实践中，被监督机关藐视或者无视检察机关的纠正违法通知书和检察建议的情况时有发生，而检察机关却只能无可奈何。"[1] 检察机关所制发的违法纠正通知书与检察建议书的刚性不足，致使其对于矫正工作中的不当行为心有余而力不足，从而难以实现制度设计的初衷。

　　《社区矫正实施办法》第三十五条规定，司法行政机关和公、检、法三机关建立社区矫正人员的信息交换平台，实现矫正工作动态数据共享。对此，《中华人民共和国社区矫正法》第五条也规定，社区矫正工作相关部门之间依法进行信息共享。据此，社区矫正机构、人民法院、检察监督机关作为不同参与者应当齐心协力共建一个互通有无的信息共享网络平台，相关参与者理应对平台内的信息进行及时更新，使被矫正者的状态被矫正执行机构及检察监督机关所熟知。尽管此种信息共享机制在个别试点地区得以生根发芽，但尚未在全国范围推广运行，更没有规定矫正执行机构不履行此种机制时的责任承担，难免使此规定流于形式。信息共享的滞后甚或不作为，导致检察监督部门

---

[1] 蒋伟亮、张先昌：《国家权力结构中的检察监督——多维视野下的法学分析》，中国检察出版社 2007 年版，第 241 页。

不能及时了解矫正人员的最新情况,在其实施一系列未知的违法犯罪行为前,不能有效介入,在一定程度上纵容了"脱管"行为的发生。

尽管检察机关具有法律监督权,但其仅停留于法律的明确授予层面,缺乏实际的权威效力。"因为法律没有规定被监督对象应当履行怎样的程序和遵照怎样的要求对待这种监督,以及不服从监督的后果,从而使得这类检察监督成了被监督者的'耳旁风',导致检察机关代表国家实施法律监督的严肃性受到不应有的亵渎,削弱了司法公正的保障力。"[①] 追根溯源,原因就在于,社区矫正的检察监督疲软乏力,欠缺强制实施性。由于没有妥善的程序设计及问责机制,检察机关的法律监督效力难以真正彰显,致使刑罚执行中的监督效力成为华而不实的空头支票。正如学者所言,"法律监督权力设置的力度不够是我国现行监督立法的重大结构性缺陷"[②]。在此情形下,如何把检察监督工作顺利推进落实,使监督对象接受监督并配合工作,让监督效力真正得以发挥,乃是亟待解决的问题。

(二)检察监督的广度有待进一步拓展

在社区矫正的裁判适用阶段,非监禁刑的采纳与否完全取决于法官的自由裁量权。与监禁刑相比,矫正刑的服刑人员具有更多的人身自由。难以排除司法实践中法官假公济私或滥施刑罚,无端扩大或缩小非监禁刑的适用范围,有损法律的尊严以及服刑人的合法权益。另外,人民法院作为我国的审判机关,只能根据检察院递交的材料即案件事实、相关证据及检察建议书进行定罪量刑,对于违法犯罪者判处非监禁刑没有较为可取的衡量标准。纵观现有法律规定,检察监督部门只是对社区矫正实施后的情形具有检察监督权,对于非监禁刑实施

---

① 盛美军等:《法律监督运行机制研究》,中国检察出版社2009年版,第236页。
② 杨家庆、肖君拥:《人民检察院社区矫正监督权诠释》,《人民检察》2006年第3期,第45页。

之前的行为却无权涉足，不能不说是一大缺憾。实践中只有当人民法院做出关于社区矫正的执行决定之后，才启动检察监督程序，时间过于滞后，对社区矫正前的判决欠缺相应的制约机制。

《征求意见稿》缺少对社区矫正前监督的相关规定，致使司法机关作出的非监禁刑的判决缺少一道安全阀，司法机关滥用权力随意扩大或缩小社区矫正的范围缺少救济的屏障。现有法律法规或司法实践中，对矫正前的一系列司法活动缺少相应的救济监督渠道。笔者以为社区矫正的检察监督权应当贯穿于整个社区矫正活动的始终，起始于采用社区矫正的判决生效之时，终止于社区矫正刑罚的执行完毕或不需执行。社区矫正制度作为一项新兴的制度，难以避免在判处非监禁刑之时就存在先天不足，因此，有必要将检察监督的广度进一步拓展，将入矫前的非监禁刑判决纳入检察监督的范畴。

（三）法律监督的方法单一而流于形式

"法律虽然赋予了检察机关进行专门监督的职责，但实际上缺乏畅通的监督渠道。并且相对于社区矫正来说，这种外部监督很难及时发现内部的问题所在，更不可能及时制止和纠正。"① 检察机关在社区矫正过程中采用的监督方式通常是书面监督，即通过查阅公安机关或司法行政机关的会见记录、访谈笔录等渠道来进行，其主要目的在于防范漏管或脱管行为的发生。② 为了减轻自身的工作压力，社区矫正对象的汇报方式往往通过电话、短信或邮件方式予以进行，只要行为人在矫正期间未出现违法违纪或者犯罪的情形，对矫正机关及监督主体而言

---

① 张建明：《社区矫正理论与实务》，中国人民公安大学出版社2008年版，第459页。
② 最高人民法院、最高人民检察院、公安部、司法部于2012年1月10日颁布的《社区矫正实施办法》的第三十七条明确规定："人民检察院发现社区矫正执法活动违反法律和本办法规定的，可以区别情况提出口头纠正意见、制发纠正违法通知书或者检察建议书。交付执行机关和执行机关应当及时纠正、整改，并将有关情况告知人民检察院。"在该规范性文件中，甚至"口头纠正意见"也成了检察机关的监督形式之一。

均是最好的结局,各自也都算作是圆满完成了工作职责。但是,单纯依靠书面审查的监督方式往往难以真正奏效,由于不能把监督权渗透到社区矫正日常工作的方方面面,致使监督权变得虚无,过于追求社区矫正的形式由此可见一斑。

书面监督只是一个形式审查,究竟书面记载与实际情形是否一致,书面承载的内容是否客观真实,不能不令人生疑。为了应付检察机关的监督检查,社区矫正的执行主体在其日常事务繁忙的情形下,往往有意识地采用人造数据或临时补充内容敷衍了事。如果检察机关固执于书面审查,监督本身所具有的特性将无法体现,作为社区矫正实体内容的行刑方式必然会变得越来越空洞。另外,书面审查只能审查社区矫正环节中权力机关的执法情况,对社区矫正对象的权益保障是否到位、社区矫正对象有无诉求、有无亟待解决或完善的事项等内容,此种审查方式仍然不可能反映出来。再则,书面监督往往都是事后性审查,通过审查社区矫正执行主体的工作情况来履行监督职责,此种监督或者不能发现问题,或者发现问题为时晚矣,无法进行事前防范或者采用及时有效的方式要求对方及时更正。

(四)法律监督手段的灵活性有待改观

《中华人民共和国社区矫正法》第三章为社区矫正监督管理的规定,其中第二十七条对社区矫正人员的流动性提出了较为灵活易行的举措[1],给社区矫正制度增添灵动性的同时,又不失其原有的严厉性。

---

[1] 《中华人民共和国社区矫正法》第二十七条规定,社区矫正对象离开所居住的市、县或者迁居,应当报经社区矫正机构批准。社区矫正机构对于有正当理由的,应当批准;对于因正常工作和生活需要经常性跨市、县活动的,可以根据情况,简化批准程序和方式。

因社区矫正对象迁居等原因需要变更执行地的,社区矫正机构应当按照有关规定作出变更决定。社区矫正机构作出变更决定后,应当通知社区矫正决定机关和变更后的社区矫正机构,并将有关法律文书抄送变更后的社区矫正机构。变更后的社区矫正机构应当将法律文书转送所在地的人民检察院、公安机关。

然而，仍有亟待改观的问题，从现有刑事法律规范来看，社区矫正包括管制、缓刑、假释、监外执行。① 尽管这四大类具有内在的共性，即都采用非监禁方式进行刑罚执行，但是它们各自的性质存在差异。比如，管制属于刑罚的刑种，并且是刑罚的主刑之一；缓刑、假释与监外执行属于刑罚适用方式，前两种是实体法规定的，后者是程序法规定的。而且这几种非监禁行刑方式适用的条件，以及在行刑期间的待遇与行刑完毕的法律效果也各不相同。令人意外的是，无论是哪种方式，是成年人还是未成年人，是故意犯罪还是过失犯罪，是累犯还是偶犯，社区矫正方案却千篇一律。检察机关和社区矫正执行机关并没有认真对待矫正对象的差异性问题。基于社区矫正的整体框架，社区矫正机关在执行非监禁刑罚的过程中，大多情况都是采用机械性的固定统一模式，希望采用便利性的通用方式一体性地解决问题，一成不变的处理方式使司法资源的使用效率大打折扣，其弊端也是毋庸置疑的。

三、出路探寻：完善社区矫正监督机制的现实对策

（一）完善纠违程序、建立追责机制

"检察权的残缺不全，不能真正有效地开展法律监督，无法体现检察机关作为国家监督机关的价值。"② 具体到社区矫正制度层面来看，检察机关发现社区矫正执行主体在矫正过程中存在相关的违法违规情形，其检察监督职权的具体行使方式仍然极其有限。按照现有法律设定，

---

① 需要指出的是，剥夺政治权利的社会服刑人未被实体法与程序法作为矫正对象。就现有《刑法修正案》来看，"剥夺政治权利"的犯罪人并没有被纳入社区矫正的范围，而且2018年新《刑事诉讼法》第269条也明确规定，社区矫正的对象只有管制、宣告缓刑、假释或者暂予监外执行的罪犯。根据"两高两部"关于《社区矫正实施办法》的通知第32条，被剥夺政治权利的罪犯可以自愿参加司法行政机关组织的心理辅导、职业培训和就业指导活动。

② 许永俊：《多维视角下的检察权》，法律出版社2007年版，第79页。

检察机关履行监督职责发现不当行为时，除提出口头纠正意见、发出纠正违法通知书或者检察建议书之外别无他法。然而，仅有的补救措施却由于程序上的瑕疵以及效力上的缺憾致使检察监督机制的存在价值大大缩水。

在此需要完善纠违程序，首先是对书面纠正和口头纠正两种形式的适用程序加以规范，其次是赋予这两种纠正手段以强制力。检察机关提出纠正意见、检察建议后，如果社区矫正执行机关不落实、不予纠正的，应采取其他措施予以救济。如健全复议复核程序，完善对纠正意见、检察建议异议的解决程序。虽然《中央社会治安综合治理委员会办公室、最高人民法院、最高人民检察院、公安部、司法部关于加强和规范监外执行工作的意见》第二十三条规定了执行机关对于人民检察院纠正意见、检察建议的异议程序，但只是在检察监督机关与执行机关之间运作，缺乏第三方力量的牵制。鉴于此，可以建立纠正意见、检察建议向被监督单位上级主管部门抄送和通报制度。防止被监督单位既不及时纠正也不提出复议复核，或者经复议复核检察机关维持原纠正意见、检察建议的，仍然不予以纠正和落实的情形出现。

"在赋予检察机关相应法律监督职权的同时，从可操作性的角度具体规定和赋予检察机关以知情权、调查权和程序性制裁权等，才能真正实现强化法律监督的目的。"[①] 从实质上看，人民检察院提出纠正违法意见只是一种监督建议权，不是实体处分权，因而缺乏强制实施力。纠正违法意见能否得到执行，完全取决于被监督单位接受检察监督的自觉性。这就造成实践中有的被监督单位对纠正违法意见不理不睬，损害了法律及检察监督的权威性和严肃性。因此，人民检察院提出纠正违法意见的，被监督单位应当纠正并将纠正情况书面回复人民检察

---

① 俞晓静：《检察权的利益分析》，中国人民公安大学出版社2007年版，第245页。

院，对于无正当理由拒不纠正的，应当依法追究有关人员的责任。[①] 在今后的立法完善或者实施细则中，要尽可能地加强检察监督权的强制性规定，赋予纠正违法通知书或者检察建议书的强制实施效力，如要求社区矫正执行机构在一定期限内予以答复，不答复则视为无异议，避免使检察监督机关的纠正意见沦为镜中月、水中花。

"目前，社区矫正法律监督面临的一个突出问题就是相关法律对被监督者的法律责任缺乏规定，纠正违法的强制性欠缺，监督效力低下。"[②] 被矫正人员实施非监禁刑之后，其具体动态将由司法行政机关掌控。随着互联网的普及以及大数据时代的到来，网络作为一种快捷方便的工具进入普通民众的视野，建立信息共享网络平台，将会给检察监督部门的工作带来极大的便利。在实施非监禁刑之后，社区矫正机构成为矫正工作的主要参与者，因此矫正信息平台的搭建将主要依赖于矫正执行机关的日常行为。《中华人民共和国社区矫正法》第五条规定："国家支持社区矫正机构提高信息化水平，运用现代信息技术开展监督管理和教育帮扶。社区矫正工作相关部门之间依法进行信息共享。"鉴于此，应在实践运行中将司法行政机关的信息交换行为作为一项法定职责，并追究相关人员不作为时的责任，使其在追责机制的促使下更好地履行分内职责。

（二）社区矫正检察监督适当提前介入

由于社区矫正检察监督在我国介入较晚，缺乏入矫之前的监督措施，可能致使某些被矫正对象在入矫之时，就携带着先天缺陷，如量刑失衡、判决畸轻畸重等问题。在美国的一审法院，法官在判决前不

[①] 林礼兴、尚爱国、沈玉忠：《社区矫正法律监督机制的构建与完善》，《人民检察》2012年第2期，第62页。

[②] 吴宗宪、蔡雅奇、彭玉伟：《社区矫正制度适用与执行》，中国人民公安大学出版社2012年版，第250页。

仅要求认定犯罪的事实清楚、证据确实充分，而且要求社区矫正官向法院提供一份被告全面翔实的情况说明以及是否适宜采用非监禁刑的意见、理由，美国各州的社区矫正官或缓刑官任务之一是对本辖区的刑事被告进行调查、向法院作出判决前的报告。① 在社区刑罚的量刑阶段，英国的法律也有相关规定，如量刑必须由社区刑罚执行机关缓刑局向法院提供判决前的报告，内容包括罪犯的犯罪性质、犯罪原因，并提出相应的判决建议和意见，法官在量刑时要进行参考，从而作出恰当的判决。② 法官根据调查报告作出判决，可以较大程度地实现非监禁刑罚采用的正确和判决的适当。

"为了突出法律监督权的独立性，应当由立法赋予法律监督权力更大的监督权能。"③ 在我国公、检、法三机关分别负责侦查、起诉、审判工作，由于法院实际介入案件的时间相对较晚，而且受审理期限的制约，法院开展审前调查评估并不合适，因此可以将审前调查评估提前至检察院审查案件阶段。检察机关应在公诉环节增加对刑事被告人的调查评估，根据评估结果对符合社区矫正条件的被告人建议适用社区矫正。社区是罪犯执行非监禁刑的场所，大多以被告人户籍所在地或者经常居住地为最佳选择，鉴于此，我国可以适当引进判决前调查评估制度，由社区矫正机关对被告人的日常情况进行具体翔实的调查，检察机关作为社区矫正的检察监督机关，对此项工作进行监督，并形成检察建议和案件材料一并呈交人民法院。在人民法院判处社区矫正之前，人民检察院应当结合对矫正对象的调查评估报告以及案件的具体情节来判断适用社区矫正刑罚是否妥当。此外，要对社区矫正的法律文书和相关材料进行审查，从而判断非监禁刑的刑种选择是否妥当、刑罚轻重是否合适、是否告知其权利义务、是否通过法定程序作出等，

---

① 刘强：《社区矫正制度研究》，法律出版社2007年版，第31页。
② 刘强：《社区矫正组织管理模式比较研究》，中国法制出版社2010年版，第145页。
③ 上海市检察官协会：《当代检察理论研究》，上海交通大学出版社2006年版，第295页。

从形式和实质两个方面对人民法院社区矫正的判决妥当性进行审查。

《联合国非拘禁措施最低限度标准规则》规定："在适当时并在不违反法律制度的情况下,对轻微犯罪案件,检察官可酌情处以适当的非拘禁措施,对于轻微刑事犯罪案件,检察机关有量刑建议权。"赋予检察机关矫正前的监督权能,最大限度地避免矫正对象带着因不当量刑导致的"先天缺陷"降临尘世,防患于未然。在社区矫正的执行之前,即被告尚未入矫之时,引入合理适度的检察监督机制,使社区矫正工作沿着设定的轨道运行,更好地保障社区矫正对象的合法权益,实现此种新兴刑罚执行方式的设立初衷。

(三)完善监督的资源配置与机构设立

在实施过程中,基层检察院实施社区矫正法律监督的部门是监所检察科或者监所检察室,无论是监禁刑的执行还是非监禁刑的执行,都由该部门统一进行监督管理。[①]但这样的机构设置会面临一个尴尬情形,即既然社区矫正并不在监所执行,那么上述部门的权力行使并非名副其实,在操作效果上也很难尽如人意。

基于监禁刑性质层面的对称性考虑,基层检察机关应该在社区矫正实施地区设置相应的派出机构,比如"在司法行政机关设立社区矫正派驻检察机构,实行常驻和巡查相结合的社区矫正检察机制,以适应社区矫正量大面广的新形势"[②]。因而,我们可以考虑设立检察官办公室,配置人员安排并加强信息沟通,令检察人员不定期地到社区矫正机构进行检察监督。另外,可以拓展基层检察室的建设,派驻检察官定期到社区矫正机构进行巡视,使检察监督更为深入,为检察人员行使此项权利提供最大程度的便利,使检察监督权渗透到社区矫正的日

[①] 侯国云:《刑罚执行问题研究》,中国人民公安大学出版社 2005 年版,第 354 页。
[②] 李鹏、王琳:《强化社区矫正检察监督的途径》,《中国检察官》2012 年第 6 期,第 51 页。

常工作中去。

日本关于社区矫正的检察监督，不仅在地方设有相应检查部门，而且在中央也设立了管理社区矫正的机构，负责管理缓刑和假释事务的机构是法务省的更生保护局和中央更生审查会、地方更生委员会和保护观察所，更生保护局是日本法务省的七个主要部门之一，负责管理全国"以社区为基础"的矫正工作。[1] 如果检察监督机制本身出了问题，那么实现社区矫正工作的美好愿景则不得不陷入"乌托邦"的窘境。《中华人民共和国社区矫正法》《社区矫正实施办法》等规范性文件规定了人民检察院对社区矫正各执法环节依法实行法律监督，但如果基层人民检察院的检察监督出现偏差，其相应的救济渠道仍然亟待进一步完善。

我们可以考虑设立国家统一的社区矫正检察监督部门，负责统一监督管理全国各地的社区矫正检察监督工作，并针对司法实践中出现的疑难问题提出参考性意见。随着刑法谦抑性认知的深入以及轻刑化思潮的盛行，非监禁刑的适用在我国必将大幅提升，全国统一社区矫正检察监督部门的设立不仅有利于社区矫正工作的有序运行，而且可以为日后非监禁刑罚的广泛适用做好基础性铺垫工作。在创立定期派驻基层检察监督机构的同时，在中央建立统一的社区矫正检察监督部门，通过机构改革的配套进行，从而达到事半功倍的良效。

（四）加强对分类管理举措的检察监督

虽然《中华人民共和国社区矫正法》对分类管理做出了相关规定[2]，

---

[1] 梅义征：《社区矫正制度的移植、嵌入与重构——中国特色社区矫正制度研究》，中国民主法制出版社 2015 年版，第 50 页。

[2] 《中华人民共和国社区矫正法》第三条规定："社区矫正工作坚持监督管理与教育帮扶相结合，专门机关与社会力量相结合，采取分类管理、个别化矫正，有针对性地消除社区矫正对象可能重新犯罪的因素，帮助其成为守法公民。"

但是执法实践中对于分类管理的执行仍需更进一步,避免此项规定沦为空中楼阁。社区矫正具体执行方式上的"一刀切"设计,不符合其制度本身的内在逻辑。非监禁刑的多元化执行方式,要求针对不同的社区矫正对象设计不同的监管和帮教路径,体现出对于不同主体帮教和监管方式的区别对待。社区矫正是一项针对具体的社区服刑人员实施的非监禁刑的工作,要想有效实现此项制度设立的初衷,必须充分考虑每个社区服刑人员的具体情况,在此基础上开展个别化的社区矫正工作。

纵观国外社区矫正的执行方式,可谓多种多样,具有灵活性和针对性。英国的社区矫正是一个复合型刑种,由多个单独的社区矫正令组成,社区矫正刑包括社区恢复令、社区惩罚令、社区惩罚及恢复令、宵禁令、毒品治疗与检测令、出席中心令、监督令及行政规划令等,对不同的矫正对象实行不同的刑种。[1]20世纪70年代,美国社区矫正的重要变化是按照危险程度对缓刑人员分类,其社区矫正的每一项计划一直以降低重新犯罪的危险程度为目的。德国《刑法典》第57条规定:有期自由刑余刑之缓刑的裁定,"应特别注意受刑人的人格、履历、犯罪情节、执行期间的态度、生活状况和缓刑可能对其产生的影响"[2]。我国香港地区的非监禁刑种类也十分丰富,如社区服务令、具保行为、感化刑事破产令、没收等[3],为不同的矫正主体运用不同的矫正措施提供了法律上的依据。矫正工作者的时间和精力都是有限的,如果对风险程度不同的服刑人员给予不同程度的关注,矫正资源方可得到最大程度的有效配置。

社区矫正机构在接收社区服刑人员之后,应当进行最初的风险评估和需要评估,在社区矫正过程中,也可以根据需要对社区服刑人员

---

[1] 骆群:《弱势的镜像:社区矫正对象社会排斥研究》,中国法制出版社2012年版,第29页。

[2] 刘强:《各国(地区)社区矫正法规选编及评价》,中国人民公安大学出版社2004年版,第405页。

[3] 欧渊华:《社区服刑人员教育矫正理论与实务》,中国法制出版社2016年版,第203页。

开展后续的风险评估和需要评估。对社区服刑人员实行不同类型管理时，应当根据监督管理的需要，在矫正小组的构成，监管方法的使用，相互接触的频率等方面区别对待。① 根据矫正对象人身危险性的程度高低、年龄差异实施松紧不同、高低有别的危险控制管理内容，在如参加公益劳动的时间、到司法所报到的频率、活动范围等方面区别对待。② 刑法由行为刑法转向行为人刑法的过程中，应当更加关注行为人自身的特征，以体现出刑罚的个别化。

鉴于司法实践中分类监督管理实施较少，矫正方案一成不变的现象，为使有限的司法资源得到更有效的配置，可以加强检察监督部门对矫正对象分类管理的监督。矫正对象的分类管理尚处于探索阶段，各社区矫正执行机关可以根据实际情况发挥主观能动性，对实践中的较优手段加以表彰并推广适用，对矫正机关"一刀切"的不作为行为及时通报，并责令限期改正，使社区矫正对象分类监督管理、因材施"矫"、因人而异的运行方式得以更好地贯彻执行。

（五）开辟互联网定位管理等监督措施

就当下社区矫正的工作细节来看，单纯凭借人力操作来逐一完成，确实有苦不堪言的重负。因此，我们必须"工欲善其事，必先利其器"，"充分运用现代化信息技术，实现社区矫正数据的动态管理，切实提高监督效率"③。《中华人民共和国社区矫正法》第二十九条规定，社区矫正对象符合法定情形的，经县级司法行政部门负责人批准，可以使用电子定位装置，加强监督管理。网络时代为我们当前的各项工

---

① 赵秉志：《社区矫正法（专家意见稿）》，中国法制出版社2013年版，第57页。
② 陈伟、谢可君：《社区矫正中人身危险性理论适用探究》，《山东警察学院学报》2016年第2期，第37页。
③ 徐玲利：《制约与超越：新法实施背景下谈社区矫正法律监督之完善》，《中国检察官》2013年第1期，第12页。

作提供了创新机制的良好契机,在社区矫正的法律监督活动中积极扩张网络监督无疑是一条行之有效的新路径。网络监督平台的建立,有利于对社区矫正的各项细节性工作不遗漏地进行监督,提高监督过程的透明化与公正化程度,还可以利用程序设置进行风险评估与报警机制,有力发挥监督效力。

实践中的社区矫正监管工作取得明显成效,与社区矫正信息化监管机制有着密切的关系。比如,承德市对符合条件的2200多名社区矫正人员全部统一使用电信手机进行定位监管,手机入网率80%,应定率100%。在定位执行中,无论是新入矫的,还是已经入矫的,社区矫正人员的定位间隔时长均设定为1小时。[①] 自2001年起,我国的移动通信用户已跃居世界第一位,手机作为通信工具已经得到相当普遍的运用,引入手机定位措施对矫正对象进行监管可谓方便快捷,且不需要投入过多的人力财力,可以为日后的监督管理所借鉴。

在以后的检察监督工作中,仍然需要积极探索如何拓展网络监督新路径,如设置专门的社区矫正数据库,实时进行动态化的信息录入,自动进行数据统计与电脑考核分析,做到矫正行为人档案的数字化管理,利用互联网自动化功能落实跟踪监督机制。在条件成熟的时候,还应当建立地区性或全国性的联网监督平台,对于跨越某一区域的矫正对象可以适时地进行文件传送、信息反馈、监督落实等内容。开拓互联网监督管理新机制,聚集科技发展的优势资源为社区矫正检察监督工作的顺利开展添砖加瓦。

(六)构建对多元矫正措施的检察监督

社区矫正作为一项复杂的行刑活动,不可能通过法律监督部门一

[①] 王富忱、苏之彦、王雪静:《社区矫正的"承德模式"——河北省承德市全面推进社区矫正规范化建设》,《人民法治》2016年第12期,第114页。

蹴而就的活动开展即可完成，更不可能单纯通过静态的书面审查就能完全合格地行使好监督职责。[①]笔者认为，检察机关只有把社区矫正的法律监督权真正渗入社区矫正的全过程，并发挥人民群众的积极作用，才能真正有效地监督，才能由虚幻的意象转化成实际的效益。《东京规则》即《联合国非拘禁措施最低限度标准规则》中规定："公众参与是一大资源，应作为改善非拘禁措施的罪犯和家庭及社区之间的联系的最重要因素之一加以鼓励，应用它来弥补刑事司法的执行工作。"[②]

秉承这一理念，《中华人民共和国社区矫正法》在总则的第三条规定，社区矫正工作要坚持专门机关与社会力量相结合。第十二条规定："居民委员会、村民委员会依法协助社区矫正机构做好社区矫正工作。社区矫正对象的监护人、家庭成员，所在单位或者就读学校应当协助社区矫正机构做好社区矫正工作。"第十三条规定："国家鼓励、支持企业事业单位、社会组织、志愿者等社会力量依法参与社区矫正工作。"另外，《中华人民共和国社区矫正法》第五章专门规定了教育帮扶制度，其第三十五条规定："县级以上地方人民政府及其有关部门应当通过多种形式为教育帮扶社区矫正对象提供必要的场所和条件，组织动员社会力量参与教育帮扶工作。有关人民团体应当依法协助社区矫正机构做好教育帮扶工作。"

广泛发动社会志愿者参与社区矫正也是世界各国普遍采取的做法。[③]如在日本，更生保护局负责管理全国"以社区为基础"的矫正工作，而具体从事更生保护工作的是志愿者——保护司和志愿者组

[①] 要真正把社区矫正制度的监督管理、教育矫正与社会适应性帮扶进行一体化的推行，那么，作为动态的社区矫正的现实运作，在此过程中与之相适应地进行动态化的监督管理也就是其自然之义。

[②] 贡太雷：《惩戒与人权——中国社区矫正制度的法治理论》，法律出版社2016年版，第152页。

[③] 艾晶：《女犯社区矫正的可能性研究：基于辽宁省的实证考察》，中国社会科学出版社2014年版，第82页。

织，保护司的遴选是由保护观察所所长根据社区收集到的信息准备候选人名单，最终的成员则是从候选人中产生，积极参加更生保护工作的还有其他志愿者组织，如妇女更生保护协会、帮助雇佣业主协会等组织。[1]如果执法人员过少，工作难免流于形式、疲于应付；过多则导致执法成本大幅上升，相互推诿扯皮，执法效度势必大打折扣。鉴于我国社区矫正工作中案多人少的尴尬局面，可以考虑引入日本的更生保护制度，从社区矫正者所在社区中选出素质较高且比较热心的人员协助矫正工作的开展。

根据行为主义的观点，罪犯与守法公民之间的差别不在于个人自身，而在于个人的行为与环境之间的关系。[2]外在因素对于一个人的成长有着不可估量的作用，引入公众参与机制可以为矫正对象创造一个和谐友爱的改良环境，使其在充满关爱的氛围中早日改过自新，也更有利于实现刑罚的特殊预防功能。对于参与矫正工作的志愿者、社会团体等非营利性组织可以设立一套适当的激励机制，提升其参与公益活动的热忱。

另外，《中华人民共和国社区矫正法》第七章专门规定了"未成年人社区矫正特别规定"，根据未成年社区矫正对象的年龄、心理特点、发育需要、成长经历、犯罪原因、家庭监护教育条件等情况，采取针对性的矫正措施。对具有犯罪倾向及心理疾病的被矫正者，矫正机关应当施以相应的心理疏通方法，除购买矫正工作服务之外，可以通过设立简易情绪宣泄室、沙盘游戏室等方式为具有心理阴影的被矫正对象排忧解难。行为人的所有违法举止都是由内心想法所驱使，借鉴弗洛姆的犯罪原因观，对罪犯进行心理矫正，可以促其与人良性交流、和平共处，减轻其孤独无力感及内心的罪过，有利于其更好地回归社

---

[1] 梅义征：《社区矫正制度的移植、嵌入与重构——中国特色社区矫正制度研究》，中国民主法制出版社2015年版，第53页。

[2] 盛高璐：《社区服刑人员矫正教育实务》，中国政法大学出版社2016年版，第104页。

会。[①] 由于经济发展的不平衡，检察监督部门可以在有条件的地域推广适用这一举措。

　　社区矫正走到今天，在收获成功经验的同时也遗留了部分遗憾，深入反思实践得失并在理论层面和实践操作环节及时跟进，理应成为我们前行的正确选择。"在虽缓慢，但很稳妥的前进中，每一步骤的效果都能受到关注，前一步的成败可以给下一步带来指路的灯光。如此，从灯光到灯光，我们可以被指引着安全地走完整个过程。"[②] 在建设民主法治与和谐社会的时代背景下，在社区矫正基本方向保持不变的引领下，从法律监督层面揭示问题并提出相应对策，是深入落实社区矫正工作并渐进深化该项制度的必要举措。尽管社区矫正的法律监督不是社区矫正实体层面优化的直接内容，但是欠缺了法律监督的社区矫正注定不能立足并长久地存续下去。社区矫正的法律监督是检察机关监督权在司法体制改革中的一个微小缩影，但是，通过实践运转与理性反思却折射出社区矫正的监督现状及其如何完善的整体框架。我们相信，只有认真完善相应的法律监督，受其护佑下的社区矫正才能够真正得以顺利推进，并且，通过监督程序与行刑实体双项层面的有序互动，对社区矫正满怀期待的既有目标才能最终变为现实。

[①] 李永升、贺国荣：《弗洛姆的犯罪原因观评介》，《武陵学刊》2015年第5期，第61页。
[②] 柏克：《自由与传统》，蒋庆等译，商务印书馆2001年版，第128页。

第七章　教育刑对未来刑事法律的影响与展望

第一节　刑罚的人权蕴涵与民权刑罚观的倡导

教育刑的理念提出，无疑是注重行为人及其权利价值的体现。因而，教育刑理念的彰显过程，实质是人权法治理念渐行渐长的一个过程，也是人权视野下民权刑法观得以被发掘的过程。笔者以为，无论是人权的理论根基，还是刑罚的基础价值，都不可能脱离伦理性内涵予以构建，这决定了二者存在密不可分的相关性。刑罚既要保障人权，又要兼顾防卫社会的功能性追求，这决定了伦理基础是人权和刑法价值共同的根本，在此情形下，教育刑引导下的刑罚走向就是需要探讨的重要问题。

一、刑罚的发展难以脱离人权的支撑

一般认为人权有三种存在状态，即应然状态、法定状态和实然状态。[1] 人权的实然状态是法定权利，但是，实然法的制定从来不是任意的，无论是就其起源来看，还是就其现实来看，都不是自为的客观存在，其产生和合理的发展必依据于一定的理由。如果人权在当代中国，

---

[1] 沈宗灵：《法理学》，高等教育出版社1994年版，第190页。

只不过是羡慕西方如火如荼的人权运动的产物,并且又由此随意化地信奉"拿来主义",那么由于欠缺理性支撑的基础与实践性的考察,我们的这一做法就纯粹属于"凑热闹"。毕竟,在理性思索的背后要有足够强的现实基础和合乎自己的理论根基,即只有适合我们的现实情况,这样我们才能在体系上逐步地予以吸纳,并加以消化,为我所用,用有所值。

刑罚必然要关注人权问题,在不断研习刑法学相关理论的过程中,尽管思考问题的角度要立足于自己专业的范畴,但发散性思维又不仅限于此,结合当前所极力倡导的人权问题,并以此为自己思维的出发点对人权的相关问题进行自己的解读,也是刑法学人在构建自己的刑法基础理论时责无旁贷的责任。显然,刑罚的本质是一种恶,一种无论是对国家与社会,还是对犯罪行为人来说的恶。但是,每一个人又是如此清楚地知道,当我们在"两恶相较取其轻"的价值选择中,我们从无数的实践中已经明白,有刑罚的恶较之于无刑罚的恶(在无刑法的情况下,社会秩序是一种超常混乱的状态,人的生存将时常处于一种极不确定的异常状态,人权问题也根本没有任何的讨论基础或余地),是一种多么无可奈何而又忍痛割爱后理性思索的明智抉择。

刑罚当然不可避免地要作用于具体的人,并且作为调整社会关系的最后手段,刑罚的主刑和附加刑在很大程度上都要对行为人的财产权、政治权以及人身权等予以剥夺或者限制。这些体现在宪法中的基本性权利,是生存权与发展权的直接反映,换言之,人权的基本内容与刑罚的直接运用两者之间在形式上存在着明显的对抗。但是,在形式上存在对抗的背后,刑罚的价值理念与人权内容之间必然又是具有和谐一致之处的。

原因在于,虽然刑罚的存在是通过剥夺他人权益而获得存在感的,但是,刑罚对他人实体权利内容的剥夺,同样又是要兼顾人权价值的。较为显然的是,刑罚的惩治都是在综合条件具备之下才能真正实施,相应的刑罚报应也只能合乎法治要求与责任后果时才能进行报应。在此过程中，无论是实体性还是程序性价值保障，都是尊重人权和重视人权的体现。可以说，无论是刑罚的理论发展还是刑事法治的实践推行，都不可能偏离人权保障这一价值追求。在整体性的刑罚发展中，在犯罪惩治中注入人权保障价值，是当今世界各国都要极力去践行的理念。

二、刑罚的伦理性与人权的理论根基

刑罚和人权存在的根据到底是什么呢？这两者背后的根据有共通之处吗？经过一番深入的思考，笔者认为答案是肯定的，即如果把刑罚存在的合理根据放置于法理学的视野下，那么它们都有一个共同的理论支撑：社会伦理正当性，或称作道德正当性。犯罪是"孤立的个人"反对社会秩序最明显、最极端的表现；刑罚是较之任何制裁措施最严重，最有可能与人权相关联的一种责任形式，因为如果有其他任何可行的措施可以救济以前，刑罚是不能介入的，这是刑法最基本的原则之一，即刑法的"谦抑性"或者"不得已性"。正因为刑罚的运用最可能侵犯人的生命权（生命刑）与自由权（自由刑）以及财产权（没收和罚金），失去了伦理上的底线，必将对整个法律体系和整个法律规范造成重创，这无论如何都不是刑罚问世以来恪尽职守所追求的本意。道德上的"正当"就是法律人权制定的依据，虽然，不尊重人权的法律（谓之"恶法"）也有依据，但由于其中无人权内容，或含有反人权内容，而使其所依据的理由不具有正当性，不合乎正义。这种依据虽然也可算作依据，但不是法律中人权的依据，不是"良法"的依据，在今天倡导法治、民主、人权的时代背景下，不仅显得多么的不合时宜，而且也没有任何存在的必要了。

伦理权利的存在作为应然权利规定或制约了现代法律所"应该"

达到的目标，这种目标多多少少暗含于一切现代法律中，成为法律是否完善、进步的标准。应然权利先于实然权利也高于实然权利，是批判和确证实然权利乃至实然法律的依据。体现道德观念的，西方传统称之为自然法，在近代也称之为理性法，中立一点的亦可称为政治的正义性。[①] 我们在此不去评判自然法和实定法的相互关系和价值优劣，而只是分析道德权利是如何作为人权的理论基础的。

道义论的特征是排除或拒绝在判断行为之正当与否时对行为结果、行为效益、行为目标的考虑，也就是说对好坏或价值不考虑，而只是对行为的性质或某种准则作出判断。它认为正当并不依赖于好，并非是达到某种好的手段，它本身自有价值，有自己的目的，也有自己的标准。道义论的含义是，如果道德正当性（道德权利）由其所实现的价值来决定，那就会失去绝对性。道德上的正当性并不会因为它可能有碍于诸如大多数人的幸福、增强国力等目标的实现而就变成不正当的；反之，道德上的错误也并不会因为它促进了生产力、稳定了社会秩序而就变成正当的。正当与否可以在道德内直接判断出来，而不会因为道德之外的价值判断而改变。如果经常以非道德的价值来衡量道德正当性，那道德就会失去其尊严。由此，整个社会的伦理基础就会严重地失衡，整个社会也会陷入无边的痛苦中去。

因此，人权是一个社会的某种共识，并且表现为"应当"的道德律令。可以在某种意义说，若想从实证的角度来证实或证伪"人权"，最终都将以失败而告终。因此，经验上的人权现象不可能是人权的根据，不过是对人权内在的人性基础的一个外在表现。[②]

道德权利的绝对性并不是指它不受任何限制，因为任何权利至少要以他人持有的同样的权利为限。他人持有一项权利即意味着一方拥

---

① 奥特弗利德·赫费：《政治的正义性——法和国家的批判哲学之基础》，庞学铨等译，上海译文出版社1998年版，第1页。
② 复旦大学人权研究中心编：《复旦人权研究》，复旦大学出版社2004年版，第24页。

有不侵犯此权利的义务，无论是权利产生义务还是义务产生了权利，权利总是与义务相伴随，他人的权利就是你的义务，同样，你的权利也就是他人的义务。因此，任何人都没有只享受权利不履行义务的特权，也没有只履行义务而不享受权利的绝对义务。从这个意义上可以说，权利就不是绝对的。

但是，在这里我们又强调道义论所述的权利的绝对性，其关键在于道义论不认为好优越于正当，因此，不承认为了某种好就可以限制正当的权利，或不认为为了达到促进某种好的目的对于权利的限制是正当的。道义论所谓权利之绝对性，是就正当和好的关系而言的，当正当与好相冲突时，它维护正当而否定好的一面。这在理论上就叫作"权利对善的优先性"。[①] 在此我们也可以清楚地看出，这种绝对性是在具体条件限定下的绝对，是一种相对的绝对。也可以说，我们刑罚的存在是好的，但不是不受限制的，因为刑法（罚）的正当性使其囿于一定的范围和程度，并在刑罚种类和刑罚大小上有自己的幅度。这与某种程度上的权利不是绝对的而是有限制的理念相吻合，由此甚至可以说，当今世界范围内刑法的罪刑法定原则普遍存在的理论基础，根本不在于三权分立说和心理强制说，而在于民主主义和人权主义。

三、民权刑罚是刑罚发展的未来方向

（一）我国传统"礼"立不起丝毫的当代人权

我国是一个礼仪之邦，文明之邦，悠久灿烂的发展历史让多少西方哲人为之折服。但是，在这样一个追求"礼"，追求"德"的国家里，为何权利意识在当时并没有成为一种大势所趋、一种价值主流呢？这确实是一个值得思考和耐人寻味的问题。

从中国的历史来看，中国传统政治追求的是礼法政治，不是约法

---

① 罗尔斯：《正义论》，何怀宏等译，中国社会科学出版社1988年版，第225页。

政治。我们解决政治秩序靠什么，用什么以及为什么的问题。[①]也就是说，单不论其礼治的内容，就礼治的目的来看，确实是为传统社会的专制统治与秩序维持而服务的。这种根本性的"义务本位"的价值观是中国传统政治法律文化的一大特色，突出强调掌权者的道德根基和治国平天下的重要性，此谓义务本位的最终出发点和最终目标。这种"义务本位"与当下法律文化中的"权利本位"相去甚远，不可同日而语。我们虽然有几千年的"礼"之传统和儒家精神，但这种自上而下的价值一元主义与民本主义显然不相协调，由于受制于当时的意识观念与秩序维护的需要，伦理道德由于服务对象和目的诉求的异位从而扭曲其本来面貌。

我们传统中的"礼"并不是对内在道德的外化，更不是完全按照民众的伦理道德而约定俗成。有学者认为，礼既是流于百姓日用的习惯法，也是经过圣贤整理、阐扬的道德法，它是实在法的一部分，但绝对不是社会各阶层，各利益主体通过斗争和妥协而形成的约法。礼的功用就在于"经国家、定社稷、序人民、利后嗣"，使民不相争，重义而轻利，达到一种统治简易和稳定的局面。中国古代最重要的社会政治原则是仁义、中庸、和谐，而不是西方式的与权利义务相联系的公正或正义。如果非要说有什么正义与平等观念，也是极大地偏重于义务，而不是以权利为导向的。[②]

当然，也并不是说我国传统文化中一点也不承认个体、不承认人的尊严和价值。比如，功成名就、超凡入圣，或达于涅磐之境，全靠个人的不懈努力，这种过程无论如何不能说是忽视了人的尊严和价值。但是，要注意的是，中国传统文化中的个人是单个且零散的个体存在，个人的力量过于微弱，个人的权利诉求往往被集体观念与国家

---

① 白桂梅：《国际人权与发展》，法律出版社1998年版，第20页。
② 夏勇：《人权道德基础初探》，载中国社会科学院法学研究所编：《当代人权》，中国社会科学出版社1992年版，第75页。

社会的需要所屏障。这样，单个的个体就容易成为普遍的义务主体，不大可能成为权利主体的享有者。因为，单个主体要么欠缺权利意识，要么其微弱的声音往往被强大的政治国家的统治需要所淹没。正是在这样一种时时处于国家本位立场来全盘思考的现实，如此长的封建时期，我们有重视人权的各种契机，但遗憾的是，都与我们擦肩而过了。

（二）国权统治必然漠视人权

其实，在刑法的发展历程中可以更加清晰地窥其一二，因为刑法是由一定的社会性质和社会结构来决定的。有学者把我们的刑法分为国权主义刑法与民权主义刑法。[①] 以国家为出发点，而以国民为对象的刑法，称为国权主义刑法。国权主义刑法的基本特点是，刑法所要限制是国民的行为，而保护国家的利益。以保护国民的利益为出发点，而限制国家行为的刑法，称为民权主义的刑法。更有学者旗帜鲜明地提出了政治刑法与市民刑法的命题，并认为这是一个可以和国权主义与民权主义相对应的概念。[②] 正是由于我国是一个拥有漫长的封建专制传统的国家，刑法工具主义思想根深蒂固，这种以刑法镇压犯罪为内容的刑法工具主义思想之所以流行，主要还是与我国一元社会结构相关。在这种一元社会结构形式下，个人的权利主张往往得不到彰显。随着市场经济体制的引入和不断完善，各种机构改革的推进，政治国家与市民社会二元分立的情况得以逐步建立，恢复到以注重伦理基础来保障人权成为一种大势所趋。

尤其要明白的是，刑法的功能是有限的，在这众多调整社会关系的手段中刑法只能用其本身有限的功能做有限的事情。国权统治当然

[①] 李海东：《刑法原理入门（犯罪论基础）》，法律出版社1998年版，第5页。
[②] 陈兴良：《从政治刑法到市民刑法——二元社会构建中的刑法修改》，载陈兴良主编：《刑事法评论》（第1卷），中国政法大学出版社1997年版，第32页。

自以为用最严厉的刑罚手段可以达到最理想的统治效果,可惜的是我们从历史文明时代的所有封建盛世明白一个道理,即单纯的刑法(罚)根本不是长治久安的上策。也就是说,"这类制止犯罪和维持秩序,即使不适用刑法也可以实现。宗教、道德、习惯等各种社会规范本来就承担着这种机能。本来理想的就是用这样的社会规范来制止犯罪和维持社会秩序的。因此,国家可以进行充实教育、培养道德心等活动,而在刑法制定以前所能做的,也只有这些。毋庸赘述,国民生活和国民感情的稳定程度,对国家乃至政治的依赖程度等,也有这样的机能。国家首先要进行的是清明政治的工作"[1]。而所谓的清明政治,就是要体现国家利益和国民利益二者之间的一致,并且要把国民利益放在国家利益之上,而不是以牺牲国民利益的手段来实现国家利益。只有在把每个人的权利尽可能维护好的基础上才可以真正实现统治者所希望的局面,这是我们宣扬民本主义、拥有刑法(罚)的根本理由所在。

(三)民权刑罚是应然的发展趋势

在此,笔者甚有兴趣的一个话题是人权的多元化,因为在专制统治下的往往是权力专横,而非人权的多元。尽管当前学界存在由于政治、经济和文化背景的不同而产生的人权概念的实质性差异,由此有学者认为各国不应追求一体性的人权概念和标准,还是有学者认为在宏观上确实存在人所共同的理性和反映人类共同的尊严与良知。[2] 在笔者看来,因为人权本身在内容与形式上不具单一与直线性,处于日趋复杂的国际交往与动态的社会关系下,并且加上认识上的侧重点不同,权益保护的形态与内容必然也是纷繁复杂的。需要注意的是,笔者对其的旨趣不在于对人权的一元或者多元形态予以褒贬和评价,而是转

---

[1] 西原春夫:《刑法的根基与哲学》,顾肖荣译,法律出版社2004年版,第45页。
[2] 徐卫东:《论人权的意识形态标准与法律标准》,《中国法学》1992年第1期,第21页。

换到国内文化多元的情形之下，对我们当今受人权趋向影响的刑罚未来走向予以浅析。

从国际视野转换到国内刑法来进行反省，可能更为现实也更有理论与现实意义。因为文化范畴下的人权并不是只有放置于国际背景下，以国与国的道德标准与价值标准为尺度才能得出人权是多元的结论。如果用深邃的目光对人权本身一一审视，我们就可以发现人权的内容是一个如此庞大的体系，是以生命权为中心所建立的一系列权利纽带。① 因为无论怎样，人权的内容就是各种形式的权利，而且权利与权利之间不是单个的、相互分离的，而是存在千丝万缕的内在联系。

人权多元是一个不争的事实（无论是处于国际还处于国内），而且可以说人权多元是文化多元的一个表现形式，人权在具体的社会中是脱离不开文化发展和演进的历程轨迹与推动作用的。在文化多元的视角下，我们可以做三件事：一是可以通过设法根除所有其他的文化而只保留占统治的一种文化，从而摧毁这个社会多元文化主义的维度；另一种即强制同化，通过抑制或者说服其他文化走向消亡，并最终使主导文化成为唯一的文化；还有一种是在单一的社会里赞美和支持多元主义。② 毋庸赘述，在一个民主法治行进到今天的时代，我们从政治社会过渡到市民社会的今天，只有第三种是我们所共同努力的目标，或者说是我们所提倡的和谐社会的应有之义。正如学者所言，用和谐观来看人权就不能再从抽象个人的绝对权利来构建权利义务关系，而是要把人权放在具体的社会关系下来研究和推行——其中尤其要注意谋求各个社会个体之间以及各个民族、各个文化之间的协调。③

---

① 托马斯·弗莱纳：《人权是什么？》，谢鹏程译，中国社会科学出版社2000年版，第29—68页。
② C. W. 沃特森：《多元文化主义》，叶兴艺译，吉林人民出版社2005年版，第4—5页。
③ 夏勇：《人权与中国传统文化》，载白桂梅主编：《国际人权与发展》，法律出版社1998年版，第27页。

身处文化多元和人权多元的时代，相应的刑罚变革也要进行及时的反思，思考我们应该如何来具体地适应这一形势，积极地融入这一合理潮流中去。笔者认为，民权刑罚权是我们的应有选择。具体来说，首先，强化刑罚的二元功能，即把刑罚的保障人权与防卫社会作为贯彻始终的一项原则来指导我们的整个刑事司法，并且要张扬其人权保障功能，不仅是对全体人民的权利保障，也包括对犯罪人的利益保护；其次，从刑罚的纵向结构上，不要盲目追随西方所谓的"刑罚单一化"潮流，而是要在制裁措施上强调多样性，注重刑罚的个别化与社会化，通过有效措施来抑制或减少犯罪的发生；再次，从刑罚的横向结构上，注重刑罚的谦抑性，通过个案来践行刑罚的不得已性，在可以有其他手段能够予以合理且有效地达到规制该行为以前，刑罚只能退居其后，袖手旁观。

民权刑罚观是对国权刑罚观的积极反思，是权力行使具有边界而人权价值得以张扬的时代产物。刑罚在整体性的法治运行中仍然不可或缺，而且刑罚的惩罚性功能仍然要实质性地客观存在，但是，刑罚以权利保障为主导的意识同样也会受到愈来愈多的关注。有学者呼吁："改革刑法必须以权利发展为主线，以权利发展为主导，而不是权力强制来推动。"[①] 笔者也相信，只要我们仍然依赖法治作为社会管理创新与秩序重构的重要手段，作为"善治"的刑罚的首要之选仍然就是民权刑罚权。不能否认，刑罚的扩张会时时带来刑罚泛滥的潜在危险，但是，唯有民权刑罚才能降低这种风险并极力保护公民的个人权益，刑事实体法才能在权利维系和社会底层的接触中受到越来越多人的尊敬，刑罚也才能在获得更多正当性的同时，最大限度地实现预期目标。笔者相信，只有坚持民权刑罚观的基本方向，我们的刑罚变革才能在更大程度保障人权的推进中呈现一条通道坦途。

---

① 蒋熙辉：《权利发展与刑法改革》，《法制与社会发展》2005 年第 5 期，第 24 页。

人权作为一种道德上"应然"权利，在康德看来，乃是"我们应该据以行动的无条件的命令法则的总体"，也是"应然"上的限制性标准，因为人的权利是不可亵渎的，无论它可能使统治权付出多么大的牺牲。[①] 但是，这种应然权利永远都不应该只是一个乌托邦，尽管乌托邦蕴含着希望，体现了一个与现实完全不同的对未来的向往，为开辟未来提供了精神动力。[②] 刑罚的未来发展方向应当是民权刑罚观，必然关注应然权利——人权，与我们具体的政治、经济、文化是息息相关的，与我们的制度创新、经济发展关系密切，也是民主、自由、公正、秩序等价值有序实现的最好保障。教育刑理念必然引导民权刑罚权的积极发展，引导刑罚从权力独行的时代逐渐过渡到权利时代，其中的人权彰显必不可少要落入到制度规范与具体个案之中。如果说刑罚的未来发展不依靠人权理念的有力支撑，或者说应然的人权不依托民权刑罚观而要在刑事法治中有序展开，那么一切的一切无论被描绘得多么炫丽，也不过是虚无缥缈的永久期待而已。

第二节 教育刑导向下后劳教时代违法行为处置路径

"劳动教养是指由省（区、市）和大中城市下设的劳动教养管理委员会审查批准，对有违法和轻微犯罪行为，不够或者不需要刑事处罚而需要劳动教养的人，由司法行政部门的劳动教养管理所收容并进行教育改造的行政措施。"[③] 中华人民共和国成立之初，中央为了维护社会稳定，肃清国内遗留的反革命分子，1957 年国务院颁布了《关于劳动

[①] 康德：《历史理性批判文集》，何兆武译，商务印书馆 1990 年版，第 139 页。
[②] 复旦大学人权研究中心：《复旦人权研究》，复旦大学出版社 2004 年版，第 27 页。
[③] 赵秉志、杨诚主编：《中国劳动教养制度的检讨与改革》，中国人民公安大学出版社 2008 年版，第 17 页。

教养问题的决定》，将劳动教养以法律形式确定下来，"这时的劳动教养深深地打上了时代的烙印——直接的和强烈的政治工具性"[1]。之后的五十多年里，劳教制度从最初的"镇反"革命工具分身变幻成各种角色，适用对象和适用范围都不断突破，曾在打击邪教组织、黑恶势力、赌博现象、毒品交易等方面发挥过不少重要作用，为维护社会秩序、减少和预防犯罪做了很大贡献。但由于使用频率高、剥夺人身自由性突出，劳教一度沦为某些部门截访镇访的利器，轰动一时的唐慧案、任建宇案、方洪案等都是劳教制度下的产物。正如学者所说，"劳动教养的实质在于，以不恰当地牺牲个人权利为代价来维护社会秩序，使它成为一种具有一定任意性的政治工具"[2]。

时至今日，劳教制度已经走向消亡，在其寿终正寝之日，我们为法治的最终胜利而欢呼喝彩。但是，冷静下来之后，法律人又将面临另一个棘手的难题，即劳教制度的废除，并不代表原先由劳教来进行责任承担的违法行为同样会从社会生活中烟消云散。因此，如何用法律来重新处置原先的违法行为，如何对该类行为人进行有效的责任归置与教育改造，就是摆在面前的一项亟待解决的现实难题。

一、前提考量：劳教废除后承继制度的基本定位

（一）劳教制度的弊端

法律制度随着时代发展必然要及时作出调整以适应社会发展需要，劳教制度作为建国初期的社会治理工具已不适应现阶段的社会需求，因而衍生出一系列社会矛盾。具体而言，劳教制度主要有以下弊端是需要其承继制度加以避免的：

---

[1] 张绍彦：《刑罚实践的发展与完善》，社会科学文献出版社2013年版，第152页。
[2] 张绍彦：《劳动教养的轨迹及去向》，《法学论坛》2008年第4期，第40页。

其一，与宪法和其他法律冲突。首先，《国务院关于劳动教养问题的决定》指出其制定依据是 1954 年《宪法》第 100 条规定①，然而该规定并没有授权国家机关对违背义务的公民采取任何措施。其次，对劳教对象最高可以剥夺 4 年人身自由却不需要经过检察院批准和法院决定，直接违背了 1982 年《宪法》第 37 条②对保护公民人身自由的规定。再次，《立法法》规定只有法律才能对人身自由作出限制性规定，而劳教制度所依据的《国务院关于劳动教养问题的决定》《劳动教养试行办法》《公安机关办理劳动教养案件规定》严格来说都不是法律。

其二，惩罚力度出现本末倒置现象。根据案件情况可以对劳教对象处以 1 年到 3 年的劳教期限，在严重案件中甚至可以达到 4 年。而我国刑法中管制、拘役和短期性有期徒刑尚不达劳教最高期限，也就是说在一定程度上劳教制度的惩罚严厉性超过了刑罚，然而法律原理是实施违法行为或轻微犯罪行为者，不需要或不足以以刑罚制裁才处以劳动教养，这样一来便出现了从犯受处罚力度重于主犯的本末倒置的司法奇观。因此，劳教不仅制裁过于严厉，而且会造成罪罚不均衡。

其三，劳教程序不完善。首先，劳动教养管理委员会作为劳教管理机构是一个非常设性机构，真正掌握劳教决定权的是公安机关，主体缺乏中立性。其次，公安机关掌控着各项程序，劳教对象与律师无法参与决定程序进行质证、辩护，因而合法权益难以保障。再次，劳

---

① 1954 年《宪法》第 100 条规定："中华人民共和国公民必须遵守宪法和法律，遵守劳动纪律，遵守社会公共秩序，遵守社会公德。"这条规定作为义务性条款是要求公民必须履行某些义务，并没有授权国家机关对违背这些义务的公民采取任何措施，因此强说宪法第 100 条是劳教制度的宪法性依据是不科学的。

② 1982 年《宪法》第 37 条规定："中华人民共和国公民的人身自由不受侵犯。任何公民，非经人民检察院批准或者决定或者人民法院决定，并由公安机关执行，不受逮捕。禁止非法拘留和以其他方法非法剥夺或者限制公民的人身自由，禁止非法搜查公民的身体。"不需要经过检察院批准和法院决定，掌握劳教决定实权的公安机关就能够直接剥夺劳教对象的人身自由，最高期限甚至长达 4 年，具有明显不合理性。

教复议机关是劳动教养管理委员会的本级人民政府或者上一级劳动教养管理委员会，复议机关与决定机关一体性造成复议机制被架空。

其四，适用对象泛滥性。"最初，劳动教养的对象仅限于反革命分子和坏分子两种，之后适用对象不断增加，特别是1982年以来大量的法律、行政法规、司法解释、部门规章甚至地方性法规争相扩大劳动教养的适用范围，使得几乎所有为刑法所禁止而又不够刑事处罚的行为都可以适用劳动教养。"[1]劳教对象的设立缺乏法定性且被地方性法规不合理添加，导致劳教对象语义模糊、内涵抽象，不利于成文法治建设，在背离法治道路上越走越远。

（二）劳教制度的后遗症

劳教废除后，其在中国法治体系中遗留下的时代痕迹并没有随之烟消云散，而是以一种尴尬的后遗症方式摆在人们面前，以特殊的方式警醒人们劳教之殇的存在。具体而言，表现在以下方面：

其一，法律体系的制度性缺位。法律体系的发展在某段时期内是相对稳定的，其体系内各制度的衔接性如同链条般环环相扣，劳教废除后必然会造成原有法律体系的制度性缺位。中国法制经历了从"国家本位"向"集体本位"演化的过程，"达顿则认为，中国仍旧是处于一种父权本位的社会规制状态，而社会主义的集体本位是一种新的发展形式而已，其特点就在于：个体的独立性往往依附于社会集体的利益，而且在'所谓'的必要时，个体往往成为集体的'牺牲品'"[2]。为集体利益牺牲个人利益不足以成为劳教自辩的借口，尤其是在追求人权本位的当代中国，任何有悖于公民权利的不良之法都注定要被废除。废除劳教所造成的制度性缺位必须回归根基，从制度上进行弥补，即

---

[1] 叶陆政：《劳动教养制度的废止与替代》，中南民族大学硕士学位论文，2010年，第3页。
[2] 孙道萃：《改革行进中的劳动教养制度功能与性质之整合性思考》，《法治研究》2013年第10期，第110页。

设立新的制度以承继劳教位置，进而弥合法律功能完整性。

其二，劳教管理所的转型。"据司法部官网公布的数据，截至2012年年底，全国共有劳动教养管理所351个。"[1] 根据调研结果，劳教废除后全国各地的劳教管理所都摇身一变转型成为强制隔离戒毒所。"走在转型前列的是江苏省。今年5月，无锡市司法强制隔离戒毒所（劳教所）开始接收强制隔离戒毒人员，这标志着江苏省劳教场所全部实现了工作职能向强制隔离戒毒的转型。"[2] 事实上，在劳教废除前劳教所与戒毒所就是一体两身的关系，一个场所挂两个牌子，劳教废除之后劳教所便直接转型为强制隔离戒毒所。[3] 这种转型方向或许是正确的，但必须注意的是，转型并非只是换个牌子这么简单，鉴于二者曾经共享管理场所和管理人员，戒毒所本身就带有劳教所的影子，因此二者管理模式、管理制度有很大相似性，如何为戒毒所正本清源，避免"换汤不换药"是值得考虑的问题。

其三，劳教管理对象的分流处遇问题。2012年"司法部司法研究所所长王公义在蓟门决策论坛上透露，目前我国被劳教人员数量有6万多，自我国劳教制度实施以来，被劳教人员最多时达到30余万人，最少时也超过5000人"[4]。任何法律制度的存废都会引起牵一发而动全身的社会效应，面对规模如此庞大的"劳教大军"，劳教废除留给人们一个值得深思的问题，即全员释放后社会该以何种方式吸纳这些"正

---

[1] 王亦君、黄蓉：《劳教制度改革路在何方》，http://www.chinanews.com/fz/2013/04-13/4727258.shtml，2013年4月13日发布。

[2] 《劳教正被废除——多地劳教所低调"转型"戒毒所》，http://www.guancha.cn/society/2013_06_18_152062.shtml，2013年6月18日发布。

[3] 2008年《禁毒法》施行后，劳教和强制隔离戒毒就已实行"一个机构，两块牌子，但生产劳动分开管理"。在司法部，主管机构的名称为劳动教养管理局（戒毒管理局）。参见《劳教正被废除——多地劳教所低调"转型"戒毒所》，http://www.guancha.cn/society/2013_06_18_152062.shtml，2013年6月18日发布。

[4] 林平：《司法部专家：我国被劳教人员达6万多——应严格界定劳教对象》，http://news.jcrb.com/jxsw/201210/t20121018_966946.html，2012年10月18日发布。

在劳教中"的人员，如何避免他们重走旧路继续"小错不断"？进而思考潜在的违法群体实施这些违法行为甚至是轻微犯罪行为时，法律应以何种姿态介入方能有效管控又不走劳教旧路？

（三）劳教承继制度的制定方向：在惩罚与教育二者之间的徘徊

制定劳教制度的承继制度，立法者必须采取审慎的态度，以理性的思维进行体系性考量，在避免原劳教制度与宪法和其他法律冲突、惩罚力度出现本末倒置、程序设计不完善、适用对象泛滥等问题的同时，以保障人权与完善法治为原则，弥补因废除劳教制度而产生的法律体系制度性缺位，合理进行原劳教人员的分流处遇。张绍彦教授曾指出，"现在劳动教养针对的对象除了部分不应当羁押的人员以外，对于轻微违法犯罪、吸毒、卖淫等，任何一个国家，任何一个社会都会面临同样的问题，对于这样一些人、这样一些行为、这样一些问题，都会有相应的、合理的、合乎价值原则的规则和办法。我认为这种功能，这种社会需要是客观存在的。这种功能需要合理的制度继续发挥"[1]。并指出"问题的关键和难点在于，为劳动教养立法问题的解决建立和寻求其理论的和实践的、立法的和司法的、制度的和体制的、历史的和发展的、中外比较的、刑事的和行政的、实体的和程序的等各方面的基础和支撑"[2]。

"学界通识理论认为，行为的客观危害与行为人的人身危险为一危害行为之两面，危害行为一旦付诸实施，不仅客观固化为现实危害，亦由此彰显了行为人'反社会'的人身危险。因此，对行为危害的回溯性报复（惩罚）和对行为人人身危险再次外化的遏制（预防、矫

---

[1] 张绍彦：《劳动教养的轨迹及去向》，《法学论坛》2008年第4期，第43页。
[2] 张绍彦：《论劳动教养立法的几个基础性问题——建立我国轻罪处罚制度的理论创新》，《现代法学》2003年第2期，第25页。

正），均是现代法律制裁体系需同时兼顾的两个功能。"① 因此，基于教育刑的理念，我们在并不抛弃报应刑的观念基础上，也要同时兼顾如何更好教育改造违法行为人的目的性追求。劳教制度废除之后承继制度的设立，也应当秉持兼顾惩治与教育两方面的功能立场，避免制定出不叫"劳教"之名却实行"劳教"之实的法律。基于此考虑，劳教制度废除之后，其下的违法行为究竟该当何从，这一摆在面前的现实问题要求我们寻求能够有效对劳教对象进行分流处遇的科学制度。

二、方向抉择：教育刑引导的劳教对象分流处遇

（一）以保安处分制度代替

我国许多学者主张借鉴西方发达国家的做法，将原劳教制度改造成中国式的保安处分制度。储槐植教授认为，"劳动教养制度是我国司法领域中最富有中国特色、最引人争议、最具有社会功效的制度，劳动教养制度的性质是一种中国式的保安处分制度"②。时延安教授认为，"完善我国保安处分制度，可以采取'重点突破，全面带进'的思路，即以解决劳教制度为突破口，进而带动我国保安处分制度的全面法治化。毫不夸张地说，以劳动教养为代表的各种保安处分措施，已经成为我国现行法制的'阿喀琉斯之踵'，在大力建设社会主义法治国家的今天，我们必须要认真面对并妥善解决这类制度存在的各种问题"③。将原劳教制度改造成保安处分制度，符合原劳教制度预防违法犯罪行为、维护社会和谐稳定的初衷，不仅巧妙地厘清了将原劳教对象归入行政领域管理还是刑法领域管理的纠缠与论战，而且还能够有效梳理刑罚

---

① 张丽：《制度归宿：劳动教养废止后的路径之辨》，《天府新论》2014 年第 3 期，第 93 页。
② 储槐植：《再论劳动教养制度改革》，《检察日报》2013 年 3 月 7 日，第 3 版。
③ 时延安：《劳动教养制度的终止与保安处分的法治化》，《中国法学》2013 年第 1 期，第 177 页。

处罚体系。刑罚中的管制制度本是为劳教制度而设，但后来出现了劳教惩罚重于管制的现象，打破了刑罚阶梯，劳教制度废除后，保安处分作为预防性、教育性、矫治性的措施接替它的位置，能够有效弥补漏洞，成为轻重有序的法律制裁体系中的一环。

但是，适用保安处分必须经过审慎考虑，在赞同保安处分优点的同时也要注意到它的局限性。首先，保安处分的适用范围广度不亚于原劳动教养制度，在实践操作中难以保证保安处分的适用正当性；其次，保安处分具有标签效应，对于精神病人、少年犯等对象而言，保安处分并非最佳适用方式①；再次，保安处分的设立改革成本较大，牵涉到《刑法》《刑事诉讼法》《治安管理处罚法》等一系列法律的相应变革。

何况，目前在我国的刑法修订主要依赖《刑法修正案》的前提下，设立保安处分的困难仍然较为明显。基于此，笔者认为，保安处分制度确实具有潜在的现实价值，与教育刑的结合也有内在相关性，但是由于保安处分的植入还需要一个相当长的时期，要真正纳入法律体系当中还需要学者进行更为充分的理论论证，待未来保安处分的理论探究更加成熟的时候，可以把它转化为实践层面的具体规则予以运用。因而，笔者认为，在现有基础尚未牢固、恰当时机还没有到来的时下，仓促纳入保安处分仍然还为时过早。

（二）以社区矫正制度代替

首先，主张以社区矫正制度代替原劳教制度的主要论据是应当改变原劳教制度中不合理的封闭式监禁管理方式，而应以更符合人权观

---

① 日本学者大谷实在《刑事政策学》中论述了刑罚和保安处分的三个主要区别：第一，刑罚以道义责任为基础并受制约，保安处分以行为人社会危险性为基础并受制约；第二，刑罚以具体化的痛苦、损害为内容，保安处分在其理念上并不包括痛苦、损害；第三，刑罚尽管也将排除行为人将来的危险为目的之一但并不以其为本质，保安处分则将排除行为人将来的危险性作为其本质。参见张绍彦：《刑罚实践的发展与完善》，社会科学文献出版社 2013 年版，第 173 页。

念的开放型处遇方式作为管理模式，这种模式即社区矫正制度。《关于开展社区矫正工作的通知》将我国的社区矫正概念界定为"与监禁矫正相对的行刑方式，是指将符合社区矫正条件的罪犯置于社区内，由专门的国家机关在相关社会团体和民间组织以及社会志愿者的协助下，在判决、裁定或决定确定的期限内，矫正其犯罪心理和行为恶习，并促进其顺利回归社会的非监禁刑罚执行活动"[1]。原劳动教养对象所实施的违法行为在一定程度上能够为社会所包容，他们并没有严重的社会危害性与人身危险性，对他们进行相应的教育矫治的目的也是为了让他们更好地回归社会，因此采用监禁刑的方式让他们与社会相隔离不利于教育矫治目的的实现。

其次，采用社区矫正制度还能够实现矫治模式从机构内处遇向机构外处遇的制度性变革，机构外处遇模式能够大大减少对我国狱政资源的占用，降低执法成本，削弱执法风险，缓解执法压力。

再次，我国的社区矫正模式已渐入正轨，不仅社区矫正制度已为法律所明确认定，而且各个社区矫正实行点均取得了良好矫治效果与社会反响，同时，伴随着社区矫正的进一步完善，相关配套功能的进一步升级使得社区矫正能够发挥更大社会效益，承担更完备的社会责任。

社区矫正制度具有许多现实性优点，也具有立法可行性，然而社区矫正制度和原劳教制度存在许多差异，致使社区矫正制度完全代替原劳教制度存在一定困难。原因在于，社区矫正制度是刑罚执行方式之一，其适用对象是依法被判决的犯罪分子，而原劳教制度的适用对象是行为轻微不需要适用刑法矫正者，因此二者适用对象不完全一致。另外，社区矫正执行制度中有严格的义务遵守规定及配套的惩罚措施，

---

[1] 姚佳：《"改头换面"还是"脱胎换骨"——从劳动教养制度的停用谈起》，《北京警察学院学报》2013 年第 3 期，第 29 页。

如果严重违反这些规定可能会导致收监处罚的后果，如果原劳教对象因此同样地受到收监处罚，就有违刑罚均衡。因此，在当前多元融合的社会价值趋势之下，社会治理机制应当追根溯源从社会治理需求方面考量寻求最具适宜性的社会治理方案，对社区矫正制度也应当采取严谨的态度，从立法与司法层面对其作充分探讨调研后再行抉择，直至达到最具适宜性的衔接过渡。

（三）以《违法行为矫治法》代替

"《违法行为矫治法》先后被十届、十一届全国人大常委会列入立法规划……全国人大常委会委员长吴邦国作全国人大常委会工作报告时表示，我国今年将抓紧制定《违法行为教育矫治法》等一批新法律。"[1] "十八届三中全会决定废止劳动教养以后，部分法律学者认为，以违法行为矫治替代劳动教养已是迫不及待的事情。"[2] 主张建立违法行为矫治法的观点认为应当加快立法速度制定一部《违法行为矫治法》以替代原劳教制度，弥补法律空缺。储槐植教授认为："应当将违法行为教育矫治法定位于在我国现行刑事处罚和行政处罚体系之外的一种独立的法律处分，是对被矫治人员的强制性教育措施。"[3] 该主张支持者还构建了一系列立法规划，内容包括《违法行为矫治法》的性质定位、决定权、适用对象、执行方式和执行期限等。

然而《违法行为矫治法》的难产并非毫无原因。首先，它的立法进程遇到了许多阻碍，2003年前后全国人大法工委就已经把《违法行为教育矫治法》纳入了立法调研项目，虽两次进入全国人大常委会立

---

[1] 陈振凯：《代表委员呼吁加快制定〈违法行为教育矫治法〉》，《人民日报》（海外版）2010年3月12日，第6版。
[2] 邓丽艳：《劳动教养替代措施研究》，华南理工大学硕士学位论文，2013年，第23页。
[3] 储槐植、张桂荣：《关于违法行为教育矫治法立法中的几个重大问题的思考》，《中国司法》2010年第7期，第51页。

法计划，但是遗憾的是，该法案至今仍未正式出台。这说明学者和立法者对于该法的性质、适用对象、执行主体、执行程序等方面的意见仍然未达一致，如何消除观点争议与潜在的利益冲突是立法突破的关键，而这些问题很可能无法在眼下迅速找到答案。"事实上，全国人大常委会于2013年10月底公布的五年立法规划里，也并没有制定《违法行为教育矫治法》的安排。"① 其次，该立法迟迟未通过的一个原因是因为立法者担心它会重蹈原劳动教养制度的覆辙，毕竟是关于公民人身权利的立法，必须以更加谨慎更加严谨的态度加以对待，在没有大量调研事实与数据反映可行性的情况下立法万万不可盲目冒进，避免与原劳教制度形成"穿新鞋走老路"的关系。再次，对一部法律的公布与施行而言，民意调查是绝对不可忽略的。"理解变迁过程的关键在于促动制度变迁的参与者的意向性以及他们对问题的理解；人们所持的信念决定了他们的选择，而这些选择反过来又构造了人类处境的变化。"② 对于《违法行为矫治法》，我国民意尚未有可行性调查结论，因此在数据显化之前其立法群众基础值得考量。

三、价值契合：教育刑下的轻罪制度及其合理性

（一）教育刑理念并不排斥轻罪设立

"作为中国刑法的发展趋向，轻罪刑事政策以对正义的深刻理解作为其制度化的根源，实现法律正义是其基本诉求。"③ 一直以来，构建我国轻罪制度的立法倡议从未消停，尤其当劳教制度被废除之后，学界主张以轻罪制度代替原劳教制度的声音不绝于耳。该观点主张，应当

---

① 刘鹏：《劳动教养制度废除后的刑法应对》，《江西警察学院学报》2014年第4期，第86页。
② 道格拉斯·诺斯：《制度、制度变迁与经济绩效》，杭行译，上海格致出版社2008年版，第12页。
③ 杜雪晶：《轻罪刑事政策的中国图景》，中国法制出版社2013年版，第65页。

结合国情改变劳教制度的立法观念和实践的影响，从劳教制度的对象和刑法的适用为角度构建适合我国的全新的轻罪制度。

教育刑作为刑罚现代化的代表性理念，并不反对通过有限刑罚的调处与规制，也不排斥危害行为存在前提下的该当性报应，只要刑罚的适用控制在合理的范围之内，教育刑就能够予以功能上的正当性引导，并在报应与功利之间达成一种妥当性结果。如前已述，在相对主义的教育刑理念之下，我们采纳的是并合主义的刑罚观，因而合理且必要的刑罚是责任后果承担的应有之义。劳教制度废除的主要原因在于，其严重违背了法治精神，有严重侵犯人权的现实弊端。教育刑理念要求我们科学合理地审视社会违法与犯罪行为，把原先由劳教调整的违法行为纳入刑事法律之下，就是重新步入法治化轨道，通过注入刑罚的教育改造功能来重新塑造行为人的违法意识，把违法行为人拉入法治化运行之中，使其一方面能够承担其应承担的责任后果，另一方面能够通过教育改造而防范违法意识的再次萌生。

考虑设立轻罪制度时，需要注意把握与保安处分的区别，即保安处分是以行为人的人身危险性为处罚核心，但轻罪制度是以行为为处罚核心，同时也兼顾考虑行为人的人格情形。换言之，轻罪制度的着眼点在危害行为的发生，而不是单纯的人身危险性，据此设置轻罪制度并不必然与刑法的既有理念相冲突，这是轻罪制度与保安处分更能有效替代原劳教制度的原因所在。轻罪制度的另外一个可行性优点在于，原劳教制度的适用对象有相当一部分是已构成犯罪但未予追究刑事责任的人，轻罪制度的适用对象恰好能够将他们囊入适用范围。并且，轻罪制度对应的就是轻刑，即按照罪刑相称的基本原则其接受的只是轻微刑罚，这是与他们的危害行为相对应的罪刑关系决定的。因此，轻罪制度设立之后，既能够以一种鲜明的方式有效惩处这些行为，也能在进入刑罚视野之后，通过教育刑的功能展开而使其得到教育改造，无论是从社会防卫还是权利保障来说，都大有裨益。

（二）轻罪制度的合理性分析

1. 能够完善我国法律制裁阶梯

我国对需要法律调整的违反法律规定的社会危害行为设置了三级法律制裁阶梯，处于阶梯顶层、最为严厉的制裁方式由刑法和其他刑事法律组成，对违反刑法、具有严重社会危害性的行为施以严厉的刑事制裁，这是法律制裁阶梯中数量最小但是惩罚力度最大的部分。处于中间地带，惩罚严厉方式介于二者之间的是强制性教育矫治措施，包括强制隔离戒毒制度、收容教育制度和被废除的劳动教养制度等，这部分强制性教育矫治措施极富中国特色，它们的适用对象主要是严重违法行为和轻微犯罪行为，制裁严厉程度和适用数量都介于刑罚和行政治安管理处罚之间。处于阶梯最低层的是治安管理处罚，主要适用对象是违反《治安管理处罚法》的行为，制裁严厉程度最轻，适用范围最广。从表面上看，我国法律制裁体系似乎相互衔接紧密，看似完善实则不然。《刑法》第37条规定，对于犯罪情节轻微不需要判处刑罚的，可以免予刑事处罚，但是可以根据案件的不同情况，予以训诫或者责令具结悔过、赔礼道歉、赔偿损失，或者由主管部门予以行政处罚或者行政处分。也就是说，对于情节显著轻微不需要用刑法来处罚的可以直接用行政处罚，但没有规定可以适用强制性教育矫治措施。

此外，我国目前的法律制裁体系是三阶梯式，但许多发达国家的法律制裁体制都是二阶梯式，或是刑事制裁加保安处分，或是刑事制裁加行政制裁，从法律发展模式看二阶梯式更符合法制发展潮流。《治安管理处罚法》第2条规定：依照《中华人民共和国刑法》的规定构成犯罪的，依法追究刑事责任；尚不够刑事处罚的，由公安机关依照本法给予治安管理处罚。可见，我国的法律体系中也有二阶梯式法律制裁方式，劳教制度的废除和轻罪制度的建立正好响应该法制趋向，可以有效消融三阶梯法律制裁体系的冲突与漏洞，从而实现我国法律制裁阶梯的华丽转身。

2. 能够优化司法资源使用情况

劳教制度所调整的行为包括吸毒、嫖娼、卖淫、故意伤人等各种严重违反行政法或轻微违反刑法的行为，这些行为具有易发性、复发性、不易矫正性等特征，许多被称为"街头犯罪"。在转型期的中国，有限的社会资源激发各种社会矛盾，这些说小不小说大不大的案件频频发生，数量之多直接考验着司法机关的办案效率和办案方式。在数量庞大案件繁杂的压力之下，相关人力、物力、财力明显供不应求，如何在有限的司法资源中合理配置以发挥最大效益解决形形色色的轻罪案件，是对司法机关提出的一项苛刻挑战。

我国近年的立法方向也显示出"轻罪入刑"的趋势，例如《刑法修正案（八）》降低了盗窃罪、敲诈勒索罪等入刑标准，将醉驾、情节恶劣的追逐竞驶设为危险驾驶罪，体现了刑法调整范围的不断扩大，意味着将有越来越多的严重违法行为和轻微犯罪行为被纳入刑法调整体系，其中主要是原劳教制度所调整的对象，既然这些行为入刑成为一个趋势，那么为了避免受到具有严厉色彩的传统刑法的调整，设立轻罪制度将它们纳入严厉性较轻的刑罚体系中加以调整，则可以取得最佳的效果。此外，这些案件在诉讼实践中是按普通刑事诉讼程序进程来处理的，但这些案件与一般刑事案件相比案情更简单，社会危害性和人身危险性更小，可能判处的刑罚更轻，因此适用普通刑事诉讼程序过于浪费，虽然在刑事诉讼中有简易程序，但是简易程序的适用范围不能很好地与轻罪适用对象融合，因此有必要建立一套专门的轻罪制度，对轻罪案件适用轻罪刑事诉讼程序，避免刑事诉讼资源浪费。

（三）争议观点的解决

自建立轻罪制度的观点提出以来，理论界的反对意见主要集中在两点，一是基于"刑法谦抑性"认为建立轻罪制度会扩大犯罪圈导致更多人被标上犯罪标签，不利于人权保护，有违教育刑理念；二是我国刑法定罪量刑的原则方式是定性与定量相结合，而轻罪制度仅有定性成分没有定量成分，无法与其他罪名的判定方式相融合，如果在刑法体系中设立轻罪制度意味着将打破刑法传统的定性加定量的刑罚方式，是对我国刑法体系根基性的变革。事实上，结果并不必然如此。

首先，对轻罪制度最直接的担忧是犯罪标签化，由于我国规定曾受过刑事处罚的人就业和入伍时必须向单位作出说明，因此被告被贴上犯罪标签后在就业、婚姻等方面很可能被歧视，同时轻罪制度扩大犯罪圈时也将大量增加犯罪人数。事实上，轻罪行为人的所作所为已经"声名在外"，即使未受刑法规制也可能受到其他法律的调整，不可能因为未入刑而改变社会对他所作所为的评价。况且建立轻罪制度对行为人未尝不是好事，刑法条文及刑事程序是所有实体和程序规定中最为严谨规范的，轻罪行为人入罪后能够享有刑事程序规格的救济制度，对其权利救济来说意义重大。此外需要说明的是，刑法作为社会调整方式的一道底线，并非将犯罪圈控制得越小越好，因为犯罪圈是根据社会需求而灵活调整的，可能扩大也可能缩小，并且犯罪圈需要新陈代谢，一些行为入罪的同时总有一些行为出罪。《刑法修正案（八）》降低了盗窃罪、敲诈勒索罪等的入刑标准，从某种程度上说也扩大了犯罪圈，但因此带来的法治效果和社会效果都达到了立法目标，因此，不能独断地说适当扩大犯罪圈就是法治发展的反方向。

其次，轻罪设立的制度性瓶颈在于其会打破"定性加定量"的价值考量。"定性加定量"的模式必然会将一部分社会危害性不大的行为排除出犯罪圈以保持刑法谦抑性。理论设想虽好，然而在实践中这种模式也暴露出了不少弊端，最主要的就是"定量"界定模糊性，对数额是否特别巨大、手段是否特别残忍、主观动机是否特别恶劣等各种情节的认定都仰仗于法官的常识与经验，这种依靠处世经验获得的主观判断因人而异、因时而异。"定量"标准的模糊性、不特定性与刑法强调的明确性相违背，李洁教授曾指出，"无论在分则之罪的规定上采取列举方式还是采取概括方式,均难以符合罪刑法定的明确性要求,难以具有合理性。而且至今为止,尚未发现可以采用的既可以明确又可以有效限定量之程度的有效方法。在这个问题上,立法具有绝望性,根本没有有效方法予以解决"[1]。

四、路径铺设:教育刑理念引导的轻罪制度设计

(一)轻罪制度的罪刑阶梯形貌

轻罪制度在国外许多国家法律制度中已经发展成熟,中国如果要借鉴这种舶来品性质的文化制度,必须与国内土壤相融合才能在广袤的疆土上生根发芽,必要时刻还要进行修整才可加以适用。在国外规定轻罪制度的国家中,"《法国刑法典》第111条规定:刑事犯罪,依其严重程度,分为重罪、轻罪和违警罪。《奥地利联邦共和国刑法典》第17条规定:重罪是指应当科处终身自由或3年以上自由刑的故意行为;轻罪是指所有其他应受刑罚处罚的行为。《德国刑法典》第12条规定,重罪是指最低刑为1年或1年以上自由刑的违法行为;轻罪是指最高刑为1年以下自由刑或科处罚金刑的违法行为。此外,德国以法定刑为标准将犯罪分为重罪、轻罪、违警罪三类,其中轻罪是指5年以下要塞监禁,普通监禁或并处150个帝国马克以上罚金或单处罚金的犯罪;违警罪是指应当科处拘役或150个帝国马克以下罚金的犯罪行为"[2]。"美国《模范刑法典》也将犯罪分为重罪、轻罪、微罪和违警罪,其中,除前三种可能涉及剥夺人身自由以外,违警罪只能被处以罚金或者其他民事制裁。"[3]

---

[1] 李洁:《罪刑法定之明确性要求的立法实现——围绕行为程度之立法规定方式问题》,《法学评论》2002年第6期,第32页。
[2] 李斯特:《德国刑法教科书》(修订译本),徐久生译,法律出版社2006年版,第173页。
[3] 梅传强:《论"后劳教时代"我国轻罪制度的构建》,《现代法学》2014年第2期,第34页。

在支持建立轻罪制度的我国学者中，关于轻罪制度的轻重划分标准也有不同的观点。有的学者主张以法定刑作为划分轻罪与重罪的标准，认为法定刑作为法律明文规定的刑罚，是犯罪人行为社会危害性的标准，具有客观性、明确性，便于在实践中判断轻罪或重罪的操作；有的学者主张以宣告刑作为区分标准，认为宣告刑相较于法定刑更能根据案件情节灵活定位行为人社会危害性程度，从而准确施加刑罚力度，避免千篇一律；也有学者认为应当综合考虑罪行的成立要素来界分轻罪与重罪，"罪刑轻重的认定应当综合考察行为人的罪过、主观恶性、人身危险性、社会危害性、情节等因素"①。同时，不论是支持法定刑还是宣告刑，各学者关于以1年、3年还是5年作为轻罪与重罪界分点也开展了大量讨论。

事实上，我国学者的讨论无论是支持法定刑抑或支持宣告刑都没有跳出传统"定性加定量"的判断标准，事实上，轻罪制度的核心性质在于"只定性不定量"，因此应当以行为性质来认定行为人犯罪与否，"量"宜只作为辅助性角度在处罚时加以思量。鉴于我国现行刑法是以重罪为核心的制度，必须加以制定与轻罪制度相关的刑罚制度，不能仅以目前刑法作为"定性"基点，否则处罚会过于严厉，不符合轻罪制度设立的本意。

（二）轻罪制度的规制对象解析

作为一项新的制度，应纳入轻罪制度调控范围的既有刑法领域的行为又有行政法领域的行为，具体而言，轻罪制度的规制对象主要包括以下几种：

其一，刑法规制的轻微的犯罪行为。事实上，目前我国现行刑法的调整对象中已经包括了部分轻罪行为，这些行为相对而言社会危害

---

① 郑伟：《重罪轻罪研究》，中国政法大学出版社1998年版，第144页。

性较小、应判处的刑罚较轻。例如《刑法修正案（八）》增设的危险驾驶罪中的醉驾行为，既无情节限制也无后果要求，甚至最高刑也只是拘役，是刑法中真实性质为轻罪的罪名代表。在刑法结构中这部分性质较轻的犯罪行为可以从传统刑法中分离出来，纳入轻罪制度中，用轻罪制度的速裁程序来处理，不仅可以有效分流刑事案件的压力，而且还可以提高司法效率促进司法效能。

其二，原劳教制度规制的部分行为。事实上，对于原劳教制度废除后其规制对象的分流问题，学界有不同的观点，有的学者认为应当全部纳入行政法领域调整，有的学者认为应当全部纳入刑法领域调整，还有的学者认为应当折中性地把一部分纳入行政法领域调整，一部分纳入刑法领域调整。笔者认为第三种说法更有道理，并且倾向于将应纳入刑法领域调整的原劳教制度规制的部分行为归置于轻罪制度体系中调整。将《劳动教养试行办法》第10条[①]规制的对象中部分具有社会危害性但不够刑事处罚的行为纳入轻罪制度中，例如结伙杀人、抢劫、强奸、放火、聚众斗殴、寻衅滋事、煽动闹事、教唆他人违法犯罪等行为严重但不够刑事处分的，鉴于这些行为通常社会危害性达到一定程度致使行政法无法有效规制，因而将其归置于轻罪制度中调整[②]；同时流氓、卖淫、

[①] 《劳动教养试行办法》第10条内容如下：对下列几种人收容劳动教养：（一）罪行轻微、不够刑事处分的反革命分子、反党反社会主义分子；（二）结伙杀人、抢劫、强奸、放火等犯罪团伙中，不够刑事处分的；（三）有流氓、卖淫、盗窃、诈骗等违法犯罪行为。屡教不改，不够刑事处分的；（四）聚众斗殴、寻衅滋事、煽动闹事等扰乱社会治安。不够刑事处分的；（五）有工作岗位，长期拒绝劳动，破坏劳动纪律，而又不断无理取闹，扰乱生产秩序、工作秩序、教学科研秩序和生活秩序，妨碍公务，不听劝告和制止的；（六）教唆他人违法犯罪，不够刑事处分的。仔细考察这项条文可以发现此处规制内容跨度较大，里面既有社会危害性程度接近刑法的行为，也有社会危害性程度较轻的行为，界限的模糊性令人匪夷所思，更能凸显出将其按社会需求分流至轻罪制度和行政法域中去的必要。

[②] 事实上，从近年来的立法来看，原先由劳动教养制度规制的行为已经在刑事制裁与行政制裁之间进行了分流，例如，《刑法修正案（八）》关于盗窃罪、敲诈勒索罪、寻衅滋事罪的相关修改，以及2013年"两高"出台的关于审理"盗窃案件"和"寻衅滋事案件"的两个司法解释已经将《劳动教养试行办法》第10条第（二）（三）（四）项规定的部分行为纳入到了刑法调整的范畴。参见梅传强：《论"后劳教时代"我国轻罪制度的构建》，《现代法学》2014年第2期，第37页。

拒绝劳动破坏劳动纪律、妨碍公务不听劝告和制止等行为，鉴于其对社会法益侵害性较弱，社会危害性较低，行政法的规制效果足以控制，因而将其归置于行政领域中调整，从而顺利实现原劳教案件分流。

其三，行政法规制的部分行为。事实上，行政法和刑法所调整的行为中有不少是行为类型相同但情节不同因而分别由行政法和刑法调整，但他们的共性特征在实践中容易造成混乱与误解。例如《治安管理处罚法》第67条规定："引诱、容留、介绍他人卖淫的，处10日以上15日以下拘留，可以并处5000元以下罚款，情节较轻的，处5日以下拘留或者500元以下罚款。"与此同时，《刑法》第359条规定："引诱、容留、介绍他人卖淫的，处五年以下有期徒刑、拘役或者管制，并处罚金；情节严重的，处五年以上有期徒刑，并处罚金。"可见，关于引诱、容留、介绍他人卖淫的行为，严重违反行政法的和轻微违反刑法的界限不易区分。应当将行政法中这部分性质恶劣、社会危害性较大、同时与刑法规定存在行为竞合性的行为纳入刑法中由轻罪制度加以规制，可以有效缓和这些冲突，保持法律和谐性与体系性。

（三）轻罪制度的性质与立法定位

轻罪制度的性质是在构建轻罪制度时必须考虑的根本问题，劳动教养制度因横跨行政法与刑法因而性质不明引起不少纠纷与混乱，因此轻罪制度的性质设定应吸取劳教制度的教训，不能在行政法与刑法二者间徘徊犹豫，即应擦除模糊性，果断定性为一元性质。鉴于轻罪制度的构建动机是为了衔接刑法和行政法之间的断层，弥补二者间的跨度，结合轻罪制度本身的内涵和对象，宜将轻罪制度认定为刑事制裁体系中的一种，并且又与现有刑事制裁不完全一样，即在刑事制裁阶梯中将轻罪制度置于最低层，其案件数量最多且刑罚严厉性最低。通过将轻罪制度性质设为刑事制裁制度，以保证我国刑事法网的严密性和刑法完整性。

至于轻罪制度应如何以立法的形式向公众呈现,学术界也有激烈的争论。第一种观点是主张制定《轻罪法》,将应纳入轻罪调整范围的部分现刑法规制行为、现行政法规制行为及原劳教制度规制行为统一纳入《轻罪法》中,统一制定适合的审判方式与相关制度。另一种观点是应当按照重罪、轻罪的划分方式,将轻罪纳入现有刑法典当中,该主张的支持者刘仁文教授提到,"重罪、轻罪和违警罪三分法大抵是当今世界各国刑法关于犯罪的基本分类方法,而保安处分被系统纳入刑法典也是不少国家的做法。与之相比较,我国的刑法典大约只包括了西方国家刑法典的重罪部分,而缺少违警罪、轻罪和保安处分三大块内容。实现刑法结构的统一化应是我国刑法未来发展的一个方向"[①]。结合轻罪制度的性质以及制度内容,笔者赞同第二种观点,认为将轻罪制度纳入现有刑法体系中更能体现设立轻罪制度的意义。将轻罪制度划入我国现行刑法中能够保持刑法的统一性和体系性,使刑法更加完善,更加符合国际刑事法律的发展趋势。

五、司法导航:轻罪制度规范化建立的配套保障

在教育刑的理念之下,尽管轻罪制度的设计并不与其产生实质抵触,但是,受教育刑的影响与左右,既然我们设立的是轻罪,而且行为人实施的危害行为较为轻微,那么,我们在程序设计上就理当注重其特殊性。一方面,体现出法治化运行的现实性,让行为人承担其应当承担的责任;另一方面,又要把教育刑的理念注入其中,不可偏废地强调对行为人教育改造的特性,更好维护权利保障的现实价值。

---

① 刘仁文:《关于调整我国刑法结构的思考》,《法商研究》2007年第5期,第40页。

（一）轻罪设立必须对应司法处遇的轻缓践行

司法处遇轻缓制度具体包括刑罚执行轻缓化和刑罚适用轻缓化。轻罪制度的核心内涵在于"轻"，"轻"不仅指轻罪行为社会危害性相对较轻还指轻罪行为人应受惩罚力度较轻。重罪重罚、轻罪轻罚、罪罚相当、轻重有序是刑法所追求的刑事秩序，轻罪制度的构建要求成立相应的配套措施，其中司法处遇轻缓化是不可或缺的。轻罪制度施行后受到轻罪规制的公民群体规模较大，如果对轻罪设置普通的刑罚会超过公民的心理承受程度不利于其改过自新，而且超出公民心理预期的法律也无法获得良好的群众支持。另外，司法轻缓化是国际刑事政策的潮流，将轻缓化方向作为轻罪制度的刑罚制定基调是中国将人权主义落实到位的标志，有利于中国进一步与国际社会融合，有利于中国法制水平朝着国际化方向迈进。

具体而言，司法中适用轻罪制度时应把握两个基本原则。一是处遇轻缓化原则，少用自由刑，尽量用财产刑、资格刑代替自由刑，多用免予刑罚处罚的措施。相比财产刑和资格刑，剥夺自由更触及被告权利深处，对被告打击更深，判处财产刑和资格刑较不容易破坏被告的正常工作和生活秩序，有利于被告在社会应处的位置继续做出贡献。再则，定罪免予刑罚处罚的适用具有刑法上的实体根据，应当通过轻罪设立之后的更多适用而充分发挥其价值。

二是处遇社会化原则，最大限度地采取社会化刑罚方式对被告进行惩罚，尽量不令其与社会隔离，优先使用禁止令，优先使用社区矫正。如果能够通过禁止令达到对轻罪行为人的惩罚和矫正目的，则根据案件具体情况对行为人处以相应的禁止令，如对醉驾行为人发出禁止令，在一定时期内禁止其驾驶机动车作为惩罚。把握轻缓化和社会化原则，能够从宏观层面降低轻罪制度的惩罚严厉程度，符合设立轻罪制度的目的，毕竟轻罪设立是为了更有效地治理社会而不是为了将刑罚严厉化。①

（二）轻罪设立必须以程序上的速裁制度予以保障

在当前处于社会转型期的中国，社会矛盾的增加滋生了各色暴力与冲突，公安机关、检察院、法院面临的案件压力达到了历史空前程度，"案多人少"的司法资源紧迫性使得刑事诉讼改革成为必要。相对而言轻罪案情较简单、案件性质较明晰、行为人社会危害性和人身危险性较小、可能判处的刑罚较轻，因此除特殊情况外轻罪案件没必要按普通刑事审判程序进行，而且刑事诉讼中的简易程序也不完全对应于轻罪案件。基于轻罪设立后带来案件办理上的现实问题，为了减少司法资源浪费并提高司法效能，轻罪制度需要有适合自己的一套独特的简单快速的审判制度。2014 年 6 月 27 日通过的《全国人民代表大会常务委员会关于授权最高人民法院、最高人民检察院在部分地区开展刑事案件速裁程序试点工作的决定》（以下简称《决定》）指出，在遵循刑事诉讼基本原则和保障当事人权利的基础上，挑选全国部分地区作为试点②，"对事实清楚，证据充分，被告人自愿认罪，当事人对适用法律没有争议的危险驾驶、交通肇事、盗窃、诈骗、抢夺、伤害、寻衅滋事等情节较轻，依法可能判处一年以下有期徒刑、拘役、管制

---

① 我国部分学者认为中国轻罪刑事政策的实践路径的具体化主要把握三个层面：一是非犯罪化，包括立法上的非犯罪化、司法上的非犯罪化；二是非刑罚化，包括单纯宣告有罪、非刑罚处罚、保安处分；三是非监禁化，包括审前非监禁化、量刑非监禁化、行刑非监禁化。参见杜雪晶：《轻罪刑事政策的中国图景》，中国法制出版社 2013 年版，第 87—160 页。

② 该《决定》在 2014 年 6 月 27 日由第十二届全国人民代表大会常务委员会第九次会议通过，根据《决定》内容，授权最高人民法院、最高人民检察院在北京、天津、上海、重庆、沈阳、大连、南京、杭州、福州、厦门、济南、青岛、郑州、武汉、长沙、广州、深圳、西安开展刑事案件速裁程序试点工作。试点办法由最高人民法院、最高人民检察院制定，报全国人民代表大会常务委员会备案，试点期限为二年，试点期满后，对实践证明可行的，应当修改完善有关法律；对实践证明不宜调整的，恢复施行有关法律规定。参见新华社：《全国人民代表大会常务委员会关于授权最高人民法院、最高人民检察院在部分地区开展刑事案件速裁程序试点工作的决定》，http://www.gov.cn/xinwen/2014-06/27/content_2709113.htm，2019 年 4 月 15 日访问。

的案件，或者依法单处罚金的案件，进一步简化《刑事诉讼法》规定的相关诉讼程序"①。此处的刑事案件速裁程序可以从实质上发展为轻罪速裁制度。

首先，法院可以建立专门的轻罪法庭用于审理数量繁多的轻罪案件，对于案件事实清楚、证据确实充分、被告人自愿认罪、当事人对适用法律没有争议的轻罪案件，公诉机关可以不出庭，只提交书面公诉意见书由轻罪法庭法官书面审理、书面判决。如果公诉机关和被告人对书面审理提出异议或法官认为案件需要开庭审理，则采用开庭的方式并以独任制审判为常态进行审理。其次，轻罪案件的审理还应当尽量考虑调解与和解方式，如果被告人积极向受害人赔礼道歉并赔偿且取得被害人谅解时，公诉机关可以不向法院提起公诉，而酌情采用训诫、责令具结悔过等方式，有效控制轻罪案件分流，这种做法能够达到与美国诉前辩诉交易制度相似的效果。"国外实行轻罪制度的国家中，也有相似做法：德国大约有三分之一的轻罪案件在起诉阶段被分流，而且分流方式上除附条件不起诉外，还建立了刑事处罚令程序。"②

（三）轻罪设立需要前科消灭制度的现实辅佐

反对建立轻罪制度的学者认为轻罪制度会造成中国犯罪人数飙涨，不利于人权保护。《刑法修正案（八）》施行后由于醉驾、追逐竞驶被判危险驾驶罪以及因盗窃、敲诈勒索被定罪的人数大量增加，已经造成中国犯罪群体大规模膨胀、治安恶劣指数升级，犯罪记录对工作、

---

① 新华社：《全国人民代表大会常务委员会关于授权最高人民法院、最高人民检察院在部分地区开展刑事案件速裁程序试点工作的决定》，http://www.gov.cn/xinwen/2014-06/27/content_2709113.htm，2019年4月15日访问。

② 梅传强：《论"后劳教时代"我国轻罪制度的构建》，《现代法学》2014年第2期，第34页。

婚姻造成的隐性影响对社会治理工作提出了又一项重大挑战[1]。然而鱼和熊掌并非不可兼得，如果想既维护轻罪制度的施行又不使人权保障阻力重重，就必须从制度根源上寻求一个能够平衡二者利益的双重保护机制，这个机制就是前科消灭制度。《刑事诉讼法》第286条[2]规定对犯轻罪的未成年人实行封存犯罪记录制度以防止犯罪对未成年人的升学、就业、生活的负面影响，这是前科消灭制度迈出的革命性一步，轻罪制度正式施行之后应当将前科消灭制度的保护范围从未成年人扩大到成年人。

具体而言，前科消灭制度包括形式要件和实质要件。实质要件即在特定时期内根据犯罪人的具体行为，考察其是否表现良好，是否犯新罪。在前科考察内容的选择上，也有部分学者认为，"实质条件不仅要求没有再犯新罪，还要求没有实施其他比较严重的违法行为为限"[3]。形式要件是指前科消灭的考察时间，具体而言，不仅包括常态意义上的刑罚执行完毕后的消灭前科所需时间，还包括宣告有罪但免予刑罚、判处缓刑、单独判处附加刑等情形下消灭前科所需时间。不同学者对此持不同观点，有学者甚至认为，"轻罪的前科应当随刑期而结束，不应当再附加期限的要求"[4]。同时，前科消灭制度还要注意前科消灭的限制情况和例外情况。前科消灭的限制情况是根据情况需要酌定不予犯罪人消灭前科，例如对累犯、惯犯、瘾癖犯以及对危害国家安全的犯

---

[1] 前科的法律后果主要体现在对定罪、量刑的影响以及对任职条件的限制等方面。其中，对定罪、量刑的影响发生在有前科的人重新犯罪的情况下；对任职条件的限制发生在有犯罪前科的人在社会中就业时。对有前科记录的犯罪人来讲，这些法律后果对其重新融入社会和开始新的生活是极其不利的。参见高长见：《轻罪制度研究》，中国政法大学出版社2012年版，第262页。

[2] 2018年《刑事诉讼法》第286条规定："犯罪的时候不满十八岁，判处五年以下有期徒刑的，应当对相关犯罪记录予以封存。犯罪记录被封存的不得向任何单位和个人提供，但司法机关为办案需要或者有关单位根据国家规定进行查询的除外。依法进行查询的单位，应当对被封存的犯罪记录的情况予以保密。"该条款被称为未成年人犯罪档案封存制度，此处主张的前科消灭制度正是以未成年人犯罪档案封存制度为蓝本，并在其基础上进一步延伸拓展。

[3] 马克昌：《刑罚通论》，武汉大学出版社1999年版，第715页。

[4] 高长见：《轻罪制度研究》，中国政法大学出版社2012年版，第271页。

罪分子不予消灭前科。有学者提出,"还可规定,为国家做出重大贡献的人可缩短、甚至免除时间限制,可要求提前消灭前科"[①]。轻罪案件判决后,对被告的轻罪记录予以严格保存限定查阅对象,待考察完毕后则将该记录予以消除,不跟随档案流转。在前科消灭制度下,既能让被告受到应有的惩罚警示其不再犯罪,又能给予其改过自新的机会不受犯罪记录影响而重新融入社会正常生活,综合体现了法律的严厉性与宽容性,是社会治理方式的有益变革,符合转型期的中国治理社会内部与融入国际社会的双重需求。

劳教制度的废除代表着法治的一种短暂性胜利,同时也表明我们对人权保障的更加关注与关怀。之所以说只是"短暂性胜利",原因在于,劳教制度废除之后并没有真正解决客观存在的违法行为,劳教制度的废除只是说明了该项制度的不合理性,但是,社会生活上仍在不断发生、原先受劳教处置的违法行为如何予以法律应对,并不因劳教制度的废除而得以顺理成章地解决。因此,在我们步入后劳教时代的社会背景下,在法治治理受到越来越多重视的现代社会,我们需要一种新理念的指引并科学解决尚未消除的上述现实问题。

在教育刑的理念之下,加之基于对法治治理的路径依赖,我们可以依照当前的刑事立法模式逐步设立轻罪制度。轻罪制度表面是犯罪圈的扩张,但是,轻罪制度对应的仍然是轻刑,并不会不当扩张处罚而带来过于令人担心的负面作用。教育刑本身仍是刑罚理念,教育刑本身并不反对合理的刑罚适用,因而轻罪制度并没有超脱犯罪与刑罚的整体框架,轻罪制度在后劳教时代的适时补位和规划并不会与教育刑产生实质抵触。但是,受教育刑思想的影响与左右,我们应当审慎地选择纳入轻罪的范围,使之能够与刑法基本原则与谦抑性的基本理论相合拍。另外,在轻罪制度之下我们必须注重民权刑法观的运用,

---

[①] 房清侠:《前科消灭制度研究》,《法学研究》2001年第4期,第91页。

注重刑罚的轻缓化与非监禁化处置,把教育刑的理念注入其中,不可偏废地强调对行为人的教育改造和人性处遇,更好实现权利保障的现实价值。

第三节　教育刑的彰显必须认真对待人身危险性评估

教育刑的现实适用与人身危险性评估关系重大,然而,从实践操作中来看,人身危险性评估又是教育刑理论的软肋,因此,如何理性看待其评估问题,牵涉到教育刑理论的学术价值与实践效用,甚或在某种意义上来说,人身危险性评估关系着教育刑理论的生死存亡。[①] 在笔者看来,刑事实证学派提出的教育刑理论之所以没有得以畅通无阻地在司法中适用,其关键问题就与人身危险性评估较为困难的现实息息相关。但是,基于对教育刑的价值探讨,我们应该在转换思路的前提下肯定人身危险性理论,积极对其加以学术研究,使之能够更好地彰显教育刑的价值。实际上,无论是从逻辑论证还是实践适用的具体情形来看,摒弃人身危险性或者刻意忽视人身危险性的做法都已经不合时宜,也难以对刑罚理论与实践完善予以较好地贯通与辉映。基于此,在正视教育刑理论的前提下,审慎反思人身危险性的评估问题就是我们当前亟须解决的重要课题。

一、人身危险性评估长期被忽视是客观存在的现实

在人身危险性评估问题上,究竟采取何立场,不同的学者有不同

[①] 从学者反对人身危险性介入刑事司法适用的已有观点来看,人身危险性测评无法操作的困难是现实存在的主要争论点。因此,可以说,能否从理论与实践中提出一套行之有效的操作规范,这关系到人身危险性的未来走向。

的认识。美国学者 Seymour Halleck 认为,预测犯罪的直观观察比结论更重要。[1] 直观观察强调评价者对评价对象的感观能动性,他以感性经验作为自己结论得出的主要根据所在。"如果他看起来像个鸭子,走起路来像个鸭子,叫起来像个鸭子……那么,它就是个鸭子。(传统格言)"[2] "鸭子理论"为我们提供的评估标准就是典型的直观经验判断法。曲新久教授也认为,"法学,当然包括刑法学,具有经验性。在刑法领域,无论是立法还是刑事司法,对犯罪人人身危险性进行简单的经验判断是可行的"[3]。基于此认识,"在目前我国的司法实践中,司法工作者对被追诉人人身危险性的评估,在方法上主要采取的是直觉法,司法人员根据法律的规定和自己的经验,推估被追诉人的再犯可能性,并据此在法定的量刑幅度内决定被追诉人应受的刑罚,或者决定是否对被追诉人起诉、减刑或假释等"[4]。

从现有著述的情况来看,现有学者对"人身危险性"的语词使用其实是极为常见的,尤其涉及量刑与行刑问题时,"人身危险性"这一语词可谓俯拾即是。[5] 尽管说到"人身危险性"这一字眼时他们内心是如此"自信"且运用"自如",然而,遗憾的是,他们虽大张旗鼓地把

---

[1] Sheri Lynn Johnson, "The Politics of Predicting Criminal Violence", *Michigan Law Review*, 1988, p.1324.

[2] 韦恩·莫里森:《理论犯罪学——从现代到后现代》,刘仁文等译,法律出版社 2004 年版,第 105 页。

[3] 曲新久:《刑法的精神与范畴》,中国政法大学出版社 2003 年版,第 220 页。这里并不就是说,曲新久教授就完全支持经验判断。因为他又补充认为,经验判断的时候,不仅要求经验判断最大限度地符合科学规则,更重要的是,希望由此形成犯罪人人身危险性司法判断过程和结果的确定性、可预测性,否则,法治遭受严重破坏的巨大危险就始终不能消除。从此论述中,我们也可以看出,经验判断与科学判断的差异性,以及单纯经验判断蕴藏的危险。

[4] 卢建军:《人身危险性评估的基本方法》,《人民检察》2011 年第 14 期,第 77 页。

[5] "人身危险性"与"社会危险性"往往存在概念使用上的相互替代问题,但是实质内涵没有任何差异。王炳宽:《缓刑研究》,法律出版社 2008 年版,第 146 页;《最新意大利刑法典》,黄风译注,法律出版社 2007 年版,第 75—76 页;劳东燕:《危害性原则的当代命运》,《中外法学》2008 年第 3 期,第 403 页;屈学武:《保安处分与中国刑法改革》,《法学研究》1996 年第 5 期,第 30 页。

人身危险性作为自己的立论依据，却没有任何评估人身危险性的有力见解。现有学者既支持人身危险性功能层面的运用，又懈怠对人身危险性评估的研究。由此，笔者相信，在他们的认识体系中内在地承认了这样一个共同性前提，即人身危险性似乎也是不证自明的事情，根本无须进行专门的评估。毫无疑问，在现有学术文章中这种带有普遍性的"不证自明说"，间接影响了当前司法实践对人身危险性的现实适用，是司法人员依赖感性经验判断在现实运用中的明显体现。

但是，感性经验判断只是单个行为人主观评价的产物，由于受个人情感因素、知识背景、分析推理能力等多方面综合因素的影响，其结论的差异性和随意性就不可避免。而且，感性经验判断存在一个只注重结论得出而忽视逻辑推导过程的最大弊端，一如孟德斯鸠所言："什么时候应该惩罚？什么时候应该宽赦？这是可以意会而不可以言传的。"① 然而，规范刑法学所需要的却是"既可意会也可言传"，"意会"就是使自己也能够让别人信服，因此其背后一定需要实质理由的支撑，也正是这个理由的存在，决定了它可以通过"言传"的方式公示于众，并为大家所认同。人身危险性的评估作为刑事司法中的重要内容，自然更是如此，它需要我们对此怀着科学谨慎的态度，而非通过掩盖事实和矛盾进行纯粹主观臆断。

长期以来，我们的刑法学都是行为刑法，而不是行为人刑法。对此，德国学者罗克辛也直接指出："人们公认，现行刑法绝大多数是一种行为刑法。"② 受行为刑法观的直接影响，行为人因素在定罪与量刑中的意义被严重遮蔽，在标榜绝对公正正义的指导下，以客观行为为中心的理论与实践路径把行为人撇到一边。但是，毫无疑义的是，定罪与量刑都是对行为人的定罪与量刑，犯罪行为也是犯罪行为人的行为，

---

① 孟德斯鸠：《论法的精神》（上），张雁深译，商务印书馆1959年版，第113页。
② 克劳斯·罗克辛：《德国刑法学总论》（第1卷），王世洲译，法律出版社2005年版，第110页。

这种不考察行为人而径直评价行为的单纯性做法，明显带有隐藏现实问题所在而自欺欺人之嫌。而且，撇开行为人人格的偏执性做法，带来的最大弊端在于，造成现有司法适用上的"定罪是定罪，量刑是量刑"的基本格局，进而出现了陈兴良教授对此提出的批评意见，"将定罪与量刑割裂开来，在逻辑上难以成立"①。笔者认为，要弥补这一理论鸿沟，必须建立行为人在刑事诉讼环节的主线条，通过行为人勾连定罪与量刑之间的关系，而在这中间必要的步骤就是建立有效的人格评估体系。

《刑法修正案（八）》对缓刑与假释的条件在原有基础上加以进一步的细化，比如对缓刑的适用规定了"没有再犯罪的危险、宣告缓刑对所居住的社区没有重大不良影响"，"对犯罪分子决定假释时，应当考虑其假释后对所居住社区的影响"。新《刑事诉讼法》第 279 条规定，"公安机关、人民检察院、人民法院办理未成年人刑事案件，根据情况可以对未成年犯罪嫌疑人、被告人的成长经历、犯罪原因、监护教育等情况进行调查"。2007 年 6 月 19 日最高人民检察院发布的《人民检察院办理不起诉案件质量标准（试行）》中列出了五种轻微犯罪不起诉的情形，其中第 4 种为，"因生活无着偶然实施盗窃等轻微犯罪的犯罪嫌疑人，人身危险性不大的"。2010 年 2 月 8 日最高人民法院发布的《关于贯彻宽严相济刑事政策的若干意见》的第 6 条明确指出"对于社会危害大或者具有法定、酌定从重处罚情节，以及主观恶性深、人身危险性大的被告人，要依法从严惩处"。2012 年 1 月 10 日最高人民法院、最高人民检察院、公安部、司法部颁发的《社区矫正实施办法》第 4 条明确规定，"人民法院、人民检察院、公安机关、监狱对拟适用社区矫正的被告人、罪犯，需要调查其对所居住社区影响的，可以委托县级司法行政机关进行调查评估"。2020 年 7 月 1 日生效实施的《中华人民共和国社区矫正法》第十八条规定："社区矫正决

---

① 陈兴良：《刑法哲学》（修订版），中国政法大学出版社 2004 年版，第 159 页。

定机关根据需要，可以委托社区矫正机构或者有关社会组织对被告人或者罪犯的社会危险性和对所居住社区的影响，进行调查评估，提出意见，供决定社区矫正时参考。居民委员会、村民委员会等组织应当提供必要的协助。"很明显，这些规范性文件牵涉的内容都与人身危险性相关，自然也就与人身危险性的评估密不可分。然而，即使在刑事立法和规范性文件中对此进行了明确的规定，刑事司法在此方面的反映仍然过于冷淡——既缺乏具体的操作程序指导，也欠缺明确性和可供具体操作的适用细则。

从司法实践操作来看，由于我们缺乏对人身危险性评估的系统研究与实践摸索，导致我们在刑罚裁量的过程中，往往只是对人身危险性进行语词上的抽象表达，而欠缺具有说服力的科学根据。比如，在死刑适用上，我们惯常性地使用"罪行极其严重"，"人身危险性极大"[1]，但是，看不到关于人身危险性评估的任何背景材料的支撑，也看不到法官得出这一结论的任何推理根据。在非监禁刑的适用上，由于对犯罪人再犯可能性的担忧，致使我们的假释适用率一直较低。"假释适用水平与假释适用需求差距很大。造成这种状况的原因有很多。但是，对假释后犯罪分子再犯罪的评估措施存在缺陷无疑是重要原因之一。"[2]在刑事法治逐渐步入深水区，在量刑规范化日益得以重视的今天，人身危险性评估被忽视的情形理当成为我们关注的一个现实问题。

二、非科学的感性判断是对人身危险性实体的误读

人身危险性是对犯罪人主体人格的揭示，"犯罪性人格是犯罪人或

---

[1] 在药家鑫案件的一审判决书中的最后裁决部分，法院经审理后认为，"（药家鑫）犯罪手段特别残忍，情节特别恶劣，罪行极其严重；被告人药家鑫仅因一般的交通事故就杀人灭口，丧失人性，人身危险性极大，依法仍应严惩"。http://vip.chinalawinfo.com/case/displaycontent.asp?gid=117789337，2019年4月15日访问。

[2] 翟中东：《假释适用中的再犯罪危险评估问题》，《中国刑事法杂志》2011年第11期，第28页。

潜在犯罪人所具有的反社会心理特征的总和，是一种严重的反社会人格，它是严重的反社会行为倾向的身心组织"①"无论从什么角度对犯罪进行分类，都可以对其进行犯罪人格上的解读，也就是说，每一类犯罪人都有人格；同样，作为潜在犯罪人的'带菌个体'也有相对应的犯罪人类型，也都存在犯罪人格。"② 人身危险性的实体内容是行为人动态性人格的自我呈现，如果不从行为人的人格层面予以分析和把握，人身危险性将变得虚无缥缈、捉摸不定。其内在的原因在于，人身危险性是行为人危害社会的危险性，毫无疑问，任何危害行为的刑事归责必然都是从客观到主观的回溯性过程，通过该方式，我们可以延伸到行为人主体的人格层面对归责动因、归责根据、归责预期、归责效果进行较好地实质说明，否则，脱离了行为人主体人格的考察与整体把握，不仅将抽空人身危险性这一实体概念的基本内涵，还会致使司法实践的操作根本无法得以施展。

人身危险性是行为人人格实体的展现，这一人格不可能是行为人整体人格的全面内容，而仅仅只是与犯罪行为有关联的部分。因此，我们需要考虑的是，人身危险性作为行为人人格体的内容，在刑事司法中又如何进行把握，面对现实行为人背后繁杂的鲜活素材及宏大的社会关系群，司法人员又如何能够摸清行为人的人格实体？由于这里的人格与犯罪行为相关联，所以，我们是要通过人格与行为人再次犯罪的可能性建立评价关系，通过行为人人格的轮廓与线条来描述其人身危险性的大小程度。不难看出，这与精确地把握每个人的人格并不是一回事，与精准评判人格的全体图景也迥然相异。

人身危险性的实体内容与行为人的人格呈对应关系，并且，从宏观层面来说，人身危险性是行为人动态人格的自我呈现，它根本不依

---

① 刘建清：《犯罪动机与人格》，中国政法大学出版社 2009 年版，第 45 页。
② 汪明亮：《犯罪生成模式研究》，北京大学出版社 2007 年版，第 35 页。

赖任何人的主观评价而随之改变。然而,笔者的"人身危险性是行为人动态人格的自我呈现"这一认识,很可能会让人产生误解,即既然人身危险性是行为人动态性人格的"自我呈现",那不就是说行为人的人身危险性已经客观外化而显示出来了吗?如此简单明了的事情又何必费心劳力地"瞎折腾"呢?言下之意还是同样的结论:人身危险性是可以简化处理的事情,只要我们运用主观直觉得出评估结果即可,根本用不着烦琐的"评估"办法与程序规则。很显然,这种理解方式是站在人身危险性支持论的立场上,其立论内容中偏重于人身危险性的客观性,希望把人身危险性的评估简单化,也希望能够通过法官的主观认识赋予其实践运用的可行性,从而以此更为广泛地推行人身危险性的司法适用。不可否认,感性评估在立论点上对人身危险性是持肯定态度的,在理论话语中无疑也认为人身危险性是可以被主观获知的,这是其能够获得司法人员好感的基础所在,同时也是其最终走入泥淖不能自拔的原因所在。

毋庸置疑,尽管非科学的感性判断表面上对人身危险性的实践运用寄予了无限期望,但是它实际上是对人身危险性客观实体的最大误读。原因在于,人身危险性是蕴藏于行为人主体人格中的犯罪可能性,这种可能性即使能够被主体性的认识所理解与把握,但是它仍然是建立在对行为人实体人格进行仔细分析与评判的基础之上的。与之相反,忽略或者无视行为人的内在人格,我们对人身危险性的分析就丧失了基本主线和实体对象,在具体的司法操作中就根本不可能成为现实,公正合理的司法运用就永远都是虚无缥缈之事。

人身危险性作为实体人格的自我呈现,强调的是人身危险性的客观性一面,即人身危险性之于行为人来说是不以任何人的意志为转移的客观存在,它不因主体性判断的差异而被随意否定或排除。人身危险性的"自我呈现"说明的是人身危险性具有不依赖认识主体而独立存在的特性,这是所有客观事物的共性,同时也符合物质独立于意识的唯物辩证法的普遍真理。然而，缺乏科学论证的感性判断以物质可以自主进入意识而被人认识、理解、察觉的认识论路径，其实是唯心主义的哲学观，由于最终又偏离了唯物认识论的方向，因而理应遭到我们的唾弃。

另外，需要说明的是，人身危险性予以自我呈现，但是它呈现的对象和内容并非是人身危险性本身。人身危险性自身属于抽象物，是理性认识的产物，很显然，一个抽象事物是不可能自己对自己进行清晰界定的，一个抽象物也不能直接对另一个抽象物加以客观说明而澄清自我。在抽象实体中离开了具体事物的支撑，抽象就成了虚幻和妄想，逻辑判断就成了虚假和妄谈。人身危险性呈现的是行为人的人格，是对行为人实体人格的内容揭示，对人格的揭示与说明需要运用我们的概念、判断、推理等理性工具，离开了这些，人身危险性根本不会自主地进入人的意识层面，也根本不会不证自明地呈现。

三、依赖司法人员的经验判断与理性评估并不同一

认可人身危险性可以通过不经评估程序而能够得出结论的学者，明显强调的是司法人员的经验判断在刑事司法中的重要功能。司法的专业化使得司法具有自身的运作模式、学术话语、独特体系与思维方式，毫无疑问，在当前的司法活动中，司法自身的专业规范与技术操作必不可少，尤其是随着司法科学性、民主性与精细性的发展，不仅对司法人员的个人素质与职能技术的要求日益提高，而且对逻辑推导与理性分析的知识性运用也格外重视。

与此同时，我们又发现，司法职能似乎并不是单纯只依靠司法人员的专业知识积累就可以完全胜任的工作，欠缺了基本的道德素养与经验判断，司法的合理性答案得出终究不是一件易事。我们看到，尽管有些司法人员并没有接受正规的法学教育，但是经过多年司法实践

的锻炼,他们在具体案件的把握与判断上,仍然具有超乎我们法律学者甚或让人刮目相看的独特性。经验的积累是在司法实践的摸爬滚打中训练出来的,这种全部来源于实践磨炼的技能提高,有着书本知识和课堂训练所无法获得的东西。可以说,凭着职业过程中日积月累所形成的敏锐直觉,他们能够发现案件中潜伏的众多现实问题,通过先前类似案件的处理方式、思维路径与推导结果,在综合评判的基础上提出自己系统思考的有益见解。

法律为司法操作者赋予了一定的裁量权,这一灵活操作的伸缩空间需要仰赖司法人员的经验和知识的共同引导,从而在法律与事实的往返审视中得出合理性结论。绝对的罪刑法定原则与毫无主观裁量空间的刑事司法,必将把刑事司法的科学性当成一种奉法而为的机械性规则,这不仅难以实现刑事司法追求公正性的原有初衷,还会导致外界民众对刑事司法终局性结论的质疑与嘲讽。司法是以化解矛盾、平息纷争作为自己的最终归宿,如何真正实现法律效果与社会效果的和谐统一,将是评判案件结果好坏的最佳标准。刑事司法人员作为解决这一纷争的主导者与引领者,如何积极依靠自己的经验进行矛盾化解,无疑将超越任何知识性的压制与说服而变得更切实际。

刑事司法的程序推进就是验证"自由心证"的过程,因为无论是定罪、量刑还是行刑,刑事司法运用的任一环节都是由人来掌控的,可以说,任何把刑事司法定位于机械性适用的做法都注定只是为自己找寻一条不归途。近年来,"能动司法"已经成为我国社会主义司法理论的重要组成部分,并且在司法实务部门引起了广泛反响。但是,"司法能动不能以扭曲司法职能、损害司法权威甚至执政权威,支援人们对法律的信仰为代价,这些必须是我们法律人应当予以正视的"[①]。尽管我们寻求一种简便性做法的努力无可厚非,但是完全凭借满腔激情的浇灌仍然于

---

① 娄正前:《诉求与回应:当今中国能动司法的理论与实践》,法律出版社2011年版,第328页。

事无补。波斯纳说:"在相当高的抽象层面上,科学与法律之间有许多相似之处,而在操作层面上,两者则几乎没有什么相似之处。"① 司法的运用是事实与价值相互转换的过程,我们要把与行为人的危害行为相关的所有叙述性事实通过抽象思维的分析与加工,在法规范层面进行价值评判,对行为人的危害行为进行质的定性与量的裁量。脱离了理性思维的引导与左右,司法公正性价值追求的结果就毫无保障可言,风雨飘摇中的司法过程由于无羁无绊而最终难以走向理想的彼岸。

"危险评估的基本价值是'标定危险'——标定犯罪人的危险程度,为危险控制奠定事实上的、逻辑上的与科学上的基础,从而为维护社会安全提供保障,为重返社会政策的实施提供保障,为推行矫正项目提供保障。"② 笔者相信,倡导人身危险性感性判断的学者,在其"失语"的潜在思维背后并非主张人身危险性可以完全自我外化,而实际上是对司法人员的经验判断倾注了全部信心,即把刑事司法追求的公正目标全部寄托在了司法人员的主观判断之上。虽然时至今日,我们仍然承认"法律的生命不在逻辑而在经验"这一信条,而且对经验的过多倚重也显现了司法自身非理性因素的现实性一面,但是如何对司法经验进行合理地引导,对司法判断进行有效的约束,对自由裁量进行规律性认识,仍然不得不依赖理性思维的支撑。

从现实情形观之,我国当前虽然对人身危险性的适用已经较为常见,但是,由于评估机构不独立、评估人员不专业、评估标准不明确、评估方法不严谨、评估程序不透明等原因的存在,致使现有对人身危险性大小的结论得出难免过于随意。"为了增强司法判断活动的客观合理性,需要通过司法理性对司法经验进行反思,形成规律性和系统性认识。"③ 感性判断的最大缺陷在于脱离了法治框架的束缚,在程序性保

---

① 波斯纳:《法理学问题》,苏力译,中国政法大学出版社 2002 年版,第 103 页。
② 翟中东:《国际视域下的重新犯罪防治政策》,北京大学出版社 2010 年版,第 122 页。
③ 孙万胜:《司法权的法理之维》,法律出版社 2002 年版,第 154 页。

障缺位的前提下,必然导致正义价值的丧失。一如学者所言:"任何规范所体现的正义不通过一定的程序便无法得以实现,甚至无法对其正义加以实际的评价。"① 正是基于此,如果一切评估都以司法人员的主观评判作为最终结论的依据,在撇开了外在的规则束缚之后,人身危险性理论就只能蜕变为"危险性理论",因为这一与定罪、量刑和行刑关系密切的实质性要素,必将因为司法人员的主观意向而出现根本性差异。

人身危险性理论具有的合理内核,是我们当前刑事立法与刑事司法对其"不离不弃"的根本原因所在。而且,我们今天在严肃的学术话语中探讨人身危险性,也正是要发扬其蕴藏的正面价值,为传统刑事司法带来鲜活动力和清新空气,为刑事法治的理论与实践运行提供更多有力的保障,为刑事法治目标的早日实现做出自己的贡献。但是,由于人身危险性自身的抽象性,如果再以主观感性判断予以把握,在人身危险性预期的道路上,虽然目标永远都是美好的,但是欠缺了科学方法的引导,我们始终难以保证是在一条正确的道路朝着正确的方向前行。

必须承认,无论我们对人身危险性的评估持怀疑还是肯定态度,缺乏论证的感性判断都不可能得以长久,而且,全然凭借个人的经验判断都因走得太急而导致最终严重偏离主题。现行司法实践奉行经验至上的基本思路与出发点,抛弃了程序价值的基本内容,同时也远离了实体结果所崇尚的正义性归宿,这样一种既否定程序又忽略实体的路径设计,无论如何已经与当代刑事司法的基本立场相抵牾。我们呼唤刑事司法确立人身危险性的正当价值、树立对人身危险性的科学认识,其中至关重要的一步就是建立人身危险性评估的专门程序,通过宏观创设与微观思路的建构,从框架与路径层面进行精细化地运作。② 只有

---

① 姚莉:《反思与重构——中国法制现代化进程中的审判组织改革研究》,中国政法大学出版社 2005 年版,第 59 页。
② 陈伟:《论人身危险性评估的体系构建》,《中国人民公安大学学报》2011 年第 1 期,第 133 页。

这样，我们才能赋予人身危险性评判的科学性与公正性，为刑事司法的实践操作提供可能，最终引导刑事司法在一条健康的道路上畅通无阻。

四、实践操作的困难不是否定科学评估的实质理由

人身危险性的评估并不是一件易事，无论是对支持人身危险性的学者还是反对人身危险性的学者，在认识上都是一致的。比如，肯定论者大塚仁教授并不讳言地指出："的确，对人格形成的具体意义和程度进行数学的精密称量，至少在现在是不可能的。"[①] 否定论者邱兴隆教授认为，"个别预防论将人身危险性作为刑罚的重心。而要对个人将来行为的可能性作出预测是极其困难的"[②]。但是，我们能否因为人身危险性评估存在较多困难，就以此作为否定科学评估的实质理由呢？笔者认为答案是否定的。原因在于，社会科学的研究总是潜在地存在着无法预测的较多困难，这些难题与问题是各个学科自身存在的根基所在，正是因为有了这些问题的推动，学术研究与实务操作才会获得不断前行的动力。比如，在刑事实体法中，对社会危害性的"严重性"判断是罪与罪的界分标准，但是究竟何种程度为"严重性"？如何界分间接故意与过于自信的过失？如何衡量行为人主观恶性的大小？目的犯中的目的性如何证明？危险犯的危险性要达到何种大小？等等。不用一一细数，类似性问题并不在少数，但是，我们从来没有因为这些问题解决有困难，就否定或掩饰它。与此相似，我们根本不能因为人身危险性评估存在困难，就"长他人气势，灭自己威风"，就否定其评估的价值或者以感性判断敷衍了事。

显见的是，由于人身危险性评估的艰难性，在现有的司法环境中

---

① 大塚仁：《犯罪论的基本问题》，冯军译，中国政法大学出版社 1993 年版，第 171 页。
② 邱兴隆：《关于惩罚的哲学——刑罚根据论》，法律出版社 2000 年版，第 225 页。

予以推广运用就并非一件易事，如果坚持人身危险性评估的科学化与规范化，其遭受的最大指责就是司法资源的浪费。对此，笔者认为，这一立论实际上似是而非。针对该论点，笔者拟从刑事司法资源的发动对象、发动方式、发动目的层面进行必要的分析说明。

在发动对象上，其实包括了两个方面，即资源对象本身与资源配置的对象，笔者认为，从这两个方面都可以说明司法资源配置的必要性。常见的事情是，当我们在设计一项新的制度与新的应对措施时，反对方拥有的一个主要理由就是"资源有限，实不可取"。然而，上述话语里面牵涉的资源对象与资源配置对象两个问题，值得进一步深究：其一，这里的资源是"自然资源"还是"社会资源"？就自然资源而言，多数是非再生性资源，非取之不尽、用之不绝；但是，与之不同的是，刑事法层面的资源多是"社会性资源"，是可调度、可流转、可协调、可重复性使用的人力与物力资源，相对非再生性自然资源而言它是"可再生"的。因此，在有限性之中，我们更应该看到该司法资源可舒展性的另一面。其二，"不可取"的充足理由何在？人身危险性评估针对的是有潜在危险的犯罪人，对已侵害法益并有可能再次危及社会的行为人是否要限制司法资源的配置，这是必须慎重对待的事情。如果说要节约资源，为何世界各国要不遗余力地对犯罪人进行惩罚和改造呢？把刑法束之高阁、让犯罪人放任自流，这样的资源节约必将是多么"恪尽职守"，多好地充当了"当家人"的角色。然而，谁会承认这样的行事方式具有可行性呢？这样的"节约"是不是会适得其反，导致我们事后不得不格外"慷慨"地以成倍的资源投入来弥补我们起初的"吝啬"呢？我想，答案是自不待言的。

在发动方式上，刑事司法资源的发动具有针对性，是有步骤、有方略进行的。具体到人身危险性的评估上，在调度相关司法资源时它是有的放矢的"有为"而"为"。详言之，人身危险性评估的资源配置在发动之初，就拟定了具体的计划，对何人、何事、何种范围、何种方式、何种评估目的等都要进行事先策划，不打无准备之仗，不用主观臆断引导自己"随意挥洒"，更不能通过扩大评估范围的"广种薄收"来无节制地行事。笔者相信，只要我们以"工欲善其事，必先利其器"的思想来具体引导刑事司法资源的发动，即使人身危险性的评估可能会占用一定的资源，但是配置方式的趋于合理也将使资源的紧张情形得到相当程度的缓解。

在发动目的上，人身危险性评估是为了预防和改造犯罪行为人，是为了使行为人"罚得其所""罚有所值"。就正当根据而言，评估的目的性追求决定了它的现实存在价值。试想一下，如果在最严厉的刑罚惩罚即将剥夺一个人的生命、自由、财产时，我们尚且不"三思而后行"，那还有什么能够值得我们珍惜与慎重的呢？刑罚的发动和配置绝不是一件率性而为的事情，离开了审慎的思量，脱离了目的性方向，刑事资源的节俭将是最大的"浪费"。"西方国家为了使罪犯能够顺利复归社会，除广泛采用非监禁式矫正处遇外，对监狱矫正主要依据罪犯的危险程度，制定矫正计划，选择一系列的矫正项目，并对罪犯个体的矫正效果进行分析评估，提出相应的矫正措施。"[1] 不难看出，这样的资源投入也是不遗余力的。从长远计，只要我们真正做好了个案评估，真正利用好了刑事司法资源，预防和惩罚犯罪的目的性实现之后，伴随刑事发案率的不断降低，"刑期于无刑"[2] 不仅是一种最高的司法"境界"，也是最好的司法资源配置"模式"。尽管短时间内"无刑"的目的实现"虽不能至"，但由刑罚目的支配下的人身危险性评估却能

---

[1] 于爱荣：《矫正质量评估》，法律出版社 2008 年版，第 29 页。
[2] "刑期于无刑"是古代儒家（以德去刑）、法家（以刑去刑）等学派的基本观点，在此，笔者只是将其作为一个人类理想目标借用表述而已。从刑事古典学派与近代学派的论述来看，都有一个共同点，即期待"预防或减少"犯罪，而不是"消灭"犯罪。由于犯罪的出现是多元因素所致，菲利的"犯罪饱和论"从侧面告诉我们，社会的演进与形态更替，不会从根本上消灭犯罪，而只会带来犯罪形态的变化。犯罪现象客观存在，刑的对应就必不可少，只不过，刑的内容也将随之通过结构与内容的进化呈现出来。

够使我们"心向往之"。从人身危险性为预防或减少犯罪的目的性追求所做的不懈努力来看，评估程序的设置是朝向"最佳境界"和"最佳模式"不断迈进的务实之举，对此进行的任何努力都是有益的，也是刑事法治规范化运行所要付出的必要成本。

我们要使刑罚真正发挥其效能，就必须在理论与实践的双项注重中对其予以改革和完善。"刑罚不再是简单地对罪犯进行羁押和社区矫正，而是涉及为使其获释后不再危害社会而制定的一个集监管、登记和后续改造于一体的完整体系。现在到了对我们的刑罚体制进行彻底审查的时候。"[①] 基于此认识，对刑罚的反思与重构就需要我们理论学者与实务工作者投入更多的精力，并且花费一定的物资投入进行攻坚克难。

从当前的实践运行来看，司法部监狱管理局、中国心理学会法制心理学会、司法部预防犯罪研究所、中央司法警官学院联合编制的《中国罪犯评估系统量表》[②]，浙江警官职业学院郭明教授完成的《罪犯改造质量特性综合测评表》[③]，华东政法学院的邬庆祥教授领衔课题组编制的《刑释人员个体人身危险性测评量表》[④]，都是重视罪犯评估工作的体现，都是为提高预测评估科学化进行的开创性工作。这些工作开展的意义自不待言，但是这些评估操作实证运作的情况如何、理论论证的科学性何在、现实把握技术规范的要点是什么、如何推广到刑事诉讼活动之中、怎样保持静态量表与动态运行的协调统一，这些仍然都是人身危险性评估必须直接面对的"真问题"。我们需要更多的学者投入到此项活动中来，既从理论层面对人身危险性的价值进行多维度的考量与诘难，同时，也需要实务工作者在正视其合理内涵与价值的基

---

① 最高人民检察院法律政策研究室：《所有人的正义》，中国检察出版社 2003 年版，第 91 页。
② 黄兴瑞：《人身危险性的评估与控制》，群众出版社 2004 年版，第 72—77 页。
③ 郭明：《学术转型与话语重构——走向监狱学的新视界》，中国方正出版社 2003 年版，第 221 页。
④ 邬庆祥：《刑释人员人身危险性的测评研究》，《心理科学》2005 年第 1 期，第 223 页。

础上，对人身危险性评估开展旷日持久的反复论证，提出一套行之有效且能够为实践所接纳的科学化方法体系。

五、评估程序的虚置将把人身危险性理论引向歧途

"再犯危险性评估是我国刑罚改革的需要，是风险社会中的宽严相济刑事政策的具体化，也是罪犯矫正和风险管理的客观要求。"[①] 然而，感性判断表面上是附和与支持人身危险性的肯定性学说，但是实质上却是混淆视听之说，其表面的迷惑性将导致人身危险性走向绝路并面临夭折之结局。正如美国约翰逊教授所言："这种回答表面上令人神往且潜在地具有适用性，但是根本不能证明预测犯罪的正当性。"[②] 认为行为人的人身危险性不需要经过严格的"评估"程序，任何人都可以通过直观感受进行察觉的观点，其简单化的背后倡导和追求的其实是效率的提高，但是这种单纯的"效率"把一项科学的事业当成了一件随意的事情，把司法审判的严肃性当成了一件儿戏——感性有余而理性不足。

"现代社会更加注重人的主体性，因为人是犯罪行为的实施者，是犯罪行为的刑事责任的承担者，同时也是教育改造的对象，这是现代社会发展的必然趋势。"[③] 人身危险性的概念提出实质上是要在传统的犯罪与刑罚层面进行新的创建，为我们的刑事司法开辟新的窗口，打开一条惩治与预防犯罪的新通途。人身危险性作为近代学派构建全部刑事责任的理论基点，其内在蕴藏的合理成分尤其需要我们结合现有的刑事司法理论与科学技术进行正确地引导，发掘其基本价值，在现今

[①] 文姬：《再犯危险性评估方法及检验》，载陈兴良主编：《刑事法评论》（第25卷），中国政法大学出版社2009年版，第313页。

[②] Sheri Lynn Johnson, "The Politics of Predicting Criminal Violence", *Michigan Law Review*, 1988, p. 1325.

[③] 张文、刘艳红、甘饴群：《人格刑法导论》，法律出版社2005年版，第295页。

时代予以重新认识与理解的前提下使之焕发新的生命。

从当前的刑事司法观之，我们面临的最大质疑在于，尽管刑事犯罪圈不断扩大、刑罚惩罚力度不断加强，然而刑事犯罪的发案率仍然高居不下。正如学者所言："虽然在不同年份中大案发生数量不尽相同，但总趋势呈上升态势。"[①] 很显然，依照传统的刑事惩罚与预防犯罪的思路，单纯依靠增加犯罪种类和提高法定刑的做法，并没有产生显著的效果，也没有带来客观的具有实际影响力的功效。这一深刻的现实反差理应值得我们深入反思，同时也提醒我们迫切需要通过一种创新性思路的带领突破当前的困顿局面。笔者认为，人身危险性理念的提出，在相当程度上为我们提供了新鲜元素与理论动力。因为，人身危险性理论改变了传统的以客观行为为全部视角的最大弊端，通过行为人为中心的独特立场进行了刑事理念的彻底改造，围绕刑事司法惩罚"行为人的行为"这一基本着眼点，把行为人的人格纳入犯罪评价与惩罚实践的整体过程中，在兼顾考虑社会危害性理论的前提下，引入"人格刑法学"的全新理念。[②]

人身危险性的现实作用主要体现在犯罪圈的合理划定和刑罚的理性适用层面。就罪与非罪的评判而言，涉及的就是犯罪圈如何划定的问题。落实到具体的现实案件，究竟是否作为犯罪处理，我们往往关注的是行为的社会危害性，而极少考虑行为人的人身危险性的情况。笔者认为，既然定罪是针对行为人的行为予以认定，行为人客观存在的人身危险性就不能或有或无地被遮蔽，在保证刑事司法公正性的基础上，人身危险性理应与社会危害性一起发挥其实质评判的功能，在限制犯罪成立的定罪机制方面积极发挥其出罪功能。[③] 在量刑与行刑

[①] 翟中东：《犯罪控制——动态平衡论的见解》，中国政法大学出版社2004年版，第9页。
[②] 陈伟：《反思人身危险性在定罪机制中的功能定位》，《法商研究》2010年第4期，第75页。
[③] 大塚仁：《人格刑法学的构想》（上），张凌译，《政法论坛》2004年第2期，第150页。"人格刑法学"的出现，实际上也就是企图调和刑事古典学派与刑事近代学派的理论分歧，通过行为责任与人格形成责任的综合兼顾来探讨人格责任。

过程中，更是需要密切考察行为人的人身危险性，使刑罚分配与刑罚实践的全过程都与现实的受刑人息息相关，让刑罚的着力点和有限的刑罚资源都用到刀刃上，真正发挥刑罚应有的惩罚与预防的双重功效，实现刑罚的目的预期。

  在笔者看来，坚持人身危险性感性判断的判断立场表面上呈现出来的积极附和，实质上是一种"阳奉阴违"。感性判断宣扬的人身危险性可以通过司法人员自由裁判和现实把握的观点主张，在相当程度上是支持人身危险性积极介入刑事司法的，因而这为人身危险性进入刑事司法视野提供了一条出路。但是，感性判断的现实适用却极可能与人身危险性的科学定位与功能发挥相违背。原因在于，由于感性判断欠缺科学的评估机构与测评方法，单纯依靠司法人员凭借主观经验与个人直觉的"模糊性"判断手法，受其影响下的人身危险性的评判结果必然存在较大的随意性，致使很难保证行为人的人身危险性评判的客观性，进而导致刑事司法的公正性大打折扣。正如学者所言："在个别化解决案件的同时，它过度依赖于司法者个人的经验和能力，在实践中有相当大的失落风险。"[1] 在很大程度上，我们引入人身危险性是为了保障犯罪嫌疑人、被告人、受刑人的正当权利和刑事司法的理性发展。[2] 然而，极其明显的是，感性评估难以保证刑事司法合理驾驭人身危险性在应有的价值轨道上一路驰骋，即使二者在出发点上具有某种程度的暗合之处，但是愈趋愈远甚或背道而驰将是注定了的最终结局。

  因此，无论现有把复杂问题简单化的做法的出发点多么可取，在我们不能保证其能够契入刑事司法且被主流理念予以接受的时下，这

---

  [1] 章武生等：《司法公正的路径选择：从体制到程序》，中国法制出版社 2010 年版，第 30 页。
  [2] 我们需要摆脱的就是把人身危险性当成一个危险信号源，排斥抵制人身危险性的背后原因就是害怕走上罪刑擅断的不归路。实际上，在确立人身危险性限制入罪与重刑适用的价值之后，我们就能看到最初不理解之下带来的无谓担忧。从另一层面来说，对人身危险性的猜忌实际上仍然是实践操作的问题，因为在司法实践已然并不排斥其适用的情形下，寻求人身危险性评估的规范化运作才是真正的问题解决之道。

一学说存在的天生缺陷值得我们谨慎对待。可以说,坚持人身危险性不经评估就清晰可见的见解,过分夸大了刑事司法人员的主观能动性,过分低估了人身危险性评估的现实难度,致使我们在强调惩罚与权利保障的价值取向中往往摇摆不定。因此,人身危险性的评估不是单纯根据犯罪事实就可以简单推定的结果,更不是结合行为人主观恶性就可以轻易决定的事件,寄望于通过主观经验走捷径的想法注定了它根本寻求不到出口。"传统哲学受笛卡儿的影响,把经验看作是主体的感觉,并且认为经验是和理性相对的认识的低级阶段,因此,经验往往是被视为易变的、不可靠的。"[1] 封建法制下的罪刑擅断离我们不过一百多年的历史,蔑视司法理性而随意出入罪的惨状仍然历历在目。"无论在什么时候,刑罚的人道性都是刑法的命脉,刑法的宽容性既是公正本身的要求,又是防止过分严厉和残酷的有效手段。"[2] 如果我们把人身危险性建基于个人感观和情感随意处置的基础之上,坚持认为人身危险性是不证自明的易事,那么,不受节制的施行带来的必然是个人权益被侵犯的泛滥成灾,蜕变为"危险性理论"的人身危险性必将严重脱离文明时代的主旋律,进而演化为歪理邪说而被刑事法学所抛弃,如此下去,距其彻底地被否定之日也就时不将远。

因此,笔者认为,我们一旦揭开现有感性经验判断的面纱就可以清晰地看到,它形式上透露出的对人身危险性的亲近性,实际上却是一种"虚情假意"。感性判断作为轻视人身危险性评估的错误认识,极有可能把想象中的"自明"蜕化为朦胧难辨的"不明",把旨在限制权力的初衷变为扩大司法权力的现实,把保障犯罪人权利的目的追求化为惩治犯罪人的有力工具。"来自法学家的知识贡献和司法精英的实践

---

[1] 张芝梅:《美国的法律实用主义》,法律出版社2008年版,第123页。
[2] 孙万怀:《在制度和秩序的边际——刑事政策的一般理论》,北京大学出版社2008年版,第84页。

技艺，是法律实证研究实现飞跑的一双翅膀"。① 然而，由于感性判断与人身危险性理论不具有价值层面的内在趋同性，不重视人身危险性评估理性程序的任何"突发奇想"都注定了其只能陷入泥淖之中而无法"翩翩飞舞"。因此，感性判断对人身危险性的表面趋附，只是意味它暂时地"站错了队"，在历时性的实践检验面前，它将作为人身危险性否定性学说的变种而把人身危险性引向歧途，并最终积重难返。

六、人身危险性评估需要理念与方法上的同步跟进

随着刑罚制度的积极变革，如何在正面肯定人身危险性的基础上，挖掘其背后蕴藏的积极价值并使之在定罪、量刑和行刑中进行有效的功能发挥，已然成为我们理论刑法学未来发展的基本方向，也是刑事司法实践在个别化公正与刑罚效益追求中不可抗拒的趋势。人身危险性并不是一个"危险性"范畴，我们对它的所有担心与疑虑都是没有对其进行全面认识的结果，对它的排斥与抵触多是基于传统理念而故步自封的原因所致。因此，我们理念上的首要之举就是正视人身危险性，不是无端地反对与敌视，而是全面地审视与衡量。可以说，简单地反对人身危险性就是置其合理内核于不顾，质疑人身危险性评估就是视困难为难以逾越的屏障，都将在触及一点而不及其余的短视之中忽略更为重要的东西，因而也都是不可取的。

因此，从理念澄清上来说，我们应当持着一种理性的态度，在并不一概否定人身危险性的基础上看到它的现实价值与积极意义。应当承认，人身危险性理论的内在蕴藏需要通过实践的运用予以揭示，因此，人身危险性并不如反对者所认为的那样，是与当前刑法理论水火难相容。只要通过客观评价与积极引导，人身危险性将在并不拒斥传统理论

---

① 雷小政：《法律生成与实证研究》，北京大学出版社 2009 年版，第 264 页。

的基础上，通过自身功能的合理运用而大大弥补现有的诸多缺憾，为刑法理论与司法实践的有效前行带来一些令人欣喜的宽慰。实际上，人身危险性理论本就应当在刑事程序整体性的一体化运作中发挥实践效用，而不应该仅仅局限于量刑或者行刑阶段进行有限性地点缀，更不应该只是停留在理论学者的满腔热情或者正反论战的文字之中。

人身危险性必须走向司法实践，并且在实践运用中展现自己的正能量，这是人身危险性在被提出之时就拥有的正当使命。在此前提下，对人身危险性评估的现实要求已然成为当务之急，因此，我们需要做的事情就是探究更为科学的评估方法，而不是视眼前的困难而作放弃之举。毋庸置疑，运用人身危险性理论的最大困难就在于实践可操作性，如何科学评估人身危险性是关系其生死存亡的关键，否定人身危险性的论者也多是从此层面来进行诘难的。但是，人身危险性作为犯罪可能性的一种预测，实际上并不需要我们把行为人日后是否现实犯罪与此评估的有效性予以严格对接。原因在于，人身危险性的评估是对行为人当前人格现状的一种测评，是基于已经掌握的相关客观素材所作的一种主观判断，此种判断主要是为辅助司法裁判最终结论的得出进行过程推演，并在每一裁断结论得出的背后提供根据，避免随意地自由裁量和毫无依据地肆意用法。

因此，我们不能因为犯罪人在裁判之后的重新犯罪而推翻先前人身危险性的评估，更不能依此来否定人身危险性理论的合理性。实际上，人身危险性作为行为人人格实体内容的呈现，它本身也是一个动态化的产物，在客观化的外在事物已经发生变化之后，或者由于外在因素对主体人格的潜在影响，人身危险性也会随之发生变化。[①] 在此情

---

① 有学者提出了"动态刑事责任论"的概念，其认为，"动态刑事责任的核心是对犯罪行为人的刑事责任从动态的角度给予一个客观的评价，从而能够为立法者、司法者和执法者对犯罪人的制裁提供符合理性的参考"。刘强：《美国社区矫正演变史研究——以犯罪刑罚控制为视角》，法律出版社2009年版，第255页。

形下，行为人是否再次犯罪也并不是固定不变的，此时，要准确地把握人身危险性的现实内容，同样需要及时跟进并重新予以全面的评估。

从总体层面来说，人身危险性本身就是一个复杂的系统，因而对其进行评估更是一个系统化的工程，原本也不是一蹴而就的简单之事。笔者坚持认为，"人身危险性评估作为一个系统性工作，必须从方法设立、宏观架构、微观创设、机构保障四个层面依次予以把握，把实体与程序内容一体性地贯彻到评估体系之中。通过宏观与微观、实体与程序不同层面的内容充实与相互呼应，共同为人身危险性的评估拓展新路径"[1]。这四个层面实际上也是四个具体的步骤，牵涉人身危险性评估的整体框架及其之下的相应内容，缺一不可。从现有的实践操作来看，我们要么在适用人身危险性时就根本欠缺科学评估的具体内容，要么就是实践部门根据自己的认识所采取的一些零散性做法，尚未从理论与实践方法的操作上进行合理规划与安排，致使评估工作的科学性与规范性仍然严重欠缺。

具体说来，首先应当在方法上进行细致地数据统计，对需要适用人身危险性的实体法与程序性的相关环节予以聚焦，并依此线索来搜集足够数量的案例与判决，通过翔实的数据统计与归纳来对此予以一一分析，通过实证性的研究把握人身危险性在实践操作中的核心问题与关键节点所在。然后在此基础上，从宏观与微观两个层面对人身危险性评估予以体系构建，从行为人犯罪前、犯罪中、犯罪后三个阶段进行整体考虑，确立"三段式"评估的基本框架，并在该体系之下来具体填充人身危险性所需要的评估因子，把人身危险性评估的宏观架构与微观评估因子予以统筹协调，并在此之后依靠专业化的评估机构进行科学评估，从而得出最终的评估结论。

---

[1] 陈伟：《论人身危险性评估的体系构建》，《中国人民公安大学学报》2011年第1期，第131页。

从实践操作来看，实务部门多采用制作量表的方式来对犯罪人的人身危险性予以评估。比如，上海为了落实社区矫正的改革工作，监狱局研制了"违法犯罪可能性预测量表（修订版）"，对所有假释、监外执行（保外就医）、离监探亲、周末放假、周末监禁和试工试读的罪犯进行人身危险性的预测。同时，还在上海的徐汇、闸北、卢湾等区的一些街道进行了预测量表的适用，并将量表的评估结果提供给社区矫正机构，以提高社区矫治试点工作的深入开展。[①] 另外，为了改善监禁犯的矫正质量，针对罪犯的矫正情况，江苏省监狱管理局也与此对应地制定了多套量表，具体包括 XRX 量表（心理、认知和行为量表）、WXRX 量表（对文盲适用的心理、认知和行为的量表）、RW（罪犯人身危险性简评表）、XT（刑罚体验简评表）、CX（对即将出狱者重新犯罪可能的简评表）。[②]

单纯从量表的适用来看，确实具有方便、经济、简便、易行的优点，但是其背后潜伏的最大弊端却是其静态性评估与人身危险性自身动态性特征的最大不协调性。在此情形下，如果我们过于依赖量表的适用，就是把评估的全部科学性委托于事前拟定的量表测试和机械的数据分析，对其复杂性的认识随之就被上述操作而简单取代。从表面上来看，人身危险性评估难以操作的弊端确实是解决了，但是，在此背后存在的相关问题仍然不能就此画上句号。而且，量表往往并不针对不同的犯罪与犯罪人而作相应的调整，在不区分犯罪类型和犯罪人特点而进行的"流水式"作业中，实际上就把所有犯罪与犯罪人的问题视为了完全相同的问题，因而评估结果的可靠性也往往难免令人生疑。

量表自身的局限性需要我们在评估方法上对此予以正确对待，从而在看到其利弊同时客观存在的前提下进行合理性适用。实际上，笔

[①] 胡庆生：《行刑方式的文明进步——上海市积极拓展社区矫治新空间》，《法制日报》2003 年 8 月 4 日，第 5 版。

[②] 于爱荣：《矫正质量评估》，法律出版社 2008 年版，第 55—68 页。

者并不反对人身危险性评估量表在司法中的现实适用，就当下来说，这一量表的存在无疑也是对人身危险性的正面肯定，而且较之于随意性地三观裁量，量表评估也已经迈出了更为跨越性的一步。但是，量表如何进行科学性地制作、如何应对复杂多变的犯罪与犯罪人而进行量表的类型化区分、如何在刑事司法活动的不同阶段进行量表的动态性适用，这些都是需要日后进一步完善和提高的工作。基于量表可能存在的缺陷，我们在适用人身危险性评估量表的同时，也要注意其评估结果的信度与效度问题，而不能以简便化的量表操作来"以不变应万变"。应当认识到，量表只是司法工作中的一个辅助性手段，而不是司法裁量过程中的人身危险性评估的全部替代物。如果司法工作人员在案卷查阅、实地走访、个别会谈、社会调查等活动中获悉的结果与量表评估存在明显的不一致，此时根据量表所获得的信息就必须谨慎适用，通过量表所得的结论就有修正甚至抛弃之必要。

教育刑的发扬光大与人身危险性之间关系密切，在某种程度甚至可以说，二者就是唇齿相依的紧密性存在。人身危险性的评估问题既是人身危险性理论得以实践运转和功能发挥的现实前提，更是教育刑理论能否登堂入室且被司法实践接纳的瓶颈性所在。对人身危险性评估的忽视是对人身危险性客观实体的误读，其结论得出与理性判断并不具同一性，司法资源的节约更不是否定科学评估的实质理由，而且感性判断的表面趋附将把人身危险性理论引向歧途。因此，我们应该慎重对待人身危险性评估，通过建立规范化的评估规则与程序细则来矫正现有操作模式存在的诸多弊端。认真对待人身危险性评估，必须以发掘人身危险性的理论价值为目标，探究行之有效的和实践可操作的新路径，摆脱依赖感性判断所带来的随意性与非科学性误区。

已然清楚，无论是从教育刑的具体适用层面，还是刑罚不可忽视的功利性价值层面，认真对待人身危险性评估已经成为当下一项严肃而认真地工作。"为突破我国刑事司法面临的现实困境，更好地追求报应和功利目的，必须强化人身危险性评估的研究和应用。"① 然而，现有单纯凭借直观经验与感性判断来把握人身危险性的方式，不仅过于依赖司法人员的主观能动性与职业技能，而且也过于低估了人身危险性揭示的非直观性及其现实难度。所以，即使这一操作方式有实践运用的简便性和效率性，但是受刑事司法科学理性原则的指导与制约，对其予以义无反顾地质疑与抛弃仍是我们的不二选择。"理论与实务这两者能够、也应该要融洽地并肩发挥作用，实务采取行动、不断向前推进，理论则紧随其后，将实务所赢得的成果带进正确的形式中。"② 人身危险性理论作为刑事近代学派提出的基本范畴，在刑法多元价值的时代背景下仍然拥有无可替代的现实意义。因此，对人身危险性理论单纯地遮掩或者否定已经不合时宜，如何在与现有刑事法学基础理论相结合的基础上，尽可能地挖掘人身危险性理论蕴藏的巨大能量，已然成为理论界与实务界需要共同为之努力的前行方向。

教育刑的核心就是要能够对行为人的人格状态予以把握，其中核心的就是人身危险性的评估问题。反映到现实层面，人身危险性的瓶颈性问题就是如何对其科学评估的问题，只有较好地解决这一棘手问题，人身危险性的功能发挥才能得以真正实现，教育刑的价值才能得以彰显。日本学者大塚仁教授指出："（犯罪人的人格评判）即使不完全，在通过努力能够认识的范围内把它作为责任判断的资料来使用，则无疑是必要的。"③ 因此，在肯定教育刑理论正面价值的基础上，就要对人身危险性的评估问题不离不弃地予以深入反思，通过理论界与实务界群策群力的智慧贡献与实践努力，在理念与方法的双重指引下，为人身危险性评估不断探索科学性和可行性的新模式。

---

① 狄小华：《法律心理研究的要务：人身危险性评估》，《中国社会科学报》2011年5月3日，第11版。
② 鲁道夫·冯·耶林：《法学是一门科学吗？》，李君韬译，法律出版社2010年版，第86页。
③ 大塚仁：《犯罪论的基本问题》，冯军译，中国政法大学出版社1993年版，第171页。

毋庸置疑，这是教育刑寄予人身危险性的重托，是教育刑从理论纷争中立足并在实践中生根发芽的根基，也是刑罚从传统困境中走出并获得更大发展空间的希望所在。尽管这一问题的彻底解决困难重重，但是，笔者相信，我们朝此向前迈出的每一步都是向着曙光和胜利在靠近，都是刑罚超越自我并获得新生的点滴成长过程。无论步履多么蹒跚，都不幼稚可笑，而是迈向新阶段的开始。

参考文献

一、中文著作

1. 艾晶：《女犯社区矫正的可能性研究：基于辽宁省的实证考察》，中国社会科学出版社2014年版。
2. 白桂梅：《国际人权与发展》，法律出版社1998年版。
3. 白建军：《罪刑均衡实证研究》，法律出版社2004年版。
4. 包雯：《21世纪刑罚价值取向研究》，知识产权出版社2006年版。
5. 卞建林、王立：《刑事和解与程序分流》，中国人民公安大学出版社2010年版。
6. 蔡桂生：《构成要件论》，中国人民大学出版社2015年版。
7. 蔡枢衡：《中国刑法史》，广西人民出版社1983年版。
8. 曾粤兴：《刑罚伦理》，北京大学出版社2015年版。
9. 陈华杰：《论死刑适用的标准》，人民法院出版社2005年版。
10. 陈瑾昆：《刑法总则讲义》，中国方正出版社2004年版。
11. 陈瑞华：《刑事诉讼的中国模式》，法律出版社2008年版。
12. 陈兴良：《本体刑法学》，商务印书馆2001年版。
13. 陈兴良：《共同犯罪论》，中国社会科学出版社1992年版。
14. 陈兴良：《死刑备忘录》，武汉大学出版社2006年版。
15. 陈兴良：《刑罚的价值构造》，中国人民大学出版社1998年版。

16. 陈兴良：《刑法的启蒙》，法律出版社 2003 年版。

17. 陈兴良：《刑法疏议》，中国人民公安大学出版社 1997 年版。

18. 陈兴良：《刑法哲学》（修订版），中国政法大学出版社 2004 年版。

19. 陈兴良：《中国当代刑法新理念》，中国政法大学出版社 1996 年版。

20. 陈兴良：《中国刑事司法解释检讨——以奸淫幼女司法解释为视角》，中国检察出版社 2003 年版。

21. 陈志军：《墨西哥联邦刑法典》，中国人民公安大学出版社 2010 年版。

22. 陈忠林：《刑法散得集》，法律出版社 2003 年版。

23. 陈忠林：《刑法总论》，高等教育出版社 2007 年版。

24. 储槐植、宗建文：《刑法机制》，法律出版社 2004 年版。

25. 储槐植：《美国刑法》，北京大学出版社 1996 年版。

26. 储槐植：《刑事一体化》，法律出版社 2004 年版。

27. 储槐植：《刑事一体化与关系刑法论》，北京大学出版社 1997 年版。

28. 崔敏：《毒品犯罪发展趋势与遏制对策》，警官教育出版社 1999 年版。

29. 单勇：《犯罪的文化研究——从文化的规范性出发》，法律出版社 2010 年版。

30. 狄小华：《多元恢复性刑事解纷机制研究》，法律出版社 2011 年版。

31. 丁寰翔：《社区矫正理论与实践》，中国民主法制出版社 2009 年版。

32. 杜雪晶：《轻罪刑事政策的中国图景》，中国法制出版社 2013 年版。

33. 费孝通:《乡土中国 生育制度》,北京大学出版社 1998 年版。

34. 冯全:《中国缓刑制度研究》,中国政法大学出版社 2009 年版。

35. 冯卫国:《行刑社会化研究——开放社会中的刑罚趋向》,北京大学出版社 2003 年版。

36. 复旦大学人权研究中心:《复旦人权研究》,复旦大学出版社 2004 年版。

37. 甘添贵:《罪数理论之研究》,中国人民大学出版社 2008 年版。

38. 高铭暄、马克昌:《刑法学》,北京大学出版社 2004 年版。

39. 高铭暄:《刑法问题研究》,法律出版社 1994 年版。

40. 高铭暄主编:《刑法学原理》(第三卷),中国人民大学出版社 1994 年版。

41. 高铭暄:《刑法总则要义》,天津人民出版社 1998 年版。

42. 高绍先:《中国刑法史精要》,法律出版社 2001 年版。

43. 高长见:《轻罪制度研究》,中国政法大学出版社 2012 年版。

44. 贡太雷:《惩戒与人权——中国社区矫正制度的法治理论》,法律出版社 2016 年版。

45. 顾肖荣、吕继贵:《量刑的原理与操作》,上海社会科学出版社 1991 年版。

46. 郭明:《学术转型与话语重构——走向监狱学的新视界》,中国方正出版社 2003 年版。

47. 韩轶:《刑罚目的的建构与实现》,中国人民公安大学出版社 2005 年版。

48. 韩中谟:《刑法原理》,中国政法大学出版社 2002 年版。

49. 郝银钟:《遏制青少年犯罪新思维:构建国际视野下的中国青少年犯罪预防新体系》,中国法制出版社 2012 年版。

50. 何秉松:《刑事政策学》,群众出版社 2002 年版。

51. 何显兵:《社区刑罚研究》,群众出版社 2005 年版。

52. 侯国云：《刑罚执行问题研究》，中国人民公安大学出版社 2005 年版。

53. 侯宏林：《刑事政策的价值分析》，中国政法大学出版社 2005 年版。

54. 胡春莉：《未成年人刑罚制度研究》，武汉大学出版社 2012 年版。

55. 胡学相：《量刑的基本理论研究》，武汉大学出版社 1998 年版。

56. 黄兴瑞：《人身危险性的评估与控制》，群众出版社 2004 年版。

57. 季理华：《累犯制度研究——刑事政策视野中的累犯制度一体化构建》，中国人民公安大学出版社 2010 年版。

58. 贾宇：《未成年人犯罪的刑事司法制度研究》，知识产权出版社 2015 年版。

59. 姜伟：《犯罪形态通论》，法律出版社 1994 年版。

60. 蒋伟亮、张先昌：《国家权力结构中的检察监督——多维视野下的法学分析》，中国检察出版社 2007 年版。

61. 康均心：《人类生死与刑事法律改革》，中国人民公安大学出版社 2005 年版。

62. 康树华主编：《预防未成年人犯罪与法制教育全书》（下卷），西苑出版社 1999 年版。

63. 赖早兴：《刑法平等论》，法律出版社 2006 年版。

64. 雷小政：《法律生成与实证研究》，北京大学出版社 2009 年版。

65. 李步云：《人权法学》，高等教育出版社 2005 年版。

66. 李海东：《刑法原理入门（犯罪论基础）》，法律出版社 1998 年版。

67. 李建玲：《被害人视野中的刑事和解》，山东大学出版社 2007 年版。

68. 李立众、吴学斌：《刑法新思潮——张明楷教授学术观点探索》，北京大学出版社 2008 年版。

69. 李立众：《刑法一本通》，法律出版社 2015 年版。

70. 李卫红：《刑事政策学的重构及展开》，北京大学出版社 2008 年版。

71. 李锡海：《文化与犯罪研究》，中国人民公安大学出版社 2006 年版。

72. 李永升：《刑法总论》，法律出版社 2009 年版。

73. 梁治平：《法辨》，中国政法大学出版社 2002 年版。

74. 刘凤科：《刑法在现代法律体系中的地位与特征》，人民法院出版社 2007 年版。

75. 刘建宏、李永升：《刑法学总论》，法律出版社 2011 年版。

76. 刘建清：《犯罪动机与人格》，中国政法大学出版社 2009 年版。

77. 刘沛谞：《宽严相济刑事政策系统论》，中国人民公安大学出版社 2010 年版。

78. 刘强：《各国（地区）社区矫正法规选编及评价》，中国人民公安大学出版社 2004 年版。

79. 刘强：《美国社区矫正演变史研究——以犯罪刑罚控制为视角》，法律出版社 2009 年版。

80. 刘强：《美国刑事执行的理论与实践》，法律出版社 2000 年版。

81. 刘强：《社区矫正制度研究》，法律出版社 2007 年版。

82. 刘强：《社区矫正组织管理模式比较研究》，中国法制出版社 2010 年版。

83. 刘树德：《死刑片论——死刑复核权收归之际的思考》，人民法院出版社 2007 年版。

84. 刘艳红：《实质犯罪论》，中国人民大学出版社 2014 年版。

85. 刘远：《刑法本体论及其展开》，中国人民公安大学出版社 2007 年版。

86. 刘作翔：《法律文化理论》，商务印书馆 2004 年版。

87. 娄正前：《诉求与回应：当今中国能动司法的理论与实践》，法律出版社 2011 年版。

88. 卢建平：《刑事政策与刑法完善》，北京师范大学出版社 2014 年版。

89. 陆德生：《人权意识与人权保障》，中国长安出版社 2014 年版。

90. 陆志谦：《当代中国未成年人违法犯罪问题研究》，中国人民公安大学出版社 2005 年版。

91. 骆群：《弱势的镜像：社区矫正对象社会排斥研究》，中国法制出版社 2012 年版。

92. 马登民、徐安住：《财产刑研究》，中国检察出版社 2004 年版。

93. 马克昌：《比较刑法原理》，武汉大学出版社 2002 年版。

94. 马克昌：《近代西方刑法学说史略》，中国检察出版社 2004 年版。

95. 马克昌：《刑罚通论》，武汉大学出版社 1999 年版。

96. 马松建：《死刑司法控制研究》，法律出版社 2006 年版。

97. 梅传强：《犯罪心理学》，法律出版社 2003 年版。

98. 梅义征：《社区矫正制度的移植、嵌入与重构——中国特色社区矫正制度研究》，中国民主法制出版社 2015 年版。

99. 聂立泽：《走进刑法——中国刑法基本理论研究》，知识产权出版社 2010 年版。

100. 宁汉林、魏克家：《中国刑法简史》，中国检察出版社 1997 年版。

101. 欧渊华：《社区服刑人员教育矫正理论与实务》，中国法制出版社 2016 年版。

102. 钱大群：《唐律译注》，江苏古籍出版社 1988 年版。

103. 钱穆：《晚学盲言》，台湾东大图书公司 1987 年版。

104. 邱兴隆、许章润：《刑罚学》，中国政法大学出版社 1999 年版。

105. 邱兴隆：《关于惩罚的哲学——刑罚根据论》，法律出版社2000年版。

106. 邱兴隆：《刑罚理性评论——刑罚的正当性反思》，中国政法大学出版社1999年版。

107. 曲新久：《刑法的精神与范畴》，中国政法大学出版社2003年版。

108. 曲新久：《刑事政策的权力分析》，中国政法大学出版社2002年版。

109. 上海市检察官协会：《当代检察理论研究》，上海交通大学出版社2006年版。

110. 邵维国：《罚金刑论》，吉林人民出版社2004年版。

111. 沈德咏：《〈刑法修正案（九）〉条文及配套司法解释理解与适用》，人民法院出版社2016年版。

112. 沈宗灵：《法理学》，高等教育出版社1994年版。

113. 盛高璐：《社区服刑人员矫正教育实务》，中国政法大学出版社2016年版。

114. 盛美军：《法律监督运行机制研究》，中国检察出版社2009年版。

115. 舒洪水、刘娜、李岚林：《累犯制度适用》，中国人民公安大学出版社2012年版。

116. 司法部政治部监狱管理局：《监狱专业基础知识》，法律出版社2004年版。

117. 宋英辉、何挺、王贞会：《未成年人刑事司法改革研究》，北京大学出版社2013年版。

118. 宋英辉：《刑事和解实证研究》，北京大学出版社2010年版。

119. 苏国勋：《全球化：文化冲突与共生》，社会科学文献出版社2006年版。

120. 苏惠渔、孙万怀:《论国家刑权力》,北京大学出版社 2006 年版。

121. 孙琳:《减刑、假释程序研究》,中国人民公安大学出版社 2011 年版。

122. 孙万怀:《刑法学基本原理的理论展拓》,北京大学出版社 2011 年版。

123. 孙万怀:《在制度和秩序的边际——刑事政策的一般理论》,北京大学出版社 2008 年版。

124. 孙万胜:《司法权的法理之维》,法律出版社 2002 年版。

125. 汤建国:《量刑均衡方法》,人民法院出版社 2005 年版。

126. 陶建平:《法律监督热点问题研究》,上海交通大学出版社 2012 年版。

127. 陶龙生:《刑法之理论与实际》,台湾三民书局 1980 年版。

128. 童德华:《外国刑法原论》,北京大学出版社 2005 年版。

129. 汪海燕:《我国刑事诉讼模式的选择》,北京大学出版社 2008 年版。

130. 汪明亮:《犯罪生成模式研究》,北京大学出版社 2007 年版。

131. 王炳宽:《缓刑研究》,法律出版社 2008 年版。

132. 王晨:《刑事责任的一般理论》,武汉大学出版社 1998 年版。

133. 王耿心:《行刑学》,法律出版社 2004 年版。

134. 王觐:《中华刑法论》,中国方正出版社 2005 年版。

135. 王立峰:《惩罚的哲理》,清华大学出版社 2013 年版。

136. 王立民:《唐律新探》,北京大学出版社 2010 年版。

137. 王利宾:《刑罚的经济分析》,法律出版社 2014 年版。

138. 王利荣:《行刑法律机能研究》,法律出版社 2001 年版。

139. 王利荣:《量刑说理机制》,中国人民公安大学出版社 2012 年版。

140. 王琼：《罚金刑实证研究》，法律出版社 2009 年版。

141. 王瑞君：《罪刑法定的实现：法律方法论角度的研究》，北京大学出版社 2010 年版。

142. 王顺安：《社区矫正研究》，山东人民出版社 2008 年版。

143. 王一俊：《刑事和解》，中国政法大学出版社 2010 年版。

144. 王泽鉴：《民法学说与判例研究》（第三册），北京大学出版社 2009 年版。

145. 王作富：《中国刑法适用》，中国人民公安大学出版社 1987 年版。

146. 温小洁：《我国未成年人刑事案件诉讼程序研究》，中国人民公安大学出版社 2003 年版。

147. 翁国樑：《中国刑法总论》，台湾正中书局 1970 年版。

148. 吴大华：《民族法律文化散论》，贵州民族出版社 2004 年版。

149. 吴振兴：《罪数形态论》，中国检察出版社 1996 年版。

150. 吴宗宪、蔡雅奇、彭玉伟：《社区矫正制度适用与执行》，中国人民公安大学出版社 2012 年版。

151. 吴宗宪：《未成年犯矫正研究》，北京师范大学出版社 2012 年版。

152. 谢振民：《中华民国立法史》，中国政法大学出版社 2000 年版。

153. 徐岱：《刑法解释学基础理论建构》，法律出版社 2010 年版。

154. 徐岱：《中国刑法近代化论纲》，人民法院出版社 2003 年版。

155. 徐建：《青少年法学新视野》（上册），中国人民公安大学出版社 2005 年版。

156. 徐静村：《减刑、假释制度改革研究》，中国检察出版社 2011 年版。

157. 徐久生：《保安处分新论》，中国方正出版社 2006 年版。

158. 徐久生：《刑罚目的及其实现》，中国方正出版社 2011 年版。

159. 徐立：《刑事责任根据论》，中国法制出版社 2006 年版。

160. 徐阳：《权力规范与权力技术》，法律出版社 2010 年版。

161. 许福生：《刑事政策学》，中国民主法制出版社 2006 年版。

162. 许永俊：《多维视角下的检察权》，法律出版社 2007 年版。

163. 杨仁寿：《法学方法论》，中国政法大学出版社 2004 年版。

164. 姚建龙：《少年刑法与刑法变革》，中国人民公安大学出版社 2005 年版。

165. 姚莉：《反思与重构——中国法制现代化进程中的审判组织改革研究》，中国政法大学出版社 2005 年版。

166. 于爱荣：《矫正质量评估》，法律出版社 2008 年版。

167. 于改之：《刑民分界论》，中国人民公安大学出版社 2007 年版。

168. 于志刚、孙万怀、梅传强：《刑法总论》，高等教育出版社 2011 年版。

169. 于志刚：《刑法学总论》，中国法制出版社 2010 年版。

170. 俞晓静：《检察权的利益分析》，中国人民公安大学出版社 2007 年版。

171. 袁登明：《行刑社会化研究》，中国人民公安大学出版社 2005 年版。

172. 翟中东：《犯罪控制——动态平衡论的见解》，中国政法大学出版社 2004 年版。

173. 翟中东：《国际视域下的重新犯罪防治政策》，北京大学出版社 2010 年版。

174. 翟中东：《社区性刑罚的崛起与社区矫正的新模式——国际的视角》，中国政法大学出版社 2013 年版。

175. 詹建红：《刑事诉讼契约研究》，中国社会科学出版社 2010 年版。

176. 张甘妹：《刑事政策》，台湾三民书局 1979 年版。

177. 张光宇：《边缘刑法学》，中国人民公安大学出版社 2008 年版。

178. 张鸿巍：《少年司法通论》，人民出版社 2008 年版。

179. 张建明：《社区矫正理论与实务》，中国人民公安大学出版社 2008 年版。

180. 张明楷：《外国刑法纲要》，清华大学出版社 2007 年版。

181. 张明楷：《刑法的基本立场》，中国法制出版社 2002 年版。

182. 张明楷：《刑法分则的解释原理》，中国人民大学出版社 2011 年版。

183. 张明楷：《刑法格言的展开》，北京大学出版社 2013 年版。

184. 张明楷：《刑法学》(第五版)，法律出版社 2016 年版。

185. 张明楷：《刑法原理》，商务印书馆 2011 年版。

186. 张全仁：《监狱行刑学》，中国物价出版社 2003 年版。

187. 张绍彦：《刑罚实践的发展与完善》，社会科学文献出版社 2013 年版。

188. 张绍彦：《刑罚实现与行刑变革》，法律出版社 1999 年版。

189. 张爽：《有组织犯罪文化研究》，中国人民公安大学出版社 2012 年版。

190. 张苏：《量刑根据与责任主义》，中国政法大学出版社 2012 年版。

191. 张文、刘艳红、甘怡群：《人格刑法导论》，法律出版社 2005 年版。

192. 张燕玲：《联合国预防犯罪领域活动概况及有关文件选编》，法律出版社 1985 年版。

193. 张远煌：《犯罪学》，中国人民大学出版社 2007 年版。

194. 张远煌：《中国非暴力犯罪死刑限制与废止研究》，法律出版社 2006 年版。

195. 张芝梅：《美国的法律实用主义》，法律出版社 2008 年版。

196. 张智辉：《犯罪经济学研究动向简介》，中国政法大学出版社 1997 年版。

197. 张忠斌：《未成年人犯罪的刑事责任》，知识产权出版社 2008 年版。

198. 章武生：《司法公正的路径选择：从体制到程序》，中国法制出版社 2010 年版。

199. 赵丙贵：《想象竞合犯研究》，中国检察出版社 2007 年版。

200. 赵秉志、邱兴隆：《死刑正当程序之探讨》，中国人民公安大学出版社 2004 年版。

201. 赵秉志、杨诚：《中国劳动教养制度的检讨与改革》，中国人民公安大学出版社 2008 年版。

202. 赵秉志、于志刚：《毒品犯罪》，中国人民公安大学出版社 2003 年版。

203. 赵秉志：《〈中华人民共和国刑法修正案（九）〉理解与适用》，中国法制出版社 2016 年版。

204. 赵秉志：《社区矫正法（专家意见稿）》，中国法制出版社 2013 年版。

205. 赵秉志：《外国刑法原理》，中国人民大学出版社 1999 年版。

206. 赵秉志：《刑罚总论问题探索》，法律出版社 2003 年版。

207. 赵秉志：《刑法修正案（八）理解与适用》，中国法制出版社 2011 年版。

208. 赵秉志：《刑法总则问题专论》，法律出版社 2004 年版。

209. 赵秉志：《英美刑法学》，科学出版社 2010 年版。

210. 赵秉志：《中国刑法案例与学理研究》，法律出版社 2001 年版。

211. 赵廷光：《量刑公正实证研究》，武汉大学出版社 2005 年版。

212. 赵志华：《论刑罚轻缓化的实现途径》，人民法院出版社 2012 年版。

213. 郑伟：《重罪轻罪研究》，中国政法大学出版社 1998 年版。

214. 周光权：《刑法总论》，中国人民大学出版社 2007 年版。

215. 周密：《中国刑法史纲》，北京大学出版社 1998 年版。

216. 周振想：《青少年犯罪学》，中国青年出版社 2004 年版。

217. 最高人民检察院法律政策研究室：《所有人的正义》，中国检察出版社 2003 年版。

218. 左坚卫：《缓刑制度比较研究》，中国人民公安大学出版社 2004 年版。

219.《法律辞海》，吉林人民出版社 1998 年版。

220.《法学辞源》，黑龙江人民出版社 2002 年版。

221.《韩非子·奸劫弑臣》。

222.《汉英法律词典》，北京外文出版社 1995 年版。

223.《后汉书·荀悦传》。

224.《老子今注今译》，陈鼓应注译，商务印书馆 2003 年版。

225.《礼记·哀公问》。

226.《论语·颜渊》。

227.《论语·子路》。

228.《荀子·富国》。

229.《荀子·正论》。

二、外文译作

230.〔德〕奥特弗利德·赫费：《政治的正义性——法和国家的批判哲学之基础》，庞学铨等译，上海译文出版社 1998 年版。

231.〔德〕弗兰茨·冯·李斯特：《论犯罪、刑罚与刑事政策》，徐久生译，北京大学出版社 2016 年版。

232.〔德〕弗兰茨·冯·李斯特：《德国刑法教科书》，徐久生译，法律出版社 2006 年版。

233.〔德〕冈特·施特拉腾韦特·洛塔尔·库伦:《刑法总论Ⅰ犯罪论》,杨萌译,法律出版社 2005 年版。

234.〔德〕汉斯·海因里希·耶塞克、托马斯·魏根特:《德国刑法教科书》(总论),徐久生译,中国法制出版社 2001 年版。

235.〔德〕黑格尔:《法哲学原理》,范扬、张企泰译,商务印书馆 1961 年版。

236.〔德〕霍尔斯特·海因里希·雅科布斯:《十九世纪德国民法科学与方法》,王娜译,法律出版社 2003 年版。

237.〔德〕卡斯通·斯特法尼:《法国刑法总论精义》,罗结珍译,中国政法大学出版社 1998 年版。

238.〔德〕康德:《法的形而上学原理——权利的科学》,沈叔平译,商务印书馆 1991 年版。

239.〔德〕康德:《永久和平论.历史理性批判文集》,何兆武译,商务印书馆 1990 年版。

240.〔德〕克劳斯·罗克辛:《德国刑法学 总论》(第1卷),王世洲译,法律出版社 2005 年版。

241.〔德〕鲁道夫·冯·耶林:《为权利而斗争》,郑永流译,中国法制出版社 2004 年版。

242.〔德〕鲁道夫·冯·耶林:《法学是一门科学吗?》,李君韬译,法律出版社 2010 年版。

243.〔德〕约翰内斯·韦塞尔斯:《德国刑法总论》,李昌珂译,法律出版社 2008 年版。

244.〔俄〕Н.Ф.库兹涅佐娃、И.М.佳日科娃:《俄罗斯刑法教程》,黄道秀译,中国法制出版社 2002 年版。

245.〔俄〕斯库拉托夫·列别捷夫:《俄罗斯联邦刑法典释义》,黄道秀译,中国政法大学出版社 2000 年版。

246. 〔法〕卢梭:《论人类不平等的起源》,高修娟译,上海三联书店2009年版。

247. 〔法〕孟德斯鸠:《论法的精神》,张雁深译,商务印书馆2005年版。

248. 〔加〕欧文·沃勒:《有效的犯罪预防——公共安全战略的科学设计》,蒋文军译,中国人民公安大学出版社2011年版。

249. 〔美〕霍华德·泽赫:《恢复性司法》,章琪译,载狄小华、李志刚编:《刑事司法前言问题——恢复性司法研究》,群众出版社2005年版。

250. 〔美〕E. A. 罗斯:《社会控制》,秦志勇、毛永政译,华夏出版社1989年版。

251. 〔美〕波斯纳:《法理学问题》,苏力译,中国政法大学出版社2002年版。

252. 〔美〕博登海默:《法理学——法律哲学与法律方法》,邓正来译,中国政法大学出版社2004年版。

253. 〔美〕布赖恩·比克斯:《法理学:理论与语境》,邱昭继译,法律出版社2007年版。

254. 〔美〕理查德·霍金斯等:《美国监狱制度》,孙晓雳、林遐译,中国人民大学出版社1991年版。

255. 〔美〕道格拉斯·N. 胡萨克:《刑法哲学》,谢望原译,中国人民公安大学出版社2004年版。

256. 〔美〕道格拉斯·诺斯:《制度、制度变迁与经济绩效》,杭行译,上海格致出版社2008年版。

257. 〔美〕哈伯特L. 帕克:《刑事制裁的界限》,梁根林译,法律出版社2008年版。

258. 〔美〕加德纳·墨菲:《近代心理学历史导引》,林方、王景和译,商务印书馆1980年版。

259.〔美〕杰罗姆·柯恩、赵秉志:《死刑司法控制论及其替代措施》,法律出版社 2008 年版。

260.〔美〕克莱门斯·巴特勒斯:《罪犯矫正概述》,龙学群译,群众出版社 1987 年版。

261.〔美〕罗伯特·J.威克斯:《各国矫正制度》,郭建安译,中国政法大学出版社 1988 年版。

262.〔美〕罗尔斯:《正义论》,何怀宏译,中国社会科学出版社 1988 年版。

263.〔美〕乔治·P.弗莱彻:《刑法的基本概念》,王世洲译,中国政法大学出版社 2004 年版。

264.〔美〕詹姆斯·B.雅各布、吉姆伯利·波特:《仇恨犯罪——刑法与身份政治》,王秀梅译,北京大学出版社 2010 年版。

265.〔日〕川端博:《刑法总论讲义》,日本成文堂 1997 年版。

266.〔日〕大谷实:《刑法总论》,黎宏译,法律出版社 2003 年版。

267.〔日〕大谷实:《刑法总论讲义》,黎宏译,中国人民大学出版社 2008 年版。

268.〔日〕大塚仁:《犯罪论的基本问题》,冯军译,中国政法大学出版社 1993 年版。

269.〔日〕大塚仁:《人格刑法学的构想(上)》,张凌译,《政法论坛》2004 年第 2 期。

270.〔日〕金尚均:《现代社会中刑法的机能》,载赵秉志编:《全球化时代的变革——国际社会的经验及其对中国的启示》,冯军译,中国人民公安大学出版社 2007 年版。

271.〔日〕木村龟二:《刑法总论》(增补本),日本有斐阁 1984 年版。

272.〔日〕平野龙一:《刑法总论》,日本有斐阁 1987 年版。

273.〔日〕平野龙一:《刑法总论Ⅱ》,日本有斐阁 1975 年版。

274.〔日〕前田雅英:《刑法总论讲义》,东京大学出版会 2006 年版。

275.〔日〕森本益之等:《刑事政策学》,戴波译,中国人民公安大学出版社 2004 年版。

276.〔日〕西田典之:《日本刑法各论》,刘明祥、王昭武译,中国人民大学出版社 2007 年版。

277.〔日〕西田太郎:《中国刑法史研究》,段秋关译,北京大学出版社 1985 年版。

278.〔日〕西原春夫:《刑法的根基与哲学》,顾肖荣译,法律出版社 2004 年版。

279.〔日〕小野清一郎:《新订刑法讲义》,日本成文堂 1984 年版。

280.〔日〕星野周弘:《少年违法行为低龄化的背景——关于家庭和学校》,张振利译,《国外法学》1986 年第 5 期。

281.〔日〕野村稔:《刑法总论》,全理其、何力译,法律出版社 2001 年版。

282.〔瑞士〕托马斯·弗莱纳:《人权是什么?》,谢鹏程译,中国社会科学出版社 2000 年版。

283.〔苏〕A. A. 斯米尔诺夫、A. P. 鲁利亚:《心理学的自然科学基础》,李翼鹏、魏明庠译,科学出版社 1984 年版。

284.〔意〕贝卡利亚:《论犯罪与刑罚》,黄风译,中国法制出版社 2002 年版。

285.〔意〕恩里科·菲利:《实证派犯罪学》,郭建安译,中国人民公安大学出版社 2004 年版。

286.〔意〕龙勃罗梭:《犯罪人论》,黄风译,中国法制出版社 2005 年版。

287.〔英〕C. W. 沃特森:《多元文化主义》,叶兴艺译,吉林人民出版社 2005 年版。

288.〔英〕H. L. A. 哈特：《法律的概念》，许家馨、李冠宜译，法律出版社 2006 年版。

289.〔英〕J. C. 史密斯、B. 霍根：《英国刑法》，李贵方译，法律出版社 2000 年版。

290.〔英〕艾伦·诺里：《刑罚、责任与正义》，杨丹译，中国人民大学出版社 2009 年版。

291.〔英〕柏克：《自由与传统》，蒋庆译，商务印书馆 2001 年版。

292.〔英〕边沁：《道德与立法原理导论》，时殷弘译，商务印书馆 2005 年版。

293.〔英〕布罗尼斯拉夫·马林诺夫斯基、〔美〕索尔斯坦·塞林：《犯罪：社会与文化》，许章润、么志龙译，广西师范大学出版社 2003 年版。

294.〔英〕戴维·M. 沃克：《牛津法律大词典》，北京社会与科技发展研究所组织译，光明日报出版社 1988 年版。

295.〔英〕吉姆·迪格南：《法与恢复性司法：一种整合的、系统的进路》，载〔比〕洛德·沃尔格雷夫编：《法与恢复性司法》，王洁译，中国人民公安大学出版社 2011 年版。

296.〔英〕鲁珀特·克罗斯、菲利普·A. 琼斯：《英国刑法导论》，赵秉志译，中国人民大学出版社 1991 年版。

297.〔英〕韦恩·莫里森：《法理学》，李桂林译，武汉大学出版社 2003 年版。

298.〔英〕韦恩·莫里森：《理论犯罪学——从现代到后现代》，刘仁文译，法律出版社 2004 年版。

299.《德国刑法典》，徐久生、庄敬华译，中国方正出版社 2004 年版。

300.《法国新刑法典》，罗结珍译，中国法制出版社 2003 年版。

301.《美国模范刑法典及其评注》，刘仁文、王祎译，法律出版社

2005年版。

302.《瑞士联邦刑法典》，徐久生、庄敬华译，中国方正出版社 2004 年版。

303.《最新意大利刑法典》，黄风译注，法律出版社 2007 年版。

三、中文论文、报纸

304. 白建军:《犯罪轻重的量化分析》,《中国社会科学》2003 年第 6 期。

305. 白建军:《犯罪轻重是如何被定义的》,《中国法学》2010 年第 6 期。

306. 白建军:《死刑适用实证研究》,《中国社会科学》2006 年第 5 期。

307. 白建军:《刑罚轻重的量化分析》,《中国社会科学》2001 年第 6 期。

308. 白建军:《刑事政策的运作规律》,《中外法学》2004 年第 5 期。

309. 蔡蕙芳:《P2P 网站经营者之作为帮助犯责任与中性业务行为理论之适用》,《东吴法律学报》2006 年第 2 期。

310. 蔡永彤:《功利与公正之间：立功制度的价值取向及其改造》,《政治与法律》2008 年第 8 期。

311. 常沛:《构建罚金刑缓刑制度》,《湖北社会科学》2008 年第 2 期。

312. 车浩:《谁应为互联网时代的中立行为买单》,《中国法律评论》2015 年第 3 期。

313. 陈光中、葛琳:《刑事和解初探》,《中国法学》2006 年第 5 期。

314. 陈和华:《未成年人的心理疏远及其防范》,《青少年犯罪问题》2009 年第 4 期。

315. 陈家骏：《从网路电子交易评我国首宗 P2P 著作权重制与传输之 ezPeer 案判决》，《月旦法学杂志》2006 年第 3 期。

316. 陈丽平：《中国禁毒立法近六十年风雨历程》，《法制日报》2008 年 6 月 26 日。

317. 陈姗姗：《法条竞合时的量刑衡平方法研究》，《法商研究》2012 年第 6 期。

318. 陈伟、谢可君：《社区矫正中人身危险性理论适用探究》，《山东警察学院学报》2016 年第 2 期。

319. 陈伟：《〈刑法修正案（九）〉的刑罚特点及其前置化趋势》，《净月学刊》2016 年第 3 期。

320. 陈伟：《〈刑法修正案（九）〉刑罚修订内容介评》，《法治研究》2015 年第 6 期。

321. 陈伟：《反思人身危险性在定罪机制中的功能定位》，《法商研究》2010 年第 4 期。

322. 陈伟：《教育刑与刑罚的教育功能》，《法学研究》2011 年第 6 期。

323. 陈伟：《论人身危险性评估的体系构建》，《中国人民公安大学学报》2011 年第 1 期。

324. 陈伟：《人身危险性与死刑控制的理论重构》，《人大法律评论》2015 年第 1 期。

325. 陈兴良：《从政治刑法到市民刑法》，载陈兴良主编：《刑事法评论》（第 1 卷），中国政法大学出版社 1997 年版。

326. 陈兴良：《从政治刑法到市民刑法——二元社会构建中的刑法修改》，载陈兴良主编：《刑事法评论》（第 1 卷），中国政法大学出版社 1997 年版。

327. 陈兴良：《法治国的刑法文化》，《人民检察》1999 年第 11 期。

328. 陈兴良：《婚内强奸犯罪化：能与不能——一种法解释学的分析》，《法学》2006 年第 2 期。

329. 陈兴良：《禁止重复评价研究》，《现代法学》1994 年第 6 期。

330. 陈兴良：《宽严相济刑事政策研究》，《法学杂志》2006 年第 1 期。

331. 陈兴良：《宽严相济刑事政策与刑罚规制》，《法学杂志》2006 年第 2 期。

332. 陈兴良：《死刑适用的司法控制——以首批刑事指导案例为视角》，《法学》2013 年第 2 期。

333. 陈兴良：《刑事政策视野中的刑罚结构调整》，《法学研究》1998 年第 6 期。

334. 陈杨、张辉：《浅析想象竞合犯》，《湖北经济学院学报》2015 年第 10 期。

335. 陈异慧：《刑罚目的的人性反思》，《法学杂志》2014 年第 6 期。

336. 陈振凯：《代表委员呼吁加快制定〈违法行为教育矫治法〉》，《人民日报》（海外版）2010 年 3 月 12 日。

337. 陈正云：《刑罚效益成本资源有效配置论》，《法学论坛》1998 年第 4 期。

338. 陈忠林：《死刑与人权》，载赵秉志主编：《死刑制度之现实考察与完善建言》，中国人民公安大学出版社 2006 年版。

339. 陈忠林：《刑法面前人人平等原则——对刑法第 4 条的法理解释》，《现代法学》2005 年第 4 期。

340. 储槐植、张桂荣：《关于违法行为教育矫治法立法中的几个重大问题的思考》，《中国司法》2010 年第 7 期。

341. 储槐植、梁根林：《刑法现代化：刑法修改的价值定向》，《法学研究》1997 年第 1 期。

342. 储槐植：《刑事政策：犯罪学的重点研究对象和司法实践的基

本指导思想》，《福建公安高等专科学校学报》1999 年第 5 期。

343. 储槐植：《再论劳动教养制度改革》，《检察日报》2013 年 3 月 7 日。

344. 单晓华：《未成年人犯罪刑罚适用的有关问题探析》，《沈阳师范大学学报》2004 年第 5 期。

345. 单勇、虞彪：《文化冲突视域下中国反腐犯罪研究》，《法制与社会发展》2010 年第 6 期。

346. 党小学：《降低刑事责任年龄应对"熊孩子"》，《检察日报》2015 年 7 月 1 日。

347. 狄小华：《"优先保护"理念下的我国少年刑事司法模式选择》，《南京大学学报》2009 年第 5 期。

348. 狄小华：《法律心理研究的要务：人身危险性评估》，《中国社会科学报》2011 年第 5 期。

349. 丁慧敏：《想象竞合的功能及其存在根据》，《现代法学》2013 年第 3 期。

350. 樊崇义、艾静：《刑事和解管见和实证考量》，《中国司法》2010 年第 2 期。

351. 樊文：《犯罪控制的惩罚主义及其效果》，《法学研究》2011 年第 3 期。

352. 房清侠：《前科消灭制度研究》，《法学研究》2001 年第 4 期。

353. 费孝通：《重建社会学与人类学的回顾和体会》，《中国社会科学》2000 年第 1 期。

354. 冯亚东：《评严格责任原则》，《检察理论研究》1996 年第 5 期。

355. 付恒、张光云：《论兼具"法条竞合与想象竞合色彩"的个案之处断原则》，《西南民族大学学报》2015 年第 8 期。

356. 高立富：《新视角下的个人非贪利与侵财型罚金刑适用问题》，《湖北经济学院学报》2011 年第 7 期。

357. 高铭暄、张天虹：《刑事和解与刑法价值实现——一种相对合理主义的解析》，《公安学刊》2007年第1期。

358. 高铭暄：《浅谈〈刑法修正案（九）〉的创新之点》，《人民法治》2016年第1期。

360. 高铭暄：《中国死刑的立法控制》，载赵秉志主编：《死刑制度之现实考察与完善建言》，中国人民公安大学出版社2006年版。

361. 高艳东：《从仇恨到接纳罪犯：个人与社会立场间的刑法抉择》，《环球法律评论》2006年第3期。

362. 高一飞、李一凡：《行贿人揭发对合的受贿犯罪应认定为"自首并立功"》，《检察日报》2007年4月9日。

363. 高长富：《论中国古代酷刑的种类》，《南方论刊》2008年第3期。

364. 郭大磊：《未成年人犯罪低龄化问题之应对——以"恶意补足年龄"规则为借鉴》，《青年研究》2016年第6期。

365. 郭开元：《禁止重复评价原则视域中的想象竞合犯》，《黑龙江省政法管理干部学院学报》2007年第2期。

366. 韩大元：《死刑冤错案的宪法控制——以十个死刑冤错案的分析为视角》，《中国人民大学学报》2013年第6期。

367. 何荣功、黄丽：《论想象竞合犯的处罚原则及其适用》，《武汉大学学报》2005年第3期。

368. 何荣功：《当前我国毒品犯罪死刑限制与废除的主要障碍与对策》，《法治研究》2013年第6期。

369. 何晓鹏：《论中国司法体制下刑事和解的弊端》，《重庆科技学院学报》2012年第10期。

370. 何洋：《论法定强奸罪中的严格责任理念》，《河北学刊》2012年第3期。

371. 胡庆生：《行刑方式的文明进步——上海市积极拓展社区矫

治新空间》,《法制日报》2003年8月4日。

372. 胡学相、黄祥青:《论多种量刑情节的适用》,《法制与社会发展》1996年第1期。

373. 胡学相:《论收容教养制度》,《中南政法学院学报》1992年第4期。

374. 黄京平:《和谐社会构建中的刑事和解探讨——"和谐社会语境下的刑事和解"研讨会学术观点综述》,《中国刑事法杂志》2006年第5期。

375. 黄京平:《终身监禁的法律定位与司法适用》,《北京联合大学学报》2015年第4期。

376. 黄曙、陈艳:《立法司法认定的若干疑难问题》,《人民检察》2009年第20期。

377. 姜富权:《量刑情节竞合的适用问题》,《人民司法》1995年第7期。

378. 蒋熙辉:《刑法解释限度论》,《法学研究》2005年第4期。

379. 康均心:《我国少年司法制度的现实困境与改革出路》,《中国青年研究》2008年第3期。

380. 况安全、王远伟:《当代中国反腐犯罪的立法完善探析》,载陈泽宪主编:《当代中国的社会转型与刑法调整》,中国人民公安大学出版社2013年版。

381. 劳东燕:《危害性原则的当代命运》,《中外法学》2008年第3期。

382. 李邦友:《惩处毒品犯罪的"宽"与"严"》,《华中科技大学学报(社会科学版)》2006年第6期。

383. 李洪江:《刑事和解应缓行》,《中国检察官》2006年第5期。

384. 李洁:《论中国罚金刑的改革方向》,《吉林大学社会科学学报》1997年第1期。

385. 李洁：《罪刑法定之明确性要求的立法实现——围绕行为程度之立法规定方式问题》，《法学评论》2002年第6期。

386. 李凯：《刑罚价值带给罚金刑的启示》，《四川大学学报》2010年第1期。

387. 李鹏、王琳：《强化社区矫正检察监督的途径》，《中国检察官》2012年第6期。

388. 李卫红、单天水：《论严格责任的严格程度》，《法学评论》2005年第5期。

389. 李翔：《论刑法修正与刑罚结构调整》，《华东政法大学学报》2016年第4期。

390. 李永升、贺国荣：《弗洛姆的犯罪原因观评介》，《武陵学刊》2015年第5期。

391. 李振林：《从旧兼从轻原则之"不能承受之重"——对最高院关于〈刑法修正案（八）〉时间效力问题的解释之反思》，《新疆警官高等专科学校学报》2011年第3期。

392. 梁云宝：《论我国想象竞合的规则及其限制》，《政法论坛》2016年第1期。

393. 林礼兴、尚爱国、沈玉忠：《社区矫正法律监督机制的构建与完善》，《人民检察》2012年第2期。

394. 刘德法：《论我国刑法中的限制减刑》，《政法论丛》2012年第1期。

395. 刘德法：《论罪责刑相适应原则》，《国家检察官学院学报》2000年第2期。

396. 刘炜：《"死缓限减刑"引发法理情理之争》，《民主与法制时报》2011年5月9日。

397. 刘建利：《日本少年司法制度及其对我国的启示》，《青少年犯罪问题》2013年第2期。

398. 刘军：《该当与危险：新型刑罚目的对量刑的影响》，《中国法学》2014 年第 2 期。

399. 刘凌梅：《西方国家刑事和解理论与实践介评》，《现代法学》2001 年第 1 期。

400. 刘鹏：《劳动教养制度废除后的刑法应对》，《江西警察学院学报》2014 年第 4 期。

401. 刘仁文：《关于调整我国刑法结构的思考》，《法商研究》2007 年第 5 期。

402. 刘仁文：《奸淫幼女与严格责任——就"两高"司法解释与苏力先生商榷》，《法学》2003 年第 10 期。

403. 刘守芬：《网络共同犯罪之我见》，《法律科学》2005 年第 5 期。

404. 刘宪权、李振林：《"明知"仍是性侵幼女构成强奸的前提》，《上海法治报》2013 年 11 月 6 日。

405. 刘艳红：《网络犯罪帮助行为正犯化之批判》，《法商研究》2016 年第 3 期。

406. 刘远：《宽严相济刑事政策之概念分析》，《南昌大学学报》2007 年第 1 期。

407. 龙宗智：《通过程序实现"宽严相济"刑事政策》，《社会科学》2007 年第 5 期。

408. 卢建军：《人身危险性评估的基本方法》，《人民检察》2011 年第 14 期。

409. 陆旭：《网络服务提供者的刑事责任及展开——兼评〈刑法修正案（九）〉的相关规定》，《法治研究》2015 年第 6 期。

410. 路琦、董泽史、姚东：《2013 年我国未成年犯抽样调查分析报告》，《青少年犯罪问题》2014 年第 3 期。

411. 骆梅芬：《英美法系刑事法律中严格责任与绝对责任之辨析》，《中山大学学报》1999 年第 5 期。

412. 马静华、陈斌：《刑事契约一体化：辩诉交易与刑事和解的发展趋势》，《四川警官高等专科学校学报》2003 年第 8 期。

413. 马静华：《刑事和解的理论基础及其在我国的制度构想》，《法律科学》2003 年第 4 期。

414. 马静华：《刑事和解制度论纲》，《政治与法律》2003 年第 4 期。

415. 马克昌：《论刑事责任与刑罚》，载赵秉志主编：《刑事责任专题整理》，中国人民公安大学出版社 2007 年版。

416. 马来平：《中国现代科学主义核心命题刍议》，《文史哲》1998 年第 2 期。

417. 马骊华：《宽严相济刑事政策在毒品犯罪案件中的应用》，《云南大学学报（法学版）》2008 年第 4 期。

418. 梅传强、徐艳：《毒品犯罪的刑罚适用问题思考——兼论毒品犯罪限制适用死刑》，《甘肃政法学院学报》2006 年第 3 期。

419. 梅传强、张异：《论毒品犯罪刑罚适用中的宽严相济》，《重庆工学院院报（社会科学版）》2008 年第 2 期。

420. 梅传强：《论"后劳教时代"我国轻罪制度的构建》，《现代法学》2014 年第 2 期。

421. 牟军：《刑罚方法论》，《西南民族大学学报》1991 年第 6 期。

422. 聂慧苹：《禁止重复评价之刑法展开与贯彻》，《中国刑事法杂志》2015 年第 3 期。

423. 邱兴隆：《撩开刑罚的面纱——刑罚功能论》，《法学研究》1998 年第 6 期。

424. 邱兴隆：《刑罚个别化否定论》，《中国法学》2000 年第 5 期。

425. 邱兴隆：《刑罚是什么——一种报应论的解读》，《法学》2000 年第 4 期。

426. 邱兴隆：《一个半公正的司法解释——兼与苏力教授对话》，《法学研究》2004 年第 6 期。

427. 屈学武、周振杰：《未成年人犯罪刑罚适用区域性考察及其刑罚改革研究（上）》，《北方法学》2007年第4期。

428. 屈学武：《保安处分与中国刑法改革》，《法学研究》1996年第5期。

429. 曲新久：《个人自由与社会秩序的对立统一以及刑法的优先选择》，《法学研究》2000年第2期。

430. 曲新久：《推动废除死刑：刑法学者的责任》，《法学》2003年第4期。

431. 曲玉珠：《德国禁毒立法与戒毒方法概述》，《德国研究》1998年第3期。

432. 沈大祥：《自首和认罪量刑要素的竞合及适用》，《人民法院报》2004年3月8日。

433. 石经海：《从极端到理性——刑罚个别化的进化及其当代意义》，《中外法学》2010年第6期。

434. 石磊：《论刑事和解的实体法基础》，载中国人民大学刑事法律科学研究中心编：《"和谐语境下的刑事和解"学术研讨会文集》。

435. 时延安：《劳动教养制度的终止与保安处分的法治化》，《中国法学》2013年第1期。

436. 苏彩霞：《实质的刑法解释论之确立与展开》，《法学研究》2007年第2期。

437. 苏力：《解释的难题：对几种法律文本解释方法的追问》，《中国社会科学》1997年第4期。

438. 苏力：《司法解释、公共政策和最高法院——从最高法院有关"奸淫幼女"的司法解释切入》，《法学》2003年第8期。

439. 苏永生：《变动中的刑罚结构——由〈刑法修正案（九）〉引发的思考》，《法学论坛》2015第5期。

440. 孙道萃：《改革行进中的劳动教养制度功能与性质之整合性思

考》,《法治研究》2013 年第 10 期。

441. 孙道萃:《我国刑罚目的理论的重构:基于普遍正义观的立场》,《南昌大学学报》2012 年第 6 期。

442. 孙国栋、申进娜:《论想象竞合犯之处罚》,《中外企业家》2015 年第 9 期。

443. 孙浩文:《浅析"终身监禁"入刑之合理性——以刑法目的性论为展开》,《中州大学学报》2016 年第 1 期。

444. 孙艺飞:《罚金刑易科制度初探》,《人民司法》2011 年第 17 期。

445. 孙鹰、喻文莉:《复权制度探讨》,《法学研究》1993 年第 4 期。

446. 汤兆云:《台湾地区的少年司法保护制度及其启示》,《青少年犯罪问题》2013 年第 4 期。

447. 涂龙科:《网络服务提供者的刑事责任模式及其关系辨析》,《政治与法律》2016 年第 4 期。

448. 王博:《罚金刑易科制度研究》,《政法学刊》2010 年第 4 期。

449. 王栋:《未成年人不应构成特殊累犯》,《检察日报》2011 年 7 月 27 日。

450. 王富忱、苏之彦、王雪静:《社区矫正的"承德模式"——河北省承德市全面推进社区矫正规范化建设》,《人民法治》2016 年第 12 期。

451. 王刚:《论我国刑罚理论研究中的四个误区——刑罚目的一元论之提出》,《法学论坛》2012 年第 1 期。

452. 王宏玉:《刑事政策与刑罚结构变化之考察》,《中国人民公安大学学报》2003 年第 3 期。

453. 王俊杰:《死缓犯的刑期没必要区别对待》,《民主与法制时报》2011 年 2 月 28 日。

454. 王利荣:《刑罚理性与规则意义》,《人文杂志》2002 年第 2 期。

455. 王明辉、唐煜树:《重复评价禁止与想象竞合犯》,《中国刑事法杂志》2005 年第 2 期。

456. 王韶芳：《浅论收容教养》，《行政法学研究》1996 年第 4 期。

457. 王顺安：《少年收容教养的性质之我见》，《政法论坛》1992 年第 3 期。

458. 王雪梅：《论少年司法的特殊理念和价值取向》，《青少年犯罪问题》2006 年第 5 期。

459. 王逸吟：《"两高两部"出台意见严惩性侵未成年人犯罪》，《光明日报》2013 年 10 月 25 日。

460. 王志凯：《只赔偿不认罪不属刑事和解》，《检察日报》2011 年 9 月 2 日。

461. 王志祥、敦宁：《刑罚配置结构调整论刚》，《法商研究》2011 年第 1 期。

462. 王志远：《〈刑法修正案（九）〉的犯罪控制策略视野评判》，《当代法学》2016 年第 5 期。

463. 文姬：《再犯危险性评估方法及检验》，载陈兴良主编：《刑事法评论》（第 25 卷），中国政法大学出版社 2009 年版。

464. 邬庆祥：《刑释人员人身危险性的测评研究》，《心理科学》2005 年第 1 期。

465. 吴朝军：《矜恤思想对传统法制的影响及现代化意义》，《西华师范大学学报》2009 年第 1 期。

466. 吴建国：《社会科学研究对自然科学研究方法的借鉴与移植》，《北方论丛》1998 年第 2 期。

467. 吴亮：《网络中立管制的法律困境及其出路——以美国实践为视角》，《环球法律评论》2015 年第 3 期。

468. 吴献雅：《准确打击性侵未成年人犯罪》，《人民日报》2013 年 10 月 30 日。

469. 伍世文：《多元文化语境下的文化和解》，《社会科学辑刊》

2007 年第 4 期。

470. 武红玉：《行刑社会化的内涵构成及实施载体》，《华东政法大学学报》2008 年第 4 期。

471. 武小凤：《对我国刑法中严格责任立法现状及未来的比较分析》，《法学家》2005 年第 3 期。

472. 夏勇：《人权道德基础初探》，载中国社会科学院法学研究所编：《当代人权》，中国社会科学出版社 1992 年版。

473. 夏宗素、翟中东：《收容教养性质及改革》，《中国监狱学刊》1996 年第 3 期。

474. 项谷：《自首立功认定中八大疑难问题解析》，《检察日报》2008 年 1 月 10 日。

475. 谢鹏程：《刑事和解的理念与程序设计》，《人民检察》2006 年第 7 期。

476. 谢正权：《试谈创立经济刑法典》，《法学杂志》1986 年第 2 期。

477. 熊建明：《累犯通说的反省与批判》，《环球法律评论》2011 年第 3 期。

478. 熊谋林、陈丹、唐清利：《困境与展望：罚金刑应用的中国化研究》，《社会科学研究》2014 年第 3 期。

479. 熊谋林：《我国罚金刑司法再认识——基于跨国比较的追踪研究（1945—2011）》，《清华法学》2013 年第 5 期。

480. 熊艳、朱盛艳：《中国古代酷刑分析与反思》，《人民论坛》2013 年第 18 期。

481. 徐科雷：《刑法立功制度若干问题刍议》，《中国刑事法杂志》2012 年第 3 期。

482. 徐玲利：《制约与超越：新法实施背景下谈社区矫正法律监督之完善》，《中国检察官》2013 年第 1 期。

483. 徐卫东、李洁：《刑法谦抑在中国——四校刑法学高层论坛》,《当代法学》2007 年第 1 期。

484. 徐卫东:《论人权的意识形态标准与法律标准》,《中国法学》1992 年第 1 期。

485. 许章润:《法律的实质理性——兼论法律从业者的职业伦理》,《中国社会科学》2003 年第 1 期。

486. 薛晓蔚:《论收容教养的立法完善》,《山西大学学报》1998 年第 4 期。

487. 杨家庆、肖君拥:《人民检察院社区矫正监督权诠释》,《人民检察》2006 年第 3 期。

488. 杨琳、赵明一:《浅论刑罚个别化》,《法学杂志》2013 年第 4 期。

489. 姚佳:《"改头换面"还是"脱胎换骨"——从劳动教养制度的停用谈起》,《北京警察学院学报》2013 年第 3 期。

490. 姚建龙:《犯罪后的第三种法律后果》,《法学论坛》2006 年第 1 期。

491. 姚建龙:《评最高人民法院少年综合庭试点改革》,《法学》2007 年第 12 期。

492. 姚建龙:《少年司法制度基本原则论》,《青年探索》2003 年第 1 期。

493. 姚建龙:《未成年人监护:没有保障,就没有干预》,《中国社会报》2014 年 6 月 16 日。

494. 于志刚:《论共同犯罪的网络异化》,《人民论坛》2010 年第 29 期。

495. 于志刚:《网络空间中犯罪帮助行为的制裁体系与完善思路》,《中国法学》2016 年第 2 期。

496. 俞建平:《日本〈少年法〉第 18 次修订的社会背景和目的》,《青少年犯罪问题》2008 年第 3 期。

497. 袁定波、蒋皓：《性侵不满 12 周岁幼女推定行为人明知》，《法制日报》2013 年 10 月 25 日。

498. 翟楠楠：《省公安厅通报我省网络安全形势 QQ 诈骗违法犯罪居榜首》，《河北日报》2014 年 11 月 28 日。

499. 翟中东：《假释适用中的再犯罪危险评估问题》，《中国刑事法杂志》2011 年第 11 期。

500. 翟中东：《刑罚个别化的蕴涵：从发展角度所作的考察——兼与邱兴隆教授商榷》，《中国法学》2001 年第 2 期。

501. 张东平：《近代中国少年感化院的创设》，《青少年犯罪问题》2012 年第 2 期。

502. 张冠军、朱晓明：《想象竞合——想象出来的竞合》，《政法研究》2014 年第 6 期。

503. 张华封：《如何确定毒品犯罪中量刑的毒品数量标准》，《人民司法》1991 年第 12 期。

504. 张丽：《制度归宿：劳动教养废止后的路径之辩》，《天府新论》2014 年第 3 期。

505. 张明楷：《论〈刑法修正案（九）〉关于恐怖犯罪的规定》，《现代法学》2016 年第 1 期。

506. 张明楷：《论帮助信息网络犯罪活动罪》，《政治与法律》2016 年第 2 期。

507. 张绍彦：《劳动教养的轨迹及去向》，《法学论坛》2008 年第 4 期。

508. 张绍彦：《论劳动教养立法的几个基础性问题——建立我国轻罪处罚制度的理论创新》，《现代法学》2003 年第 2 期。

509. 张文秀：《刑事责任年龄下限问题研究》，《社会科学论坛》2016 年第 5 期。

510. 张晓娜：《全国人大法工委解读〈刑法修正案（九）〉涉网络

条款》,《民主与法制时报》2015 年 11 月 15 日。

511. 张忠斌、赵慧:《论量刑情节竞合的解决》,《长江大学学报》2004 年第 3 期。

512. 赵秉志:《和谐社会构建与宽严相济刑事政策的贯彻》,《吉林大学社会科学学报》2008 年第 1 期。

513. 赵秉志:《宽严相济刑事政策视野中的中国刑事司法》,《南昌大学学报》2007 年第 1 期。

514. 赵秉志:《论我国反腐败刑事法治的完善》,《当代法学》2013 年第 3 期。

515. 赵秉志:《再论我国死刑改革的争议问题》,《法学》2014 年第 5 期。

516. 赵秉志:《中国逐步废止死刑之建言——以废止非暴力犯罪死刑为中心》,载赵秉志主编:《死刑制度之现实考察与完善建言》,中国人民公安大学出版社 2006 年版。

517. 赵国强:《我国刑罚改革的理论探讨》,《法学》1989 年第 7 期。

518. 赵勇:《英国青少年司法体系的改革及启示》,《中国青年政治学院学报》2003 年 9 月。

519. 周光权:《刑事和解的实体法价值》,载黄京平、甄贞主编:《和谐社会语境下的刑事和解》,清华大学出版社 2007 年版。

520. 周光权:《转型时期刑法立法的思路与方法》,《中国社会科学》2016 年第 3 期。

521. 周少华:《刑罚目的观之理论清理》,《东方法学》2012 年第 1 期。

522. 周振想:《试论刑罚个别化原则》,《法学研究》1987 年第 5 期。

523. 朱苏力:《一个不公正的司法解释》,《中国妇女报》2003 年 2 月 27 日。

524. 朱孝清:《检察的内涵及其启示》,《人民检察》2010 年第 9 期。

525. 庄劲:《想象的数罪还是实质的数罪——论想象竞合犯应当数罪并罚》,《现代法学》2006 年第 2 期。

四、外文论著

526. Barry C. Feld, "The Juvenile Court Meets the Principle of Offense: Punishment, Treatment, and the Difference It Makes", *Boston University Law Review*, vol. 68, 1988.

527. Blackstone William, *Commentaries of the Law of England Volume IV of Public Wrongs(1769)*, The University of Chicago Press, 1979.

528. David Garland, *Punishment and Modern Society: A Study in Social Theory*, Clarendon Press, 1990.

529. Elizabeth S. Scott, NicholasReppucci, Jill Antonishak, Jennifer DeGennaro, "Public Attitudes about the Culpability and Punishment of Young Offenders", *Behavioral Sciences & the Law*, vol. 24, 2006.

530. Franz V. List, *Lehrbuch des Deutschen Strafrechts*, Nabu Press, 1932.

531. Hans-Heinrich Jescheck, „Die Konkurrenz", *Zeitschrift für die gesamte Strafrechtswissenschaft*, vol. 67, 1955.

532. Kent Greenawalt, "Commentary: Punishment", *Journal of Criminal Law & Criminology*, vol. 74, 1983.

533. Melissa Sicamund, Charles Puzzanchera, *Juvenile Offenders and Victims: 2014 National Report*, Office of Juvenile Justice and Delinquency Prevention, 2014.

534. Ormerod David, Karl Laird, *Smith and Hogan's Criminal Law*, Oxford University Press, 2015.

535. Shahrzad T. Radbod, "Craigslist—A Case for Criminal Liability for

Online Service Provider? ", *Berkeley Technology Law Journal*, vol. 25, 2010.

536. Sheri Lynn Johnson, "The Politics of Predicting Criminal Violence", *Michigan Law Review*, vol. 86, 1988.

537. Wayne R. LaFave, *Principles of Criminal Law*, West Publishing Company, 2010.

538. Weigend Jecheck, *Lehrbuch des Strafrechts*, Allgemainer Teil, 1996.

后　记

　　终于还是到了要写后记的"重要时刻"了，之所以"重要"，不是因为其必不可少，也不是因为其实质内容的表述多么厚重，而是到了此处，终于可以稍作停歇，告诉自己该是收尾结束的时候了，可以对前面的啰唆文字有一个总结式的收场了。如果前面的探讨性文字表述尚且还可以称之为"理性"的话，这里完全可以不受拘束地"闲谈杂聊"，可以更加随意地进行"感性"表述，吐露自己的内心，感怀周遭的人与事，抛洒一份怡然自得的"轻松"。

　　其实说到"轻松"，可能也是伪装的。因为行文至此，历经多少个日日夜夜"拼装"而成的这些文字，都代表着曾经在不同时空的所思所想。回首文章背后的思考，这些观点凝练及其结论提出，或许有太多的不成熟，或许有太多的不周全，或者其间还夹杂着个人的武断分析与主观随意。问题在于，当你意识到这些"非完美"，而你又无法促使其"更完美"之时，内心的那份不安感就变得尤为强烈。"为赋新词强说愁"，这应该就是自己当时写作的心境与状态吧。文字是可以沉淀时间的一种记载，当把这些文字汇聚到一起，那些已经被时间冲淡的一切不经意间又重新被提起，一幕幕地在眼前闪现，让自己无法平静思绪、停歇喘息。

　　有时很难想象，今天自己会与刑法结下不解之缘，也很难想象，当年对文字写作并不是特别擅长的我，今天会成为一个以学术研究为职业的高校研究者，乃至还或多或少地有了一定数量的累积。"时间会改变一切"，经历了时间发酵之后才能知道这句话的真谛所在，当在人生的不同时刻，机缘巧合的多种际遇把自己推向不同的方向，从而走上不同的道路。"计划总是没有变化快"，人生的每一步并不都是按照计划来进行的，有时不知不觉间，自己已经走到另一个路口，在变化中感受到时间飞逝与人生沧桑。诚然，一切都不是"意志自由"所决定的，而是多元因素综合之下"被决定"的，看似偶然，实则必然，这同样适用于我们的人生方向与路径抉择。

本书的由来是自己主持的第一个国家社科基金项目，也是自己近年来学术探讨的一个结集。就自己前期的研究来看，围绕刑罚学中的问题进行了相对集中性的探讨，比如刑罚学中的人身危险性问题、行为刑法与行为人刑法问题、刑罚的功利价值与报应理论、教育刑与刑罚的教育功能问题等，都与前期实践思考和理论反思息息相关。笔者也正是以个人的学术兴趣为基点，在不断的思考中挖掘出学术研究的新视域，并促使本人以此为中心辐射开去而形成了更为宽广的学术视野，撰写并发表了一篇篇的学术小文，迈出了一步又一步的学术小台阶。

尽管以此为中心的思考仍然存在不尽如人意之处，尽管笔者的初衷是写出更加学术化和富有理论涵养的学术篇章，但是，似乎"一切不完美都是为了更完美"，在恰当的时刻，把前面已经成形的内容编撰成册，也就成了顺理成章之事。这么多年来，笔者在浩如烟海的学术资料中搜索探求，不断地磨炼心智与学术品性，年少轻狂的性格已然消失，随性随缘已经内化为理所应当之个人修为。学术之路漫漫无期，学海无涯，书山有伴，只要思考仍然未曾停歇，只要学术探索之志尚未泯灭，那么，在前期已有基础上的再次迈进与提升仍有空间，学术创新与科研能力的攀爬仍有可能，这不仅是对自己的一种期待，也是自我学术之心的一种坚持与执着吧。

在此，我要感谢父母亲长期以来的支持与付出，无论是生我养我的父母，还是对我照顾有加的岳父岳母，没有你们的日夜操劳与默默支持，在学术之路上我就绝不可能取得任何的些微成就，不可能如此集中精力地进行学术研究。虽然你们常常感叹自己没有多少文化，但是，在我眼中你们就是最有文化涵养的父母亲，是最了不起与无私奉献的父母亲，是天底下最最让人钦佩的父母亲。我今天所取得的点滴收获就是你们的成就，虽然在外人眼中你们常常因为我而自豪，但是，正是因为有你们的辛勤操劳才有今天这个幸福的家，才有我的一切，因而我实实在在是因为拥有你们而感到无比骄傲！你们无怨无悔地承担了所有的家务操劳，承担了家里家外的所有大小事情，让我心无旁骛地潜心学术与科研，虽然我平常也不擅长口头上的表达，但是，感激之情一直深藏内心，感谢之意一直铭记肺腑，感恩之爱一直浓浓包裹。在此借这个机会，用时下的流行话语来说，我要给你们点赞，为你们"打 CALL"，对四位父母亲真诚地说声"你们辛苦了！"愿你们身体健康，万事遂意，无烦无恼，开心快乐地过好每一天。

　　感谢老婆这么多年的知心相伴，从校园爱情走到今天，一切皆是缘分使然，一切都是上天注定。当这种缘分升华为亲情，相互的信任与关怀已经成为生命中必不可少的一部分，每天的电话与微信、问候与关怀、叮咛与嘱托，点点滴滴，温暖幸福，沁人心脾。老婆娇弱的身躯里却有一颗火热强大的心，对工作的积极热情，对家庭的眷念倾情，对父母的无私关怀，对儿子的教导用心，让我省却诸多庞杂事务，我因此才能够全身心地投入自己的教学与科研之中。老婆的精明干练，婉约识体，为我排解困惑、疏导心智、消除杂念，里面有淡然，有取舍，有鞭策，也有激励。生活让我们在不经意间相遇相识，又在闲杂生活事务中共进共退，这样的人生际遇确确实实正是婚姻的无穷奇妙之处。遇到你就是我的幸运，就是生命中另一个自己重新蜕变开始的重要时刻，执手牵手，相识相恋，相伴相扶，有你就是全部，有你就有精彩激扬的生活。

感谢儿子为我们生活中带来无尽的欢歌笑语，一路成长的过程，带给我们家庭太多太多的快乐，也带来了好多好多的惊喜。有你在，家里就是一个欢乐场与喜剧场，会瞬间暖化气氛，会带来频频笑声，会让人忘掉诸多烦恼。你的机灵滑稽会让我在工作之余获得很多灵感，感悟到生命的神奇与伟大，体会到作为父亲的责任与担当。尽管年幼的你稚气未脱也偶尔会有一些任性，也会因自己的一些小脾气而耍点横，也会让我和你的妈妈感到手足无措，每每因为你调皮而面临一些小小的"体罚"，事后我也会自责与愧疚。因而，事后我也不断警醒自己，告诉自己要控制好情绪，其实这些都是儿童的天性，都是生活所必须经历的，是一个人逐渐成长过程中必然历经的阶段。欣慰的是，你的自我管理能力与自制能力也在逐渐加强，你已经知道自己晚上放学回来要早早完成作业，独自把钢琴温习完毕，有节制地一周内不再看电视，自我控制不再多吃零食，你"自学成才"（儿子自己的稚嫩回答）地已经认识很多的常用汉字，而且上小学的第一个期末考试还拿到了令人骄傲的双百分。在妈妈与外公外婆的调教下，你的优秀表现让我们欣喜地看到了逐渐长大的你，你越来越像一个男子汉，你真棒！生活是需要去历练的，尽管作为父亲的我多数情况下总会有袒护之心，在妈妈"严厉"教导时我总是会有些于心不忍，因而在我们家多多少少会有些"严母慈父"的味道。但是，儿子你要知道，生活之路总是充满坎坷的，无论是我们的"严厉"还是"宽容"，都饱含着对你的爱，对你茁壮成长的一份期待。祝愿儿子一路纯真地快乐下去，做一个真正的自己，做一个平凡有趣的人，做一个积极向上且有魅力的"男子汉"，用心去欣赏生活之中无处不在的美好风景，用爱去品味日常事物中的真善美，用自己的智慧与双手去支撑蔚蓝的未来天空，去践行正能量，去实现正价值。

感谢姐姐、姐夫的支持，虽然你们年长不了我几岁，但是，你们担待了本应由我来担待的家务事项，承担了照料父母的生活重任。一母同胞，姐弟情深，随着岁月的流逝而显得更加的弥足珍贵。尽管年少时总是打打闹闹，尽管我的争强好胜总是有点蛮横霸道，但是，姐姐的谦让总是会平息争论，会时时处处让着少不更事的我。当各自成家、生儿育女之后，血脉相连的亲情继续发酵，这些年少时的忘记潜藏心底，仍然让人心醉与向往。姐夫当年送我到山城读书，坐着"绿皮火车"一路颠簸而来，其间的辛苦自不必说。1998年长江发生了自1954年以来的全流域特大洪水，沿途缓行的路上仍然可以看到灾后的疮痍之景。入校后，姐夫跑前跑后地帮我安顿，为了节省费用，在我们宿舍放行李的空床位上将就休息一晚后又独身返还，在依依不舍与万千叮嘱中把从未出过远门的我留在了这一方热土。当与他提及多年前的情形时，也不免唏嘘岁月，感叹生活带来的变化。

从1998年到重庆求学，一路走来都离不开家人的支持与陪伴。时至2018年，时光荏苒间已经二十年光阴飞逝，这二十年不仅让我见证了国家政治经济文化高速发展、重庆直辖之后迅速兴盛繁华的历程，感受到了学校与法学院领导、同事和家人的无限关怀与厚爱，也看到了自己一路走来点点滴滴的成长过程。顺便要提及的是，2018年除夕当天家人从湖北坐高铁到山城，父母亲、岳父母、姐姐、姐夫、外甥女、老婆、儿子，我们一大家子第一次围坐在一起，齐聚重庆过了一个热热闹闹的春节。我也顺便挽留父母在重庆多住了几日，陪伴左右，略尽孝心。生活的真谛不在于不停地奔跑与追求，而在于拥抱当下并品味其中。欢聚之际，看到一家人和和睦睦、欢乐祥和的场景，感觉"诗与远方"过于奢华，"岁月静好"却是恰到好处。

感谢自己的导师李永升教授，李老师为人随和，与世无争，无论世界多么的喧嚣浮躁，李老师总是有着"我自岿然不动"的气定神闲。长年的专业研究，潜心学术，著书立说，全身心地投注于教育事业和学术研究，把浓浓的爱抛洒给自己的学生与弟子。作为李老师一手带大的学生与晚辈学人，在工作上我等自然不敢有丝毫懈怠之意，李老师就是标杆,以身作则地为我们树立了学习的榜样;在生活中学生也时时遵循李老师的教诲,要把师承关爱、学术品德、人格修为不断地传递下去。年岁不饶人,愿李老师身体健康,一切顺利!感谢博士后合作导师陈忠林教授,陈老师无论是课堂上还是讲座中,都是激情飞扬、斗志昂扬,不拘传统束缚,自成一派,观点鲜明,视角独特,谈笑风生,大家风范,令人心生敬佩。感谢刑法教研室的梅传强教授、石经海教授、朱建华教授、王利荣教授、袁林教授、高维俭教授、卢有学教授、姜敏教授、刘湘廉副教授、戴勇才副教授、陈小彪副教授、张武举副教授、陈世伟副教授、贾健副教授、任海涛副教授、刘沛谞副教授、陈荣飞副教授、胡江副教授、蔡英副教授、李林副教授、丁胜明副教授、谢佳君副教授、谭淦博士、姚万勤博士、秦宗川博士、王登辉博士、骆多博士、童春荣博士、施鑫博士、何鑫博士、王晓楠博士等同事,无论是"前学"还是"后进",你们对我的帮助都如春风化雨,让我受益无穷。与教研室的这些优秀同事们在一起甚为荣幸,作为一个极具凝聚力的大家庭,我们共同讨论学术、研修教案、申报课题,汇聚广思才智,点拨困顿,收获的不仅是学术智慧,更是满满的深情友谊。

最后还要感谢与我共同成长的优秀学生们,他们是博士生赵赤、蔡荣、霍俊阁、王坤、石莹、熊波、郑自飞,硕士生谢可君、胡苗玲、袁红玲、汪铁柱、李文军、许璇璇、杜娟、马海焕、姜禄勋、杨丹、沈丽琴、崔建琴、王青青、江渝、杨淋、王昌立、张皓巽、田民、金晓杰、马锦鸿、胡佳、姜红、陈环荣、张学文、宋曦、李晓梅、黄梦圆、李建波、黄泽敏等。其中的部分学生,现已经顺利毕业并走上工作岗位。与学生们在一起的日子总是快乐的,我们亦师亦友,在一起涮火锅、吃烤肉、撸串串,一起定期举行读书会,汇报自己的学术研究心得,呈现自己的学术论文与期刊成果,把点点滴滴毫无保留地与大家共享,在同门微信群中及时发布最新资讯信息,分享周遭事物的新鲜，剖析与专业相关的案例，感受刑法学术品性。虽然我们是学术团队中的最小单位，但是，我们紧密团结在一起而自享其乐。这些学生们不仅在资料查找上为我提供了诸多帮助，而且在学术创新的观点提出上也毫不逊色，包括我前期部分成果的刊出也正是在与这些学生的商讨中不断得以修订，觅寻到学术思考的灵感，获得了更为充实的一些论据，夯实了更为完善的论证基础。每每看到他们的成长与收获，那份喜悦绝不亚于自己取得的莫大成就，看到他们一份又一份的征文获奖证书、国家奖学金的荣誉取得，那份荣耀与喜悦也会让我"飘飘然"，那是你们成长的见证，是你们在学术道路上留下的坚定脚印。祝福你们，也感谢你们，这些优秀的学子们！

其实，感谢的话永远都说不完，感谢的人永远都数不清，感谢的情也永远都道不尽。尽管在此无法一一用文字表达，但是，那些生命中或多或少留下交集的存在，彼此擦肩而过的同时也留下了无数感动时刻，那些难以忘怀的过往瞬间、那份情深谊长，必将都是永恒，记挂心间，历久弥香。

"春山暖日和风，阑干楼阁帘栊，杨柳秋千院中。啼莺舞燕，小桥流水飞红。"春风煦煦，万物复苏。学术之路还将继续，不需要豪言壮语，也用不着铿锵激昂，埋头奋进，诚恳踏实，沿着既有的道路，不忘初心的前行就是了……

陈　伟

初写于 2018 年 3 月 1 日于重庆

改于 2019 年 4 月 21 日

再改于 2019 年 12 月 28 日

最后改于 2020 年 4 月 21 日